象山先生全集

（宋）陸九淵 著　明嘉靖三十九年刊

1

鳳凰出版社

圖書在版編目（CIP）數據

象山先生全集 / (宋) 陸九淵著. -- 南京 : 鳳凰出版社, 2019.4
ISBN 978-7-5506-2826-7

Ⅰ. ①象… Ⅱ. ①陸… Ⅲ. ①陸九淵（1139-1193）—全集 Ⅳ. ①B244.81

中國版本圖書館CIP數據核字(2018)第210669號

ISBN 978-7-5506-2826-7

象山先生全集

著　　者　(宋)陸九淵
責任編輯　崔廣洲
出版發行　鳳凰出版社(原江蘇古籍出版社)
　　　　　發行部電話 025—83223462
出版社地址　南京市中央路165號，郵編：210009
出版社網址　http://www.fhcbs.com
印刷裝訂　三河友邦彩色印裝有限公司
　　　　　三河市高樓鎮喬官屯村
開　　本　十六開
出版日期　二〇一九年四月第一版
　　　　　二〇一九年四月第一次印刷
書　　號　ISBN 978-7-5506-2826-7
定　　價　貳仟陸佰肆拾圓整(全三册)

出版説明

人是一種會思想的動物，無論是要適應環境，克服生存的困難，抑或爲了生活得更有意義，思想皆不可或缺。在一般的中文習慣中，思想的涵義比『哲學』更寬泛，這種語用習慣的差異，也影響到學者對學術視野的選擇。一般而論，思想史的範圍也較哲學史爲廣闊，雖然很少得到清晰地界定，但它不失爲一種有效的學術視野。

在近代中國學術史上，思想史研究的興起與哲學史大約同時。一九〇二年三月，梁任公在其創辦的《新民叢報》連續發表了《論中國學術思想變遷之大勢》系列論文，這可能是最早由國人撰著發表的思想史論文。而第一本由國人撰寫的中国古代哲學通史，則爲一九一六年謝無量的《中國哲學史》。這兩種早期著述自有其學術史的意義，但其中對學科的性質與研究方法等多無明確的説明。事實上，無論是學者的闡述，還是其實際的操作，在思想史與哲學史之間都不易劃出清晰的界限，直到當代也仍然如此。拋開細節不論，就語用習慣及有關實踐而言，思想史表徵一種對歷史文化廣闊而深入的關照，其研究方法，關注的問題，都較哲學史爲多元，史料基礎也不可同日而語。尤其是在郭沫若、侯外廬等人建立起來的研究傳統中，思想史有明确的社會史取向，或因其與傳統的文史之學有親和性，以至在今天，這種思路仍然很有吸引力。

文獻發掘向來是思想史研究的基本環節。爲了促進有關研究，我們選輯多種文本編爲『中國古代思想史珍本文獻叢刊』，全編選目包括經典文本，如儒、道二家的經解，重要思想家作品的早期刻本，和某些并不廣泛受到關注的作家文集的舊刻本。本編中也選録了數種記録古代民俗信仰的文獻，如《關聖帝君聖跡圖志》等。此外，本編也著意收録了數種通常被視爲藝術史史料的文本，如《寶綸堂集》、《徐文長文集》等，我們認爲對思想史關注而言，範圍與深度同樣重要。

選集本編，也有文獻學上的意圖。中國古代有悠久的文獻學傳統，大量古籍文本的傳刻與整理造就了古代中國輝煌的文化。本編收録的這些刻本不僅是古代學術發生、衍變的物質證據，也是古代文化的重要部分。本編所收録的全部作品皆爲彩版影印，最大限度地保存了文獻的細節。其中有部分殘卷，視具體情況，或者補配，或者一仍其舊。本編的選目受制於編者的認識與底本資源，有不妥、不備之處，希望讀者不吝指正。

《象山先生全集》總目録

（宋）陸九淵 著　明嘉靖三十九年刊

第一册

第二册

第三册

第一册

杜暹聚書萬卷每卷後題云清俸買來手自較
子孫讀之知聖教鬻及借人爲不孝
齊金樓子聚書四十季得書八萬卷之多
漢董仲舒下帷講論讀誦三季不窺家園
趙子昂書跋云聚書藏書良非易事蓋觀書者
澄神端慮淨几焚香勿捲腦勿折角勿以爪侵
字勿以唾揭幅勿以作枕勿以夾紙隨損隨修
隨開隨掩則無傷殘

巳卯秋日貞礪戴金書

象山集序

聖人之言心淵然無朕其涵也而有觸即動其應也佛氏語其涵者圓明微妙而秘之以爲奇俗學即其應者粧綴繳繞而離之以爲博要之不能無所近而亦卒不可入何者其不能無所近者緣於心而卒不可入者遠於體也聖人者不獨語其涵懼人之求於微而不獨語其應懼人之求於

迹故哀與欽者心之體也見廟與墓而與
者其應也體無所不具則無所不感無所
不感則無所不應因其應而爲之文於是
乎有哭擗哀素之等俎豆璧帛之儀儀立
而其心達而儀非心也此所以爲聖人之
學也佛氏則從其應而逆之以歸於無曰
墓與廟哀與敬皆妄也而性則離是而亦
不離於是者也俗學者非之曰此有也則

從而煩其名數深其辨博而以爲非是則
無循也然不知泯感與應者既以玄遠空
寂爲性而其溺於名數辨博者又詳其末
而忘其所以然予故曰禪與俗卒不可入
者皆遠於體也聖人之言心詳於宋儒最
後象山陸氏出盡去世之所謂繳繞者而
直指吾人之應心曰見虛墓哀而宗廟欽
者心也辨此心之眞僞而聖學在是矣其

於致力之功雖爲稍徑而於感應之全則指之甚明而俗學以爲是禪也其所未及者名數辨博也嗟乎象山指其應者使人求其涵也佛氏逆其應於無而象山指其迹於應以是爲禪然則爲聖人者其必在名數辨博乎以儀爲心予惡夫哀歛之無從也是集刻於金谿而歲久漫漶德安吉陽何先生撫江西之明年丕闡理學以淑

士類乃攺刻焉而命沐爲序辭不獲因取
象山言之粹者據而証之世之知者果有
取焉則禪俗與儒之界將昭然若指掌而
象山氏之學可知也已
大明嘉靖四十年歲次辛酉五月吉
賜進士出身中奉大夫江西布政司右布
政使前奉
勅提督江廣兩省學政刑部郎臨海後學

王宗沐撰

象山先生全集叙

聖人之學心學也堯舜禹之相授受曰人心惟危道心惟微惟精惟一允執厥中此心學之源也中也者道心之謂也道心精一之謂仁所謂中也孔孟之學惟務求仁蓋精一之傳也而當時之弊固已有外求之者故子貢致疑於多學而識而以博施濟衆爲仁夫子告之以一貫而教以能近

取譬蓋使之求諸其心也迨於孟氏之時墨氏之言仁至於摩頂放踵而告子之徒又有仁内義外之說心學大壞孟子闢義外之說而曰仁人心也學問之道無他求其放心而已矣又曰仁義禮智非由外鑠我也我固有之弗思耳矣蓋王道息而伯術行功利之徒外假天理之近似以濟其私而以欺於人曰天理固如是不知既無

其心矣而尚何有所謂天理者乎自是而後析心與理而爲二而精一之學亡世儒之支離外索於刑名器數之末以求明其所謂物理者而不知吾心即物理初無假於外也佛老之空虛遺棄其人倫事物之常以求明其所謂吾心者而不知物理即吾心不可得而遺也至宋周程二子始復追尋孔孟之宗而有無極而太極定之以

仁義中正而主靜之説動亦定靜亦定無内外無將迎之論庶幾精一之旨矣自是而後有象山陸氏雖其純粹和平若不逮於二子而簡易直截真有以接孟氏之傳其議論開闔時有異者乃其氣質意見之殊而要其學之必求諸心則一而已故吾嘗斷以陸氏之學孟氏之學也而世之議者以其嘗與晦翁之有同異而遂詆以爲

禪夫禪之說棄人倫遺物理而要其歸極不可以爲天下國家苟陸氏之學而果若是也乃所以爲禪也今禪之說與陸氏之說孟氏之說其書具存學者苟取而觀之其是非同異當有不待於辯說者而顧一倡羣和剿說雷同如矮人之觀場莫知悲笑之所自豈非貴耳賤目不得於言而勿求諸心者之過歟夫是非同異每起於人

持勝心便舊習而是已見故勝心舊習之爲患賢者不免焉撫守李茂元將重刻象山之文集而請予一言爲之序予何所容言哉惟讀先生之文者務求諸心而無以舊習已見先焉則糠粃精鑿之美惡入口而知之矣

正德辛巳七月朔陽明山人王守仁書

象山先生文集序

天有北辰而衆星共焉，地有泰岳而衆山宗焉，人有師表而後學歸焉。象山先生，其學者之北辰泰岳與！自始知學，講求大道，弗得弗措，久而寖明，又久而大明。此心此理，貫通融會，美在其中，不勞外索。揭諸當世曰：學問之要，得其本心而已。心之本真，未嘗不善，有不善者，非其初然也。孟子嘗言之矣：鄉爲身死而不受，今爲宮室

之美妻妾之奉所識窮乏之得我而爲之此之謂
失其本心其言昭晰如是而學者不能深信謂
道爲隱而不知其著謂道爲邈而不知其近求
之愈過愈湮鬱至先生始大發之如指迷塗如
藥久病迷者寤病者愈不越於日用之間而本
心在是矣學者親承師訓向也跂望聖賢若千
萬里之隔今乃知與我同本培之溉之皆足以
敷榮茂遂豈不深可慶哉嗚呼先生之惠後學

弘矣先生之言悉由此出上而啓沃君心下而
切磨同志又下而開曉黎庶及其他雜然著述
皆此心也儒釋之所以分義利之所由別剖析
至精如辨白黒遏俗學之横流援天下於旣溺
吾道之統盟不在茲乎燮識先生於行覲親愽
約者屢矣或竟日以至夜分未嘗見其少有昏
怠之色表裏清明神采照映得諸觀感鄙吝已
消刻復警策之言字字切已與先生之歿餘二

十年遺言炳炳精神猶在敬而觀之心形俱肅
若親炙然臨汝嘗刋行矣尚多缺畧先生之子
持之伯徵裒而益之合三十二卷今爲刋于倉
司流布寖廣書滿天下而精神亦無不徧言近
而指遠雖使古人復生莫之能易嗚呼茲其所
以爲後學之師表與先生諱九淵字子靜撫州
金谿人嘗講學於貴溪象山學者尊爲象山先
生云嘉定五年九月戊申門人四明袁燮書

有宋撫州金谿陸先生字子靜嘗居貴溪之象山四方學者畢至尊稱之曰象山先生先生冢嗣持之字伯微集先生遺言爲二十八卷又外集六卷命簡爲之序簡自主富陽簿時已受教於先生因言忽覺澄然清明應用無方動靜一體乃知此心本靈本神本明本廣大本變化無方奚獨簡心如此舉天下萬世人心皆如此易曰百姓日用而不知孔子曰二三子以我爲隱乎吾無隱乎爾吾無

行而不與二三子者大戴記孔子之言謂忠信爲大道忠者忠實信者誠信不詐僞而先儒求之過求諸幽深故反不知道孔子又名大道曰中庸庸者常也日用平常也孟子亦謂徐行後長即堯舜之道又謂以羊易牛之心足以王先生諄諄爲學者剖白斯旨深切著明而學子領會者寡簡不自揆度敢少致輔翼之力專叙如右開禧元年夏六月乙卯門人四明楊簡敬書

象山先生全集目録

卷之五

書

卷之六

書

與包顯道 二　與包敏道 四

與吳伯顒　與吳仲時

與吳叔有

卷之七

書

與勾熙載　與彭子壽

與邵中孚　與顏子堅

與張季忠　與胥必先

與朱元晦　與吳仲良

與詹子南 三　與陳倅 二

卷之十
書

卷之十一

書

卷之十四

書

卷之十五

書

卷之十六

書

與章德茂五　與張元善二

卷之十七

書

與張監二　與豐叔賈

與鄧文範　與致政兄

與張伯信　與似清

與沈宰二

卷之十八

序贈

卷之二十五

詩

卷之二十六

文

卷之二十九

程文

庸言之信庸行之謹閑邪存其誠善世而不伐德慱而化解試

黄裳元吉黄離元吉使民宜之

聖人以此洗心退藏於密吉凶與民同患神以知來知以藏往省試

天地設位聖人成能人謀鬼謀百姓與能

首出庶物萬國咸寧

卷之三十

卷之三十二

拾遺

好學近乎智　　學問求放心

主忠信　　毋友不如己者

人不可以無恥二　　思則得之

君子喻於義　　求則得之

里仁爲美　　則以學文

人心惟危道心惟微惟精惟一允執厥中

學古入官議事以制政乃不迷

汝分猷念以相從各設中于乃心

養心莫善於寡欲

取二三策而已矣　保民而正

續書何始於漢　策

卷之三十三

文安謚議孔燁撰　覆謚丁端祖撰

卷之三十四

象山先生行狀楊簡述

語録

卷之三十五

語録

卷之三十六

年譜

象山先生全集目録

象山先生全集卷之一

書

與邵叔誼

前日竊聞嘗以夫子所論齊景公伯夷叔齊之說斷命以袪俗惑至今嘆服不能弭忘笑談之間度越如此輔之切磋何可當也克其所見推其所為勿怠勿畫益著益察日躋於純一之地是所望於君子夷齊未足言也此天之所以予我者非由外鑠我也思則得之得此者也先立乎其大者立此者也積善者積此者也集義者集此者也知德者知此者也進德者

進此者也同此之謂同德異此之謂異端心逸曰休心勞日拙德僞之辨也豈唯辨諸其身人之賢否書之正僞舉將不逃於此矣自有諸已至於大而化之其寬裕溫柔足以有容發强剛毅足以有執齊莊中正足以有敬文理密察足以有别增加馴積水漸木升固月異而歲不同然由萌蘖之生而至於枝葉扶踈由源泉混混而至於放乎四海豈二物哉中庸曰誠者物之終始不誠無物又曰其爲物不貳此之謂也學問固無窮已然端緒得失則當早辨是非向背可以立決顔子之好學夫子實亟稱之而未見其止

盍惜之於既亡其後曾子亦無疑於夫子之道然且謂為魯在柴愚師辟之間素所蓄積又安敢望顏子哉曾之於顏顏之於夫子固自有次第然而江漢以濯之秋陽以暴之雖夫子不能逃於曾子矣豈唯曾子哉君子之道夫婦之愚不肖可以與知能行唐周之時康衢擊壤之民中林施罝之夫亦帝堯文王所不能逃也故孟子曰人皆可以為堯舜病其自暴自棄則為之發四端曰人之有是而自謂不能者自賊者也謂其君不能者賊其君者也夫子曰一日克己復禮天下歸仁焉此復之初也鈞是人也己私安有

不可克者顧不能自知其非則不知自克耳王澤之竭利欲日熾先覺不作民心橫奔浮文異端轉相熒惑往聖話言徒為藩飾而為機變之巧者又復魑魅蝄蜽其間恥非其恥而恥心亡矣今謂之學問思辯而於此不能深切著明依憑空言傳著意見增疣益贅助勝祟私重其狷忿長其負恃蒙蔽至理扞格至言自以為是没世不復此其為罪浮於自暴自棄之人矣此人之過其初甚小其後乃大人之救之其初則易其後則難亦其勢然也物有本末事有終始知所先後則近道矣於其端緒知之不至悉精畢力求

多於未溝澮皆盈涸可立待要之其終本末俱失夫子曰知之為知之不知為不知是知也後世恥一物之不知者亦恥非其恥矣人情物理之變何可勝窮若其標末雖古聖人不能盡知也稷之不能審於八音夔之不能詳於五種可以理推夫子之聖自以少賤而多能然稼不如老農圃不如老圃雖其老於論道亦曰學而不厭啓助之益需於後學伏羲之時未有堯之文章唐虞之時未有成周之禮樂非伏羲之智不如堯而堯舜之智不如周公古之聖賢更續緝熙之際尚可考也學未知至自用其私者乃至於亂

原委之倫顛萌蘖之序窮年卒歲靡所底麗猶焦焦
然思以易天下豈不謬哉

與曾宅之

曩蒙訪逮切磋未究足下以親庭之命不能留臨别
有來歲相過之約日望書劄至止竟墮渺茫何耶某
自去年春尾在山間聞猶子㬐之訃以歸内外撫
棺視窆之役相尋以卒歲近者始得復至山房山間
泉石頗多適值瀑流方壯噴玉湧雪處處爭奇經年
之别不容不遍撫勞之旁郡朋友往往輳集應酬殊
不少暇頗復勞勩旣而霖霪不解遂以感疾山間不

便醫藥扶病出山半山遇盛价致書越數日抵家病又增劇比日少甦始得發視氣力倦憊又未能作復稽留盛价皇恐示諭與章太傅問荅其義甚正其前述某之說又自援據反覆此則是下病處所述某之言亦失其實記錄人言語極難非心通意解往往多不得其實前輩多戒門人無妄錄其語言為其不能通解乃自以已意聽之必失其實也相去之遠不得面言不若將平時書問與所作文字講習稽考差有據依若據此為辨則有案底不至大訛舛也且如存誠持敬二語自不同豈可合說存誠字於古有考

持敬字乃後来杜撰易曰閑邪存其誠孟子曰存其心某舊亦嘗以存名齋孟子曰庶民去之君子存之又曰其為人也寡欲雖有不存焉者寡矣其為人也多欲雖有存焉者寡矣只存一字自可使人明得此理此理本天所以與我非由外鑠明得此理即是主宰眞能為主則外物不能移邪說不能惑所病於吾友者正謂此理不明內無所主一向縈絆於浮論虛說終日只依藉外說以為主天之所與我者反為客主客倒置迷而不反惑而不解坦然明白之理可使婦人童子聽之而喻勤學之士反為之迷惑自為支

離之說以自縈纏窮年卒歲靡所底麗豈不重可憐
哉使生在治古盛時蒙被先聖王之澤必無此病惟
其生於後世學絕道喪異端邪說充塞彌滿遂使有
志之士罹此患害乃與世間凡庸恣情縱欲之人均
其陷溺此豈非以學術殺天下哉後世言易者以為
易道至幽至深學者皆不敢輕言然聖人贊易則曰
乾以易知坤以簡能易則易知簡則易從易知則有
親易從則有功有親則可久有功則可大可久則賢
人之德可大則賢人之業易簡而天下之理得矣孟
子曰夫道若大路然豈難知哉夫子曰仁遠乎哉我

欲仁斯仁至矣又曰一日克己復禮天下歸仁焉又
曰未之思也夫何遠之有孟子曰道在邇而求諸遠
事在易而求諸難又曰堯舜之道孝弟而已矣徐行
後長者謂之弟疾行先長者謂之不弟夫徐行者豈
人所不能哉不爲耳又曰人能充無欲害人之心而
仁不可勝用也人能充無穿窬之心而義不可勝用
也又曰人之有是四端而自謂不能者自賊者也謂
其君不能者賊其君者也又曰吾身不能居仁由義
謂之自棄古聖賢之言大抵若合符節蓋心一心也
理一理也至當歸一精義無二此心此理實不容有

二故夫子曰吾道一以貫之孟子曰夫道一而已矣又曰道二仁與不仁而已矣如是則為仁反是則為不仁仁即此心也此理也求則得之得此理也先知者知此理也先覺者覺此理也愛其親者此理也敬其兄者此理也見孺子將入井而有怵惕惻隱之心者此理也可羞之事則羞之可惡之事則惡之者此理也是知其為是非知其為非此理也宜辭而辭宜遜而遜者此理也敬此理也義亦此理也内此理也外亦此理也故曰直方大不習無不利孟子曰所不慮而知者其良知也所不學而能者其良能也此天

之所與我者我固有之非由外鑠我也故曰萬物皆備於我矣反身而誠樂莫大焉此吾之本心也所謂安宅正路者此也所謂廣居正位大道者此也古人自得之故有其實言理則是實理言事則是實事德則實德行則實行吾與晦翁書所謂古人質實不尚智巧言論未詳事實先著知之為知之不知為不知所謂先知覺後知先覺覺後覺者以其事實覺其事實故言即其事事即其言所謂言顧行行顧言周道之衰文貌日勝事實湮於意見典訓蕪於辯說揣量模寫之工依放假借之似其條畫足以自信其習熟

足以自安以子貢之達又得夫子而師承之尚不免此多學而識之之見非夫子叩之彼固晏然而無疑先行之訓予欲無言之訓所以覺之者屢矣而終不悟夫子既歿其傳固在曾子蓋可觀矣況其不工不似不足以自信不足以自安者乎雖然彼其工且似足以自信足以自安則有終身不反之患有不可救藥之勢乃若未工未似未足以自信未足以自安則舍其邪而歸於正猶易爲力也來書蕩而無歸之說大謬今足下終日依靠人言語又未有定論如在逆旅乃所謂無所歸今使足下復其本心居安宅由正

路立正位行大道乃反爲無所歸足下之不智亦甚
矣今已私未克之人如在陷穽如在荆棘如在泥塗
如在囹圄械繫之中見先知先覺其言廣大高明與
已不類反疑恐一旦如此則無所歸不亦鄙哉不亦
謬哉不知此乃是廣居正位大道欲得所歸何以易
此欲有所主何以易此今拘攣舊習不肯棄捨乃狃
其狹而懼於廣狃其邪而懼於正狃其小而懼於大
尚得爲智乎夫子曰汝爲君子儒無爲小人儒古之
所謂小人儒者亦不過依據末節細行以自律未至
如今人有如許浮論虛說謬悠無根之甚夫子猶以

爲門人之戒又況如今日謬悠無根而可安乎吾友
能棄去謬習復其本心使此一陽爲主於内造次必
於是顛沛必於是無終食之間而違於是此乃所謂
有事焉乃所謂勿忘乃所謂敬果能不替不息乃是
積善乃是集義乃是善養浩然之氣真能如此則不
愧古人其引用經語乃是聖人先得我心之所同然
則不爲侮聖言矣今終日營營如無根之木無源之
水有採摘汲引之勞而盈涸榮枯無常豈所謂源泉
混混不舍晝夜盈科而後進者哉終日簸弄經語以
自傳益真所謂侮聖言者矣書言日嚴祇敬六德又

言文王之敬忌又曰罔不克敬典詩言敬天之渝又言敬之敬之又言聖敬日躋論語言敬事而信又言脩己以敬孟子言敬王敬兄未嘗有言持敬者觀此二字可見其不明道矣吾與足下言者必因足下之及此而後言其旨只欲足下知古人事實而不累於無根之說足下謂得此說而思之足下以此為說其不明吾言甚矣宜其不能記憶附以己意而失其本真也又如脫灑二字亦不正足下何不言吾之見邪不如古人之見正吾之說虛不如古人之說實如此自訟則有省發之理若只管從脫灑等處思之終不

能得其正此理甚明具在人心足下不幸受蔽於謬妄之習今日乃費人許多氣力此事若不明白不應安安而居遲遲而來病倦不能檃括文辭使之簡約信手直書大槩幸三復而頓棄其舊則當知聖賢之言眞不我欺也

與胡季隨

辛丑之春在南康見所與晦菴書深服邁往丙午之夏吳山廨舍相從越月以識面爲喜以欵集爲幸然區區之懷終不能乎達於左右每用自愧大學言明明德之序先於致知孟子言誠身之道在於明善今

善之未明知之未至而循誦習傳陰儲密積廑身以
從事喻諸登山而陷谷愈入而愈深適越而北轅愈
騖而愈遠不知開端發足大指之非而日與澤虞燕
賈課遠近計枉直於其間是必沒身於大澤窮老於
幽都而已来書所舉某與元晦論太極書辭皆至理
誠言左右能徹私去蔽當無疑於此矣不然今之爲
欣厭者皆其私也豈可遽操以爲驗稽以爲決哉

二

王文公祠記乃是斷百餘年未了底大公案自謂聖
人復起不易吾言餘子未嘗學問妄肆指議此無足

多惟同志之士猶或未能盡察此良可慨嘆足下獨
謂使荆公復生亦將無以自解精識如此吾道之幸
傳項黄三士人品固有不同其為學亦不相似若望
其致知明善雖子淵亦不能無離索之患元吉今在
此雖稍若知過要未特達學者之難得所從來久矣
道不遠人人自遠之耳人心不能無蒙蔽蒙蔽之未
徹則日以陷溺諸子百家往往以聖賢自期仁義道
德自命然其所以卒畔於皇極而不能自拔者蓋蒙
蔽而不自覺陷溺而不自知耳顏子之賢夫子所屢
歎氣質之美固絶人甚遠子貢非能知顏子者然亦

自知非儔偶論語所載顔淵喟然之嘆當在問仁之前為邦之問當在問仁之後請事斯語之時乃其知之始至善之始明時也以顔子之賢雖其知之未至善之未明亦必不至有聲色貨利之累忿狠縱肆之失夫子答其問仁乃有克己復禮之說所謂己私者非必如常人所見之過惡而後為己私也己之未克雖自命以仁義道德自期以可至聖賢之地者皆其私也顔子之所以異乎衆人者為其不安乎此極鑽仰之力而不能自已故卒能踐克己復禮之言而知遂以至善遂以明也若子貢之明達固居游夏之右

見禮知政聞樂知德之識絶凡民遠矣從夫子游如彼其父尊信夫子之道如彼其至夫子旣没其傳乃不在子貢顓在曾子私見之錮人難於自知如此曾子得之以魯子貢失之以達天德已見消長之驗莫著於此矣學問之初切磋之次必有自疑之兆及其至也必有自克之實此古人物格知至之功也已實未能自克而不以自疑方憑之以決是非定可否縱其標末如子貢之屢中適重夫子之憂耳況又未能也物則所在非達天德未易輕言也所惡於智者爲其鑿也如智者若禹之行水也則無惡於智矣禹之

行水也行其所無事也如知智者亦行其所無事則智亦大矣宰我子貢有若智足以知聖人三子之智蓋其英爽足以有所精別異乎陳子禽叔孫武叔之流耳若責之以大智望之以真知聖人非其任也顏子請事斯語之後真知聖人矣曾子雖未及顏子若其真知聖人則與顏子同學未知止則其知必不能至知之未至聖賢地位未易輕言也何時合并以究此理

與趙監

垂諭新工尤慰勤企道塞宇宙非有所隱遁在天曰

陰陽，在地曰柔剛，在人曰仁義。故仁義者，人之本心也。孟子曰：「存乎人者，豈無仁義之心哉？」又曰：「我固有之，非由外鑠我也。」愚不肖者不及焉，則蔽於物欲而失其本心；賢者智者過之，則蔽於意見而失其本心。故易大傳曰：「仁者見之謂之仁，智者見之謂之智，百姓日用而不知，故君子之道鮮矣。」徇物欲者既馳而不知止，徇意見者又馳而不知止，故道在邇而求之遠，事在易而求之難。道豈遠而事豈難？意見不實，自作艱難耳。深知其非，則蔽解惑去，而得所止矣。道本自若，豈如以手取物，必有得於外，然後為得哉？鄧丞

於此深知端緒幸與進而圖之

二

社倉事自元晦建請幾年于此矣有司不復掛之墻壁遠方至無知者某在敕局時因編寬恤詔令得見此文與同官咨歎者累日遂編入廣賑卹門令乃得執事發明之此梭山兄所以樂就下風也其間瑣細敢不自竭需公移之至續得布稟道外無事事外無道向嘗以智愚賢不肖過不及之說布復想洞然無疑於此矣詩稱文王不識不知順帝之則康衢之歌堯亦不過如此論語之稱舜禹曰巍巍乎有天下而

不與焉人能知與焉之過無識知之病則此心烱然此理坦然物各付物會其有極歸其有極矣所過者化所存者神上下與天地同流豈曰小補之哉不然則作好作惡之私偏黨反側之患雖賢者智者有所未免中固未易執和固未易致也深欲一至函丈而冗擾未能輟此薦其區區尊意以爲何如幸有以教之

與鄧文範

昨晚得倉臺書謂别後稍棄舊而圖新了然未有所得殆似寬心了不可得者此乃欲有所得之心耶初

信欲歸此意極佳但能不忘此意更使深厚則雖不歸猶歸也古人學如不及尊德樂道親師求友之心不啻飢渴豈虛也哉是必務實之士眞知不足者然後能如此也此與自任私智好勝爭强竊近似以爲外飾者天淵不侔燕越異鄉察之不可不精辨之不可不明於此不精明便是不識路頭終汨沒於形似而無所至止緜蠻黃鳥止于丘隅於止知其所止可以人而不如鳥乎知止而後有定定而後能靜靜而後能安安而後能慮慮而後能得學不知止而謂其能慮能得吾不信也人不自知其爲私意私說而反

致疑於知學之士者亦其勢然也人誠知止即有定
論靜安慮得乃必然之勢非可强致之也此集義所
生與義襲而取之者之所由辨由仁義行與行仁義
者之所由分而曾子子夏之勇孟子告子之不動心
所以背而馳者也書曰欽厥止不知所止豈能欽厥
止哉又曰安汝止不欽厥止豈能安汝止哉汝初信
問讀易之法誠知所止則其於往訓如歸吾家而入
吾門矣聞秋試一中亦爲之喜試中試不中有校定
無校定本不足深計所可喜者得失之心未去未釋
然耳此心猶未釋然則所謂棄舊者特棄其末未棄

其本也。宜其謂之稍棄此乃害心之本非本心也是所以蔽其本心者也。愚不肖者之蔽在於物欲，賢者智者之蔽在於意見，高下汙潔雖不同，其爲蔽理溺心而不得其正則一也。然蔽溺在汙下者往往易解，而患其安焉而不求解，自暴自棄者是也。蔽溺在高潔者大抵自是而難解，諸子百家是也。今倉臺雖未免有高潔之蔽，然不自是，當不難解矣。復書已啓其端，幸即求見而究其說，萬一尚且遲回，春晚當爲一行也。

二

道喪之久異端邪說充塞天下自非上知誰能不惑
人之難得亦其理然也鳥獸不可與同羣吾非斯人
之徒與而誰與當其扞格支離只得精求方略庶幾
或悟耳

與姪孫濬

夏末得汝陳官人到後信胸襟頓別辭理明暢甚爲
喜慰乃知汝質性本不昏滯獨以不親講益故爲俗
見俗說牽制埋沒耳其後二三信雖是倉卒終覺不
如初信豈非困於獨學無朋友之助而然得失之心
未去則不得得失之心去則得之時文之說未破則

不得時文之説破則得之不惟可使汝日進於學而無魔祟因是亦可以解流俗之深惑也山間近来結廬者甚衆吾祠祿既滿無以為糧諸生始聚糧相迎今方丈前又成一閣部勒羣山氣象益偉第諸生中有力者寡為此亦良不易未能多供人耳今夏更去迭來常不下百人若一時俱來亦未有著處貴溪宰甚有政聲邑人以為夊無此人其致禮於山間甚厚屢欲躬至問道而未果夏末有復其一書錄往汝觀之非虛辭也道之將墜自孔孟之生不能回天而易命然聖賢豈以其時之如此而廢其業隳其志哉慟

哭於顏淵之亡喟嘆於曾點之志此豈梏於蕞然之形體者所能知哉孔氏之轍環於天下長沮桀溺楚狂接輿負蕢植杖之流刺譏玩慢見於論語者如此耳如當時之俗揆之理勢則其陵藉侵侮豈遽止是哉宋衛陳蔡之間伐木絕糧之事則又幾危其身然其行道之心豈以此等而爲之衰止文不在茲期月而可此夫子之志也春秋之作殆不得已焉耳然而無有乎爾則亦無有乎爾此又孟子之志也故曰當今天下舍我其誰哉至所以袪尹士充虞之惑者其自述至詳且明由孟子而來千有五百餘年之間以

儒名者甚衆而荀揚王韓獨著專塲蓋代天下歸之
非止朋遊黨與之私也若曰傳堯舜之道續孔孟之
統則不容以形似假借天下萬世之公亦終不可厚
誣也至於近時伊洛諸賢研道益深講道益詳志向
之專踐行之篤乃漢唐所無有其所植立成就可謂
盛矣然江漢以濯之秋陽以暴之未見其如曾子之
能信其皜皜肫肫其仁淵淵其淵未見其如子思之
能達其浩浩正人心息邪說距詖行放淫辭未見其
如孟子之長於知言而有以承三聖也故道之不明
天下雖有美材厚德而不能以自成自達困於聞見

之支離窮年卒歲而無所至止若其氣質之不美志念之不正而假竊傳會蠹食蛆長於經傳文字之間者何可勝道方今熟爛敗壞如齊威秦皇之尸誠有大學之志者敢不少自强乎於此有志於此有勇於此有立然後能克己復禮遜志時敏真地中有山謙也不然則凡為謙遜者亦徒為假竊緣飾而其實崇私務勝而已比有一輩沉吟堅忍以師心婉孌夸毗以媚世朝四暮三以悅衆狙尤可惡也不為此等所眩則自求多福何遠之有道非難知亦非難行患人無志耳及其有志又患無真實師友反相眩惑則為

可惜耳凡今所以為汝言者為此耳蔽解惑去此心此理我固有之所謂萬物皆備於我昔之聖賢先得我心之所同然者耳故曰周公豈欺我哉

與李省幹

某試吏于此頗盌自信此學之不可須臾離也有朋自遠方來乃所大願承有意相與切磋乎此敬延跂俟之平甫舊相從恨其端緒未明未知所以用力今此又交一臂而去每為平甫不滿此學之不明千有五百餘年矣異端充塞聖經榛蕪質美志篤者尤為可惜何時共講以快此懷未相見間儻有所疑以片

紙寓諸郵筒可也

二

古先聖賢無不由學伏羲尚矣猶以天地萬物為師俯仰遠近觀取備矣於是始作八卦夫子生於晚周麟遊鳳翥出類拔萃謂天縱之將聖非溢辭也然而自謂我非生而知之者好古敏以求之者也中庸稱之亦曰祖述堯舜憲章文武堯舜相繼以臨天下而皐陶矢謨其間曰朕言惠可底行武王纘太王王季文王之緒以有天下未及下車訪于箕子俾陳洪範高宗曰台小子舊學于甘盤既乃遁于荒野入宅于

河自河徂亳暨厥終罔顯爾惟訓于朕志若作酒醴爾為麴糵若作和羹爾為塩梅人生而不知學學而不求師其可乎哉秦漢以來學絶道喪世不復有師以至于唐曰師曰弟子云者反以為笑韓退之柳子厚猶為之屢歎惟本朝理學遠過漢唐始復有師道雖然學者不求師與求而不能虛心不能退聽此固學者之罪學者知求師矣能退聽矣所以導之者乃非其道此則師之罪也學於夫子者多矣顏淵閔子騫冉伯牛仲弓固無可疵外此則有南宮适宓子賤漆雕開近於四子三人之外最後出如高子羔曾子

雖有愚魯之號其實皆夫子所喜於二人中尤屬意於子羔不幸前夫子而死不見其所成就卒之傳夫子之道者乃在曾子伯魚死子思乃夫子適孫夫子之門人光燿於當世者甚多而子思獨師事曾子則平日夫子爲子思擇師者可知矣宰我子貢有若其才智最高子夏子游子張又下一等然游夏已擅文學之場而堂堂乎子張子游猶以爲難能其言論足以動人光華足以燿俗誠非以愚魯得號者所可比擬至其傳道授業不謬於聖人宰我子貢有若猶不在此倍況游夏乎故自曾子傳之子思子思傳之孟

子乃得其傳者外此則不可以言道居今之時而尚友方冊取友當世亦已難矣足下求友之意切矣顧不知迂拙之人果足以副足下所期否乎鄙文數篇錄往幸熟復而審思之毋徒狥其名而不察其實乃所願望未相見間或有未當於足下之意者願索言之亦惟其是而已矣愚見所到固當傾倒正不必以世俗相欺也

象山先生全集卷之一

象山先生全集卷二

書

與王順伯

去夏遠辱臨存甚慰積年闊别之懷執别怱怱又一歲有半瞻企不啻渴飢屢於七七哥書中蒙寄意之勤感感且知别後所學大進膏潤沾溉多矣敬仰之劇然愚意竊有願訂正於左右者不敢避浼瀆之罪大抵學術有說有實儒者有儒者之說老氏有老氏之說釋氏有釋氏之說天下之學術衆矣而大門則此三家也昔之有是說者本於有是實後之求是實

者亦必由是說故凡學者之欲求其實則必先習其說既習之又有得有不得有得其實者有徒得其說而不得其實者說之中又有淺深有精粗有偏全有純駁實之中亦有之凡此皆在其一家之中而自有辨焉者也論三家之同異得失是非而相譏於得與不得說與實與夫淺深精粗偏全純駁之間而不知其為三家之所均有者則亦非其至者矣兄前兩與家兄書大槩謂儒釋同其所以相比配者蓋所謂均有之者也某嘗以義利二字判儒釋又曰公私其實即義利也儒者以人生天地之間靈於萬物貴於萬

物與天地並而為三極天有天道地有地道人有人道人而不盡人道不足與天地並人有五官官有其事於是有是非得失於是有教有學其教之所從立者如此故曰義曰公釋氏以人生天地間有生死有輪廻有煩惱以為甚苦而求所以免之其有得道明悟者則知本無生死本無輪廻本無煩惱故其言曰生死事大如兄所謂菩薩發心者亦只為此一大事其教之所從立者如此故曰利曰私惟義惟公故經世惟利惟私故出世儒者雖至於無聲無臭無方無體皆主於經世釋氏雖盡未來際普度之皆主於出

世今習釋氏者皆人也彼既為人亦安能盡棄吾儒
之仁義彼雖出家亦上報四恩日用之間此理之根
諸心而不可泯滅者彼固或存之也然其為教非為
欲存此而起也故其存不存不足為深造其道者輕
重若吾儒則曰人之所以異於禽獸者幾希庶民去
之君子存之釋氏之所憐憫者為未出輪迴生死相
續謂之生死海裏浮沉若吾儒中聖賢豈皆只在他
生死海裏浮沉也彼之所憐憫者吾之聖賢無有也
然其教不為欲免此而起故其說不主此也故釋氏
之所憐憫者吾儒之聖賢無之吾儒之所病者釋氏

之聖賢則有之試使釋氏之聖賢而繩以春秋之法
童子知其不免矣從其教之所由起者觀之則儒釋
之辨公私義利之別判然截然有不可同者矣某嘗
妄論尊兄之質人所難及而不滿人意者皆所習所
鄉有以病之也此非今日之言蓋自初拜識時已如
此竊議矣舜居深山之中與木石居與鹿豕遊其所
以異於深山之野人者幾希及其聞一善言見一善
行若決江河沛然莫之能禦也有過而不能勇改天
下之過患然今世別有一般議論以不輕改其素守
為老成為持重為謹審以幡然改沛然從者為輕率

為狂妄為無所守凡事理但論是非若已知吾所守所行者為非則豈可不速改若謂吾所守所行未為非則固不當改又不論速不速也智仁勇三者天下之達德尊兄之質本有勇但從來向釋氏不崇儒學故至狥流俗朋友中見尊兄有剛决過人處又有狥流俗處莫不竊恠之若某則妄論尊兄之狥流俗亦甚勇他人則容易被聖賢之學聳動雖不知其實往往以其名而赴之若尊兄則雖自覺有未穩當處亦且頑忍安舊有姑自守且徐圖之意某念非尊兄無以發其狂言用忘犯分之罪猖狂而言辭不暇擇其

非敢使尊兄竊儒者之名以欺世願尊兄試以有言
逆于汝心必求諸道之法試思之或有可採如謂不
然亦願詳以見教辨白此事期於到頭非兄尚誰望

二

屬者僭易陳露所見蒙教復詳至開發多矣來書有
深不欲多言之語其切謂於所不當言者加一言則
非矣若在所當言則唯是以達其理意而已不可以
多少限也躁人之辭多者謂其躁妄錯亂贅疣是則
可刪也今方將於道術趨向之間切磋求是則又奚
多之病願尊兄先除此一戒使其得悉意承教庶是

非可明也尊兄所學以力行為主不專務論說所見
皆行履到處非但言說而已此不待論其固不敢以
言說待尊兄交游間亦不以此病兄獨謂兄所學不
能無蔽耳楊墨告子許行之徒豈但言說其所言即
其所行而孟子力闢之者以為其學非也儒釋之辯
某平時亦少所與論者有相信者或以語之亦無所
辯難於我無益有自立議論與我異者又多是勝心
所持必欲己說之伸不能公平求是與之反覆只成
爭辯此又不可與論今之僧徒多檐夫庸人不通文
理既去髮胡服又安能使之髮髲潔緇而從吾游耶

至於士大夫之好佛者，雖其好佛亦只為名而已。此
又不足與論也。至如尊兄不為名不好勝，凡事皆公
心求是，又聰明慱洽，鄉來未有自得處，猶有凝滯退
縮之態，比來所見明白，議論發越，殊無凝滯退縮之
態矣。設有如是資質，如是所到，然但工一家之說，則
又難論。今兄兩家之書，已皆探討，此而不與極論，則
只成是自檐版矣。鄉來切疑於兄者，以為兄之資禀
質實強敏，有餘宏大通遠則不足，懼為平日所鄉所
學所習之所攝持，客制其命而不能度越擺脫，操不
忘本之說以為典訓，拒排釋氏者於千里之外，而與

至則行矣趨而避之者同其介然自守之意則無間之可乘矣承來教謂若使釋果未進於儒理須進步何苦守其卑汙而不進然後知高明之度本自宏闊而某之疑則誠淺陋矣某前書所論論其教之所從起而兄則指其所造以辨之某雖不曾看釋藏經教然而楞嚴圓覺維摩等經則嘗見之如來書所舉愛涅槃憎生死正是未免生死未出輪迴不了四相者正是未免生死未出輪迴四相雖有淺深粗精然其壽者相亦只是我相根本潛伏藏識謂之命根不斷故其文曰若有人讚歎彼法則生歡喜便欲濟度若

有人誹謗彼所得者即生嗔恨此亦正是未免生死
未出輪廻又如来教因地法行亦無身心受彼生死
正是免得生死出得輪廻伊川先生有曰釋氏只是
理會生死其他都不理會近有一前輩參禪禪叢中
稱其所得一日舉伊川先生之言曰某當時若得侍
坐便問道不知除生死外更有甚事不知尊兄所見
與此人優劣如何若尊兄初心不為生死不知因何
趨向其道来書實際理地雖不受一塵而佛事門中
不捨一法若論不捨一法則虎穴魔宮實為佛事淫
房酒肆盡是道場維摩使須菩提置鉢欲去之地乃

其極則當是時十地菩薩猶被呵斥以為取舍未忘
染淨心在彼其視吾詩禮春秋何啻以為緒餘土苴
唯其教之所從起者如此故其道之所極亦如此故
其嘗謂儒為大中釋為大偏以釋與其他百家論則
百家為不及釋為過之原其始要其終則私與利而
已來教謂佛說出世非舍此世而於天地外别有樂
處其本非謂其如此獨謂其不主於經世非三極之
道耳又謂若衆聖所以經世者不由自心建立方可
言經世異於出世而别有妙道也吾儒之道乃天下
之常道豈是别有妙道謂之典常謂之彝倫蓋天下

之所共由斯民之所日用此道一而已矣不可改頭換面前書固謂今之為釋氏者亦豈能盡捨吾道特其不主於是而其違順得失不足以為深造者之輕重耳尊兄謂行所當行尊兄日用中所行合理處自是天資之美與探討儒書之力豈是讀華嚴有省發後方始如此然尊兄豈能保其所行皆合於理乎韋編三絕而後贊易敢道尊兄未嘗從事如此工夫吾志在春秋敢道尊兄不能有此志我亦欲正人心息邪說距詖行放淫辭敢道此非尊兄之所欲如是而謂儒釋同恐無是理今尊兄將空諸所有其視硜硜

擊磬者果為何事哉若謂治大國若烹小鮮不以智
治國國之福或者其可以與尊兄之道並行而不悖
也某方吐胸中愚見欲求訂正其辭不得不自達願
尊兄平心觀之如不以為然幸無愛辭鄉時兄弟有
所論難尚蒙推挽令各極其意况在朋友彼此無他
疑正宜悉意評論期歸乎一是之地某平昔愚見所
到持論甚堅然人言有以服其心則不憚於幡然而
改惟尊兄有以知我非執己好勝者幸不憚盡言若
鄙言可采亦願尊兄不憚改轍也周公思兼三王以
施四事其有不合者仰而思之夜以繼日幸而得之

坐以待旦夫子自謂其爲人也發憤忘食樂以忘憂不知老之將至云耳又曰吾嘗終日不食終夜不寢以思無益不如學也又曰我學不厭而教不倦此其不可爲吾人標的乎但只如此隨見在去豈便無益於天下顧有如尊兄之質不可無惜處適得張南軒與家兄書今附達家兄處可試觀之如何家兄逼歲必歸宅上不知曾更有切磋否歲即除伏幾多爲親壽以厚新祉

與朱元晦

黄易二生歸奉正月十四日書備承改歲動息慰浣

之劇不得嗣問候又經時日深馳鄉聞已赴闕奏事
何日對敭伏想大攄素蘊為明主忠言動悟淵衷以
幸天下恨未得即聞緒餘沃此傾渴外間傳聞留中
講讀未知信否誠得如此豈勝慶幸鄉人彭世昌得
一山在信之西境距敝廬兩舍而近實龍虎山之宗
巨陵特起㕓然如象名曰象山山間自為原塢良田
清池無異平野山澗合為瀑流垂注數里兩崖有蟠
松怪石却略偃蹇中為茂林瓊瑤冰雪傾倒激射飛
灑映帶於其間春夏流壯勢如奔雷木石自為階梯
可沿以觀佳處與玉淵卧龍未易優劣往歲彭子結

一廬以相延某亦自為精舍於其側春間携一姪二
息讀書其上又得勝處為方丈以居前挹閩山奇峰
萬疊後帶二溪下赴彭蠡學子亦稍稍結茅其傍相
從講習此理為之日明舞雩詠歸千載同樂某昔年
兩得侍教康廬之集加欵於鵞湖然猶莽鹵淺陋未
能成章無以相發甚自愧也比日少進甚思一侍函
丈當有啓助以卒餘教尚此未能登高臨流每用悵
惘往歲覽尊兄與梭山家兄書嘗因南豐便人僭易
致區區蒙復書許以卒請不勝幸甚古之聖賢惟理
是視堯舜之聖而詢于芻蕘曾子之易簀蓋得於執

獨之童子蒙九二曰納婦吉苟當於理雖婦人孺子之言所不棄也孟子曰盡信書不如無書吾於武成取二三策而已矣或乖理致雖出古書不敢盡信也智者千慮或有一失愚者千慮或有一得人言豈可忽哉梭山兄謂太極圖說與通書不類疑非周子所為不然則或是其學未成時所作不然則或是傳他人之文後人不辨也蓋通書理性命章言中焉止矣二氣五行化生萬物五殊二實二本則一曰一曰中即太極也未嘗於其上加無極字動靜章言五行陰陽太極亦無無極之文假令太極圖說是其所傳或

其少時所作則作通書時不言無極蓋已知其說之非矣此言殆未可忽也兄謂梭山急迫看人文字未能盡彼之情而欲遽申已意是以輕於立論徒為多說而未必果當於理大學曰無諸已而後非諸人人無古今智愚賢不肖皆言也皆文字也觀兄與梭山之書已不能酬斯言矣尚何以責梭山哉尊兄向與梭山書云不言無極則太極同於一物而不足為萬化根本不言太極則無極淪於空寂而不能為萬化根本夫太極者實有是理聖人從而發明之耳非以空言立論使後人簸弄於頰舌紙筆之間也其為萬

化根本固自素定其足不足能不能豈以人言不言之故耶易大傳曰易有太極聖人言有今乃言無何也作大傳時不言無極太極何嘗同於一物而不足為萬化根本耶洪範五皇極列在九疇之中不言無極太極亦何嘗同於一物而不足為萬化根本耶太極固自若也尊兄只管言來言去轉加糊塗此真所謂輕於立論徒為多說而未必果當於理也兄號句句而論字字而議有年矣宜益工益密立言精確足以悟疑辨惑乃反昧脫如此宜有以自反矣後書又謂無極即是無形太極即是有理周先生恐學者錯

認太極別為一物故着無極二字以明之易之大傳
曰形而上者謂之道又曰一陰一陽之謂道一陰一
陽已是形而上者況太極乎曉文義者舉知之矣自
有大傳至今幾年未聞有錯認太極別為一物者設
有愚謬至此奚啻不能以三隅反何足上煩老先生
特地於太極上加無極二字以曉之乎且極字亦不
可以形字釋之蓋極者中也言無極則是猶言無中
也是奚可哉若懼學者泥於形器而申釋之則宜如
詩言上天之載而於下贊之曰無聲無臭可也豈宜
以無極字加於太極之上朱子發謂濂溪得太極圖

於穆伯長伯長之傳出於陳希夷其必有攷希夷之學老氏之學也無極二字出於老子知其雄章吾聖人之書所無有也老子首章言無名天地之始有名萬物之母而卒同之此老氏宗旨也無極而太極即是此旨老氏學之不正見理不明所蔽在此兄於此學用力之深為日之久曾此之不能辨何也通書中焉止矣之言與此昭然不類而兄曾不之察何也太極圖說以無極二字冠首而通書終篇未嘗一及無極字二程言論文字至多亦未嘗一及無極字假令其初實有是圖觀其後來未嘗一及無極字可見其

道之進而不自以爲是也兄今考訂注釋表顯尊信如此其至恐未得為善祖述者也潘清逸詩文可見矣彼豈能知濂溪者明道伊川親師承濂溪當時名賢居潘右者亦復不少濂溪之誌卒屬於潘可見其子孫之不能世其學也兄何據之篤乎梭山兄之言恐未宜忽也孟子與墨者夷之辨則據其愛無等差之言與許行辨則據其與民並耕之言與告子辨則據其義外與人性無分於善不善之言未嘗泛為料度之說兄之論辨則異於是如某今者所論則皆據尊兄書中要語不敢增損或稍用尊兄泛辭以相繩

糾者亦差有證據抑所謂夫民令而後得反之也兄書令梭山寬心游意反復二家之言必使於其所說如出於吾之所為者而無纖芥之疑然後可以發言立論而斷其可否則其為辨也不煩而理之所在無不得矣彼方深疑其說之非則又安能使之如出於其所為者而無纖芥之疑哉若其如出於吾之所為者而無纖芥之疑則無不可矣尚何論之可立否之可斷哉兄之此言無乃亦少傷於急迫而未精耶兄又謂一以急迫之意求之則於察理已不能精而於彼之情又不許盡則徒為紛紛雖欲不差不可得矣

殆夫子自道也向在南康論兄所解告子不得於言勿求於心一章非是兄令某平心觀之某嘗答曰甲與乙辨方各是其說甲則曰願某乙平心也乙亦曰願某甲平心也平心之說恐難明白不若據事論理可也今此急迫之說寬心游意之說正相類耳論事理不必以此等壓之然後可明也梭山氣禀寬緩觀書未嘗草草必優游諷詠耐久紬繹今以急迫指之雖他人亦未喻也夫辨是非別邪正決疑似固貴於峻潔明白若乃料度羅織文致之辭願兄無易之也梭山兄所以不復致辨者蓋以兄執己之意甚固而

視人之言甚忽求勝不求益也其則以爲不然尊兄平日惓惓於朋友求箴規切磨之益蓋亦甚至獨羣雌孤雄人非惟不敢以忠言進於左右亦未有能爲忠言者言論之横出其勢然耳向來相聚每以不能副兄所期爲愧比者自謂少進方將圖合并而承教令兄爲時所用進退殊路合并未可期也又蒙許其吐露輒寓此少見區區尊意不以爲然幸不憚下教政遠惟爲國保愛倚需柄用以澤天下

二

伏自夏中拜書尋聞得對方深贊喜冐疾遽與重爲

駭嘆賢者進退綽綽有裕所甚惜者爲世道耳承還里第屢欲致書每以冗奪徒積傾馳江德功人至奉十一月八日書備承作止之詳慰浣良劇比聞邸報竊知名命不容辭免莫須更一出否吾人進退自有大義豈直避嫌畏譏而已哉前日面對必不止於職守所及恨不得與聞至言後便儻可垂教否前書條析所見正以疇昔負兄所期比日少進方圖自贖耳來書誨之諄複不勝幸甚愚心有所未安義當展盡不容但已亦尊兄教之之本意也近漸間一後生貽書見規以爲吾二人者所習各已成熟終不能以相

爲莫若置之勿論以俟天下後世之自擇鄙哉言乎此輩凡陋沉溺俗學悖戾如此亦可憐也人能弘道非道弘人此理在宇宙間固不以人之明不明行不行而加損然人之爲人則抑有其職矣垂象而覆物天之職也成形而載物者地之職也裁成天地之道輔相天地之宜以左右民者人君之職也孟子曰幼而學之壯而欲行之所謂行之者行其所學以格君心之非引其君於當道與其君論道經邦燮理陰陽使斯道達乎天下也所謂學之者從師親友讀書考古學問思辨以明此道也故少而學道壯而行道者

士君子之職也吾人皆無常師周旋於羣言淆亂之中俯仰參求雖自謂其理已明安知非私見蔽詭若雷同相從一唱百和莫知其非此所甚可懼也何幸而有相疑不合在同志之間正宜各盡所懷力相切磋期歸于一是之地大舜之所以爲大者善與人同樂取諸人以爲善聞一善言見一善行若決江河沛然莫之能禦吾人之志當何求哉惟其是已矣疇昔明言善議拳拳服膺而勿失樂與天下共之者以爲是也今一旦以切磋而知其非則棄前日之所習勢當如出陷穽如避荆棘惟新之念若決江河是得所

欲而遂其志也此豈小智之私鄙陋之習崇勝恥負者所能知哉弗明弗措古有明訓敢悉布之尊兄平日論文甚取曾南豐之嚴徤南康爲别前一夕讀尊兄之文見其得意者必簡徤有力每切歎服嘗謂尊兄才力如此故所取亦如此今閱得書但見文辭纔繞氣象褊迫其致辨處類皆遷就牽合甚費分疎終不明白無乃爲無極所累反困其才耶不然以尊兄之高明自視其說亦當如白黑之易辨矣尊兄嘗曉陳同父云欲賢者百尺竿頭進取一步將來不作三代以下人物省得氣力爲漢唐分疎即更脫灑磊落

今亦欲得尊兄進取一步莫作孟子以下學術省得氣力爲無極二字分疏亦更脫灑磊落古人質實不尚智巧言論未詳事實先著知之爲知之不知爲不知所謂先知覺後知先覺覺後覺者以其事實覺其事實故言即其事事即其言所謂言顧行行顧言周道之衰文貌日勝事實湮於意見典訓蕪於辨說揣量模寫之工依放假借之似其條畫足以自信其習熟足以自安以子貢之達又得夫子而師承之尚不免此多學而識之之見非夫子叩之彼固晏然而無疑先行之訓予欲無言之訓所以覺之者屢矣而終

不悟顔子既沒其傳固在曾子蓋可覩已尊兄之才未知其與子貢如何今日之病則有深於子貢者尊兄誠能深知此病則來書七條之說當不待條析而自解矣然相去數百里脫或未能自克淹回舊習則不能無遺恨請卒條之來書本是主張無極二字而以明理爲說其要則曰於此有以灼然實見太極之真體某竊謂尊兄未曾實見太極若實見太極上面必不更加無極字下面必不更着真體字上面加無極字正是疊床上之床下面着真體字正是架屋下之屋虛見之與實見其言固自不同也又謂極者正

以其究竟至極無名可名故特謂之太極猶曰舉天下之至極無以加此云耳就令如此又何必更於上面加無極字也若謂欲言其無方所無形狀則前書固言宜如詩言上天之載而於其下贊之曰無聲無臭可也豈宜以無極字加之太極之上繫辭言神無方矣豈可言無神言易無體矣豈可言無易老氏以無爲天地之始以有爲萬物之母以常無觀妙以常有觀竅直將無字搭在上面正是老氏之學豈可諱也惟其所蔽在此故其流爲任術數爲無忌憚此理乃宇宙之所固有豈可言無若以爲無則君不君臣

不臣父不父子不子矣楊朱未遽無君而孟子以為無君墨翟未遽無父而孟子以為無父此其所以為知言也極亦此理也中亦此理也五居九疇之中而曰皇極豈非以其中而命之乎民受天地之中以生而詩言立我烝民莫匪爾極豈非以其中而命之乎中庸曰中也者天下之大本也和也者天下之達道也致中和天地位焉萬物育焉此理至矣外此豈更復有大極哉以極為中則為不明理以極為形乃為明理乎字義固有一字而數義者用字則有事一義者有兼數義者而字之指歸又有虛會虛字則但當論

字義實字則當論所指之實論其所指之實則有非字義所能拘者如元字有始義有長義有大義坤五之元吉屯之元亨則是虛字專爲大義不可復以他義參之如乾元之元則是實字論其所指之實則文言所謂善所謂仁皆元也亦豈可以字義拘之哉極字亦如此太極皇極乃是實字所指之實豈容有二充塞宇宙無非此理豈容以字義拘之乎中即至理何嘗不兼至義大學文言皆言知至所謂至者即此理也語讀易者曰能知太極即是知至語讀洪範者曰能知皇極即是知至夫豈不可蓋同指此理則曰

極曰中曰至其實一也一極備凶一極無凶此兩極
字乃是虛字專爲至義却使得極者至極而已於此
用而已字方用得當尊兄最號爲精通詁訓文義者
何爲尚惑於此無乃理有未明正以太泥而反失之
乎至如直以陰陽爲形器而不得爲道此尤不敢聞
命易之爲道一陰一陽而已先後始終動靜晦明上
下進退往來闔闢盈虛消長尊卑貴賤表裏隱顯向
背順逆存亡得喪出入行藏何適而非一陰一陽哉
奇耦相尋變化無窮故曰其爲道也屢遷變動不居
周流六虛上下無常剛柔相易不可爲典要惟變所

適說卦曰觀變於陰陽而立卦發揮於剛柔而生爻和順於道德而理於義窮理盡性以至於命又曰昔者聖人之作易也將以順性命之理是以立天之道曰陰與陽立地之道曰柔與剛立人之道曰仁與義下繫亦曰易之爲書也廣大悉備有天道焉有人道焉有地道焉兼三才而兩之故六六者非他也三才之道也今顧以陰陽爲非道而直謂之形器其孰爲昧於道器之分哉辯難有要領言辭有指歸爲辨而失要領觀言而迷指歸皆不明也前書之辯其要領在無極二字尊兄確意主張曲爲飾說既以無形釋

之义謂周子恐學者錯認太極別爲一物故著無極
二字以明之朞於此見得尊兄只是强說來由恐無
是事故前書舉大傳一陰一陽之謂道形而上者謂
之道兩句以見粗識文義者亦知一陰一陽即是形
而上者必不至錯認太極別爲一物故曰况太極乎
此其指歸本自明白而兄曾不之察乃必見誣以道
上別有一物爲太極通書曰中者和也中節也天下
之達道也聖人之事也故聖人立教俾人自易其惡
自至其中而止矣周子之言中如此亦不輕矣外此
豈更別有道理乃不得比虛字乎所舉理性命章五

句但欲見通書言中言一而不言無極耳中焉止矣一句不妨自是斷章兄必見誣以屬之下文兄之爲辯失其指歸大率類此書盡信書不如無書其實深信孟子之言前書釋此段亦多援據古書獨頗不信無極之說耳兄遽坐以直絀古書爲不足信兄其深文矣哉大傳洪範毛詩周禮與太極圖說孰古以極爲形而謂不得爲中以一陰一陽爲器而謂不得爲道此無乃少絀古書爲不足信而徵任胸臆之所裁乎來書謂若論無極二字乃是周子灼見道體迥出常情不顧傍人是非不計自已得失勇往直前說出人

不敢說底道理又謂周子所以謂之無極正以其無方所無形狀誠令如此不知人有甚不敢道處但加之太極之上則吾聖門正不肯如此道耳夫乾確然示人易矣夫坤隤然示人簡矣太極亦曷嘗隱於人哉尊兄兩下說無說有不知漏洩得多少如所謂太極真體不傳之秘無物之前陰陽之外不屬有無不落方體迥出常情超出方外等語莫是曾學禪宗所得如此平時既私其說以自妙及教學者則又往往秘此而多說文義此漏洩之說所從出也以實論之兩頭都無着實彼此只是葛藤末說氣質不美者樂

寄此以神其姦不知繫絆多少好氣質底學者旣以病已又以病人殆非一言一行之過兄其母以久習於此而重自反也區區之忠竭盡如此流俗無知必謂不遜書曰有言逆于汝心必求諸道諒在高明正所樂聞若猶有疑顧不憚下教政遠惟爲國自愛

三

往歲經筵之除士類胥慶延跂以俟吾道之行乃復不究起賢之禮使人重爲慨嘆新天子即位海内屬目然罷行陞黜率多人情之所未諭者羣小騈肩而騁氣息怫然諒不能不重勤長者憂國之懷其五月

晦日拜荊門之命下上之日實三月二十八日恭審
元章關尚三年半頗有以教之首卷借兵之還伏領
賜報備承段歲動息慰次之劇惟其不度稍慮愚忠
未蒙省察反成嘻笑謙抑非情實過深矣不勝皇恐
向蒙尊兄從其條析且有無若令兄遽斷求章之戒
深以為李別紙所謂我日斯邁而月斯征各尊所聞
各行所知亦可矣無復望其必同也不謂尊兄遽作
此語甚非所望君子之過也如日月之食焉過也人
皆見之及其更也人皆仰之通人之過雖微薄藥父
嘗自悟誇今尊兄必遽然於此矣顧依末光以卒餘

敎

與吳顧仲

屢承訪逮深見嗜學之誠顧荒繆無以塞盛意爲别未幾已有思詠便風得書承比辰進修多福爲慰顧仲質朴甚可嘉爲學固不可迫切亦當有窮究處乃有長進若能隨分窮究廢弛豈所患也又所依得賢主人不患無浸潤之益也凌遽占復莫既所懷惟勉學自愛

二

得書讀之其辭與鄉時書辭不相類儘平常妥帖無

甚病痛但恐亦是偶然耳若果如此自能隨時學問不患無益縱無甚益亦不至有甚繆戾也況朝夕得親灸黄丈又得與濟先相處不可謂乏師友也包顯道歸遣此爲復莫究所欲言惟勉學自愛

象山先生全集卷之二

象山先生全集卷之三

書

與童伯虞

某秋試幸不爲考官所取，得與諸兄諸姪切磨於聖賢之道，以滓昔非，日有所警，易荊棘陷穽以康莊之衢，反羈旅乞食而居之於安宅，有足自慰者。足下往年心期於子兄子壽，今年又與僕相處，趨向固不凡。近環吾居數百里間，前此蓋不多若足下者。然僕處足下之館幾半載，而不能回足下眷眷聲利之心，此誠僕淺陋之罪。曾子曰：視其庭，可以搏鼠，烏能與我歌乎仲尼顏子之所樂宗廟之美百官之富金革百萬之衆在其中此豈可以二用其心而期與富貴利達兼得之者哉記曰富潤屋德潤身孟子曰趙孟之所貴趙孟能賤之又曰仁義忠信樂善不倦此天爵也公卿大夫此人爵也孟子之時求人爵者尚必修其天爵後世之求人爵蓋無所事於天爵矣捨此而從事於彼何啻養一指而失其肩背況又求之有道得之有命非人力所可必致者而反營營汲汲於其間以得喪爲欣感感亦甚矣子思曰人皆曰予知驅而納諸罟擭陷穽之中而莫之知辟也來書謂無我

笑此僕之所憫惜非所笑也足下雖不言僕固知之深矣向僕旣不能舉閙足下鎻試亦不中甚欲即書一紙爲足下言之因循不遂比來此念尤切方此圖之竟爲來書所先輙布此爲復

與劉深甫

來書示以方册所疑足見爲學不苟簡然其理皆甚明白本無可疑若於此未能通曉則是進學工夫不甚純一未免滯於言語爾今欲一一爲深父解釋又恐只成言語議論無益於深父之身之心非徒無益未必不反害之也大抵爲學但當孜孜進德脩業使

此心於日用間戕賊日少光潤日著則聖賢垂訓向以爲盤根錯節未可遽解者將渙然冰釋怡然理順有不加思而得之者矣書曰思曰睿睿作聖孟子曰思則得之學固不可以不思然思之爲道貴切近而優游切近則不失己優游則不滯物易曰擬之而後言議之而後動孟子曰權然後知輕重度然後知長短物皆然心爲甚記曰心誠求之雖不中不遠矣日用之間何適而非思也如是而思安得不切近安得不優游至於聖賢格言切近的當昭晰明白初不難曉而吾之權度其則不遠非假於外物開卷讀書時

整冠肅容平心定氣詁訓章句苟能從容勿迫而諷詠之其理當自有彰彰者縱有滯礙此心未充未明猶有所滯而然耳姑舍之以俟他日可也不必苦思之苦思則方寸自亂自蹶其本失已滯物終不明白但能於其所已通曉者有鞭策之力涵養之功使德日以進業日以修而此心日充日明則今日滯礙者他日必有冰釋理順時矣如此則讀書之次亦何適而非思也如是而思安得不切近安得不優游若固滯於言語之間欲以失已滯物之智强探而力索之非吾之所敢知也某銓曹再黜來歲又未免一來深

父勉之謹無以言語議論妨進修之路使此心之良無斧斤之伐牛羊之牧而有雨露之需滋雷風之鼓舞日以暢茂條達則來示數章不求解於他人矣

與張輔之

來書累累及已事辭複而意切讀之甚喜慰茍如是誰不欲相告者况如某之直而多言者耶令此子壽兄入邑此事政可面論第恐事罷不復能留至邑又有謁見應接之煩雖相見有不暇及此耳故略寓此言之蒙諭鍼膏肓之說且師友切磋之言孰不欲各中其病顧恐學未至識未明不能知人之病耳又恐

言或中病而聽者不自以爲病不能受耳又子方求
吾言但當盡子受言之道不當教我告子之方使我
告子而無其方則其言不足求矣子豈可教之使如
何而告子耶必欲教人告己是何異教玉人雕琢玉
哉至引孔子荅弟子問仁問政問孝之説此尤非所
宜言孟子於孔子特曰願學而已吾於孔子弟子方
且師仰敬畏之不暇如顔子曾子固不待論平時讀
書至子夏子游子張蘧伯玉南宫适諸賢言行未嘗
不惕焉愧畏欽服而師承之而子遽可以孔子望我
耶且子既能究觀聖人荅弟子之言知其無不盡處

擴而充之聖人亦只如此是已知教人之方則吾
當此面矣尚何以鍼子膏肓耶雖然庸詎知此言之
非鍼子膏肓也寫至此欲止恐子未能深悟試更為
詳言之學者大病在於師心自用師心自用則不能
克己不能聽言雖使羲皇唐虞以來羣聖人之言畢
聞於耳畢熟於口畢記於心秪益其私增其病耳為
過益大去道愈遠非徒無益而又害之來書謂備嘗
險阻辛苦而無操心危慮患深之效此亦非也子之
能特然自立異於流俗趣舍必求是而施設不苟人
之所為有所不敢為人所不能為已或能為之人之

所知有所不敢知人所不能知已或能知之凡此豈非操心危慮患深之效歟雖然至於師心自用學植不進未必不由此也古之所謂曲學詖行者不必淫邪放僻顚顚狼狽如流俗人不肖子者也蓋皆放古先聖賢言行依仁義道德之意如楊墨鄉原之類是也此等不過聖賢知道者則皆自負其有道有德人亦以爲有道有德豈不甚可畏哉曾子曰尊其所聞則高明行其所知則光大尊所聞行所知要須本正其本不正而尊所聞行所知只成得箇擔板自沉溺於曲學詖行正道之所詆斥累百世而不赦豈不甚

可畏哉若與流俗人同過其過尚小擔版沉溺之過其過甚大真所謂膏肓之病也來書舉程明道先生靜亦定動亦定之語此非子之所知也定之於動靜非有二也來書自謂靜而定亦恐未能果如是也是處靜處動不同矣子之意豈不自謂靜時尚或能定獨難於動而定耶凡子之所謂定者非果定也豈有定於靜而不能定於動耶至又謂近雖未能不動而於動中之定頗庶幾焉此正是擔版處見子壽兄可面扣之若已悟得亦不妨驗過如意有未平而子壽處或冗未暇言無惜以片紙見問切磋之益政有所

望非所敢憚也

二

前嘗論子爲學之病及得二十一日報帖又知子尚未深曉特然自立之節較之流俗人則爲賢者在子之身則爲深病吾非不知子之踐履尚未能不自愧顧以爲踐履未至此節已常在胸中耿耿然爲拒善之藩籬而不能以自知況踐履既至自無愧於心其爲病可勝言哉凡子之病皆性之不純理之不明而外之勢又有以增其病而無以藥之者子之病非獨子有之也人皆有之顧在流俗人而或有之是則可

善非可責也至於知學者有此病則其觀聖賢之訓聽師友之言必當惕焉愧悔改革不如是謂之不知學可也子欲問大學之道而不知此病雖於特然自立處一向加功將必不能至於無所愧縱不自知自謂無愧識者觀之正是一場大擔版耳吾之所望於子者非以流俗人望子也如以流俗人望子則子流俗人賢者矣勉而進之誠流俗中大賢者矣望之以聖賢之門乃始爲一膏肓之病人也此病去自能改過遷善服聖賢之訓得師友之益如動亦定靜亦定之說亦不必苦心而自明也見此書如未深省但當

以此書於讀書應事暇時常常提省又當自知之如疑欲辨無惜詳列

三

兩書所言踐履之說皆未曉劣者之意前書所謂踐履不說聖賢踐履只說輔之之所踐履君子有君子踐履小人有小人踐履聖賢有聖賢踐履拘儒瞽生有拘儒瞽生踐履若果是聖賢踐履更有甚病雖未至未純亦只要一向踐履去久則至於聖賢矣只爲輔之踐履差了正如適越北轅愈騖而愈遠前書分明與子說是拒善之藩籬既是拒善之藩籬又豈可

與聖賢踐履同日而語凡所與子言者皆只是入頭
處何謂不教以入頭處也如中庸戒謹恐懼之言子
正不能如是充子之踐履識者觀之正有可愧可耻
不能戒謹不能恐懼莫甚焉二十五日書至㮣讀之
見其頗無條理諸兄皆以為此必輔之氣未平時所
言使少遲半日必不如是荅書也某以為須是深省
其病深生愧恐改革自新然後能所言中理如不知
其過則雖心平氣定辭不悖謬亦未必能中理也如
所謂初不容以口舌辨之說此正師心自用拒善不
能改過之明驗尚何戒謹恐懼之有

與曹挻之

挻之氣質勁直本無他病初謂肯篤志學問自應日進來書氣象甚覺齟齬至有一貫多學之辯此似無謂大抵學者且當大綱思省平時雖號爲士人雖讀聖賢書其實何曾篤志於聖賢事業往往從俗浮沉與時俯仰徇情縱欲汩没而不能以自振日月逾邁而有泯然與草木俱腐之耻到此能有愧懼大决之志乃求涵養磨礪之方若有事役未得讀書未得親師亦可隨處自家用力檢點見善則遷有過則改所謂心誠求之不中不遠若事役有暇便可親書册所

讀書亦可隨意自擇亦可商量程度無不有益者看挺之殊未曾如此着實作工夫何遽論到一貫多學之處此等議論可且放下且本分隨自已日用中猛省自知愧怍自知下手處矣既着實作工夫後來遇師友却有日用中着實事可商量不至爲此等虛論也

與曹立之

某駑劣之資禍患之中筋力氣血甚覺衰憊非復向時之比然更嘗之多愈覺欲速助長之病故講授處又差省力耳所謂趙學古書甚有直氣然於理致則

不爲甚明正使立之之言盡當於理亦未可必彼人之聽從但據今立之之學則正宜有以自反未遽可以責彼之難曉也承欲某詳指其非非惟不暇亦恐不在此蒙問致知知止正心誠意知至至之知終終之次序深切慨歎不知立之許多時在幹當甚事觀如此問文字一似夢中起來相似立之尚如此又何怪得趙學古也知至至之知終終之一段程先生說得多少分明立之不應不曉文義恐是用意過當翻有如此疑惑隱窒之說已是當時病語然亦無難曉者只是說每事上便有知與不知者有知得到底者

有知不到底者縱令知得到底亦須是奉以周旋弗敢失墜乃始能卒終其事其意亦初無深奧然用此解易則不可蓋易言知至知終是總說不是說每事蒙問謏及之不必滯泥大抵讀古人書若自滯泥則坦然之理飜成窒礙疑惑若滯泥既解還觀向之窒礙疑惑者却自昭然坦然當是時但恐不能力行以終之耳

二

得書乃知周丞處書未達其間大槩論立之果於自是其說而不能盡人之說所述敏道正甫之言以示

二公皆謂立之殊失其辭旨某往在都下與四方朋友講辨當其失辭處必徐謂之曰恐老兄未能自達其意必使審思而善其辭彼或未能自申則代之爲說必使其人本旨明白言足以盡其意然後與之論是非是非本在理當求諸其理不當求諸其辭辭失而非其意尤不當據況又非其辭而可據乎若各以言語占道理其敘述他人處必如法吏之文致則只成是必欲其說之勝非所以求至當也大抵人之所見所學固必自以爲是與異已者辨固當各伸其說相與講求其至期歸乎一是之地固不可苟合强同

然至其未能盡他人之説而果於自是則其勢必歸
於欲已説之勝無復能來其至當矣公孫丑管仲晏
子之功可復許乎之問其見至陋孟子斥之之辭亦
甚峻切然丑不但已難之至再至三故孟子之意愈
白而丑之惑亦解景丑尹士充虞之問亦然問辨如
此雖甚堅而不可屈益爲明理者之願無他惟各盡
其所疑以盡人之説非以自是之意必之於其先也
至如夫子對陽貨則遜辭以適其意而不與之辨荅
子路何必讀書之説則厲辭以斥其過而不容其辨
又如孟子排告子夷之陳相之説亦皆先有自必之

意此則聖賢洞照彼已所見甚明已臻其至而不復有可改易者也若此則不可與學者請益決疑講道求是之時同年而語矣恐立之所見已如聖賢之臻其至不復可以改易方將解他人之惑以明其道則又不可以前說議立之矣然區區之見以為立之今日所到去聖賢尚遠未可遽尸此任想立之亦未遽如此但失於講究墮常人之通患爾由前之說乃今日講辨者之通患也然遂此而不改則是人各是其所是而非其所非至當一是之地不復可至矣立之鄉與趙學古往復書病正坐此聲色臭味富貴利達

流俗之所汩沒者在此立之自少有志度越此等非
出於勉强道之不明不行佛老之徒遍天下其說皆
足以動人士大夫鮮不溺焉立之儒雅自將未嘗一
入其樊懈怠縱弛人之通患知之非艱行之惟艱靡
不有初鮮克有終人所同戒立之志力堅固踐行有
常苟有所知自許不畔人之質性有賢善者多病於
庸立之自少開爽文義洽通凡有血氣皆有爭心苟
有所長必自介恃當其蔽時雖甚不足道者猶將挾
以傲人豈可望其以能問於不能以多問於寡也立
之平日所積不爲不多然聞有談道義者必屈己納

交降心叩問原其設心本以審是求理非直爲名而已也凡此皆立之之實非有所譽若立之者可謂士矣然求之中行狂狷則當立於狷者之列固有所强矣而不免於弱固有所明矣而不免於闇蕱病固不能免而所大患者尤在於不明不明必欲天下之理無所不明必至夫子耳順之年而後可言然學而不厭發憤忘食回非助我啓予者商則雖夫子之聖亦非有天下之理皆已盡明而無復有可明之理今謂立之不明者非固責其不能盡明天下之理蓋謂其有不自知之處也人各有能有不能有明有不明若能爲

能不能爲不能明爲明不明爲不明乃所謂明也狂
者進取猖者有所不爲立之疇昔乃猖者之體至其
皇皇於求善汲汲於取益而不敢自安自弃固有不
終猖之勢此來言論果決不復有不自安之意自信
篤確不復有求善取益之實如得崑崙之竹協以鳳
鳴校以秬黍方將同律度量衡以齊一天下則與前
所謂猖者之體大不侔矣誠使立之之學果至此地
固不可泛議其超躐也陳后山有曰醉酒者亂操刀
者割則有以使之也其雖淺陋然留意學問之日久
更嘗頗多若所以使立之至此者頗能知其本末今

立之但能以有言逆于汝心必求諸道之法試思之當亦有自知者矣以爲有序其實失序以爲有證其實無證以爲廣大其實小狹以爲公平其實偏側將爲通儒乃爲拘儒將爲正學乃爲曲學以是主張吾道恐非吾道之幸姑隨所見其號不侈小心退遜以聽他日之進則小可大狹可廣拘可通曲可直便不至失序便不至無證苟能自省雖才質下於立之者可免此病苟不自省雖才質高於立之者亦或有此病子夏孔門之高弟百世之師表其才質豈易得哉當時夫子告之曰汝爲君子儒無爲小人儒夫所謂

小人者豈險賊不正之謂哉果險賊不正則又安得謂之儒雖曰儒矣然而有所謂小人儒言必信行必果硜硜然小人哉雖曰小人哉然不可不謂之士尹士所疑於孟子者非險賊不正之謂也然聞孟子之言則曰士誠小人也今智識未能及尹士而其號則侈於孟子立之能於此自省則庶乎能免於不明之患矣承欲雜説謾錄近一二書併論學一段去論學一段雖是舊所説然恐立之不及見亦欲立之更留心考之横渠先生云見識長得一格看得又别此語誠是

與黃日新

執別彌年比復得一見目足下之貌耳足下之言知足下之學甚稱其所以爲名欣喜踴躍不以今日之同舉送而以其同心志也善惡邪正君子小人之各以氣類相從蓋如此雖然此有大可畏者以夫子之聖孟子之賢猶不免叔孫臧倉之毀僕與足下蓋所謂志乎善與正而君子之徒者也繩之以聖賢之事固有不勝其任者然聖賢之所與也亦聖賢之所責也若志夫邪惡之小人則固與我薰蕕矣盜憎主人犬吠希見僕與足下之所與殆憎吠之招也吁可畏

哉彼狃於習俗蔽於聞見以陷於惡而失於本心者
不可遽謂之小人。聞善而慕，知過而懼，皆君子之徒
也。若乃親善人，聞善言，見善行，而狠愎自若，無所忌
憚，慧黠姦慝，常有毀傷善類之心，此所謂志夫邪惡
之小人，而聖人所用發蒙之道，以說其桎梏者也。其
甚者亦獨能使之革面而已。喜憎吠者，蓋此流也。天
將降大任於是人，必先苦其心志，行拂亂其所爲，所
以動心忍性，增益其所不能。足下其識之。僕之言將
若左契，安其身而後動，易其心而後語，定其交而後
求，行有不得者，反求諸其身。此僕之所聞所知而未能

者願與足下共講而共由之

與黄元吉

道廣大學之無窮古人親師求友之心亦無有窮已以夫子之聖猶曰學不厭况在常人其求師友之心豈可不汲汲也然師友會聚不可必得有如未得會聚則隨已智識隨已力量親書冊就事物豈皆蒙然憒然略無毫髮開明處曾子曰尊其所聞則高明行其所知則光大非欺人也今元吉縱未有聞所未聞見所未見處且隨前日所已聞已知者尊之行之亦當隨分有日新處莫未至全然爲冥行也學者未得

親師友時要嘗隨分用力隨分考察使與汲汲求師友之心不相妨害乃爲善也此二者一有偏勝便入私小即是不得其正非徒無益而害之也

與喬德占

其時下粗遣無足道者披讀來示情文煥然如昔者之見德占未之有改不唯不改抑似有益甚者教以爲學日知其難過失日覺其多朝夕恐懼非不鄙無似以爲可語安肯及此愚見所及用不敢自外於左右所謂知難覺過者蓋未知其難未覺其過而恐懼者非所以爲恐懼也誠能知難知過知恐懼則雖無

此言千里之外尺書之間當必有其驗矣潛雖伏矣亦孔之昭誠之不可揜固如此此過不除學者大患不然則如所云者適足以增其驕益其疾焉而已矣將有窮年卒歲愈騖愈遠而不自知者甚可懼也

與諸葛受之

某自承父師之訓平日與朋友切磋輙未嘗少避爲善之任非敢奮一旦之決信不遜之意徒爲無顧忌大言誠以疇昔親炙師友之次實深切自反灼見善非外鑠徒以交物有蔽淪胥以亡大發愧耻自此鞭策駑蹇不敢自弃今契丈之賢乃復猶豫於此無乃

反己未切省己未深見善未明以不能自奮也儻一旦幡然沛然誰得而禦孟子曰自謂不能者自賊者也幸無忽自屈抑愚見如此若有未安幸詳見教

象山先生全集卷之三

象山先生全集卷之四

書

見李德遠

古之學者汲汲焉惟君子之見非以其位華要之地可以貴已也非以其積祿邑之贏可以惠已也非以其妙速化之術可以授已也然而人宜之後世反此凡其僕僕於人者必其位華要之地者也不然則積祿邑之贏者也不然則妙速化之術者也非以是三者雖君子無見焉有不是三者之爲而惟君子之從必相與羣而耶揄之以爲狂且怪其生七歲讀書十

三志古人之學今二十有四矣而漫刺未嘗有所投乃汲汲馬登閣下之門固衆人之所耶俞以爲狂且怍然而甘心犯之惟以古人自慰爾敎而進之於閣下固宜

得解見提舉

古之見者必以贄今世之贄以文文之作所以道進見之意當介紹之辭而其弊至於苟爲之說恭敬者君子之道非是無以爲禮而反之者夷倨慢媟失之者恭至於足敬至於謬夫無根苟作之說叢雜緜纏之文則僕之所不能夷倨慢媟足恭謬敬則僕之所

不敢欲聞名於將命者而介紹之辭不先羔鴈之禮
不講用捧咫尺之書以道其進見之意而已某七歲
讀書十三志古人之學亦時習舉子之文不好也二
十四以書見先達李公今經略廣西者書辭纔百餘
言而李公嘉之是歲實今天子新即位頒科詔而某
獨殊無應書之意李公以爲不可乃以向爲舉子業
云李公亦謂爲能其秋竟就試中選習俗之禮凡官
于是者無問其與舉選之事與否中選者均往謝焉
退又爲啓以授之曰大謝某竊以爲舉送公也從而
謝焉私也謝之號固不可求其所謂謝之文讀之於

心甚不安故獨不敢謝見太守以其舉送也見貳車以其涖試也是時王公爲使於此某亦慕其賢而欲見焉而王公適以召去不及見今某後在舉送之列而執事爲使於此其賢尤爲人之所敬服用列前之所爲與今之所以進見者爲贄焉爾惟執事進而教之

得解見權郡

某聞君子行不貴苟異然習俗之弊害義違禮非法制之所拘而必曰不苟異而局局然不敢少違至於禮義之所在非法制之所禁乃曰不苟異而不敢行

則亦非君子之道矣今之舉送古賓興理也其著之令甲行之官府者皆所以防姦僞待薄俗聖人之不得已也六籍所載雖不能無脫亂訛誤然前聖之格言先王之善政其存固多較然可考明天子固以此望天下之賢牧守習俗之弊害義違禮而非法制之所拘者能徹而新之六籍所載義禮所在而非法制之所禁者能率而行之此豈非明天子之所欲賢牧守之所當講而儒衣冠者之所願也且法制之未善朝廷猶有望於縉紳之講明而況非法制之所拘者乎今之與舉送者獨觀揭示各為文辭羣聚而往謝

舉送者舉送者乃爲之禮然則斯禮也蓋出於與舉
送者之所求而非先王之時所謂以禮禮賓之者也
況古者以名舉人猶所舉者不謝而舉之者不受謝
今之舉以糊名其說以爲尤公則亦奚以謝爲舉者
進謝之禮蓋習俗之弊而以禮禮賓之者蓋先王之
禮而賢牧守之所宜舉行於今日者也故某之進見
不敢辭而獨以是爲贄進越之罪惟執事察而恕之

得辟見通判

子游猶澹臺子羽非公事未嘗至其室非公事而至
公庭不可也某旅試塗棘之間而執事實臨涖之既

覩揭示獲與其選用此闈名於將命者不爲不可習俗有進謝之禮公舉而私謝僕以爲未安適以書言於攝使君甚詳且謂舉送者俟中選之士謝焉而後禮之非所謂以禮禮實之之意意之未究者敢布之執事幸垂聽而察焉嘗觀漢朱博逆折儒掾之辭竊嘆俗吏取必三尺俗儒妄説經籍蕪穢大道汙玷前哲罪不容於誅博折掾曰且持此道歸俟堯舜君出爲陳説之而掾辭不復博蓋知其不能捨爲掾而去夫言聖人之道而爲人折辱如此乃獨不能捨爲掾而去則當時所陳與今日所養所學可知矣科舉之

法唐楊綰欲變之而不克變今日堯舜之君在上天
下之好古樂道者莫不以爲必變法僕以爲不必遽
及於變也大冬之與大夏寒暑之相去遠矣而其運
未始頓異毫末之與合抱小大之相去遠矣而其生
未始頓進病法之未善而悻然曰必變非所謂包荒
之量神而化之之道矣幾何而不敗迺事哉然狃故
常而莫之改偷安便而不肯爲因循苟且棄玩歲月
則是大冬之不復夏而毫末之不復進而可乎故必
變而通之然後可以言化之之神而貴包荒之量者
以其有馮河之勇可以革弊去蠹有變通之利而無

矯激之難也今其之所陳於攝使君者乃先王之禮
明天子之所望於賢牧守者所謂有變調之利而無
矯激之難者也精賢而成之惟執事是賴若乃須已故
之德美述前日之能事則非事大賢君子之道故不
敢以進

與諸葛誠之

誠之嗜學甚篤又有朋友問允所賴者訊後習
與諄諄叟欽曲否既見其過義不宜嘿承諭惟知頓身
於規矩準繩中而痛鋤狂妄之根誠使心不狂妄而
身中規矩準繩不亦善乎縱未能如此但狂妄日減

日就規矩準繩已以純熟亦爲難得以誠之之勤篤從事於規矩準繩中此亦其所長也但不知所謂狂妄之根者果何如將何如而鋤之不知下手鋤時便鋤得去也無若鋤得去自後却遂無此矣爲復此根非若草木之根一鋤去後便無雖鋤得去又復生耶爲復雖鋤之而不能盡去之耶又不知此狂妄之根與常人同不與常人同是素來有此是後來起得若後來起得却是因何而起凡此皆當辨明又誠之所愧惕者爲復只是狂妄未息未中規矩準繩而愧惕爲復別有未足處後愧惕爲復二者兼之此一節亦

須明白古人不自滿假克自抑畏戒謹不覩恐懼不
聞戰戰兢兢如臨深淵如履薄冰取善求益如恐不
及者乃其踐履之常也誠若此者非如桎梏陷阱然
也中庸言恐懼乎其所不聞而大學言有所恐懼則
不得其正此其辨也講學固無窮然須頭項分明方
可講辨若自交加糊塗則須理會得交加糊塗處分
明方可講辨如楊朱墨翟老莊申韓其道雖不正其
說自分明若是自分明雖不是亦可商確理會大抵
講學有同道中鞭策切磨者有道不同而相與辨明
者如孟子與楊墨告子辨此是道不同而與之辨明

者也如舜禹益皐陶相與都俞吁咈夫子與顔淵仲
弓閔子騫相與問答是同道中發明浸灌鞭策切磨
者也如子夏子游之論門人小子子張子夏之言交
道雖同師夫子各有所得亦是有不同處當時子夏
子游子張各知其有不同乃有商量處縱未能會通
亦各自分明若更要理會盡不糊塗承合并之期不
遠且欲得誠之自理會得頭項分明庶幾相見有可
理會也

二

承論學術更不費力求無懈怠自然常不離道若全

從心所欲不踰矩之地矣此理固無阻顧恐公未有
此力量爾中人之質戕賊之餘以講磨之力暫息斧
斤浸灌於聖賢之訓本心非外鑠當時豈不和平安
泰更無艱難繼續之不善防閑之不嚴昏氣惡習乘
懈而熾喪其本心覺之而來復豈得遂無艱屯一意
自勉更無他疑則屯自解矣此頻復所以雖厲而無
咎仁者所以先難而後獲也繼續之善防閑之嚴中
人之質亦恐未能免昏氣惡習之間作然辨之於早
絕之於微則易爲力耳鄉見誠之未夜而睡非有疾
病非委頓不能支持但氣昏體倦欲睡而遂縱之耳

誠之不能於此時少加勉强誅而勿縱而欲別求道術別起疑惑不亦左乎鄭子産曰君子有四時朝以聽政晝以訪問夕以修令夜以安身所以節宣其氣而勿使壅閉湫底以露其體兹心不爽而昏亂百度此語殆不可以易之也此一節無疑方能課怠與敬辨義與利本心之善乃始明著而不習無不利矣

三

承諭爲學與曩時異觀書辭誠有用工處但如懊惜亦甚害事臨淵羡魚不如退而結網懈怠流浪患不覺耳覺即改之何暇懊惜大丈夫精神豈可自埋没

如此於此遲疑不便着鞭宜其在已未得平泰於事有不照燭子細觀察有何滯礙爲仁由已有能一日用其力於仁我未見力不足者聖人豈欺後世誠之於此不决然獨進豈不忍去其鄙吝之習邪飯疏食飲水曲肱而枕之樂亦在其中矣在陋巷簞食瓢飲不改其樂者亦人耳誠之欲自棄邪所示書藁三通西美深甫書辭甚暢至子宜書則窘束有病此乃揚子嘉所謂屈於勝已者而伸於不已若者也

與王德脩

銓曹報罷卒然以歸竟不及附致數字六月十九離

都下與諸葛誠之同訪敬仲二十九日至富陽七月
三日始離旣望抵侍下諸幸安穩皆庇所逮兄倡道
於彼善類嚮應便使慈祥愷悌和協輯睦之風鬱然
興於父子兄弟宗族鄉黨之間此孟子所謂其子弟
從之則孝悌忠信者也徤羨徤羨郭氏欲見延使繼
賢者之後亦蒙鐫諭詳復深感厚誠第槩之愚心甚
不安此如兄旅處遠方彼能館寓師事之於理則順
某家居乃欲坐致於千里之外古之尊師重道者其
禮際似不如此儲子得之平陸而孟子不見某雖不
肖而彼之所以相求者以古之學如遂獨行千里而

赴其招則亦非彼之所求者矣前輩親師求友蓋不憚勞苦飢寒裹糧千里固其宜也今發號鄉學者多乃無一人遡江而西者學者不能往而教者能往非所闡也兄之所以爲彼慮者至詳且曲也而顧不及此豈亦智者之一失乎

與劉淳叟

承諭爲學無他疑但却不得如江下感發時其他朋友亦無甚進學固不欲速欲速固學者大患然改過遷善亦不可遲回向來與諸公講切處正是爲學之門進德之地誠有志者何忍復塗塞其門榛蕪其地

哉乎時所喜於淳叟者徒以志向亹亹有進無退今反遲回若此何耶向時謬妄工夫其勇往如彼今云知過乃反如此則抑悖於用勇矣聞一善言見一善行若决江河沛然莫之能禦此舜所以爲舜學如不及猶恐失之蓋夫子之明訓亹亹以進非淳叟之過也其過顧在於進之非其道耳誠知其過頓棄勇改則亹亹以進者乃舜之莫能禦夫子之所謂如不及而又何病乎今淳叟不然而自曰知過吾不信也惟即改之無待來年夫道若大路朋友相聚不相與勉勵策而進之而自作艱難自作節目乃是未肯頓棄

謬妄之習爲遷延苟免之計如今時寇盗已在囹圄不肯分明伏罪遷延歲月僥覬降赦苟得脱免之後必復爲亂矣宜勇改之毋蹈此轍

二

淳叟平日聞言輒喜遇事輒詢有聽納之體然覲朋間未肯歸以取善之實豈似逆而順情者喜聽而眞實苦口者之未能無齟齬耶抑從悦者多而改繹之未至也此雖據前日而論然今亦未能無疑於淳叟也秋試禮記義破題誠佳然或者謂所出題乃淳叟意旨而作義者適爾投合苟當於理豈厭其同不稽

諸理而尚異以求致益之名則固非也塲屋之弊固久然有志者持文衡將此理是責謂彼善於此則可謂理固如此則不知言甚矣申公曰為治不在多言顧力行何如耳今曰道不在多言學貴乎自得明理者觀之二語之間其病昭矣摩頂放踵利天下為之墨子非不力行也其往也使人讓竈讓席其反也人與之爭竈爭席楊子非不自得也二氏不至多言而為異端顏閔侍側夫子無言可也楊墨交亂告子許行之徒又各以其說肆行於天下則孟子之辨豈得已哉或默或語各有攸當以言餂人以不言餂人均

爲穿窬之類夫子之於顏子蓋博之以文夫博學於文豈害自得顓臾之不必伐衛政之必正名冉有季路不能無蔽夫子不得不中言之夷之陳相告子之徒必執其說以害正理則孟子與之反覆不得不致其詳必曰不在多言問之弗知弗措辨之弗明弗措皆可削也自得之說本於孟子而當世稱其好辨自謂博學而詳說之將以反說約也中庸固言力行而在學問思辨之後今淳叟所取自得力行之說與中庸孟子之旨異矣仁智信直勇剛皆可以力行皆可以自得然好之而不好學則各有所蔽倚於一說一

行而琢之孰無其味不攷諸其正則人各以其私說而傅於近似之言者豈有窮巳哉淳叟之氣禀固自有異於人者往時朋舊相親鮮不服其粹和醇美以爲無疵獨淳叟之心往往有不敢自欺者求他人之明如淳叟之心不可欺則亦鮮矣至如晚寢早作躬親細事筋力日强精神日敏則自去冬以來其效甚著縱有荒怠勉之斯復所不足者恐不獨在是也麟之姪近頗精進論事儘有根據至如說淳叟輒欲以一言斷之此亦是其病處固嘗闢之矣然在淳叟不可不察宏父德器言論皆有餘味誠有其仁亦焉用

倏然光明所燭波瀾所及不已于學者當有充長之驗以大禹之聖聞在知人在安民之言則吁而致其問仁有所未洪智有所未足勇有所未至而欲歛然自安於弑父與君亦不從也之列則亦偷矣館學之官非費宰比能相勉以進無苟自安則吾道有望道之異端人之異志古書之正僞固不易辨然理之在天下至不可誣也有志於學者亦豈得不任其責如射者之於的雖未能遠中豈得而不志於是哉閑先聖之道闢邪說放淫辭於今當有任其責者而多言是病此公孫洪禁民挾弓弩之策也

與趙宰

竊惟執事天潢之派桂籍之英回翔仕途縶驥百里
下車之初政譽藹然凡在封疆莫不鼓舞旬月之間
歌頌未厭道途之傳訛異前日駸尋至今良所未喻
執事之仁明豈其或疚毋乃胥吏之姦有以熒惑視
聽而致然邪金谿爲邑雖陋而財賦初不至甚窘求
之異政得失已事可見九重勤恤民隱無所不用其
極其在荒歉之餘亢暵宵旰之慮吏胥貪鄙旁公侵
漁惟利是見豈恤公上士大夫之得交於下風者固
宜陳忠進諫以輔聰明顧乃下與吏胥爲黨貢諛獻

伎以陷執事大抵吏胥獻科歛之計者其名爲官其實爲私官未得一二而私獲八九矣比者數吏魁田連阡陌樓觀岧嶤服食燕設擬於貴近𦙍民脂膏而何以取之頑執事深察其姦痛懲其弊斷然革之使百里之内知執事之仁心被執事之仁政則日月之吏人皆仰之矣其修敬之始已欲少效區區逄執事之不間不獲展露既而患難困苦莫遂朝夕於將命以究所懷徒切負愧兹蒙下問之及輒薦其愚

與胡達材

承示以所進所疑深見嗜學之誠但達材所進乃害

心之大者所謂君有神明在上在左右乃是妄見此見不息善何由明宜其事物之擾卽不相續酬酢之緐卽不相似若本心之善豈有動靜語默之間哉今達材資質美處乃不自知所謂日用而不知也如前所云乃害此心者心害苟除其善自著不勞推測纔有推測卽是心害與聲色臭味利害得喪等耳孟子所謂斧斤伐之牛羊牧之者也夫道若大路然豈難知哉道不遠人自遠之耳若的實自息妄見良心善性乃達材固有何須他人模寫但養之不害可也作此不暇詳稽然說得多亦徒說要達材自省耳

二

達材資質甚美天常亦厚但前此講學用心多馳騖於外而未知自反喻如乍少子弟居一故宅棟宇宏麗寢廟堂室廐庫廩庾百爾器用莫不備具甚安且廣而其人乃不自知不能自作主宰不能汛掃堂室修完墻屋續先世之業而不替而日與飲愽者遨遊市肆雖不能不時時寢處於故宅亦不復能享其安且廣者矣及一旦知飲愽之非又求長生不死之藥悅妄人之言從事於丹砂青芝煆爐山屐之間冀蓬萊瑶池可至則亦終苦身亡家伶仃而後已惟聲色

臭味富貴利達之求而不知爲學者其說由前有意爲學而不知自反者其說由後其實皆馳騖於外也昨相聚時覺達材精神日漸收拾不甚馳散但收拾之初未甚清明蒙然未有所向雖講切之次感而必應此乃達材本心非由外鑠故如此耳至於蒙而未發則是馳騖昏擾之久大體未能頓清明耳若不寧耐復放而他馳入妄人之說以求長生不死之術則恐遂萊瑶池終不可至而蕞爾之身將斃於煆爐山竈之間矣蒙見信之篤輒此以助進修向時曾說將孟子告子一篇及論語中庸大學中切己分明易曉

處朝夕諷詠接事時但隨力依本分不忽不執見善則遷有過則改若江海之浸膏澤之潤久當渙然冰釋怡然理順矣不知曾如此作工夫否

與潘文叔

得書知爲學有進甚慰但所謂急隨急迫兩偏此人之通患若得平穩之地不以動靜而變若動靜不能如一是未得平穩也涵泳之久馳擾暫殺所謂飢者甘食渴者甘飲本心若未發明終然無益若自謂已得靜中工夫又别作動中工夫恐只增擾擾耳何適而非此心心正則靜亦正動亦正心不正則雖靜亦

不正矣若動靜異心是有二心也此事非有眞實朋友不可

與彭世昌

堯舜之盛詢于芻蕘夫子之聖以子夏爲啓予顏淵爲非助我孔文子之所以爲文者在於不耻下問人之取善豈有定方善之所在雖路人之言臧獲之智皆當取之世昌相信之意甚篤而鄙意每欲世昌降意與元忠講切元忠之學固未可謂便是然其篤實躬行之日又有非泛泛所能及者其所長處如某亦欲就而取決焉在世昌未易全輕之也與人商論固

不貴苟從然亦須先虛心乃至聽其言若其所言與吾有未安處亦須平心思之思之而未安又須平心定氣與之辨論辨論之間雖貴伸己意不可自屈不可附會而亦須有惟恐我見未盡而他須別有所長之心乃可

與曾敬之

爲學日進爲慰讀書作文亦是吾人事但讀書本不爲作文作文其末也有其本必有其末未聞有本盛而末不茂者若本末倒置則所謂文亦可知矣適出書不時復

與符舜功

靜惟來辱之意非鄙人之所敢當下問之及時薦其愚非能有崇論宏議驚世駭俗之說得之朋舊以足下望之太高待之太過初間未以爲然及曾得廣人至連收兩書禮意勤厚非所宜得見喻進脩之工始信傳者之不妄揆之愚心恐成過當詳細已嘗道於幾先相會幸詢之

二

其自初與舜功相見即進性格太緊之說此在愚見頗爲不苟蓋事無大小道無淺深皆不可强探力索

人患無志而世乃有有志不如無志者往往皆強探力索之病也若無此病譬如行千里自一步積之苟不已無不至但患不行耳子淵大槩甚正然甚欲得渠一相聚書間所言要不能盡心曲也

三

見諭新工足見嗜學吾嘗謂楊子雲韓退之雖未知道而識度非常人所及其言時有所到而不可易者楊子雲謂務學不如務求師師者人之模範也模不模範不範爲不少矣韓退之謂古之學者必有師師者所以傳道授業解惑也人非生而知之孰能無惑

惑而不求師其爲惑也終不解矣近世諸儒皆不及此然後知二公之識不易及也吾亦謂論學不如論師侍師而不能虛心委已則又不可以罪師乘便遽甚遺此不他及

與符復仲

蒙示進學不替尤以爲喜常俗汨没於貧富貴賤利害得喪聲色嗜欲之間喪失其良心不顧義理極爲可哀今學者但能專意一志於道理事事要覩是不肯狥情縱欲識見雖未通明行事雖未中節亦不失爲善人正士之徒更得師友講磨何患不進未親師

友亦只得隨分自理會但得不陷於邪惡亦自可貴若妄意强説道理又無益也

與周廉夫

處家之道古聖人格言具在易之家人詩之二南是也今人縱能言亦何以加也若情勝禮恩勝義之説竊以爲未然處家自有禮自有義禮儀在豈可勝也此言非但不知處家之道亦不知禮義矣商君説孝公以帝道王道與今人言禮義相似其實是講貫得一項必不可行之説耳帝道王道之實其果如是乎要看其實王道則孟子告齊宣梁惠者是矣後來只

是齊宣梁惠不能捨已私以從孟子耳孟子之說安有不可行者哉廉夫資禀隱約却不甚英特從事於學問之日又淺今日之困固宜平時固滯不通處其在爐鍾之門雖或有未開豁然禀受之偏循習之久豈能終廓然乎非磨之以學問其爲害未有已也

象山先生全集卷之四

象山先生全集卷之五

書

與呂伯恭

往歲先判府宅穸頗比於執事而卒不果既欲展慰又不果去冬因東陽郭伯清宅人嘗拜疏略申慰誠計必徹聽其前此雖得一再瞻見殊未得欵聽教誨竊惟執事聰明篤厚人人自以爲不及樂教導人樂成人之美近世鮮見如其疎愚所聞於朋友間乃辱知爲最深苟有所懷義不容默天下事理固有愚夫愚婦之所與知而大賢君子不能無蔽者元獻晏公

尹南京日文正范公居母夫人憂元獻屈致教導諸
生、文正孳孳誨誘不倦從之游者多有聞于時竊聞
執事者儼然在憂服之中、而户外之屨亦藹伯夷柳
下惠孟子雖言其聖、至所願學則孔子、文正雖近世
大賢至其居憂教授、豈大賢君子之所蔽乎、執事之
所爲標的者宜不在此、執事天資之美學問之博此
事之不安於心未契於理、要不待煩說博引而後喻
竊聞凡在交游者皆不爲執事安諒執事之心亦必
不自安也夫苟不安何憚而不幡然改之乎於此而
改其所以感發諸生亦不細矣舜聞善若决江河沛

然莫之能禦君子之過及其更也人皆仰之伏願不憚改過以全純孝之心不勝至願

與吕子約

學者之病隨其氣質千種萬態何可勝窮至於各能自知能用力處其致則一唐虞三代盛時邪說詖行不作民生其間漸於聖人之化自無昏塞之氣乖薄之質其遷善遠罪之處不謀同方雖然自下升高積小致大縱令不跌不止猶當次第而進便欲無過夫豈易有以夫子之天縱猶曰加我數年五十以學易可以無大過矣瞻之在前忽然在後顏子之粹而猶

若是如有所立卓爾之地竭其才而未能進此豈可遽言乎然開端發足不可不謹養正涉邪則當早辨學之正而得所養如木日茂如泉日流誰得而禦之今之學者氣不至甚塞質不至甚薄鄉善之志號爲篤切鞭勉已至循省已熟乃日困於茫然之地而無所至止是豈非其志有所陷學有所蔽而然耶臨深履冰此古人實處浴沂之詠曲肱陋巷之樂與此不相悖違豈今之學失其正無所至止謬生疑懼浪爲艱難者所可同日道哉二書皆言近實似知其病考其要歸乃非實省但循此轍恐成坐玩歲月終無近

實時耳愚見如此若謂不然後便幸有以見教

與戴少望

某銓曹報罷歸已及秋侍親粗適無足道者向辱下問諄諄時竭愚心辱以爲可語益用不敢不自盡於左右别既經時兄亦涉歷千里而歸婺女宿留龍窟卧病與凡舫川輿陸者無往而非進學之地來示謂向意爲學而新功殊未蒙有以見教者何耶起居食息酬酢接對辭氣容貌顔色之間當有日明日充之功如木之日茂如川之日增乃爲善學古人之多多形容詠嘆者固皆吾分内然狀賊陷溺之未免則亦

安得不課其進雖如顏子夫子猶曰未見其止易知易從者實有親有功可久可大豈若守株坐井然哉如中庸大學論語諸書不可不時讀之以聽其發揚告教牀賊陷溺之餘此心之存者時時發見若火之始燃泉之始達茍充養之功不繼而作明作滅作流乍窒則淵淵其淵浩浩其天者何時而可復耶任重道遠緊兄是望敢布胸臆少見切磋之誠且以求教

與舒西美

某時下從諸兄講學不敢自棄頗有日益恨不得吐露以求教也今歲都下與朋友講切自謂尤更直截

如前日今時學者悠悠不進號爲知學耳實未必知學號爲有志耳實未必有志若果知學有志何更悠悠不進事業固無窮盡然古先聖賢未嘗艱難其途徑支離其門户夫子曰吾道一以貫之孟子曰夫道一而已矣曰塗之人可以爲禹曰人皆可以爲堯舜曰人有四端而自謂不能者自賊者也人孰無心道不外索患在戕賊之耳放失之耳古人教人不過存心養心求放心此心之良人所固有人惟不知保養而反戕賊放失之耳苟知其如此而防閑其戕賊放失之端日夕保養灌溉使之暢茂條達如手足之捍

頭面則豈有艱難支離之事今曰向學而又艱難支離遲回不進則是未知其心未知其戕賊放失未知所以保養灌漑此乃為學之門進德之地得其門不得其門有其地無其地兩言而決得其門有其地是謂知學是謂有志既知學既有志豈得悠悠豈得不進元英春間相聚始初亦間闊既而感發端的臨別時曾略箴其自喜過當既過暨陽便悔所以箴之者適所以病之今聞不甚進其原皆起於此別有書言之尊兄朴茂無他蹊徑苟能端的自反灼知陷溺戕賊之處特達自奮誰得而禦之不然恐未免為不知

學爲無志而已矣

與高應朝

比得書知爲學進進甚喜爲學不當無日新易賛乾坤之簡易曰易知易從有親有功可久可大然則學無二事無二道根本苟立保養不替自然日新所謂可久可大者不出簡易而已應朝既自知資質偏駁不廢磨礲亦復何憂亦復誰禦然當知染習未盡大體實不得爲無傷也未及作子約書寫至此思子約書中有宜扵靜未宜扵動之說此甚不可動靜豈有二心既未宜扵動則所謂宜扵靜者亦未宜也先作

應之書不及此成之到此講切曲折却具應之書中大抵學者各倚其資質聞見病狀雖復多端要爲戕賊其本心則一而已作書多不能詳要之詳亦未必有益苟有根本自能不懈怠不倦與同志切磋亦何患不進學如顏子猶曰未見其止惟益勉之

與楊敬仲

此心之良戕賊至於熟爛視聖賢幾與我異類端的自省誰實爲之改過遷善固應無難爲仁由己聖人不我欺也直使存養至於無間亦分內事耳然懈怠縱弛人之通患舊習乘之捷於影響慢游是好傲虐

是作游逸淫樂之戒大禹伯益猶進於舜盤盂几杖之銘成湯猶賴之夫子七十而從心吾曹學者省察之功其可已乎承喻未嘗用力而舊習釋然此真善用力者也舜之孳孳文王之翼翼夫子言主忠信又言仁能守之又言用其力於仁孟子言必有事焉又言勿忘又言存心養性以事天豈無所用其力哉此中庸之戒謹恐懼而浴沂之志曲肱陋巷之樂不外是矣此其用力自應不勞若茫然而無主泛然而無歸則將有顛頓狼狽之患聖賢樂地尚安得而至乎

日新之功有可以見敎者否易簡之善有親有功可
久可大苟不懈怠廢放固當日新其德日遂和平之
樂無復艱屯之意然怠之久爲積習所乗覺其非而
求復力量未宏則未免有艱屯之意誠知求復則屯
不久而解矣此理勢之常非助長者比也頻復所以
雖厲而無咎仁者所以先難而後獲也若於此别生
疑惑則不耘助長之患必居一於此矣當和平之時
小心翼翼繼而不絶日日新又日新則艱屯之意豈
復論哉顧恐力量未能至此耳

與項平甫

得書開讀殊覺未甚明快此事何必他求此心之良

與舒元賓

以要講論者乃是辨明其未知處耳

矣亦不待費力驅除眞知之卻只說得勿忘兩字所

傳夫子之道凡人之病患不能知若眞知之病自去

人此病自少所以剛毅木訥近仁而曾子之魯乃能

皆是英爽能作文好議論者多有此病若是朴拙之

是爲心之累一處不穩當他時引起無限疑惑凡此

引用耘苗凡此皆好論辭語之病然此等不講明終

孟子揠苗一段大槩治助長之病眞能不忘亦不必

本非外鑠但無斧斤之伐牛羊之牧則當日以暢茂

聖賢之形容詠歎者皆吾分内事日充日明誰得而

禦之尊兄看到此不須低回思索特達奮發無自沉

於縈廻迂曲之處此事不借資於人人亦無着力處

聖賢垂訓師友切磋但助鞭策耳

與徐子宜

某無能連黜銓寺今始以免試擬隆興靖安簿六年

闕去家四百里乂離侍下欲急歸文字但託淳叟取

比來所得朋舊多好氣質講切端的亦自覺稍進兄

爲學必日新恨不證於兄也端卿蕃叟成之淳叟諸

公自相講切皆自謂有益甚觀之甚不謂然諸公雖
各不同然學失其正一也嘗論其說均為邪說其行
均為詖行導以異最先知過成之相信甚篤然蒙滯竟
未開明端御力戰大屈而後有省蓄要相見始恐懼
而又不能纖然見李叔濶與之言惡俗交戕之處滋
然流涕感激良深自此亦可以為學第根相處不久
耳此心之良人所均有自耳目之官不思而蔽於物
流浪展轉戕賊陷溺之端不可勝窮最大害事名為
講學其實乃物欲之大者所謂邪說詖民充塞仁義
貨之慾者乃使之困心疲力而小人乃以濟惡行私

兄質性篤厚行已有耻不至有是然近来講學大率
病此不敢不相告劉伯正嘗相聚否聞其莊整迺是
有進不及作書煩爲致意天民重困猶昔皆聞見駁
雜之弊近嘗苦口與言稍能自反應之亦復荒唐今
此相聚相敎志嚮却篤知非甚明有可喜者亦可爲
天民慶也端木君舉象先益之諸兄時相聚否蔡行
之何以不來參部彭子復戴少望皆安在爲況如何
前年得少望書復書頗切磋之不知其書曾達否兄
講下多秀異否劉司業在江西民甚賴之以與同官
不恊得綿州去矣便中特此奉記室餘祝爲吾道自

重

二

婺女之行道經上饒往往聞說其守令無狀與臨川
大不相遠既而聞景明劾罷上饒南康二守方喜今
時監司乃能有此差强人意劉文潛作漕江西光前
絕後至其帥湖廣乃遠不如在江西時人才之難如
此某人始至人甚望之舊聞先兄稱其議論意其必
不碌碌乃大不然明不足以得事之實而姦黠得以
肆其巧公不足以遂其所知而權勢得以爲之制自
用之果反害正理正士見疑忠言不入護吏而疾民

陽若不任吏而實陰爲所賣姦猾之謀無不得逞賄賂所在無不知志聞有一二行遣形若治吏而僞文詭辭諂順乞憐者皆可回其意下人轉移其事如轉戶樞胥輩窺之審玩之熟爲日久矣所欲爲者如取如携不見有毫髮畏憚之意惟其正論誠意則扞格而不入乃以此自謂其明且公也良民善士疾首蹙頞飲恨吞聲而無所控訴公人世界其來久矣而尤熾於今日公人之所從得志本在官人不才然向者邪說不甚盛風俗不甚壞公人未盡得顯然肆意官人未盡與公人一律官人之才者固有實益亦難得

盛譽官人之不才者亦尚籍常理常心默有維持未至泯然大亂十數年來公人之化大行官人皆受其陶冶沉涵浸漬靡然一律而書生腐儒又以經術爲之羽翼爲之干城沮正捄之勢塞懲治之路潛禦其侮陰助其瀾故官人之才者雖易以自見易得盛譽而無補風俗無救大勢至其不才必至大亂中人無以自立皆從風而靡隨波而流守正而材術不足以自見者其心僅不泯滅而不復可伸外之驅迫流徇者亦不少矣此今時之大勢今之爲善者猶持杯水救車薪之火也然持杯水者常少而抱薪者常多其

竊有區區之說以爲可以絶薪而致水要在於不厭詳復不忽卑近相與就實以講求至理研覈其實毋遽以大意粗說蓋之則至理可明詖說可破至理明詖說破則自其身達之家國天下無不可爲者君心國論亦有致力處豈直州縣官吏間哉天生民而立之君使司牧之張官置吏所以爲民也民爲大社稷次之君爲輕民爲邦本得乎丘民爲天子此大義正理也今縣家親民撫字之職也縣家而害民州家得以治之州家而害民使家得以治之今州家使家壅之以胥吏塞之以僚屬所賴以通閭巷田畝之情者

有被害者赴愬也今乃以告訐把持之名而抑絶之

近來胥吏之妙用專在抑絶赴愬者之路懲一二以

威衆使之吞聲歛袵重足脅息而吾得以肆行而無

忌監司太守有服其役任其怨而不得享其利者有

相爲相役而共享其利者

與趙子直

比來道路田畝皆鼓舞盛徳汙吏黠胥頗亦歛戢鄉

來懷疑者皆巳冰釋矣然所在積弊非一日可去要

當耐久緝理想大賢之心亦未易蒲也大抵益國裕

民之心在吾人固非所乏弊之難去者多在簿書名

數之間此姦貪寢食出没之處而吾人之所疎者比
嘗玫究此等頗得其方蓋事節甚多難以泛玫要須
於一事精熟得其要領則其他却有緣通類舉之理
所謂一堵墻百堵調撫之秋輸鄉者病於加合之無
藝又受領官吏高下其手輕重不均有臨川陳知縣
咼者議革其弊以爲盡去之則州用軍糧名會等米
皆取於此有不可闕於是約其類每斗加五十合而
令兩斛輸三斛官得以足民亦不病而又無輕重不
均之弊民大便之陳知縣既去後來又於三斛之上
又加斛面曾有徐提舉者甚愛民一日不測入倉百

姓皆訴斛面太重徐提舉方責罵受領官吏官吏輙
以州用軍糧名會米為解提舉不能加詰不知先已
兩斛納三斛已是筭足州用軍糧名會等米矣所謂
斛面者又在此外尅歛大抵不知節目名數之詳鮮
有不為其所欺者斛面之弊去年趙使君稍稍正之
民已大悅今歲撫雖小稔而連雨阻穫損折者已十
三四今未穫者尚多已穫者亦未得春造苗限自當
有展而州縣殊無寛假之意税租折變著令以納月
上旬時估中價準折而折穀折穤侵民之直至於再
倍其在今歲尤為可念列具詳細數納呈幸少留意

觀之亦庶幾一堵墻百堵調者世儒耻及簿書獨不思伯禹作貢成賦周公制國用孔子會計當洪範八政首食貨孟子言王政亦先制民產正經界果皆可耻乎官吏日以貪猥弊事日以衆多豈可不責之儒者張官置吏所以為民而今官吏日增術以朘削之如恐不及蹶邦本病國脉無復為君愛民之意良可歎也百姓足君孰與不足損下益上謂之損損上益下謂之益理之不易者也而至指以老生常談良可歎也大著盡公守正今世鮮麗而諸公皆議其不啻議者之心固有大病而在大著不為無疵語有失言

之戒易有謹容之辭不可不察也別紙所錄利便不可使胥吏見之

與辛幼安

輙有區區欲效芹獻伏惟少留聽明賜之是正竊見近時有議論之蔽本出於小人之黨欲爲容姦庇慝之地而飾其辭說託以美名附以古訓要以利害雖資質之美心術之正者苟思之不深講之不詳亦往往爲其所惑此在高明必已洞照本末而甚私憂過計未能去懷敢悉布之且以求教古人未嘗不言寬寬也者君子之德也古之賢聖未有無是心無是德

者也然好善而惡不善好仁而惡不仁乃人心之用也遏惡揚善舉直錯枉乃寬德之行也君子固欲人之善而天下不能無不善者以害吾之善固欲人之仁而天下不能無不仁者以害吾之仁有不仁不善爲吾之害而不有以禁之治之去之則善者不可以伸仁者不可以遂是其去不仁乃所以爲仁去不善乃所以爲善也故曰爲國家者見惡如農夫之務去草焉芟夷蘊崇之絶其本根勿使能殖則善者信矣夫五刑五用古人豈樂施此於人哉天討有罪不得不然耳是故大舜有四裔之罰孔子有兩觀之誅蓋

覩大舜孔子寛仁之實者於四裔兩觀之間而見之矣近時之言寛仁者則異於是蓋不究夫寛仁之實而徒欲爲容姦庇慝之地殆所謂以不禁姦邪爲寛大縱釋有罪爲不苛者也罪疑惟輕罪而有疑固宜惟輕與其殺不辜寧失不經謂罪疑者也使其不經甚明而無疑則天討所不容釋豈可失也宥過無大刑故無小使在趨走使令之間簿書期會之際偶有過誤宥之可也若其貪黷姦宄出於其心而至於傷民蠹國則何以宥爲於其所不可失而失之於其所不可宥而宥之則爲傷善爲長惡爲悖理爲不順天

殆非先王之政也自古張官置吏所以爲民爲之囹
圄爲之械繫爲之鞭箠使長吏操之以禁民爲非去
其不善不仁者而成其善政仁化懲其邪惡除亂禁
暴使上之德意布宣于下而無所壅底今　天子愛
養之方丁寧於詔旨勤卹之意焦勞於宵旰賢牧伯
班宣惟勤勞来不怠列郡成風咸尚慈恕而縣邑之
間貪饕矯虔之吏方且用吾君禁非懲惡之具以逞
私濟欲置民於囹圄械繫鞭箠之間殘其支體竭其
膏血頭會箕斂槌骨瀝髓與奸胥猾徒厭飫咆哮其
上巧爲文書轉移出没以欺上府操其奇贏與上府

之左右締交合黨以蔽上府之耳目田畝之民刼於刑威小吏下片紙因纍纍如驅羊刼於庭廡械繫之威心悸股慄箠楚之慘號呼籲天隳家破產質妻鬻子僅以自免而曾不得執一字之符以赴愬于上上之人或浸淫聞其髣髴欲加究治則又有庸鄙淺陋明不燭理志不守正之人爲之緩頰數陳仁愛寬厚有體之說以杜吾窮治之意游揚其文具僞貌誕謾之事以掩其罪惡之迹遂使明天子勤恤之意牧伯班宣之誠壅底而不達百里之宰真承宣撫字之地乃復轉而爲豺狼蝎蠹之區日以益甚不可驅除豈

不痛哉若是者其果可宥乎果可失乎至於是而又
泛言寛仁之說以遂蔽吾窮治之途則其滋害遺毒
縱惡傷和豈不甚哉其與古人寛仁之道豈不戾哉
今之貪吏每以應辦財賦爲辭此尤不可不辯今日
邦計誠不充裕賦取於民者誠不能不益於舊制居
計省者誠能推支費浮衍之由察收歛滲漏之處深
求節約檢尼之方時行施舍巳責之政以寛民力以
厚國本則於今日誠爲大善若未能爲此則亦誠深
計遠慮者之所惜然今日之苦於貪吏者則不在此
使吏果不貪則因今之法循今之例以賦取於民民

猶未甚病也今貪吏之所取供公上者無幾而入私囊者或相十百或相千萬矣今縣邑所謂應辦月解歲解者固多在常賦之外然考其所從出則逐處各有利源利源所在雖非著令之所許而因循爲例民亦視以爲常而未甚病也利源有優狹優者應辦爲易狹者應辦差難然通而論之優者多狹者少若循良之吏則雖在利源狹處亦寧書下考不肯病民今之貪吏雖在利源優處亦啓無厭之心搜羅既悉而旁緣無藝張奇名以巧取持空言以橫索無所不至方且託應辦之名爲缺乏之說以欺其上顧不知事

實不可掩明者不可欺通數十年之間取其廉而能者與其貪之尤者而較之其爲應辦則同而其賦取誅求於民者或相千萬而不啻此貪吏之所借以爲說而欺上之人者最不可不察也貪吏害民害之大者而近時持寬仁之說者乃欲使監司郡守不敢按吏此愚之所謂議論之蔽而憂之未能去懷者也不識執事以爲如何今江西嚟安撫修撰是賴顧無摇於鄙陋之說以究寬仁之實使

聖天子愛養之方勤恤之意無遠不暨無幽不達而執事之舊節素守無所屈撓不勝幸甚

卷之五終

象山先生全集卷之六

書

與傅全美

比領教劄禮意謙勤感佩固深然非所以望於左右者繼此凡有可以警誨幸無愛言仙里年来向學者甚衆風習可尚正賴長者不憚告教使後生晚學得知前輩風采謙冲就實無徒長虚誕使他日友指向學者以爲戒幸甚

二

南城朋舊至此未嘗不詢動静比来於包顯道處尤

知其詳竊聞嘗以追惟往事自咎過深至於成疾此
殆失於講究用心之過也古之學者本非爲人遷善
改過莫不由己善在所當遷吾自遷之非爲人而遷
也過在所當改吾自改之非爲人而改也故其聞過
則喜知過不諱改過不憚顔氏有不善未嘗不知知
之未嘗復行豈爲人哉一聞爲仁由己之言請問其
目不少後既得視聽言動之目請事斯語不少遜某
竊嘗謂若顔子者可謂天下之大勇矣故其言曰舜
何人也予何人也有爲者亦若是聖人所貴於訟過
者以其知之必明而改之必勇也今訟其過而至於

消沮摧縮奪其志氣而蝕其神明則亦非聖人訟過之旨矣鈞是人也雖愚可使必明雖柔可使必强困學可使必至於知勉行可使必至於安聖人不我欺也於是而曰我不能其爲自棄也果矣常人有是皆可責也若夫質之過人者而至於有是是豈得而追其責哉今如全美之穎悟俊偉蓋造物者之所嗇而時一見焉者也聞見該洽詞藻贍蔚乃其餘事公方之操闊達之度交游推服閭巷莫不敬仰又謙謙若不足片言之善一行之美雖在晚進後出樂推先焉此人所難能而全美優爲之古人之學非全美之望

而誰望若乃比者致疾之故則又殆於不能自拔者
矣由前之責非全美之責而誰責不肖之人悖逆犯
上死有餘罪而何敢見其靈響令全美乃悔其初不
有以厭不肖者之欲而以致彼之死爲已罪則亦惑
矣夫厭不肖者之欲以遂其悖逆之謀縱以春秋之
法不免於首惡矣惠姦奬逆以細人之姑息爲美行
以全美之明豈得不知此之爲非是而反悔其既往
之不爲邪祟之説稍剛正者不得而行焉而全美乃
惑之乎是殆生於悔所不當悔而侵尋以溺於是耳
夫以不爲細人之姑息以惠姦奬逆爲悔以死有餘

罪之鬼决不敢見其靈響者爲祟則全美之不能自拔甚矣夫不能自拔之過在今日所宜勇改者悔其所不當悔惑其所不當惑其理既明頗速更之毋遲遲也君子之過也如日月之食焉過也人皆見之更也人皆仰之過者雖古之聖賢有所不免而聖賢之所以爲聖賢者惟其改之而已不勇於改而徒追咎懊悔者非某之所聞也人之所以爲人者惟此心而已一有不得其正則當如救焦溺而求所以正之者今邪正是非之理既已昭白豈可安於所惑恬於所溺而緩於適正也哉今人所患在於以已爲是歸非

他人雖有顯過猶悍然自遂未嘗略有自咎自責之
意今全失於所不當自咎者尚以自咎於所不當自
責者尚以自責與所謂不知其非悍然自遂者相千
萬也今豈不能於所當改者而勇改之頑盍勵學不
爲人之志勉致爲仁由己之實思顏子之大勇奮然
自拔蕩滌摧傷湮沒之意不復有毫毛得以宿留於
庭宇先生所射豈止在牛斗間正大之氣當塞宇宙
則吾道有望

與傅子淵

三復來書義利之辨可謂明矣夫子言君子喻於義

小人喻於利孟子謂欲知舜與跖之分無他利與善之間也讀書者多忽此謂爲易曉故躐等陵節所談益高而無補於實行今子淵知致辨於此可謂有其序矣大端既明趨向既定則明善喻義當使日進德當日新業當日富易之學聚問辨寬居仁行中庸之博學審問謹思明辨篤行皆聖人之明訓苟能遵之當隨其分量有所增益凡此皆某之所願從事而願與朋友共之者是後新工與見南軒所得願悉以見警書尾善則速遷過則速改之語固應如是然善與過恐非一旦所能盡知賢如蘧伯玉猶欲寡其過而

未能聖如夫子猶曰加我數年五十以學易可以無大過矣論語載夫子稱顏子好學易大傳稱其有不善未嘗不知知之未嘗復行顏子有不善未嘗不知知之未嘗復行乃自其好學而能然今子淵所謂遷善改過雖無一旦盡知之心然觀其辭意亦微傷輕易矣愚見如此子淵以爲何如

二

子淵判別得義利甚明白從此加工宜其日進但不可他有眩惑耳如來書集義之說已似有少眩惑蓋孟子所謂集義者乃積善耳易曰善不積不足以成

名荀卿積善成德之說亦不悖理若如近來腐儒所謂集義者乃是邪說誣民充塞仁義者也諸非紙筆可盡當遲面剖

三

日遲從者之來想失賢郎家事未易區處建昌問學者雖多亦多繆妄近符生叙者輒以書肆其無知之談此輩庸妄無知無足多恠獨恠其敢爾恣肆無忌憚耳吾嘗謂一種無知庸人難於鐫鑿往往累人事楊朱則鈍置楊朱事墨翟則鈍置墨翟不明者往往歸咎其師不知其爲師者亦誠冤也此等固不足道

然義亦不當容其恣肆耳吾子淵不得不任其責

與傳聖謨

不假推尋擬度之說殆病於向者推尋擬度之妄已

而知其非遂安之以爲道在於是必謂不假推尋爲

道則仰而思之夜以繼日探賾索隱鉤深致遠者爲

非道邪必謂不假擬度爲道則是擬之而後言議之

而後動擬議以成其變化者爲非道邪謂卽身是道

則是有身者皆爲有道邪是殆未得夫道之正也謂

悠悠日復一日不能堪任重道遠之寄此非道也貧

窶不能不爲累此非道也學如不及學如不厭憂之

如何知辭而已者道當如是故也簞食瓢飲不改其樂肘見纓絕不以為病者道當如是故也耕歷山漁雷澤陶河濱與夫耕莘築岩釣渭者此所以糊其口也夫子絕糧曾子七日不火食而匡坐絃歌聲若出金石夫何累之有哉子路結纓曾子易簀乃在垂死而從容如此貧窶與死而云為累無乃未得為聞道者乎以聖賢之英敏而不知此無乃未之思乎無乃向之所謂道者及所以為道之蔽而然乎

二

得書甚闕所學之進然前書所欲致區區者然未蒙

省錄聖謨誠能就前書所論者有實省處則今日之病不待繁言而自解吾道當自此而明矣作文特吾人餘事從事其間而又鹵莽是謂執事不敬若如来書之意則幾於陋矣孔子讀易韋編三絶周公思兼三王以施四事顔淵問爲邦夫子告以四代之事孟子闢楊墨自比於禹之抑洪水此皆聖謨所宜以爲標的者文字間又何足以汩沒聖謨乎

三

聖謨能知始志之非正極可喜緣患故而有其志固宜未得其正既就學問豈可不知其非大抵學者且

當論志不必遽論所到所志之正不正如二人居荆
楊一人聞南海之富象犀其志欲往一人聞京華之
美風教其志欲往則他日之問途啓行窮日之力者
所鄉已分於此時矣若其所到則歲月有久近工力
有勤怠緩急氣禀有厚薄昏明强柔利鈍之殊特未
可遽論也近來學者多有虚見虚説冥迷渺茫不肯
就實原其所以皆是學無師授聞見雜駁而條貫統
紀之不明凡所傳習秪成惑亂此一節又不與其志
來書意識之説天地相似之問皆坐此也讀書須是
章句分斷方可尋其意旨與天地相似之語出於易

繫自易與天地準至神無方而易無體是一大段須
明其章句大約知此段本言何事方可理會觀今人
之用其語者皆是斷章取義難以商確試因聖謨從
心所欲不踰矩之說略言聖人賢人衆人有當致疑
之處如至誠無息而顏淵三月不違仁其餘則日月
至焉而已矣不知日月至者其所至之地與不違之
地同乎不同不違之地與無息之地同乎不同誠者
不思而得不勉而中從容中道聖人也若思誠者但
是未能不思不勉耳豈皆不得皆不中但未能盡誠
未可以擅誠之名耳豈是皆不誠誠者物之終始不

誠無物凡此皆泛言誠不專指聖人也今之學者豈皆不誠不知思誠時所得所中者與聖人同乎不同若其果同則是濫觴與溟渤皆水也則大小廣狹淺深之辨亦自不害其爲同第未知所謂同者其果同乎故嘗謂其不同處古人分明說定等級差次不可淆亂亦不難曉亦無可疑獨其所謂同者須是眞實分明見得是同乃可不然却當致疑而求明也若如此理會則已明白與未明白者不應致疑與合致疑者兩處不相淆雜學問自得要領不爲泛然無端之言所惑已知者則力行以終之未知者學問思辨以

求之如此則誰得而禦之聖謨非特其志之病亦坐聞見之陋條貫統紀之未明故某前數書多每處解釋如授小兒以聖謨之聰明夫豈少此蓋亦漸於陋習膠於謬說不能不惑亂而至此也若明知向來聞見之陋從頭據實理會則古人之訓吾心之靈當會通處多矣今此之言殆爲芻狗耳發諸書畢後寫此書體倦殊草率試罷能一來乎

與包詳道

人生天地間氣有清濁心有智愚行有賢不肖必以二塗總之則宜賢者心必智氣必清不肖者心必愚

氣必濁而乃有大不然者乖爭陵犯汙穢邪淫之行常情之所羞所惡者乃或縱情葺心而爲之此所謂行之不肖者也於此有所不敢爲有所不忍爲有所不肯爲而每求其是者正者善者而爲之雖未能必是必正必善而其志則然日履之間蓋與向所謂不肖者背而馳也是亦可謂行之賢者也行之不肖固爲愚矣謂不肖者爲愚則反是者亦可謂之智然行之不肖者則或耳目聰明心意慧巧習技藝則易能語理致則易曉人情世態多所通達其習於書史者雖使之論道術之邪正語政治之得失商人品之高

下决天下國家之成敗安危亦能得其㪅歸彼固不
能知其眞得其實詣其精微臻其底蘊而其揣摩傳
會之巧亦足以熒惑人之耳目而欺未明者之心玩
之而有味稽之而有證非知言之人殆未可謂不難
辯也至其行之賢者則或智慮短淺精神昏昧重以
聞見之狹陋漸習之庸鄙則其於慧巧者之所辯渾
然曾不能知甚至於如荀卿所謂門庭之間猶可誣
欺焉道術之邪正政治之得失人品之高下天下國
家之成敗安危尚何所復望其判白黑於其間哉利
誘而害怵刑驅而勢迫雖使之如商丘開之赴水火

蓋未必不可也理不可以泥言而求而非言亦無以喻理道不可以執說而取而非說亦無以明道理之衆多則言不可以一方指道之廣大則說不可以一體觀昔人著述之說當世講習之言雖以英傑明敏之資盤旋饜飫於其間尚患是非之莫辨邪正之莫分亂眞之似失實之名一有所蔽而天地爲之易位差之毫釐繆以千里其於聖賢之言一失其指則倒行逆施弊有不可勝言者況於短淺之智慮昏昧之精神狹陋之聞見庸鄙之漸習一旦駁於荒唐繆悠之說驚於詭譎恠誕之辭則其顛頓狼狽之狀可勝

言哉正使輿之誦唐虞之書詠商周之詩殆亦未必不指汙池爲滄海謂丘垤爲嵩華況又雜之以不正之言亦安得而不狼狽哉當其猖狂惶駭之時蓋不必明者而後知其繆也由是而言則所謂清濁智愚者殆不可以其行之賢不肖論也觀詳道之素亦可謂行之賢者也然其之竊所憂者蓋以其氣之不得爲清而心之不得爲智聞見之不慱而漸習之未洪一有所駭而莫克自定止之者不一二而驅之者八九其所當論者蓋在清濁智愚之間而不在於道術之際也不論其始之謬以求復其常而悉精殫力於

道術是非之際此其所以愈騖而愈遠也詳道始至此其說蓋甚悖然其觀詳道之質本甚淳朴非能自爲此悖說也使生治古盛時康衢擊壤之謡中林肅肅之行未必不優爲之也一溺於流俗再眩於悖說狼狽可憐之狀遂至於此凡所以相告者不過明悖說之妄欲詳道之知其非而復其常也所慮者通疏曉了之人少狂妄迷惑之人多則其相與推激而至於風波荆棘陷穽之地者必衆詳道氣之未清心之未智則殆將鼓舞倡和於其間又安能知其非而自免於此耶今詳道日覆之間所謂行之賢者固未嘗

自失獨不幸悉心畢力以講術業而不能自免於迷惑令但能退而論於智愚清濁之間則是惑庶幾乎自解矣道術之是非邪正徐而論之未晚也當局者迷旁觀者審用心急者多不曉了用心平者多曉了英爽者用心一緊亦且顛倒眩惑況昏鈍者豈可緊用心耶昆仲向學之志甚勤所甚病者是不合相推激得用心太緊耳幾先嘗說諸公所謂退步乃是進步耳此公却胸襟曉了儘不狂妄其疇昔之所患在於狥俗自安不向進耳使其聞正言而知懼知勉却不至於繆戾也

二

承諭爲學日益良慨所望鄉來清濁智愚之說頗無棄鄙言時一閱之或有所啓也人之省過不可激烈激烈者必非深至多是虛作一塲節目殊無長味所謂非徒無益而又害之乂後看來當亦自知其未始有異於初徒自生技節耳若是平淡中實省則自然優游寬裕體脉自活矣

三

學問日進甚善甚善爲學固無窮也然病之大端不可不講常人之病多在於黠遂利縱欲不鄉理道或

附託以售其姦或訕侮以逞其意皆黠之病也求諸
癡者固無是矣然眩於所聽而不明乎擇苟於所隨
而不審于思覬覦於非所可得僭妄於非所能至失
常犯分貽笑召侮則癡之為病又可勝言哉詳道之
病想已自知其大槩第未可自謂已知之矣當於日
用出言措意之間精觀密考使有日改月化之效或
庶幾其可瘳也如自謂吾已知之矣則是癡自若也
來書云方獲自知之審若使其代言必曰僅能自知
言心聲也不可託之以立詞之不善當知是本根之
病能於此有感則自可觸類而長矣

四

為學日進尤以為喜詳道天質淳真但不為夸詐者所惑亦自有過人處文采縱不足亦非大患況學之不已豈有不能者獨恐無益友相助耳秋試後能相過當即所得某年來氣血殊憊頗務養息然亦不遂所志五月來教授兒一病殊可畏近乃向安此數日尤加強可喜家間聚指之衆尊幼中不能不時有疾病令人動念耳其貧窘又益甚幸諸兒相聚所講皆其所以處此者故氣象和裕人亦不知其如此耳得諸公書開益良多第倦甚作復不能宣究所懷要之

紙筆所傳豈如面承也

五

垂諭新工以是未能寬裕所以費力處多優而柔之使自求之饜而飫之使自趨之若江海之浸膏澤之潤此數語不可不熟味於已於人皆當如此若能若此靜處應事讀書接人皆當有益優游寬容却不是委靡廢放此中至徒至嚴自不費力恐詳道所謂奮迅者或不免助長之患愚見如此不識以爲如何

六

近嘗得李季遠書盛陳別後爲學工夫大抵以爲朝

夕不懈涵泳甚有日新之意又以詳道力以本無事
之說排之渠又論不可無事之故某復書云所示與
詳道議論不合之處皆是講學不明人持所見以爲
說用相切磋殆如兒戲今此得信又有與敏道異同
之論要亦是兒戲耳精勤不懈有涵泳玩索之處此
亦是平常本分事豈可必將無事之說排之如讀書
接事間見有理會不得處却加窮究理會亦是本分
事亦豈可教他莫要窮究理會若他持此說者元無
着實但是虛意駕說立議論初無益於事實亦須窮
見其底藴只就他虛意無實處理會豈可以一說攻

一說如詳道來書甚見已學不明但執虚說之病所與敏道書則一截敘述工夫處却自分明及至豈有要尋方略踐一行之語此病又見如敏道所論亦嘗至此間言之某但與敏道說此皆是閑說話皆緣不自就身已着實做工夫所以一向好閑議論閑議論實無益於已亦豈解有明白處須是自知此等說話是閑議論方有就已向實工夫涵養講究却是本分事

七

朋友自仙里來者皆云蒙子淵啓發無不推服但頗

有言其酒後言動殆不可考吾家長上亦罪其顛狂又有詩偈類釋子語不可以訓要之瑕瑜功罪各不相掩今亦不及作渠書或相聚得以此書示之爲幸某未得差勑未及入城聞子淵欲來及今爲一來尤佳

與包顯道

南軒物故何痛如之吾道失助不細近方欲通渠書頗有所論今遂抱恨矣某今歲與朋友讀書滋瀾在嶽居之南五里許密邇毛坊大路諸況明甫必能言之寫至此方記得曾與顯道一到其下議事來但當

時未有滋瀾之名耳

二

得曹立之書云晦菴郛渠云包顯道猶有讀書親師友是充塞仁義之說註云乃楊丞在南豐親聞其語故晦菴與其書亦云包顯道尚持初說深所未喻某答書云此公平時好立虛論須相聚時稍減其性近却不曾通書不知今如何也來書云叩楊丞所學只是躬行踐履讀聖賢書如此而已觀如此而已之辭則立之所郛殆不妄矣不知旣能躬行踐履讀聖賢書又有甚不得處今顯道之學可謂奇怪矣

與包敏道

昆仲爲學不患無志患在好進欲速反以自病聞説日來愈更收斂定帖甚爲之喜若能定帖自能量力隨分循循以進儻是吾力之所不能及而强進焉亦安能有進徒取折傷困吝而已

二

小家兄疾嗽驟作殊令人驚令幸安愈滋蘭朋友相聚爲況不減疇昔元明綜家務時到槐堂亦不甚得作文字然氣宇超邁殊不湮没差强人意但恐久不就學則不能成其器耳諸姪節前常作文節後殊不

及作亦是事多世昌教諸小子又自有道理諸子亦亹亹不厭就中春弟伎倆尤進制子四月間未滋蘭任得句日歸後又加進初時與春弟棊春弟頗不能及今年乃反出春弟之下近旬日棊甚進春弟又少不逮矣凡此只在其精神之盛衰耳逢子常出讀書亦頗識字百七姪近歸其文亦進遇事愈有力今已如館矣試罷能一來否聞諸公定帖可喜但恐來年尚有新條在惱亂春風卒未休書詞亦尚虛驕未甚穩實履德之基謙德之柄復德之本得罪於履得罪於謙難以言復矣

三

向嘗得敏道一書書中雖無他説然詞語多不平穩未能不以為憂及得今書開讀之却覺全與舊時所得書不同大抵昆仲之病皆在鋭進之處畢竟退讓安詳之人自然識羞處多今為學不長進未為大患因其鋭進而至於狂妄不識羞則為惑深而為累大所謂非徒無益而又害之者也別有一種人安詳遲鈍則只消勉之使進往往不至有狂妄之患至如昆仲則最貴退讓若不知此則病生難救見詳道説欲得回字凌遽遣此承秋涼有肯顧之意儻不差遲當

得面叩也

四

敏道之歸諸書悉未及復幾來督過貴溪桂店桂氏一族甚盛皆尊尚禮法往年新闢書院欲延賢師其子弟德輝者今夏處茅堂稍久志向甚正今其長上遣德輝詣仙里屈顯道以主新書院來此求書應天山書堂已就其来歲携二子滋瀾其上渠家書院密邇應天顯道肯來亦可時時過從聞其書院甚宏敞景趣亦不惡或有高弟彼中亦儘可相處得從所請甚幸敏道歸後三家兄嘗語及以為向來澆薄乖戾

之氣頓無自非深懲痛省何以至此屢加歎賞雖姪輩議論亦然乃知在彼無惡在此無斁固然之理也

與吳伯顒

比得郭字喜聞日新之功作事業固當隨分有程準若着實下手處未易泛言只如八哥在此朝夕有師友講切反有倦志不能進前然此在八哥亦未易遽責蓋此事論到着實處極是苦澁除是實有終身之大念近到此間都儘有堅實朋友與之切磋皆輙望風畏怯不肯近前每每尋軟弱浮泛之人與之閑話以為有益及至被人揞摘卽有垂頭闔耳之狀近日

雖稍鮮蘇終是不能奮拔近見其資庸腐亦但涵養之耳俟其更徙乃堪爐錘也此於八哥亦未足深訝如四哥但未曾到此間耳遇着真實朋友切磋之間實有苦澁處但是良藥苦口利於病須是如此方能有益不可不知也

與吳仲詩

鄉主文所言質論偶七哥於故書中忽得之其文信美今錄去其人似多讀曾南豐陳后山文却是好時文秀才觀此人之才似亦有可用終是氣格卑小研數事情處却甚謹切有可法者若論財用處似不甚

知其實然其說大綱亦好謾錄去曾南豐論將二篇以見它蹈襲分明處亦可以見曾之議論自然與他別處大抵天下事須是無場屋之累無富貴之念而實是平居要研覈天下治亂古今得失底人方說得來有筋力五哥心志精神儘好但不要被場屋富貴之念羈絆直截將他天下事如吾家事相似就實論量却隨他地步自有可觀他人文字議論但謾作公案事實我却自出精神與他披判不要與他牽絆我却會斡旋運用得他方始是自己胸襟途間除看文字外不妨以天下事逐一自題評研覈庶幾觀它人

之文自有所發所看之文所討論之事不在必用若能曉得血脈則爲可佳若胸襟如此縱不得已用人之說亦自與只要用人之說者不同若看文字時有合意或緊要事節不妨熟讀讀得文字熟底雖少亦勝鹵莽而多者

與吳叔有

近來所學如何嘗思初至此時感發甚盛但當時以信向之篤心誠感通如草木遇春而生蓋有不自知其所以然者有如唐虞三代之民由而不知然舊習深固少緩爐錘則所感銷消唯存虛氣而實皆舊習

矣臨蹟數日頗知其首尾知處雖大與舊不同而純誠專一乃反不及是以作昏作明未必能日新也往事要不必論直便自即今奮拔乃是即今奮拔何復論前日也然既已奮拔則其智必明其智苟明則前日所爲亦能自知首尾故寫此以爲驗爾切不可强附會吾言信至但欵曲深思實者有不合處寫來力辯乃見足下長進處若但隨人言語轉却是自家更無主人何以爲學觀至此或已失了精彩却須且放下此信整冠肅容自振迅精神從實端的自省須要清徤明白却再取此信觀之有不合處不可强合須

精思熟考寫來辨之乃善

象山先生全集卷之六

象山先生全集卷之七

書

與勾熙載

初聞臺評相及固已怪駭然其餘二三人又頗當人心亟欲一見全文以覈厥旨及得而觀之亦良可笑如論吳洪王恕人亦孰以為非然吳洪章中乃為唐仲友雪屈波及朱元晦謂以洪醞釀竟成大獄致仲友以曖昧去議者寃之此尤可笑吾人所安者義理義理所在雖刀鋸鼎鑊有所不避豈與患得患失之人同其欣戚於一陛黜之閒哉顧所深念者道之消

長治亂依分羣徒比周至理鬱塞遏絕齊語楚咻盈
庭聚斂成雷明主孤矣雖然他山之石可以攻玉今
之賢者亦加少為多臨深為高耳揆之古人豈能無
愧息有王事一意自省尚友方冊勉所未至則是悠
悠者蓋有負於國有負於民有負於公道而獨無負
於我矣向日解舟不得面別乘便寓此臨風依然

與彭子壽

垂示所疑尤見撝謙之德聖賢教人固句句實頭但
不可專指操存之說操則存只是孔子一句孟子引
在牛山之木嘗美矣一章後試取孟子全章讀之旨

意自明白血脈自流通古人實頭處今人蓋未必知也楊子雲再下注脚便說得不是此無足怪子雲亦未得爲知道者也言固難以盡意而達之以書問尤難蓋學之不講物未格知未至則其於聖賢之言必未能昭晰如辯蒼素數奇耦之審也凡所引用往往失其本旨千里附書往復動經歲時豈如會面隨問隨答一日之間更互酬酢無不可以剖析且如來示謂此心本體雖未嘗不存而舊習蔽錮亦未易遽去若言雖未嘗不存則與操存捨亡之說亦不相似矣大抵講明存養自是兩節易言知至至之可與幾也

知終終之可與存義也大學言物格而後知至知至而後意誠意誠而後心正心正而後身脩孟子言始條理者智之事也終條理者聖之事也皆是聖賢教人使之知有講學豈有一句不實頭今講學之路未通而以己意附會往訓立爲成說則恐反成心之蠹賊道之榛棘日復一日而不見其進志與事乖說與行違首尾衡决本末舛逆未可歸之稟賦罪其懈怠也

與邵中孚

所示進學證驗此乃吾友天資朴茂立志堅篤故能

如此可喜可慶居天下之廣居立天下之正位行天下之大道乃吾分内事耳若不親師友汩没於流俗驅而納諸罟擭陷穽之中而莫之知辟豈不可憐哉孟子曰苟得其養無物不長苟失其養無物不消今吾友既得其本心矣繼此能養之而無害則誰得而禦之如木有根苟有培浸而無傷戕則枝葉當日益暢茂如水有源苟有疏浚而無壅窒則波流當日益充積所謂原泉混混不舍晝夜盈科而後進放乎四海有本者如是大抵讀書詁訓既通之後但平心讀之不必強加揣量則無非浸灌培益鞭策磨勵之功

或有未通曉處姑缺之無害且以其明白昭晰者日加涵泳則自然日充日明後日本原深厚則向來未曉者將亦有渙然冰釋者矣告子一篇自牛山之木嘗美矣以下可常讀之其浸灌培植之益當日深日固也其卷首與告子論性處却不必深考恐其力量未到則反惑亂精神後日不患不通解也此最是讀書良法其他非相見莫能盡尚書皐陶益稷大禹謨太甲說命旅獒洪範無逸等篇可常讀之其餘少緩何時得相見諸當面盡未間千萬勉旃以卒賢業

與顔子堅

向在八石時當紓區區之忠既而子堅曾用節父諸人推轂遂變儒服端謂迂拙之言必蒙見棄屬者屢蒙見過每於鄙言謂有所啓追念疇昔為之慨然乃知高明終當遠到豈遽不能明衆人所同知之過哉承欲鄙語辭情懇至非苟然者聖哲之言布在方冊何所不備傳註之家汗牛充棟譬之藥籠方書搜求儲蓄殆無遺類良醫所用不必奇異唯足以愈疾而已苟厭其常忽其賤則非求醫之本意也向來不求名聲不較勝負之語更願加察道非口舌所能辨子細向脚跟下點檢豈能自謾日新歸山草草布此

與張季忠

聞元忠說交朋間唯季忠篤志不懈甚爲之喜人苟有志於學自應隨分有所長益所可患者有助長之病耳雖古聖賢尚不能無過所貴能改耳易稱顏子之賢曰有不善未嘗不知知之未嘗復行也由是觀之則顏子亦不能無不善處令人便欲言行無一不善恐無是理往往只是好勝每事要强人要人點檢不得不知此意已與古人背馳矣若無此意但寬平隨分去縱有過亦須易覺易改便未覺未改其過亦須輕故助長之病甚於忘季忠之意忘病自少所患

有助長之病雖未加益亦自平穩况必不能不有益耶

與胥必先

近得吳伯顒書云麟之姪言必先治生甚進而學植荒落豈信然耶吾坐此三逕就荒吾之三逕如足下之六經也近有朋友裹糧千里而至者皆勤勤不相捨每念足下去我之决何人性相反如此哉吳察丁毋憂足下知之否向者嘗道先文勉勵足下勤學之言想亦復置度外不復問矣士别三日刮目相觀吾猶以故意待足下則誠有罪然足下果能勉於此乎

伯顒以親愛之情於足下不能無所惜故復爲此言
然在某亦可謂愚矣古人舉一隅不以三隅反則不
復也者果如是乎繼自今願足下與改是

與朱元晦

勑局見編類隆興以來寬恤詔令書鄉成矣去留之
間亦可致力建請蕪類多所刪削詔旨則直錄之著
令縱有未安非被旨不得修惟諸處申陳疑似必下
本所或有不便乃可修改局中同官皆可人機仲尤
相向元善以殊局近少得相欵讜仲屹然特立如故
若向上事要亦難責比一再見以座客多魚鱗而至

未得達尊意俟從容當致之也淳叟事此中初傳殊駭人聽徐覈其實乃知多小人傅會之辭要之後生客氣如此足見無學力也近見剡章全用金谿三胥之詞尤可笑彭仲剛子復者永嘉人爲國子監丞近亦遭論此人性質不至淳美然亦頗自附於君子往歲求言詔下越次上封言時事甚衆其辨天台事尤力自此已有睥睨之者矣近者省塲檢點試卷官以主張道學其去取與蔣正言違異又重得罪此人不足計但風旨如此而隱憂者少重爲朝廷惜耳某對班或尚在冬間未知能得此對否亦當居易以俟命

耳立之墓表亦好但叙綴歷亦有未得實處其往時
與立之一書其間叙述立之平生甚詳自謂真實錄
未知尊兄曾及見否顯道雖已到劉家渠處必有此
本不然後便錄去近得家書姪輩竟未能詣前可謂
不勇矣明越諸公無在此者敬仲夏間必來赴官舒
元賓亦當赴江西漕椽其弟元英與諸葛誠之欲因
此時過此相聚尚未見來呂子約與誠之近與舒元
英相欵稍破其執已自是之意此皆據各人自謂如
此未知果如何也元英諸公間號爲日進能爭於人
者向亦曾造函丈曾記憶否令嗣伯仲令壻直卿爲

學日進近更有得力者否薄遽遣此未究所欲言

與吳仲良

向蒙以或者所疑環溪通說一二端垂諭足認不鄙大抵前輩質實不事辭語觀其書當得其意可也環溪事親之說乃愛親之心甚篤唯恐不順乎親想其平日事親左右無違温凊定省服食器用之間無所不用其至而猶恐恐然懼有一事一物之拂乎親之心也如是而觀其言則可以得其為人矣故孟子曰誦其詩讀其書不知其人可乎吾於此有以知環溪之心惟恐不順乎親也若其辭語之病誠不能免正

所謂先生之心則善矣先生之號則不可使環溪而
在必不肯固執斯言吾又將見環溪以其順親之心
而順乎理舍己從人若轉圜決河皤然沛然而莫之
能禦也彼吸吸者又安足以知環溪之心哉

與詹子南

得書開讀甚慰爲學有本末先後其進有序不容躐
等夫子天縱之聖自志學十五年而後立立十年而
後不惑又十年而後知天命其未五十也曰加我數
年五十以學易可以無大過矣又十年而耳順又十
年而從心所欲不踰矩今人天資去聖人固遠輙欲

以口耳剽竊場屋之餘習妄論聖經多見其不知量
也鄉者嘗與吾友深言爲學之序見吾友相信之篤
頗知反已就實深以爲喜今觀來示頗又紛紛於無
益之論人已俱失要之吾友且當孜孜行其所知未
當與人辨論是非辨論是非以解人之惑其任甚重
非吾友之責也不與之論他日却自明白今欲遽言
之只是强説自加惑亂耳李三一哥所學未久相信
又篤近在此累次磨治尚未能去其故習老夫平日
以此事自任與此等病人説話尚如此費力吾友如
何解分析得他明白且先自治不必與人商議可也

二

去臟面對頗得盡所懷天語甚詳反復之間不敢不自盡至於遇合所不敢必是有天命非人所能與也何時能一來至望紙筆之間終不若面言之審且盡也吾友天資淳靜若不惑於多歧不蔽於浮說則其進孰禦焉此心之靈此理之明豈外鑠哉明其本末知所先後雖由於學及其明也乃理之固有何加損於其間哉

三

學植日進甚慰馳念養大體之說就孟子上看則是

因陳辭指實而說自無病讀者得其事實亦不泥其辭說今子南未免有立說之病大抵立說則自不能無病子南是辮制乎外一語當時爲此語者固未特達若事實上特達端的言語自不同古人言以義制事以禮制心亦用制字其言多少特達全無議論辭說蹊徑蓋古人皆實學後人未免有議論辭說之累當其蔽時多不自覺及其蔽解回視前日之經營安排乃知其爲陷溺耳

與陳倅

秋初供職人事衮衮殊無暇日平日疎嬾成性投之

應酬之中良乖所好通訊之書曠弛不講亦惟高明
不以是督過之朱元晦在浙東大節殊偉劾唐與正
一事尤快衆人之心百姓甚惜其去雖士大夫議論
中間不免紛紜今其是非已漸明白江東之命出於
九重特達於羣疑之中聖鑒昭然此尤可喜元晦雖
有毀車殺馬之說然勢恐不容不一出也近來唯是
臺綱稍振班行頗亦肅清邸報中必可以得之至於
根原處則又未易論也尤丈近去弊邑三虎亦快哉
此亦仁者之勇也豈其帥權不分乃得少展耶執事
清廟之器州縣豈能久淹然區區之私以桑梓之故

頽以雞筋少助牛刀之餘刃想仁人於此亦優爲而不以爲屑也尤丈極相知必能相應合免和糴一事此間士大夫甚多之今時郡縣能以民爲心者絶少民之窮困日甚一日撫字之道棄而不講掊斂之策日以益滋甚哉其不仁也民爲邦本誠有憂國之心肯日蹙其本而不之恤哉財賦之匱當求根本不能檢尼吏姦猶可恕也事掊斂以病民是奚可哉近見二三朋友舊以作縣著稱者講究州縣吏民間事甚詳大槩論州縣不可爲積欠所累凡所謂積欠者皆有名無實徒爲吏胥騷擾之端善於縣者必力請於

州逐月只納本月錢若舊欠且倚閣俟後來從容却
隨時帶納縣乃可爲善作郡者亦須與諸縣約截日
去須每月納足本月錢不問舊欠如此則可以有實
得若只管理會積欠則鄉後必和新錢乾没但適爲
姦胥賄賂之端而諸縣姦貪亦得並緣以朘民必無
其實也若是户部總司來理會州縣積欠亦一切不
答任他文移中如何打駡一切不視但如法從日下
與催解見在合解錢米此亦是善作州縣者定說輙
以稟聞或有可采某有親戚王某新知樂安縣其人
極能官作事謹密有家法若任以事必有可觀前爲

武寧丞諸司爭委任之趙子直趙景明皆相善試閱之李德章林叔虎必須常得造下風人必忠信乃可與語也吳廣文甚好但向時見其所接頗雜人之情僞或者未必盡知也

二

近數得尤丈書敝邑三虎已空巢穴不勝慶快得鄉人書與家書備報田畝閭巷懽呼鼓舞之狀此數人雖下邑賤胥然爲蠹日久凡邑之苛征橫斂類以供其賄謝囊橐與上府之胥吏締交合黨爲不可拔之勢官寺囚械之具所以禁戢姦惡裁反持之以劫脅

齊民抑絶赴愬之路肆然以濟[illegible]飽欲是豈可縱而弗呵乎事無巨細到根柢盤互處便難整理二三賤胥至能役士大夫護之如手足之捍頭目豈不悖戾甚矣然凡爲之役爲之地者其人可見矣是豈可復齒於士大夫間哉近得尤丈書云救之者甚衆只此一節自有餘罪近於此間士大夫多論吏胥之害人人皆知其然但所以除害之方終未容盡試耳某甚恨不得在左右少佐萬分一前嘗僭易陳愚見不知有可采用否凡事有可以下問者告以片紙跡示當遂一效愚秋苗事納已過半不知尚有可救者否見

在所納如逐日納數與盤量數須拘收得逐日文曆庶可磨筭吏胥欲作弊只是要令吾無緣得知每日看實數目若其具成文曆到吾眼前者皆是已透漏數目此事想已無及是皆民之脂膏若少稽檢之或可為後圖爾大抵今時士大夫議論先看他所主有主民而議論者有主身而議論者耶正君子小人於此可以決矣今日為民之蠹者吏也民之困窮甚矣而吏日以横議論主民者必將檢吏姦而寬民力或不得已而關於財賦不為其上所亮則寧身受其罪若其議論主身者則必首以辦財賦為大務必假關

乏之說以朘削民科條方略必受成於吏以吏爲師

與吏爲伍甚者服役於吏爲國家忠計豈願此等人

多也近聞蘇宰施設極有可疑其意專欲趣辦不復

有一毫爲民之心其施設往往可笑官錢想未必能

辦但徒取百姓怨詈耳幸有以申戒之其前者復渠

書已嘗寓其大意早晚更當作書直勉之欲少救今

時之弊最不宜此等議論昌熾也

與包顯道

前此朱繹之歸時正以暨姪物故方治棺歛不暇作

書此子盜汗之疾日深一日易醫更藥或暫有小效

旋又復作而前藥輙不效醫家知脉者久以爲難治
然在人情不能無僥倖其復生之意一旦至此苦痛
何可言先兄不五十而棄世此子又復夭逝事不可
曉有知此者欲作一書告之晦翁偶遽甚未暇幸爲
致此意近　主上因進擬監司諭宰執以爲當得剛
正有風采者因言章穎劉堯夫皆好自此言一出班
行間議論又少變但恐不久耳所報項平甫之言乃
明越間謬人妄說耳承外聽訛可笑者甚多譜事覈
實乃曉此耳其對班在九月十月之間今日方審察
得書知令兄弟學植不替甚慰来人立俟遣此不多

具

二

近來朋友頗多同官中相處極好儘得盡懷逐日同官中講貫亦非向來朋友所有大抵皆事實非虛論浮說也象先得國子錄早晚即來君舉可得郡然未得也子宜服猶未除他事非紙筆所能盡某對班在臘月或在來春未可知也

三

古人不求名聲不較勝負不恃才智不矜功能故通體皆是道義道義之在天下在人心豈能泯滅第今

人大頭既没於利欲不能大自奮拔則自附託其間者行或與古人同情則與古人異此不可不辯也若眞是道義則無名聲可求無勝負可較無才智可恃無功能可矜唐虞之時禹益稷契功被天下澤及萬世無一毫自多之心當時含哺而嬉擊壤而歌耕田而食鑿井而飲者亦無一毫自慊之意風化如此豈不增宇宙之和哉此理苟明則矜智負能之人皆將失其窟宅非能自悔其陋而求歸於廣居正路則未必不反以我爲讐也然患此道不明耳道終明終行則彼亦豈能久負固哉不及作令弟書因家問全錄

此書示之乃幸

四

天下事固有易言者有難言者有易辯者有難辯者人之病有易醫者有難醫者非必不可醫爲其病奇怪非如平常在表當汗在裏當下可執常方而治之耳足下所與李解元序文及諸書覽之汗顔思爲一言以相藥則又有難言者然後知足下之病政所謂難醫者昨晚朝頳言及其證亦甚明但恐言之中而足下未必省則又成難醫耳請試言之足下之病得於好事凡親師友爲學立行皆從好事中來故虛而

不實宜於今而未宜於古此言甚苦甚難聽足下未必肯服義然其實是也幸毋忽而求諸道某嘗見士人試罷必各自謂得意自矣其文有言其文不佳者則甚拂其意吾嘗爲之說曰但可擇此人平時不相能有讐隙雅所憎惡者錄其文示之其人讀之失色喪氣不能自振則其文眞佳文也如是而有不中選乃可言有司不明蓋不相能有讐隙雅所憎惡之人必不欲我試中必不欲我程文之佳今觀我文慘然索然喪氣失色則其文必佳也又有一說亦須是讐人識文字者方可爲準今誠使素不說顯道而稍有

見識者讀之却未必不竊喜以爲無根如此不足畏也他非面莫究

與周元忠

元忠在此雖稍久殊覺未亨通初以春伯處相喚繼以許尉事皆不得不應者及相聚時亦無汲汲如不及之意雖云有不自安處終未痛切疑而後釋屯而後解屯疑之極必有汲汲皇皇不敢須刻自安之意乃能解釋向來元忠心志專誠故與言者必有感動行檢嚴整故與處者必有繩約年來此功寖不如舊元忠本謂欲改其固滯介執之意反損前日之善而

固滯介執之實則未之有改但換易形模元忠自不知耳學之不進明之不足暗於大端自是巳見而不聞君子之大道固其宜也所喻滿腹之疑皆未得吐若自是之意消而不自安之意長則自能盡吐其疑及屯亨疑釋則所謂滿腹者其實不多但當其不明時自膠固迷泥故多事耳相見不能決白乃以紙筆逹之此亦自顛倒然事又不可槩論或恐因此省悟未可知也

以紂爲兄之子此是公都子引當時入言按史記微子是紂之庶兄皆帝乙之子也王子比干則但云是

紂之親戚則太史公亦莫知其爲誰子也今據公都子所引文義則是以微子啓王子比干爲帝乙之弟也紂於二人則是爲兄之子也此是孟子所載與史記不同處若二疏稱父子蓋伯父叔父通稱父故謂之猶子古人則通言父子也

與蘇宰

其迂愚無似特辱眷予之厚苟有可以裨補萬一敢不自竭荒邑荐飢生理日瘁舊令尹未知加意竭澤而漁誠如來意所以撫摩而使之蘇息者繄仁候是望

主上加惠幽遠注心循良當路多賢公論昭白

有如少緩催科而專一撫字宜可安意爲之不至有

齟齬不遂之憂某僣易以爲稟

與程帥

伏蒙寵貺江西詩派一部二十家異時所欲尋繹而

不能致者一旦充室盈几應接不暇名章傑句焜燿

心目執事之賜偉哉詩亦尚矣原於賡歌委於風雅

風雅之變壅而溢焉者也湘纍之騷又其流也子虛

長楊之賦作而騷幾亡矣黄初而降日以澌薄唯彭

澤一源來自天稷與衆殊趣而淡泊平夷玩嗜者少

隋唐之間否亦極矣杜陵之出愛君悼時追躡騷雅

而才力宏厚偉然足以鎮浮靡詩家爲之中興自此
以來作者相望至豫章而益大肆其力包含欲無外
搜抉欲無秘體制通古今思致極幽眇貫穿馳騁工
力精到一時如陳徐韓呂三洪二謝之流翕然宗之
由是江西遂以詩社名天下雖未極古之源委而其
植立不凡斯亦宇宙之奇詭也開闢以來能自表見
於世若此者如優曇花時一現耳曾無幾時而篇帙
寖就散逸殘編斷簡往往下同會之籍放棄於鼠壤
醬瓿豈不悲哉網羅搜訪出隋珠和璧於草莽泥滓
之中而發諸篋櫝干霄照乘神明煥然執事之功何

可勝賛是諸君子亦當相與犇祚於斗牛之間揖箕翼以爲主人壽其亦江西人也敢不重拜光寵

象山先生全集卷之七

象山先生全集卷之八

書

與張春卿

其僭有白事民户秋苗斛輸斛斗輸斗比定法也常理也撫之輸苗往年惟吏胥之家與官户有勢者斛輸斛斗輸斗若衆民户則率二斛而輸一斛或又不啻民甚苦之或訴之使家使家以問州家則州家之辭曰二稅之初有留州有送使有上供州家使家有以供用故不必多取於民今二稅悉爲上供州家有軍糧有州用有官吏廩稍不取於民則何所取之漕

司每歲有所謂明會米州家每於民戶苗米數內每碩取五斗供之故不得而斛輸斛斗輸斗也使家無以處此遂亦縱而弗問由是取之無藝而暗合斛面等名目不可勝窮辛巳壬午間張安國爲太守有陳鼎者爲臨川知縣甚賢安國使之領納於是盡取州之軍糧州用俸米等數與漕司明會之數共會之以民戶苗數計之每碩加五斗而有餘不問官民戶與吏胥之家一切令二斛輸三斛謂之加五令官斗子上米民戶自持斛槩見請槩量不得更有斛面百姓皆大驩呼大爲民戶之利張陳既皆滿罷後來不復

能守其法於二斛輸三斛之上又寖加斛面民益以爲困乙未丙申間趙景明爲太守某與其兄景昭爲同年進士景昭極賢舍姪又在郡齋爲館客因與景明言輸苗之害且言張安國與陳曷知縣之法極良但後人不能守耳景明不能不惑於吏言初亦難之以爲今日州縣家之用又多於昔時某與景昭舍姪共會州家一歲之用景明懼見底藴則又不必加五於是謂已詰吏輩令肯令人户把斛槩矣但今日用度益廣欲更於五斗上加五升耳某與景昭商之以爲斛輸一斛五斗五升而使不得加斛面民户自持

槩則五升之加在民户亦所不憚於是不復求減民
果大悦之景明去後有不能守其法則民户多謁諸
使家求依趙删定例令民户自持槩盪令景明之事
旣遠民户有不能記憶聞今歲輸苗者取之過者皆
倍不啻而郡中又反斷民户爭斛面者民間囂囂今
幸輸納未畢願有以懲吏胥之姦少寬民力幸甚適
有所聞乘便亟此布稟不暇修寒暄之敬伏幸台察

與宋漕

僣有白事金谿爲邑封壤褊隘無豪商富民生産之
絶出等夷者税籍之爲緡錢不過以十計聞之故老

往時人煙稀少民皆自食其力畏事自愛輸公先期無催期之擾家用饒給風俗醇美歲時伏臘雞豚相遺杯酒相歡熙熙如也自建炎紹興以來寖不如舊民日益貧俗日益弊比年荒歉益致窮蹙原其所自官實病之大軍月椿起於紹興初用兵權以紓急兵罷不除因以爲額立額未幾有漕使勾君者知其爲横斂初無名色行縣之次問邑吏月椿之所從取凡以實告者皆得蠲減獨金谿少吏不解事懼吐實則有罪輙以有名色對故金谿獨不蒙蠲減月解之數爲緡錢八百有奇以歲計之當輸萬緡朘民之端莫

大於此貪吏並緣侵欲無藝搥骨瀝髓民不聊生縱遇循良莫能善後累有賢宰條陳本末祈請蠲除上府不察吏胥持之竟不施行今縣宰仁厚愛民甚篤佐貳皆賢適值連歲旱傷今歲大旱留意賑恤盡却吏胥侵漁之策細民始有生全之望而月解積負無所取償復此詢究月樁本末以致祈懇此在縣官特九牛一毛耳而可使一邑數萬家免於窮困流離長無歎息誠仁人所樂為也況如執事之賢當不待贅第以其嘗託契門墻而占籍茲邑當其休戚不敢不告其後有管見欲效涓埃比年民力日竭國計日匱

郡縣日窘獨吏胥屬厭耳郡縣積負日加歲增版漕
監司督之州郡郡督之縣縣督之民吏胥睢盱其間
轉相並緣以濟其私吏欲日飽而積負自若文移之
煩追逮之頻賄謝之厚歛取之苛皆此其故也故督
積負無補於縣官獨足爲胥吏賄謝之地以重困吾
民耳所謂督於民者民豈眞有負哉官吏新故相仍
有若郵置緣絶簿書以益侵盜積負之源實在於此
督至於縣而無所從取則横取諸民耳今常賦之外
奇名異類以取於民如所謂月樁者不可悉數郡縣
月輸歲供具之版帳盡責版帳之輸猶懼不給彼又

安能輸積負哉鄙語所謂移東籬掩西障或有以積負輸者土之人不察欣然以喜不知其非公家之利乃吏胥之便也舊者輸而新者積矣善爲上者莫若舍積負而責新輸則賄謝絶郡縣寛民可以息肩百姓足君孰與不足殆不可謂書生常談而忽之也不識高明以爲如何是閒倉臺守倅皆賢有所建請有所施行皆可共事不致有齟齬也聞便稍亟書字有塗注處併幸亮恕

與陳教授

敝里社倉目今固爲農之利而愚見素有所未安蓋

年常豐田常熟則其利可久苟非常熟之田一遇歉
歲則有散而無歛來歲鈌種糧時乃無以賑之莫若
兼置平糴一倉豐時糴之使無價賤傷農之患鈌時
糶之以摧富民閉廩騰價之計析所糴爲二每存其
一以備歉歲代社倉之匱實爲長積金谿玆歲旱處
頗多通縣計之只可作六分熟敝里今歲得兩偶多
凡社倉所及皆有粒米狼戾之與儻得二十緡可得
粟二千碩鄉斗於官爲一千碩來歲糶一千碩存一
千碩爲後年之備逐年更糶之可與社倉俱廣爲無
窮之利敝里社倉所及不過二都然在一邑中乃獨

無富民大家處所謂農民者非佃客莊則佃官莊其
爲下户自有田者亦無幾所謂客莊亦多僑寄官户
平時不能贍恤其農者也當春夏缺米時皆四出告
糴於他鄉之富民極可憐也此乃金谿之窮鄉令社
倉之立固已變愁嘆爲謳謡矣况得平糴一倉以彌
縫其缺推廣其惠歡舞當如何耶今農民皆貧當收
穫時多不復能藏亟須糶易以給他用以解逋責使
無以糴之則價必甚賤而粟泄於米商之舟與富民
之廩來歲必重困矣前所言米價亦准鄉斗所糴之
價耳今歲之價必下於此則所得米數當加多為利

不細向來棱山家兄嘗陳五利之說於主管陳丈郎以白之倉臺尋得陳丈書謂倉臺已許可其時家兄以鄉間無米可糴故不獲卒請某屬者亦嘗言於倉臺但未禀幕中二丈欲望會次及之儻不以爲不然却幸見報家兄當具禀以卒所請也

二

屬奉教墨竊知平糴之議莫逆於幕中二君子之心已遂聞於倉臺倉臺亦既惠許之矣然坐此霖霪稼之最良者又有仆泥自萌之患若此雨不止大妨收穫稼必重傷民必重困此策無所施矣山間今來稍

有霡色極爲之喜方取紙欲以卒請白雲又復如擁雪向之久於是山者以爲晴雲固有如此者特未可必耳萬一仍雨不解其貽有位者之憂不細矣尚憑諸君子之力出秋陽以鄺此氣贖山林之人亦庶幾一飽之適若得善穫必有可糴而米之多少則繼爲之請當非所蘄第支錢於金谿則恐不可耳金谿素無倉臺錢米向來陸倉以歲歉捐二千緡委輩主簿於熟鄉糴二千碩爲來歲賑濟之備次年所用不多餘者儲於縣前倉前歲梭山所掌社倉已支八百碩矣又遞年倉臺賑卹皆取諸此所存料亦無幾金谿

年来極窘於版帳積負前此蘇宰又重罹趙侯之困
賄謝供輸大抵誅求無藝如聞錢穀侈用頗多安得
有見錢可支藉令有之金谿負郭以西率多旱鄉惟
東西鄉稍熟政宜以責之縣家自爲和糴以備来歲
近郭之用倉臺所乏者非錢也儻得徑就使臺支官
會或見錢爲便錢雖難於槃挈尚可爲便兊之計若
得官會則木爲順便蓋鄉間亦商旅之路可發洩也
向来社倉趙丈欲行之移文郡縣揭示衢要累月無
應之者趙丈往往以詢所善或告之以此事全在得
人苟非其人不如勿爲之愈建寧社倉始於朱元晦

魏元履今誠得如陸棱山者爲之乃可乂耳趙丈就
令詢家兄之意尋卽遣人致書家兄報書許之既而
某亦得趙丈書雖愚意尚有未安事業已行又以其
人權之可以不敗亦只復書賛成其事今秋乃再散
再斂矣適見今倉臺黃丈愛民之心不後於趙故輙
申其千一之慮以爲萬一之補今幕中二君子愛民
之心不後於陳向來陳主管亦先辱棱山兄以書意
甚勤至其後棱山兄因得以平糴之法條具五利祈
於請致今倉使黃丈陳幹所復棱山兄書併往一觀
亦恐欲携呈倉使與幕中二君子也向來趙丈文移

甚簡今梭山兄秆留逐時書問以為根柢陳主管書或呈似諸賢後擲示為幸某已作稟劄達倉臺紙多不欲更續切幸加察

與趙推

黄霸為潁川守鰥寡孤獨死無以葬者霸為區處曰某所大木可以為棺某亭豬子可以祭吏往皆如其言遣吏司察事既還而勞其食於道傍為鳥所攫肉事每得實人無敢欺皆以為神史家載其得之之由以為語次尋繹問他陰伏以相參玫後世儒者乃以為鉤距而鄙之此在黄霸雖未盡善而後儒非之者

尤為無知蓋不論其本而論其末不觀其心而遽議其行事則皆不足以論人原霸之心本欲免人之歎求事之實則亦豈可多罪令風俗弊甚獄訟煩多吏姦為朋民無所歸命曲直不分以賄為勝負獄訟之間雖有善士臨之亦未必能盡得其情若有志之士欲研究其實豈免用問馬參牛之智愚儒必以鉤距非之則是必使情實不知曲直倒置姦惡肆行不辜無告然後為道耶故愚儒之論害道傷治真實學者必當明辯乎此則正理可得而信也近見王吉州言監司太守不可輕置人於獄蓋獄官多非其人吏卒

當司其權平民一抵於獄唯獄吏之所爲箠楚之下何求不得文案既上從而察之不能復有所見矣蓋其詞情皆由於吏卒之所成練前書所謂奏當之成雖使皋陶聽之猶以爲死有餘辜者謂此也今有兩詞各護其説左證疑似簿書契要無可考據事又有不在簿書契要者則獄中求實之法謂之門隔假令有二人則隔爲二處三人則隔爲三處不使之相聞知以吾所疑與其事之節目逐處審問謹思精察要領可以得情者反覆求之若使得在於初詞之外若可據信則必於兩處參審必使有若合符節者乃可

據耳然此事最難若官人盡心却不能防吏卒之姦則吏卒必陰漏其事則官人之智無所施矣故獄訟惟得情爲難唐虞之朝惟臯陶見道甚明羣聖所宗舜乃使之爲士周書亦曰司寇蘇公式敬爾由獄賁象亦曰君子以明庶政無敢折獄賁乃山下有火火爲至明然猶言無敢折獄此事正是學者用工處噬嗑離在上則曰利用獄豐離在下則曰折獄致刑蓋貴其明也新司理初間甚賢繼而闒之亦無能爲重輕足下尤宜謹之

官人者異鄉之人吏人者本鄉之人官人年滿者三

考成資者兩考吏人則長子孫於其間官人視事則左右前後皆吏人也故官人爲吏所欺爲吏所賣亦其勢然也吏人自食而辦公事且樂爲之爭爲之者利在焉故也故吏人之無良心無公心亦勢使之然也官人常欲知其實吏人常不欲官人之知事實故官人欲知事實甚難官人問事於吏吏效其說必非其實然必爲實形欲爲實形亦必稍假於實蓋不爲實形不能取信官人或自能得事實吏必多方以亂之縱不能盡亂之亦必稍亂之蓋官人純得事實非吏人之利也故官人能得事實爲難純以事實行之

爲尤難

與蘇寧

賤疾去體皆庇所逮記存之及尤重悚不使君好音尚爾遲遲何也心苟無瑕何恤乎無家外之所遭有時與命初不足爲吾人重輕然君子每因是以自省察故鈌失由是而知德業由是而進屯難困頓者乃所以成君子之美也故曰生於憂患而死於安樂古人之處憂患者又豈止如門下今日所遭而已哉願

二

篤信此道日去其非以著其是則終來有他吉矣

某往時充負勑局浮食是慚惟是四方奏請廷臣而
對有所建置更革多下看詳其或書生貴游不諳民
事輕於獻計不知一旦施行片紙之出兆姓蒙害每
與同官悉意論駁　朝廷清明常得寢廢編摩之事
稽考之勤顧何足以當太官之膳尚方之賜或庶幾
者僅此可少償萬一耳
新天子即位執事者過聽又復畀之荆門某竊惟為
臣之義進思盡忠退思補過儻尚未罹擯斥得共乃
事脫或朝臣一時建請有司失於討論遽施行之而
反為民害者亦當用公心循公理為百姓條析以復

于上庶幾盡忠補過之義郡守縣令民之師帥承流
宣化其職任一也而令尤親於民古者郎官出宰百
里上應列宿寄命之責固不輕矣某托庇治下每辱
眷待之厚苟有所見安可不盡陳於左右以爲萬一
之助哉比者竊見省符責括民户屯田將復賣之上
失朝廷之體下爲良農之害甚哉計之過也其初出
監簿陳君初官江西因見臨江之新塗隆興之奉新
撫之崇仁三縣之間有請佃沒官絶户田者租課甚
重罄所入不足以輸官佃者因爲姦計不復輸納徒
賄吏胥以圖苟免春夏則羣來耕穫秋冬則棄去逃

藏當逃藏時固無可追尋及犂至時則倚衆拒捍其
强梁姦猾者如此若其善良者則困於官租遂以流
離死亡田復荒棄由是侵耕冒佃之訟益繁公私之
弊日積陳旣被召爲職事官因以此陳請欲行責括
减其租課以爲如此則民必樂輸而官有實入此其
爲說蓋未爲甚失其初下之漕臺布之州縣施行之
間已不能如建請者之本旨遂併與係省額屯田者
一槩責括亦鹵莽矣蓋佃没官絕户田者或是吏胥
一時紐立租課或是農民遞互增租剗佃故有租重
之患因而抵負不納或以流亡拋荒或致侵耕冒佃

而公私俱受其害陳監簿之所爲建請者特爲此也若係省額屯田者則與前項事體迥然不同其租課比之稅田雖爲加重然佃之者皆是良農老幼男女皆能力作又諳曉耕種培灌之利便終歲竭力其間所收往往多於稅田故輸官之餘可以自給人人自愛其爭先輸公不肯逋負亦優於有稅田者又此等官田皆有莊名如某所居之里則有所謂大嶺莊有所謂楕步莊詢之他處莫不各有莊名故老相傳以爲元祐間宣仁垂簾之日捐湯沐之入以補大農而俾以在官之田區分爲莊以贍貧民籍其名數計其

頃畝定其租課使爲永業令里中之老猶有能言
宣仁上仙之年與其月日者歲月寖久民又相與貿
易謂之資陪厥價與稅田相若著令亦許其承佃明
有資陪之文使之立契字輸牙稅蓋無異於稅田其
名數之著於州縣簿籍者目曰省莊計其租入則上
而計省下而郡縣皆總之曰苗屯米若干此其與遂
時沒官戶絕田產隸於常平而俾之出賣者豈可同
年而語哉歷時既多展轉貿易佃此田者不復有當
時給佃之人目令無非資陪入户租課之輸逋負絶
少郡縣供億所頼爲多有司因陳君之請槩行責括

亦已疎矣漕臺又因有出賣之請此不審之甚者也若没官户絶田產朝廷何嘗不令出賣惟其不售也是以開給佃之門亦所以勸民之耕且使土無曠而租無虧也今以租重之故致前數弊議者方建減租之策乃不能因而推行之而復爲出賣之說可謂失於討論矣且官有賣田之名固自不美令固無買者假令有買者亦必不能齊一所收之直又安能有補於縣官之調度終亦化爲烏有耳有司坐析無補之秋毫徒使縣官負不美之名憂民如此不亦謬乎謀國如此不亦疎乎若復及於所謂屯田者則其失又

甚矣今有屯田者無非良農入戶有資陪之價著令有資陪之文立契有牙稅之輸租課未嘗逋負郡縣賴以供億一旦官復責括而賣之則有是田者往往僅能自給豈復能辦錢以買此田哉縱或能買是無故而使之再出買田之價豈不困哉豈不寃哉其能買者固不百一異時有錢以買者必兼并豪植之家也奪良農固有熟耕之田以資兼并豪植之家而使之流離困窮嚬寃茹痛相扰籍爲溝中瘠此何策也版曹之勘當都省之符下皆不復究其本末具事益熾其害易滋陳君之請不過三縣省符之下計臺之

奏遂及三郡版曹勘當則又遍於一路且其施行與
其建請本旨絶相背違眞所謂字經三寫烏焉成馬
失今不救又將遍於天下矣假令有成命有司苟知
其非猶當各守其職而爭之况今未成命豈可坐麋
紙札徒嚴期會滋吏姦以擾良農安視下民之困以
成執事者之過計哉門下平日愛民如父母憂民如
疾疢今誠爲之深究其本末詳計其利病陳之上府
列之計臺丐聞于朝俾寢其議以便邦計以安民心
此必門下之所樂爲也胥吏之計方將並緣以招賄
謝必不樂此諒仁人君子之心惟恐不聞吾民之疾

苦政令之利病必不以利胥之謀而易天下之至計其雖不能周知一邑之版籍以所聞見計之此邑之民耕也田者當不下三千石以中農夫食七人爲率則三七二十一當二萬一千人撫萬家之邑而其良農三千戶老稚二萬一千一旦失職凜凜有破家散業流離死亡之憂也豈仁人君子之所能恐視而不爲之計者今方收穫舂揄之時誠得亟爲剗牘而其文書期會姑遼緩之以煩後庚之命使慮憂之偪仄轉爲懽心慘悽怛悍散爲和氣而謳歌鼓舞溢於田畝適於塗巷不亦休哉此非有鉄於供輸損於調度

決不至以此獲罪於上府討臺也仰恃愛念敢布腹心

三

如聞徒御戒行將如郡邸豈黃堂將大行寬恤之政以厚吾民之力爲國家培固根本爲萬世不拔之基耶撫字心勞催科政拙此陽道州所以爲當世大賢而史家載之以爲美談者天以斯民付之吾君吾君又以斯民付之守宰故凡張官置吏者爲民設也無以厚民之生而反以病之是失朝廷所以張官置吏之本意矣無君子莫治野人無野人莫養君子朝廷

官府之用固當野人供之今賦輸之法斯民所當遵
而不違也違而不供民之罪也官從而督之理之宜
也爲守宰者固不可以託催科政拙之言而置賦税
之事一切不理易曰理財正辭禁民爲非曰義必指
簿書期會爲非吾所當務此乃腐儒鄙生不聞大道
妄爲繆悠之說以自蓋其無能者之言也今簿書不
理吏胥因爲姦亂爲長吏者難於稽考吏胥與姦民
爲市使長吏無所窺尋其縱迹此所當深思精考數
其本末求其要領乃所謂理財正辭禁民爲非者也
簿書齊整明白吏無所容姦則姦民懼而弊事理良

民下户畏事之人不復被擾矣若循理而治賦輸又不能寬上府之督責則致爲臣而去豈不甚公甚正甚榮甚美哉有如文丈大鄉之賢善類所宗亦必甚慰其意以爲吾有賢子不愧於陽道州矣世間富貴何限往往與草木俱腐其能自拔而與陽道州儷駕於方冊者幾何人哉若曰今不得已且屈吾平日之志爲苟免之道非某之所聞也吾人要當求師於往聖昔賢有識君子不可聽討於吏胥吏胥者吾之所御豈可反入其籠罩之中也

象山先生全集卷之八

象山先生全集卷之九

書

與王謙仲

某違遠誨言三換歲矣區區瞻企何可云喻去冬拜手翰之辱大義煥然豈勝慰沃江鄉何幸得大賢出鎮然自朝廷而言則輕重緩急亦已舛矣明天子注倚豈其或疾執事者之不便計必出此亦識者之所前料殆無足惟獨陰氛重重殊未廓清葵藿之心不能不爲大明惜之　去冬不顧着足鬧籃只欲休去歇去之語尤非所望竊料執事此蔽未能遽解則此

行稻爲私便其占籍江西以私言之亦惟恐彼人之詩有所不行也關府用何日傳關下車十運府處此非尺牘虛辭也元睦閭已起行入奏事江西可謂德旱聚也其去夏拜書後不旬日即有仲兄子儀之喪秋初又哭一殤子乃緣爲先兄子壽後者撰德銘葩如此舊有拙疾衰若中大作幾至於斃臘月頓愈今頃健復如去春時矣鄉人彭世昌新得一山在信之賈溪西境距嚴廬兩舍而近廟僧有所謂馬祖者廬于其陰鄉人因呼禪師山元豐中有僧營者爲寺其陽名曰應天寺廢久矣屋廬毀撤無餘故址埋於荊

榛良田清池没於茅叢彭子竭力開闢結一廬以相
延去冬嘗一登山見其隘復建一草堂于其東山間
亦粗有田可耕社日後携二息偕數友朋登山盤旋
數日盡發兹山之秘要領之處眼界勝絶乃向來僧
輩所未識也去冬之堂在寺故址未愜人意方於勝
處爲方丈以居顧視山形宛然鉅象遂名以象山草
堂則扁曰象山精舍鄉人蓋素恨此山之名辱於異
教今皆翕然以象山爲稱故侍郎張南仲之居寔在
山下南仲諱運其諸子鄙從居鄱陽其諸姪咸在故
里皆尊尚儒術舊亦多遊從者彭世昌極貧開山之

役諸張實欣助之其經營之初亦張爲之地今張氏
子弟咸来相從一家結廬於東塢之上比方丈爲少
高名之曰儲雲兹山常出雲雲之自出常在其高故
也一家結廬於前山之石石澗飛瀑縈紆帶其側因
名曰佩玉相繼而来結廬者未已未及名也方丈簷
間層巒疊嶂奔騰飛動近者數十里遠者數百里爭
奇競秀朝暮雨暘雲煙出没之變千狀萬態不可名
摸兩山廻合其前如兩臂環拱臂間之田不下百畆
泌流而下懸注數里因石賦形小者如線大者如練
蒼林陰翳巨石錯落盛夏不知有暑挾冊其間可以

終日東山之崖有繙經石可憩十許人西山之崖有歇石可坐五六人皆有蒼松蟠覆其上其下壁立萬仞山之陰有塵湖在其巔天成一池泓然如鑑大旱不竭可以結廬居之自塵湖而北數山之外有馬祖庵其處亦勝有風洞有淩月池有東巃有樺木巃有東西塢有第一峰凡此皆舊名嘉者此山大勢南來折而東又折而南其高在西北堂之西最高九峰聯絡如屏名曰翠屏其上皆林木也北峰之高者如蓋可以登望南望羣山盆遠溪谷原野畢露東望靈山特起淩霄縹緲如畫山形端方廉利吳越所未見有

也下見龜峰昂首躬背形狀逼眞玉山之水蓋四百
里而出於龜峰之下畧貴溪以經玆山之左西望巍
姑石琵琶諸峰峭崒逼人從天而下溪之源於光澤
者閩見山麓如青玉版北視上清仙巖臺山僅如培
塿東西二溪窈窕如帶二溪合處百里而近然地勢
卑下夷曠非甚清徹嘗没於蒼茫煙靄中矣彭世昌
去冬亦嘗至無爲求見挾梭山之書聞治行之忙不
及瞻望今已息肩共學耕於此矣此公志向不肯碌
碌人皆謂之狂生然其平生所爲甚異流俗爲私者
嘗少而爲義者嘗多惜其前日不甚得從師友擇之

未精耳自此當有可望

二

彭世昌歸適領敎翰專人荐至連奉好音慰浣何可言喻時事一新陰氛頓釋良心之所共快繼是而無以新之則後之視今猶今之視昔誠如來教前月之雨雾霈連日山溪暴漲平野𣸣如湖海積年所無幸不甚爲害水落之後禾黍暢茂倍於常歲旬日更得一雨早田十分成熟矣陂池皆有蓄水縱有秋旱晚稻亦有可救不至如去年也江西之民當藉大府之德而望一稔矣近聞饒之浮梁負郭一寺中井泉湧

溢而地陷漂盧浮尸不可勝數水後舟行者見沿流
居民收積漂村往往如堵所敗傷不少矣如聞臨江
筠袁亦有水患大府當知其詳令風俗積壞人材積
衰郡縣積弊事力積耗民心積摇和氣積傷上虛下
竭雖得一稔未敢多慶如人形貌未改而臟氣積傷
此和扁之所憂也比日所去之蠹可謂大矣燮調康
濟政爾惟難非君臣同德洞見本末豈易言此海内
之責當有在矣願得從容以究此意不啻飢渴秋深
隹天氣當求一扣函丈第恐前此促召亦賴遣介相
聞告以起行之日水陸所由定當前途求一見耳善

政日有所聞閭夏秋甚便於民恨未知其詳秋苗利病想已討論甚悉爲郡者只能於此二節去其害而致其利則及物已廣矣某去冬有與宋漕劄子言金谿月樁惜其不及施行謾錄呈倘有餘力及之幸甚

與錢伯同

不訊記曹又復逾時然蚕作晚寢渴飲飢食皆涵泳邦君之澤尺牘疏數尚奚足言荆公英才蓋世平日所學未嘗不以堯舜爲標的及遭逢 神廟君臣議論未嘗不以堯舜相期獨其學不造本原而悉精畢力於其末故至於敗去古既遠雖當世君子往往不

免安常習故之患故荆公一切指爲流俗於是排者蜂起極詆訾之言不復折之以至理既不足以解荆公之蔽反堅　神廟信用之心故新法之行當時詆排之人當與荆公共分其罪此學不明至今吠聲者日以益衆是奚足以病荆公哉祠宇隳敗爲日之久莫有敢一舉手者亦習俗使然耳執事慨然而一新之非特見超卓其何能如是比得倅車書謂執事欲以記文下委不覺喜溢支體蓋茲事湮鬱深願自是一發舒之遺人臨存適越在他境不即奉荅姑以此謝緩報之罪記文尚遲旬日當成就其説馳納求教

居山逾一甲子益飽雲山之變飯稻羹魚無復在陳之戹藉庇宏矣玆山之勝尤在瀑流東有䃮潭西有半山䃮潭不下玉淵半山可亞卧龍精舍之前兩山迴合又自爲一澗垂注數里噴薄飛灑於茂林之間一曰風練二曰噴玉三曰飜濤四曰跳珠五曰冰簾六曰雙練七曰飛雪木石自爲階梯可泓以觀兩崖有蟠松怪石却略偃蹇隱見於林杪時相管領令人忘歸日與二三子詠歌其間懷吾賢使君之德何有窮已故亦樂爲執事道之王弱翁力酣於綠尊紅妓

安能作字哉文公祠記某當併書之遲旬日納去

與楊守

鄉邦凋弊方深滐釜之憂遽得賢師帥振起而撫摩之欣幸之私不在田夫野老之後矣屬者修敬數獲欵晤深慰積年傾渴之懷至蒙禮遇之寵每踰涯分衣深感怍抵家欲具謝尺紙以不敏因循迨今然文華日勝情實日薄此後世公患吾人相與以信義苟文非所計故不敢深以自訟諒惟高明必不以是督過之某此月七日始得東書登山九日始遂達山房金谿與饒之安仁信之貴溪爲隣二境皆有盜賊之

患金谿獨不然相去跬步之間事體便相遼絶晉國
之盜逃奔于秦乃今見之賢使君之效乃如此是事
乃得之親見非傳聞也金谿今歲旱處亦多通縣計
之可作六分熟敝居左右獨多得雨頗有粒米狼戾
之與但前數日南風亦頗傷稻目今雨意甚濃此去
却要速晴以便收穫萬一成積雨則又有可憂者切
竊賢者用心未嘗不在於民不敢不告近日頗從倉
臺需糴本爲平糴一倉以輔向來趙丈所建社倉其
詳教授知之得訪渠索其劄子一觀幸甚

教之緒餘不勝降嘆從容平易惟理是求稽諸前古千載一轍周道之衰民尚機巧溺意功利失其本心將以沽名名亦終滅將以徼利利亦終亡惟其君子終古不磨不見知於庸人而見知於識者不見容於羣小而無愧於古人俯仰浩然進退有裕在己之貴潤身之富輝光日新有無窮之聞其視懷璧負乘之人何啻蚊蚋蟻虫哉三復來貺益厲此心敢悉布之求以爲好惟執事終惠顧之

三

違遠色笑倏爾經時洽聞謳謠益用鄉德某自省事

以來五十年矣不知幾易太守其賢而可稱者惟張安國趙景明陳時中錢伯同四人殆如晨星之相望可謂難得矣今執事臨之又光於諸公邦人何幸雖然屬者郡政不競已甚積弊宿蠧殆難驅除猾吏豪家相為表裏根盤節錯為民蟊賊質之淳黠勢之強弱相去懸絕本非對偶吏胥居府廷司文案宿留於邦君之側以間劇勞逸嘗吾之喜愠以日月淹速嘗吾之忘憶為之先後緩急開闔損益以蔽吾聰明亂吾是非而行其計豪家擁高貲厚黨與附會左右之人創端緒於事外以亂本旨結左證於黨中以實僞

事工爲節目以與吏符合而成其說吾以異鄉之人一旦而聽之非素諳其俗而府中深崇閭里之事不接於吾之目塗巷之言不聞於吾之耳被害者又淳厚柔弱類不能自明自達聽斷之際欲必得其情而不爲所欺此甚明者之所難也吾雖得其情彼尚或能爲之牽制以格吾之施行吾斷之速則文踈事漏而無以絶其辭吾求之詳則日引月長適以生其奸況其是非曲直之未分而常有以貳吾之心疑吾之見變亂其事實而其情亦未易得也一墮其計奸惡失所畏善良失所恃矣豈不難哉善惡之習循陰陽

之相爲消長無兩大之理一人之身善習長而惡習消則爲賢人反是則爲愚一國之俗善習長而惡習消則爲治國反是則爲亂時之所以爲否泰者亦在此而已開闢以來羲皇而降聖君賢相名卿良大夫相與扶持封植者善也其所防閑杜絶者惡也明明在上者明此而已火在天上大有明之至也彖曰君子以遏惡揚善順天休命傳亦有之爲國家者見惡如農夫之務去草焉芟荑蘊崇之絶其本根勿使能植則善者信矣夫子曰聽訟吾猶人也必也使無訟乎使夫子生今之世爲今之吏亦豈遽使人無訟哉

易有訟卦其來久矣不能無訟豈唯今日若其聽訟之間是非易位善惡倒置而曰自有使人無訟之道無是理也舜之受終必流共工于幽州放驩兜于崇山竄三苗于三危殛鯀于羽山而後天下咸服夫子之得魯政必誅少正卯於兩觀之下而後沈猶氏不敢朝飲其羊公鎮氏出其妻鎮潰氏踰境而徙魯之鬻牛馬者不豫價過惡揚善順天休命前聖後聖其揆一也必使無訟之道當於聽訟之間見之矣君子之所以異於人者以其存心也過惡揚善順天休命此其存心也與後世苟且以逃吏責鉤距以立威者

豈可同年而語哉舉斯心以加諸彼使善習日長惡習日消惡者屈善者信其無訟也必矣蒙照知之素輙效區區以裨萬一

與黄監

某切見鄉來趙丈舉行社倉撒里亦立一倉委梭山家兄主其事某頗有所未安者昨亦嘗禀聞愚見以爲莫若爲平糴一倉以輔之乃可長久平糴則可獨行社倉未必可獨行也社倉施於常熟鄉乃可久田不常熟則歉歲之後無補於賑䘏平糴則豐時可以受農民之粟無價賤傷農之患歉時可以摧富民閉

廪騰價之計政使獨行亦爲長利今以輔社倉之所不及而彌縫其鈌又兩盡善矣其詳已嘗託陳教授布禀

與林叔虎

叔虎才美試於一縣眞游刃有餘地矣顧其志義文采欝未盡施行且觀騰驤耳學宮之壯恨不得卽一拭目記文見委義當效力第非倉卒所能成耳去冬爲陳貴溪作重修學記謾往其刻一觀向爲仲權作宜章學記莫曾見否今竟未刻豈其有不當仲權之意者耶近觀仲權所向亦有可念者淳叟身後事亦

粗辦然極可憐晚節與仲權正已爲莫逆友死者已
矣生者顧未知其所終又可憐也壽夭貧富貴賤皆
不足多爲學者道古之聖賢如關龍逢之誅王子比
干之剖心顔閔之夭疾孔孟之厄窮至今煌煌在宇
宙間庸何傷哉某去年春尾在山間聞伯蕃姪訃以
歸親舊家庭撫棺視窆之役相尋以卒歲今猶有姪
婦之喪未塟然更閱涉歷此道益明益不敢不勉數
年間書問文記頗多不能盡錄令小兒錄經德堂記
往此文頗有補於吾道荊公祠堂記刻併往此是斷
百餘年未了底大公案聖人復起不易吾言矣刻中

第六行内義當與之戮力字下脫若虛捐歲月是自
棄也九字好議論字下羨人一字若令人寫出增損
而讀之乃無遺恨當時錢伯同託弱翁書弱翁臂痛
不能書伯同逼替後送來其自書特有前本碎紙寫
去偶有此脫羨伯同恐是意欲增損遂依後本刻至
今不滿後當更書小本叙此曲直跋其後置諸壁間
也與晦翁往復書因得發明其平生學問之病近得
盡朋友之義遠則破後學之疑爲後世之益若夫志
卑識闇居斯世爲斯世之徒固不足以論此長沙胡
季隨乃五峰之幼子師事張南軒又妻其女南軒没

後又講學於晦翁之門亦嘗至臨安相聚此人操行
甚謹慤志學亦甚篤但學不得其方大困而不知反
去年亦有書來此今錄所荅渠書併所復陳漕君舉
書往世固有甘心爲小人者此無可言矣有不肯爲
小人而甘心爲常人者又未足言也有不肯爲常人
而墮於流俗中力不能自拔又無賢師友提掖之此
可念也又有非其力不能自拔其所爲往往不類流
俗堅篤精勤無須臾間暇又有徒黨傳習日不暇給
又其書汗牛充棟而迷惑浸溺流痼纏綿有甚於甘
心爲小人甘心爲常人者此豈不重可憐哉上古聖

賢先知此道以此道覺此民後世學絕道喪邪說蜂
起熟爛以至今日斯民無所歸命士人憑私臆決大
抵可憐矣而號稱學者又復如此道何由而明哉復
晦翁第二書多是提此學之綱非獨爲辯無極之說
而已可更熟復之

與陳君舉

丁未之冬失於一見凡書往復莫遂輸寫比年山居
益左知舊消息往往闊絕徒積傾馳遣人臨存辱以
書幣備承近日動息慰浣可量以尊兄之才之美下
問之勤懇然情實真以能問於不能以多問於寡允

用降嘆世習靡敝固無可言以學自命者又復錮於
私見蔽於私見卻鍼拒砭孳自黨與假先訓判形似
以自附益顧不知其實背馳久矣天以是理畀人而
舉世莫任其責則人極殆不立矣永思及此益切悼
懼忘其駑蹇以自效竭此其所不敢不勉著大公以
滅私貽至信以熄僞非尊兄尚望誰老矣之論未敢
聞也傳子淵已至衡陽得其書謂亦已相聞矣子淵
人品甚高非餘子比也劉淳叟前月初冒暑歸自臨
江病痢踰旬竟不起可哀可哀此即年來避遠師友
倒行逆施極可悼念春夏之間適有困折其近抵城

闔見其卧病方將俟其有瘳大拯拔之不謂遂成長往念之尤用傷歎淳叟正已初向學時自厲之意蔚然可觀鄉里子弟因之以感動興起者甚衆曾未半塗各有異志淳叟歸依佛乘正已慕用才術所託雖殊其趣則一此其爲蔽與前所謂以學自命者又大不侔矣正已比來相與禮貌然視其朋游觀其文辭驗之瞻視容色以考其指歸未之有改此尤可念也

象山先生全集卷之九

象山先生全集卷之十

書

與李成之

某去冬距對班數日忽有匠丞之除王給事遂見繳旣而聞之有謂吾將發其爲首相瓜牙者故皇懼爲此抑可憐也古人所以不屑屑於間政適人而必務有以格君心者蓋君心未格則一邪黜一邪登一弊去一弊興如循環然何有窮已及君心旣格則規模趨鄉有若燕越邪正是非有若蒼素大明旣升羣陰畢伏是瑣瑣者亦何足復汙人牙頰哉鄉來面對粗

陳梗槩明主不以爲狂而條貫靡竟統紀未終所以低回之久者欲俟再望清光輸寫忠蘊以致臣子之義耳然而不遂則亦天也王氏之子焉能使予不遇哉

二

李尉處附至三月晦日書發讀慰浣之極别紙𠕂見情實歷述病狀可謂自知之審矣爲仁由己而由人乎哉奮抜植立豈不在我若只管譏評因循不能勇奮特立如官容奸吏家留盜虜日積憂患而不勇於一去之决誰實爲之今幸尚知其爲奸盜而患苦之

護惜玩愒之久寖以習熟便安之未必不反以爲忠良也任賢勿貳去邪勿疑豈獨爲國而然爲家爲身盡一理也願精思深察致一日克己復禮之力當有勿憂宜日中之快矣

與應仲寔

向自使華在江東時草草具復來貺尋拜數字附鄉里士人以行而執事移帥南服之命已下用不果達其時某適至隆興在翠巖洪井間得聞從者至止亟還城下則棨戟又南矣甚爲悵然屬嘗於復漕臺書中寄意語次亦曾及之否蒼梧舜迹所及交趾合浦

九真日南爲郡古矣粤自翠華南波更爲近服班宣之任類皆名儒重臣間者猶以簿書遺策米鹽末務仰勤冕旒南顧之憂官人之難乃如此茲焉帥閫暫屈明賢此其加惠嶺海之民可謂至矣撫柔安輯當有餘地遠民知方興於禮義此其時也漕臺心事犖犖伏想相得甚歡金蘭之誼於是有證徤羡徤羡某往歲亦蒙誤恩俾壘荆門尚遲餘教以逊大戾區區近況有鄙文數篇公餘過目可槩見矣去年秋冬又兩通晦翁書然前說且倚閣矣

與張季海

又欲詣謁坐此塗潦政爾未遂欽然斯懷金谿西北幷臨川處率多旱田耕必三鉏秋乃可望常歲及今再耜挾矣今阻寒凍曾未舉趾農者凜然有無年之憂雷先啓蟄泉源已動泉之盛一甲子而止動早則及夏淺動晚則及夏深泉與雨澤亦相表裏故動早旱徵動晚稔徵今先啓蟄而動則不及夏矣比年貨泉日縮民生日貧穀價雖廉往往乏食重以冬春仍雪積雨畦塗隴敗無所施力困亦劇矣霖霪未止爲之柰何蒲城小寇幸已成擒警候之事尤非今日所能堪也邑民以公事至廷者莫不稱頌賢德而游談

之士往往以聽信百石爲疑雖其無根不足深據然
形似則有以致之更惟加察

二

夊以道濘不遂往見旣望常作一紙以致區區尋以
少霽欲留面剖又不果達今併往一觀新峯旣不果
来吾邑遂可以夊被賢者之澤向來不作夊計深爲
足下不取古人於事無小大無夊近其處之一也居
一日亦當盡吾道學絶道喪所從来夊矣放利而行
者滔滔也比嘗與主簿論喻義喻利之說語次曾及
之否弊邑之陋風俗未還於正所幸主簿意向甚美

第未甚更歷耳外此不復有正人區區亦不能不爲左右深慮要當卓然以古人自期憫惻流俗如失心者而後能無所陷溺人患無朋友無聞見與其親不正之人聞不正之言則寧其無也若見不賢而内自省擇其不善者而改之則皆吾師也

與張元昺

比方得向來論事之書張權因造簿正其宿弊此固當然比復使君書固是之矣若創征之事此甚不可足下之辯殆類冉求之辯伐顓臾金谿陶戶大抵皆農民於農隙時爲之事體與番昜鎮中甚相懸絶今

時農民率多窮困農業利薄其來久矣當其隙時藉
他業以相補助者殆不止此邦君不能補其不足助
其不給而又征其自補助之業是奚可哉初甚駭聞
兹事繼而聞其說出於沈尉郎悟其爲此謀之人豈
能有補於調度若其傷邦君之政體不復可得而文
飾矣沈生小子本無知識豈恤州郡豈愛邦君豈念
小民獨爲挾私者所嗾耳所重可惜者遂使賢使君
爲挾私之人所役而足下又代挾私者爲辯此人之
術何其如此之高乃能挾一邪說以役二賢者又重
可怪也今未知已如何施行正宜及其未深有以改

之無爲此人所笑

與黄康年

此道充塞宇宙天地順此而動故日月不過而四時不忒聖人順此而動故刑罰清而民服古人所以造次必於是顛沛必於是也斯須不順是謂不敬雖然己私之累人非大勇不能克一日克己復禮天下歸仁焉豈直推排而已哉縱使失於警戒舊習乘之當其思之覺之復之之時亦必大勇而後能得其正也願益勉之

與胡無相

惠書憂憫俗學傷悼邪見深中時病惟是推許過盛非所敢承劉定夫得數日之欸張誠子迫試期不及一見但得訊云回日見過定夫亦約早晚登山山間朋友近多讀尚書上古道義素明有倡斯和無感不通只是家常茶飯令人旣惑於利祿又蔽於邪說見說此理翻成特地豈不可憐哉

與朱益叔

區區之學不能自已朋儕相課亦謂月異而歲不同每觀往年之文其大端大旨則久有定論至今不易若其支葉條目疎漏舛錯往往有之必加刪削乃可

傳也向在朋友間時見所傳鄙文亦有全偽者此尤不可不知也開歲合并當究其說學絕道喪私說詖論充塞瀰滿朋友講貫未能符合其勢然也然至當歸一精義無二至於心獨無所同然乎此孟子之至言但詠歌伐木之篇緝熙其事終必有無間然者矣

與路彥彬

得函教又辱以盛製文盛意勤顧何以當雖然似有未相曉者義不敢不宣達於左右竊不自揆區區之學自謂孟子之後至是而始一明也平日拳拳於左右者豈徒以親戚之故哉古人纓絕肘見不以為病

累日不火食歌聲若出金石或者未能深信與信之而未濟發滋則兹當挾轄推轂以相從於康莊也若金錢穀粟之惠遺非其之任也聚族之衆終歲之計未免於飢歲日索公堂米無毫髮補助亦以事有大於此者未敢任此責也得時行道固吾人分內事然與世俗羨慕富貴者天淵不足諭也来詩似未免俗意尤非所望非高明亦不敢直言如此

與涂任伯

来喻勤勤大槩謂来學者未必可語而有耗氣勞體之患此誠足下愛我之心也雖然足下顧未知自愛

安能愛我哉比數得與足下接語此邦之士感焉者甚衆進而效説者亦不少矣大抵皆是何足與言仁義之意然稠人廣坐其意蓋不皆如是也其意如是者必其不知自愛者也其意不如是者必其知自愛者也今足下之言乃與其不知自愛者若合符節此吾所以甚爲足下不取也素問之書乃秦漢以後醫家之書託之黃帝岐伯耳上古道純德備功利之説不與醫卜之説亦不如是比見足下好誦其言特素未講學不知其非耳其氣稟素弱年十四五手足未嘗温煖後以稍知所向體力亦隨壯也今年過半百

雖少加衰於壯時然以足下之盛年恐未能相逮也何時合并以究斯義

與董元錫

元錫舊常有向學之意而中自畫每切念之無由奉達今因此輙致區區幸少垂聽往訓中言小人者甚多不可一槩觀小人字雖同而其所指乃有相去天淵者論語所謂女爲君子儒無爲小人儒又曰言必信行必果硜硜然小人哉又如尹士旣聞孟子之言則曰士誠小人也此等則是學不至道而囿於私見不能終從其大體故謂之小人易曰小人不耻不仁

不畏不義不見利不勸不威不懲此則氣質乖戾姦憸凶惡之小人也治世盛時若不格面從化則刑戮之所不貸此兩者善惡雅俗汙潔之辯如雲泥矣元錫平時喜事好修何至爲由後之小人哉若由前之小人則恐非元錫之所能及今流俗不學之人而其質不至於不恥不仁不畏不義又不得陶冶於先聖王之教方憑其私意自以爲善此則是俗人不得謂之士不得謂之儒此輩必不能如尹士自知之明也然俗人中氣質又有厚薄輕重大小平時所惜於元錫者爲其氣質偶不得其厚重者故不能自拔於市

井之習又輙憑之以安議人之長短所見日陋如来
書所謂讐即陋見也知己之説亦陋然吾能化陋以
為廣大請借元錫知己之説而言之元錫誠欲求知
己當今之世捨我其誰哉但恐元錫怕逄知己耳元
錫誠能不安其舊惟新是圖則本心可以立復舊習
可以立熄居仁由義大人之事備矣誰得而禦之

與倪濟南

聞不就程試決計登山甚為之喜壽翁寄示中秋分
韻尤用嘉歎天宇澄澈月華晶瑩頻年未有如此夕
者老子於此興復不淺是夕月午啓門相半東望兹

山亦念不負此月者在諸賢爾自昭明德何必是夕造次顛沛莫不當然涵泳存養計當日新山翁在此濟南之來不當遲遲也

與黃彦文

寵示盛製詞典句老動有稽據非近時後生所及深用降歎下問求益之意如川方至此尤不可及然有如者德所進當在文字之表則所謂真訣在其中矣恨行役匆匆未得從容以究其説尚冀快誦屈子覽冀州兮有餘橫四海兮焉窮之句以厲益壯之志當刮目以俟

與劉志甫

趙仲聲還得書讀之渙然深用慰懌順伯與足下相繼入冊府亦前時所無來外想亦未容遽也誠者非自成已而已也所以成物也成己仁也成物知也性之德也合内外之道也交游間氣質不至扞格者當日有麗澤之益此其爲進德之驗甚著馮傳之氣稟恢然當今難得所當共愛惜之向來相聚失於懶散不曾與之啓其大端去歲嘗有一書勉之近得其書殊覺其邈然不相入深爲慨惜志甫尚能致力於此乎今錄向來書藁去若致力切磋庶有其端也近與

春伯一書痛箴其陋習膏肓能索觀之爲佳道之行不行固天也命也至於講明則不可謂命也知言者亦何必俟其效之著而知其所到哉此心本靈此理本明至其氣禀所蒙習尚所揩俗論邪說所蔽則非加剖劘切則靈且明者曾無驗矣

與邵叔誼

教以向来爲學本末又加詳於前日所聞甚幸但叙述愚言處則盡失其實便須認爲已物一句尤害義理誠如此可謂罪人處矣前来所說猶是竊盜此舉遂爲强盜爲强盜而不讓豈可容於世哉初一再見

時頗覺左右好隨卽爲數語述所聞每乖其實旣得句日浹之欵意必已悟前非不謂又作此等語乃復甚於初時此卽病證之大者失今不治必爲痼疾豈更可言爲學哉此心苟得其正聽言發言皆得其正聽人之言而不得其正乃其心之不正也一人言之衆人聽之使衆人各述其所聽則必不齊非言者之異也聽者之異也来書之至此間友朋觀之皆駭而問曰何爲有此言因荅之曰是非吾言也卲機宜之言也某屢言先立乎其大者又嘗申之曰誠能立乎其大者必不相隨而爲此言矣屢言仁以爲己任又

嘗申之曰誠仁以爲己任必不相隨而爲此言矣蓋後世學者之病多好事無益之言假令記憶言辭盡無差爽猶無益而有害況大乘其旨盡失其實邪向来造見對語移時初問頗覺左右之心不能無餒既而發明此理稍相切磋殊覺小快及再相見接語之間已覺非復前日矣是後相從雖累日衆中泛語終不得獨相叩問玆得來示方知窒塞如初此乃向來不得眞實師友講貫傳授類皆虛見空言徒增繆妄今能盡棄前非務明正理則此心之靈此理之明誰得而蔽之某前書所以相勉者可謂至矣幸復熟而

究切之也得元晦書其蔽殊未解然其辭氣窘束或
恐可療也某復書又加明暢併錄往幸精觀之

與江德功

蒙示晦翁書敬領回書徑自此遣往矣副本錄在卲
叔諒處可索觀之白白長長之言是古人辯論處非
用工處言論不合於理乃理未明耳非誠意之罪也

與曾宅之

千日朋舊書問至多向所惠書卒難尋檢其時復書
亦無草藁今皆不能記憶来書謂某嘗有文義溺志
之戒某平時與朋舊講貫不敢泛爲之說大抵有所

據而後言若誠有是是必據来書而言之耳亦略記
得曾有一卷粘紙數幅寫前輩議論十數段於後註
所見與所疑又各空其後以俟某之説此豈非吾友
所示恥記得當時看畢甚喜其有志於學亦甚惜其
學未知方亦嘗以示一二朋友因謂之曰此人氣質
志向固不碌碌但未得親師友胸中雜然殊未明本
末先後之序今千里寓書紙筆之間豈能遽解其惑
且當示以讀書之法使之無徒耗其精神後日相見
當有可言耳亦略記回書大意謂讀古書且當於文
義分明處誦習觀省毋忽其為易曉毋恃其為已曉

則久久當有實得實益至於可疑者且當優游厭飫以俟之不可强探力索後日於文義易曉處有進則所謂疑惑難曉者往往渙然而自解却不記得有溺志之辭此後枉問得備錄前後書辭見示庶有據依也近見所在友朋多有好理會文義反不通者蓋不知學當有師天之生斯民也以先知覺後知以先覺覺後覺此其理也誠得其師則傳授之間自有本末先後不使學者叢然雜然費其目力耗其精神而無所至止也此說要非相見不能究秋涼能一來乎先兄平日無甚著述惟有往來論學之書中間編次未

就後日垂訪當共讀之也

與周元忠

積雨遐想風練飛雪之壯甚願與諸公繙經其間以俟玉芝之茂倘有意於此何以期爲霽日媚景晴雲絢文此吾命駕時也今日平分一春義和會當少出幽險緩轡天衢照臨吾徒成此盛集

與詹子南

日享事實之樂而無暇辯析於言語之間則後日之明自足以識言語之病急於辯析是學者大病雖若詳明不知其累我多矣石稱丈量徑而寡失銖銖而

稱至石必繆寸寸而度至丈必差今吾但能造次必於是顛沛必於是勿忘勿助長則不亦樂乎又何必紛紛爲大小之辯也

二

廖倅處送至四月二十四日書發讀甚慰馳慕用力不懈無他疑惑甚善甚善此心至靈此理至明要亦何疑之有然又以無疑爲疑是未能無疑也事理有未明則不容不疑思索之問辯之則疑有時而釋矣疑亦豈足顧哉今旣曰無疑矣乃以無疑爲疑何哉願速更之毋滋其惑二包至此久矣今皆歸其家約

秋間復来顏子堅既已去髮胡服非吾人矣此人質性本亦虛妄故卒至於此育王有一僧曰祖新姓趙字日新其爲僧非本志質甚穩實亦有復衣冠之志曾識之否得来書亟作此託廖丈附便奉達不能多具

與吴顯仲

得書承此来履用佳適進學不替爲慰来書見喻所學仍見敏道說頗以藝能不如人爲憂此甚非也當書論語弟子入則孝出則弟一章併子夏賢賢易色一章於几案間朝夕觀省以改前過讀書作文之事

自可隨時隨力作去才力所不及者甚不足憂甚不足恥必以才力所不可強者爲憂爲恥乃是喜夸好勝失其本心真所謂不依本分也看顯仲氣質本自質朴淳實何故如此但自依本分朴實頭作箇

求正於人有所疑

不去亦且隨見在有

何不可但頻頻看前兩章書便自不至顛倒也

象山先生全集卷之十

象山先生全集卷十一

書

與朱濟道

此理在宇宙間未嘗有所隱遁天地之所以爲天地者順此理而無私焉耳人與天地竝立而爲三極安得自私而不順此理哉孟子曰先立乎大者則其小者不能奪也人惟不立乎大者故爲小者所奪以叛乎此理而與天地不相似誠能立乎其大者則區區時文之習何足以汩没尊兄乎賢郎志向極可嘉向来供課想甚富此非不足也得勉之讀古書以涵養

此志幸甚

二

向辱惠書諸兄諸姪傳玩賛歎不能去手比之令此書辭反如二人甚愧前日簡忽不能悉意盡誠以相推挽遂使尊兄不能勇去餘習尚此遲回然詩却甚佳詩意書辭亦不相似詩只兩句便說盡了後兩句却成剩語文理頗不相紹續今欲易後兩句兼易前二字固不能出尊兄之意但稍次其文耳此理於人無間然昏明何事異天淵自從斷却閑牽引俯仰周旋只事天尊兄平日只被閑牽引所以不能自立今

旣見得此理便宜自立此理卽是大者何必使他人明指大者旣見此理此理無非何緣未知今是此理非可以私智揣度傳會若餘知私智之非私智廢滅此理自明若任其私智雖高才者亦惑若不任私智雖無才者亦明顏子之學本末甚明尊兄未須泥此而求但自理會眞能見得此理後日徐徐取論語讀之渙然氷釋矣某嘗令後生讀書時且精讀文義分明事節易曉者優游諷詠使之浹洽與日用相恊非但空言虛說則向來疑惑處自當渙然氷釋矣縱有未解固當候之不可强探力索久當自通所通必眞

實與私識揣度者天淵不足諭其遠也不在多言勉旃是望

三

示教日用工夫甚善尊兄氣質忠厚得於天者加人數等但向来累外處多得日剝落之以全吾天則吾道幸甚所謂心誠求之雖不中不遠矣平居不與事接時切須鞭策得烱然不可昧没對越上帝則遇事時因省力矣

與吳子嗣

喪禮與其哀不足而禮有餘也不若禮不足而哀有

餘也此聖人之格言非天子不議禮禮亦未可輕議也欲去其不經鄙俗之甚者而略於近古則有先文正公書儀在何必他求

二

不以前所復書為罪又下問之不肯苟狥流俗孜孜禮法以求依據吾子之志善矣然事有輕重本末當知所先後禮文褒闕其來久矣滕文公所問孟子所荅皆其大端儀節之末去其鄙俗不經者可也來書謂定之僕手此尤未宜吾子在衰絰之中不得已次序以授執事者可也安可謂之定栢人者乃巫覡所

爲不經甚矣吾家未嘗用也祝稱卜葬虞子與夫異
辭觀二孤之過可以類見喪祭當論所主不可言同
也儀中除此三節諸皆無害

三

往歲蒙致書見問以喪禮如生年少能不徇流俗求
古制又其文用字造語皆慕奇異不肯碌碌以爲窮
鄉下邑乃有後生能如此亦不易得故生之書辭不
合律度者雖多皆不暇責獨合所以問之要務誘掖
之庶幾其進旣而聞生詭異其服爲巫覡事深用駭
恒亦頗悔初不知生而遽相對荅有失言之罪兹奉

書乃有悔過自訟之辭人誰無過過而不改是為過矣過而能改善莫大焉今生誠能幡然自新何幸如之雖然生家相距百里而近乃有不亟於求見長者而徒數以書來則改過之言亦未敢深信然吾今猶云云若此者望於生厚矣生其謹思之

四

文字之及條理粲然弗畔於道尤以為慶第當勉致其實毋倚於文辭不言而信存乎德行有德者必有言誠有其實必有其文實者本也文者末也今人之習所重在末豈惟喪本終將併其末而失之矣陳教

授舊亦嘗略相從惟其無本故其學日謬書末所糾
三條屬意精切但前所取數語亦皆非是學無端緒
雖依放聖賢而爲言要其旨歸實已悖戾龐雜膚淺
何足爲據若所謂致其譽聞不泯泯碌碌者尤不可
不辯人有實德則知疾沒世而名不稱者非疾無名
疾無德也今聞廣譽施於身者實德之發固如是也
庶幾夙夜以求終譽者欲其德之常久而不已也彼
未嘗深致自克之功私意自爲主宰方懵於知德則
斯言殆適以附益其好名求勝之習耳此尤不可不
辯

五

前書致其聞譽之說乃後世學者大病不能深知此病力改㪉習則古人實學未易言也吾友更當深於此處觀省使舉動云為判然與曩者異轍則吾道有望矣復前書時亦欲相勉未須與陳教授往復後偶忘之至今不滿近歸自象山諸事冗擾文字亦不曾將歸旦晚亦須便登山儻能一來諸當面盡

六

錄示仙郡首篇策問大旨竊所未諭新君郎位曾未期月而遽曰責成無效何課效之速如此哉以夫子

之聖不過曰三年有成唐虞之朝雖三載考績必三
考而後黜陟幽明羽山之殛蓋在九載之後伯禹作
司空猶八年於外兗州之賦作十有三載乃同古今
難易縱有不同亦安有於半年之間而遽責其成效
之理哉又古所謂責成者謂人君委任之道當專一
不疑貳而後其臣得以展布四體以任君之事悉其
心力盡其才智而無不以之愆人主高拱於上不參
以己意不間以小人不維制之以區區之繩約使其
臣無掣肘之患然後可以責其成功故既已任之則
不苛察其所爲但責其成耳此古人用責成二字之

本書也令泛課功效而用此二字則用字亦未穩當
且古所謂賞罰者亦非爲欲人趨事赴功而設也天
命有德五服五章哉天討有罪五刑五用哉其賞罰
皆天理所以納斯民於大中躋斯世於大和者也此
與後世功利之習燕越異鄉矣何時登山當究其說
明日欲登雲臺觀見谷突南山之所自來却論舟浮
梅運從鬻口以歸度旬日而後可反山房也

七

承已登山結茅深用嘉歎近得周元忠書謂幹伯伯
珍諸人有意遇陳夫相迎且聞期日吾答以寒日麗

景晴雲絢文卽吾就道時也是日正春分明日卽大
開徹輿夫至今未来豈其俟后土之乾又寗陰雨故
耶昨日光風頗還舊觀乃今祁雲漫天寒飈先雨又
復凄然似秋矣遐想雲臺領袖諸峰儲英育秀以相
料理老子於此與復不淺行止乆速在天與人而已
若此雨未止能冒之一来尤見嗜學

八

此理充塞宇宙天地鬼神且不能違異况於人乎誠
知此理當無彼已之私善之在人猶在已也故人之
有善若已有之人之彥聖其心好之不啻若自其口

出胥訓告胥保惠胥教誨此人之情也理之所當然也亦何嫌何疑誠者非自成已而已也所以成物也成已仁也成物智也性之德也合内外之道也顧恐未能成已耳若私淑二字則出於孟子當深明其旨不當輕用於此此用字之疵不足以達理而能爲理之累五代史政須點對來本極佳草廬在二池之間欲名以濯纓須來此當爲書之

與傅季魯

二十四日發潊盧晚宿資國二十五日觀半山瀑由新豯抵方丈巳亭午山木益稠蟬聲益清白雲高屯

疊嶂畢露踈雨迤灑清風漻然不知其爲夏也何時來此共之適欲國紀點對一事或未能来可先遣至

與陳宰

伐松之盗仰見嚴明不容逭戮此至山間具伏其罪祈免窮究論其初心乖戾殊甚至以雀角之詞煩溷官府牽率縣僚喧動隣里重費賢大夫之神明此豈可貸然斯人素狃惡習久爲鄉里之害今兹適逢令尹之賢乃肯悔過效順幡然改圖亦有可喜来此自訴其悔艾遷改之意甚力儻其自此回心易慮以歸於善諒於豈弟之懷亦必喜之前日亦以周處之事

反復勉之矣斯人有公狀首伏未敢自前併用封納

二

無似之蹤屏處是適諸公過聽錄其姓名遽叨乘障之命進退惟谷荆門在重湖之北有道院之號事力優衍異時造物所以處貴游者也非枯槁之所宜得然蒙泉之與飛雪金蓮之與玉芝未知孰愈同志之士方此盍簪紬繹簡編商略終古粗有可樂雖品質不齊昏明異趣未能純一而開發之驗變化之證亦不可謂無其涯也儻得久於是山以既厥事是所願幸彌縫其闕而終惠撫之則惟賢大夫是望

與李宰

敎以學記所施足認不鄙然此文之作豈爲陳君設比之墓銘不有間乎貴溪安仁金谿三邑最爲比隣十餘年間不聞有賢令尹吏胥猖獗姦民以嚚訟射利者與吏相表裏公爲交鬪肆行無忌柔良不得安迹陳宰所爲固多未滿人意至其使此輩縮首屛迹柔良陰受其惠則亦其所長也三邑十餘年間誠未見有此視前政則優視此縣則優似未爲過許嘗蒙渠見訪一聞大義誠有愧恧自失之實使此心不泯滅復遇箴藥亦安知其不能幡然也在門下尤宜略

於錄其罪而詳於求其長恃高明與契愛之厚不敢
有隱諒不督過也

二

求教謂容心立異不若平心任理其說固美矣然容
心二字不經見獨列子有吾何容心哉之言平心二
字亦不經見其原出於莊子平者水停之盛也其可
以為法也內保之而外不蕩也其說雖託之孔子實
非夫子之言也彼固自謂寓言十九其書道夫子言
行者往往以致其靳侮之意不然則借尊其師不然
則因以達其說皆非事實後人據之者陋矣又韓呂

黎與李翊論文書有曰平心而察之自韓文盛行後學士大夫言語文章間用平心字寖多究極其理二說皆非全言吾何容心之說即無心之說也故無心二字亦不經見人非木石安得無心心於五官最尊大洪範曰思曰睿睿作聖孟子曰心之官則思思則得之不思則不得也又曰存乎人者豈無仁義之心哉又曰至於心獨無所同然乎又曰君子之所以異於人者以其存心也又曰非獨賢者有是心也人皆有之賢者能勿喪耳又曰人之所以異於禽獸者幾希庶民去之君子存之去之者去此心也故曰此之

謂失其本心存之者存此心也故曰大人者不失其赤子之心四端者卽此心也天之所以與我者卽此心也人皆有是心心皆具是理心卽理也故曰理義之悅我心猶芻豢之悅我口所貴乎學者爲其欲窮此理盡此心也有所蒙蔽有所移奪有所陷溺則此心爲之不靈此理爲之不明是謂不得其正其見乃邪見其說乃邪說一溺於此不由講學無自而復故心當論邪正不可無也以爲吾無心此卽邪說矣若愚不肖之不及固未得其正賢者智者之過失亦未得其正溺於聲色貨利狃於譎詐姦究梏於末節細

行流於高論浮說其智愚賢不肖固有間矣若是心之未得其正蔽於其私而使此道之不明不行則其爲病一也周道之衰文貌日勝良心正理日就蕪没其爲吾道害者豈特聲色貨利而已哉楊墨皆當世之英人所稱賢孟子之所排斥拒絶者其爲力勞於斥儀衍輩多矣所自許以承三聖者蓋在楊墨而不在衍儀也故正理在人心乃所謂固有易而易知簡而易從初非甚高難行之事然自失正者言之必由正學以克其私而後可言也此心未正此理未明而曰平心不知所平者何心也大學言欲正其心者先

誠其意欲誠其意者先致其知致知在格物物果已格則知自至所知既至則意自誠意誠則心自正必然之勢非强致也孟子曰我亦欲正人心息邪説詎詖行放淫辭以承三聖者當是時天下之言者不歸楊則歸墨楊朱墨翟之言盈天下自孟子出後天下方指楊墨爲異端然孟子既没其道不傳天下之尊信者抑尊信其名耳不知其實也指楊墨爲異端者亦指其名耳不知其實也往往口闢楊墨而身爲其道者衆矣自周衰此道不行孟子没此道不明今天下士皆溺於科舉之習觀其言往往稱道詩書論孟

綜其實特借以爲科舉之文耳誰實爲眞知其道者
口誦孔孟之言身蹈楊墨之行者蓋其高者也其下
則往往爲楊墨之罪人尚何言哉孟子没此道不傳
斯言不可忽也諸人交口稱道門下之賢不覺吐露
至此病方起不暇檃括其辭亦惟通人有以亮之儻
有未相孚信處當遲後便

與趙景昭

新除極爲贊喜邦之司直非兄其誰歸刑官古人所
重皋陶尸陳謨論道之任而舜命作士今司直之名
猶在大理又適爲賢者進用之階殊令人增慕古之

懐今日法制有未容人遽實其名耳然珠藏淵媚兄其必有以處之矣

與王順伯

恭伺秩之蒲初欲復丐之適一二士友郵致諸公之意來促此文謂欲因是圖所以相處自度屏棄之人豈宜上累當塗遂絶此念且甘貧餓以逃罪戾不謂竟蒙荆門之除官閑境勝事力自贍無匱乏之憂又假以遲次使得既泉石之事究問學之樂爲幸多矣非出推轂之素餘論之助何以逮兹敢不知自效以罷屯田收羨鑄之許可謂恩威兹立調度有方健羨

健羨然在尊兄分上直餘事耳旦暮賜環入儀禁掖
雍容密勿以究忠嘉使至理昭明陰氛澄廓羣疑消
釋衆善敷榮在位在職莫不協力同心以終大義此
豈非長者之任而君子之所欲乎來教謂若要稍展
所學爲國爲民日見難如一日此固已然之成勢然
所以致此者亦人爲之耳能救此者將不在人乎孟
子曰責難於君謂之恭吾人平日所以自勵與朋友
所以相勉者素由斯道而後能責難於君大禹所謂
后克艱厥后臣克艱厥臣夫子所謂爲君難爲臣不
易者皆欲思其艱以圖其易耳非懼其難而不爲與

知其難而謂其必不可爲也天下固有不可爲之時矣而君子之心君子之論則未嘗必之以不可爲春秋戰國何如時也而夫子則曰如有用我者吾其爲東周乎又曰如有用我者期月而已可也三年有成孟子則曰以齊王猶反手也又曰飢者易爲食渴者易爲飲故事半古之人功必倍之惟此時爲然曰王猶足用爲善王如用予則豈徒齊民安天下之民舉安王庶幾改之予日望之曰千里而見王是予所欲也不遇故去豈予所欲哉人之遇不遇道之行不行固有天命而難易之論非所以施於此也曩者尸位

之人固為朝廷之大崇羣小之根柢而往年天去之
今年天殺之則天之所以愛吾君而相斯人者為力
宏矣有官君子豈可不求有一心相與勵翼以助佐
吾君仰承天意乎人之才智各有分限當官守職惟
力是視商之三仁亦人自獻于先王不容一槩至於
此心此德則不容有不同耳沮溺接輿豈是庸人凡
士然所以異乎聖人者未免自私耳来教謂既非以
此要官職只是利國利民處隨力為之不敢必朝廷
之從與事功之成此真長者之本心也誠能廓而充
之推而廣之則高明廣大誰得而禦由前之說將自

昭白有不待區區之言者矣

二

使節在淮間時嘗復書薦區區幾有萬一之助後包敏道自浙歸乃知其時方得啓覲蒙復書謂為至論今三復來既與所傳聞議論乃知實未蒙省察疇昔相與非徒親戚理有未安幾不容嘿尊兄清修寡欲與物不競與人處似不能言者人莫不愛之獨有志之士往往有不快於尊兄向來永嘉諸人甚敬尊兄政績而又議其嚴酷無儒者氣象此固是謬論某嘗深排之矣是不足道又其間却有疑尊兄所為不免

流俗或謂是鄉原之類尊兄以抗志古人爲非有何
以是嘐嘐之意此一論則近是向來伯兄因與尊兄
論及監司之職見尊兄說不應求事但當因其至前
而處之提甚不說以爲如此作監司民亦何賴其亦
嘗稍辯之然衆咸謂未免俗尤晦又謂尊兄壞人已
成之功以奉執政此乃後書未及與辯以其觀之尊
兄天資極有過人處而大志不立未免同乎汚世合
乎流俗獨其質剛而內明故有從善服義之長向來
家庭議論與尊兄初至西百官宅時窮冬踰月之集
火爐中剌談皆始疑而終釋始辯而終息始之所甚

不可而終乃有切當之稱此必有以當尊兄之心而
以爲切事合理故疑釋辯息而釋之尊兄必非苟從
而見訣者自爲奏邸居雖相邇而尊兄之情已寖異
於前日蓋相聚劇談時少切磋往復研覈之工不繼
尊兄之心復歸于毫矣況今相踈如是之久固宜不
相亮之甚日與游處議論者豈能啓尊兄之意其庸
陋無知牽引尊兄相與淪胥則有之矣如謂輟育英
才之眞樂親朱墨之塵冗想非所好此是話作兩截
好與不好此在其之心不可誣也尊兄政如老氏所
識夫子所謂明乎禮義而陋於知人心又引陳君舉

之在福唐晦翁之在浙東以相警至謂親家尤更誠實不以小人待人尊兄昧於知人一至於此哉某乎日誠不以小人待人但非如尊兄所謂蓋人受天地之中以生其本心無有不善吾未嘗不以其本心望之乃孟子人皆可以爲堯舜齊王可以保民之義即非以爲其人所爲已往者皆君子也至其見人之肺肝能曲盡其情則自謂有一日之長向來火爐中與尊兄論人物所以得切當之稱者皆以此别後三生作國王来總忘之也馮傳之至今未相符合然所以相敬服者多在論人物處蓋其人與傳之甚稔而與

某甚生或不相識而但見其言論事節便能知其心
曲傳之以此相敬近福建一士人在此因言其鄉人於
事行某屢折之其人始力辯之而終屈服今其人於
吾道雖未甚有得而決其相從之意者實在此也此
人亦晦翁處學者某平時所望於尊兄者甚厚若以
此相扞格則是無復可言矣義不應只如此姑以此
爲請教之端未卽合所更惟節抑以遂揚名之孝

與尤延之

違遠三席出入五年萁爲傾依何可云喻退然耆儒
久滯朝著當人之難晉掌奉常處事之變獨裁大典

緬懷疇昔秪增慨嘆越自　壽皇種椿重華聖上攬
圖丹極而西掖北門高文大冊允屬椽筆山林之人
矯首盛事欲贊一辭何可得哉講讀論思固已甚晚
有識之士咸謂未足以究盛藴日遲柄用援茅連茹
使野無遺賢爲吾君立太平之基而瑣瑣者自以薰
猶之不同郵肆媒孽使人重爲駭歎茲焉偃藩近甸
公適其復信乎某曩者之歸得山房於龍虎山之上
漱泉石之勝雲山之奇平生所鮮見其略亦屢見於
朋舊書中尚欲稍記其詳亦以探討未遍猶未及也
荊門之除良出望表豈推轂之賜有以致之耶幸尚

遲次猶可畢草堂之役耳第私門禍故重仍五年之間尊幼之喪多於年數妻家亦復多事妻母甫及大祥昨日又聞妻弟之訃乃鄉年至都下相見乞銘者藐然之軀殆無以堪長姪煥之徑往求見將過浙東迎先兄教授家嫂與姪女歸成吳正字婚禮諸事當能面稟

與豐宅之

比年山居頗有泉石之趣朋来之樂每恨不得與吾宅之共此承需郡文乏筆吏不能多錄謾往數篇亦足以知山野况未遊仙巖題壁之末二姪其一名標

之者乃梭山兄之子賦質純雅少贊家政事上使下
眞無間言又博通經史射御筆札皆絕出等夷琴尤
高平時業此者皆在下風今年一十有六春末無疾
一夕談笑間奄然長逝極爲痛心亦恐欲知使人到
山間又值持之疾作老夫亦苦頭痛登山未久友朋
踵至應酬殊役役作復草草莫究所懷

象山先生全集卷之十一

象山先生全集卷之十二

書

與趙然道

某驚蟄前乗晴登山䨇復積雨二十四日少霽始得一訪風練飛雪之狀方念不得與賢昆仲共之是晚来書適至喜可知也去非從善勇決如此沛然之壯在胸中矣又何以觀瀑為哉狂聖之相去遠矣而罔念克念之端頃刻而分人心之危豈不甚可畏哉有虞之朝克艱之說從逆之戒伯禹進之警戒無虞之說逸樂怠荒之戒伯益又進之明明穆穆聚精會神

其切磋琢磨之功知此若已汨於利欲蔽於異端逞志遂非往而不反雖復鷄鳴而起夜分乃寐其爲害益深而去道愈遠矣奚足以言此哉今然道方恥利欲之習知異端之非願益致擴充之功則吾道幸甚

二

玆閱来書知此志不替有加夫道一而已相去千里相後千歲者猶若合符節況其近者乎然古人所以汲汲於師友博學審問謹思明辯之者深懼此道不明耳於其大端大旨知其邪正是非形有相近而實有相遠則知精微之處亦猶是也夫子十五而志學

則旣得其端緒矣然必三十而立四十而不惑五十而後曰知天命及其老也猶曰我學不厭今學者誠知端緒則亹亹翼翼自致日新之效者其能自已乎秋凉過我當究是言時事第可永歎良難言也王參恐未至如傳者之言回書不見情實此其常態其所以不如古人者蓋在於此然道之言可謂切中其病矣

三

昔循中不無尊師重道之誠而家庭牽制不克自遂其質固自通爽而殊乏剛强深懼其汨沒於世習而

不能以自立故前書稍振翼之耳富貴利達之不足慕此非難知者仙佛之徒拘曲之士亦往往優於斷棄而弗顧視之彼旣自有所溺一切斷棄亦有何難但一切斷棄則非道矣知道之士自不溺於此耳初未嘗斷棄之也故曰素富貴行乎富貴素貧賤行乎貧賤素夷狄行乎夷狄素患難行乎患難君子無入而不自得焉所謂自得者得其道也夫子曰富與貴是人之所欲也不以其道得之不處也然則以其道而得焉君子處之矣曷嘗斷棄之哉孟子之答彭更亦曰非其道則一簞食不可受於人如其道則舜受

堯之天下不以爲泰予以爲泰乎君子亦惟其道而已矣所謂居天下之廣居立天下之正位行天下之大道得志與民由之不得志獨行其道富貴不能淫貧賤不能移威武不能屈非虛言也學者所造縱未及此苟志於道便當與俗趣燕越矣志鄉一立即無二事此首重則彼尾輕其勢然也作意立說以排遣外物者吾知其非真志於道義者矣所欲有甚於生所惡有甚於死死生大矣而不足以易此況富貴乎富貴之足慕不足慕豈足多較於學者之前哉前與循中書所以云云者懼其弱植孤立於横流之中而

此志不能以自拔耳雖然姬周之衰此道不行孟子之没此道不明千有五百餘年之間格言至訓熟爛於浮文外飾功利之習汎濫於天下氣質之美天常之厚者固知病其末流矣而莫知病其源立言制行之間抱薪救火揚湯止沸者多矣當今之世誰實為有志之士也求真實學者於斯世亦誠難哉非道之難知也非人之難得也其勢則然也有志之士其肯自恕於此而弗求其志哉今粗有其志而實不能以自拔則所謂講學者遂為空言以滋偽習豈唯無益其害又大矣若其善利之間嘗知決擇大端已明大

志已立而日用踐履未能常於清明剛健一有綏懈
舊習乘之捷於影響應荅之際念慮之間陰流密陷
不自省覺益積益深或過箴藥勝心持之反加文飾
因不能以自還者有矣甚可畏也况其大端未嘗實
明大志未嘗實立有外強中乾之證而無心廣體胖
之樂者可不深致其思以省其過求其實乎略此不
察而苟爲大言以蓋謬習偷以自便囂以自勝豈惟
不足以欺人乎居靜慮亦寧能以自欺乎至是而又
自欺其心則所謂下愚不移者矣誠能於此深切著
明則自成自道自求多福者權在我矣前言往訓眞

先得我心之所同然耳引翼勉勵惟日不足何暇與
章句儒譊譊玩愒歲月於無用之空言哉别紙所問
多是古人憫憐後學詳爲註釋以曉告之可謂昭若
日星煥然無少蒙蔽但當從容紬繹以滋其涵養鞭
策之實豈宜復爲蛇畫足重爲贅疣乎

四

吾心苟無所陷溺無所蒙蔽則舒慘之變當如四序
之推遷自適其宜記之所謂亡於禮者之禮也其動
也中蓋近之矣夫子所謂克己復禮爲仁誠能無毫
髮己私之累則自復於禮矣禮者理也此理豈不在

我使此志不替則日明日著如川日增如木日茂矣必求外鑠則是自湮其源自伐其根也侍旁千萬致意適旅應酬之冗不及拜書

與趙詠道

至當歸一精義無二誠得精當則若綱在綱有條而不紊故自本諸身徵諸庶民至於百世俟聖人而不惑者誠精當之不容貳也令兄謂諸公傷於著書而其心反有所蔽此理甚不精此言甚不當矣彼學不至道其心不能無蔽故其言支離彼惟不自知其學不至道不自以爲蔽故敢於著書耳豈可言由其著

書而反有所蔽當言其心有蔽故其言亦蔽則可也
故親師友於當世固當論其學求師往聖尚友方冊亦當論其學

二

爲學有講明有踐履大學致知格物中庸博學審問
謹思明辨孟子始條理者智之事此講明也大學脩
身正心中庸篤行之孟子終條理者聖之事此踐履
也物有本末事有終始知所先後則近道矣欲脩其
身者先正其心欲正其心者先誠其意欲誠其意者
先致其知致知在格物自大學言之固先乎講明矣
自中庸言之學之弗能問之弗知思之弗得辨之弗

明則亦何所行哉未嘗學問思辨而曰吾唯篤行之
而已是宜行者也自孟子言之則事蓋未有無始而
有終者講明之未至而徒恃其能力行是猶射者不
習於教法之巧而徒恃其有力謂吾能至於百步之
外而不計其未嘗中也故曰其至爾力也其中非爾
力也講明有所未至則雖材質之卓異致行之純篤
如伊尹之任伯夷之清柳下惠之和不思不勉從容
而然可以謂之聖矣而孟子顧有所不願學拘儒瞽
生又安可以其經之必為而後知學之士哉然必
一意實學不事空言然後可以謂之講明者謂口耳

之學爲講明則又非聖人之徒矣

三

奉此月十日書方知有叔氏之戚撫紙驚嘆怛焉痛心不能已已向見此令弟氣質淳美志向專篤聽言之次殊無凝滯深用慰喜胡爲遽有斯疾竟棄斯世哀哉有如賢伯仲情義之篤信不易堪也天命旣如此亦無可柰何况在慶侍之側只得寬釋以安庭闈之心此卽理也秋試失利亦蘭菊有時耳詠道之才一第豈足爲道此尤不足置懷學力不充此等眞正䀌春氷耳迨天之未陰雨徹彼桑土綢繆牖户今此

下民或敢侮予事豫則立不豫則廢故書曰致治于未亂保邦于未危古人所以造次必於是顛沛必於是無有師保如臨父母戰戰兢兢如臨深淵如履薄氷若平居一有緩懈一有凝滯則精神立見凌奪事至物來固宜有困敗之憂雖然到此若能深省痛鞭何困之有夫子曰仁遠乎哉我欲仁斯仁至矣又曰為仁由己而由人乎哉孟子曰人病不求耳又曰亦為之而已矣於此用力而又不能使聖賢之言如符契則是平日之言皆妄言平日之意皆妄意矣果如是故不可自欺却當力加省察必使不待傳會而沛

然有以信聖賢爲先得我心之所同然而後可也

四

塞宇宙一理耳學者之所以學欲明此理耳此理之大豈有限量程明道所謂有憾於天地則大於天地者矣謂此理也三極皆同此理而天爲尊故曰惟天爲大惟堯則之五典乃天敘五禮乃天秩五服所彰乃天命五刑所用乃天討今學者能盡心知性則是知天存心養性則是事天人乃天之所生性乃天之所命自理而言而曰大於天地猶之可也自人而言則豈可言大於天地乾坤同一理也孔子於乾曰大

哉乾元於坤則曰至哉坤元堯舜同一理也孔子於堯曰大哉堯之爲君於舜則曰君哉舜也此乃尊卑自然之序如子不可同父之席弟不可先兄而行非人私意可差排杜撰也

與陳正己

開歲得報書切承體中尚未脫然比日不審調護如何亦已平復否足下不獨體病亦有心病足下之體病亦心病有以重之足下近日謂所學與曩者異道去遂入薊耳向在都下見足下行步瞻視若忘若遺夜卧多寐語肢體屈伸不常皆由足下才氣邁往而

學失其道，凡所經營馳騖者，皆適以病其心耳。古之學者以養心，今之學者以病心；古之學者以成事，今之學者以敗事。足下嘗言事外無道，道外無事，足下今日智慮，非知此者，特習聞其說，附會其私意耳。如此讀書，殆將食蟫蝡矣。前言往行所當博識，古今興亡治亂是非得失，亦所當廣覽而詳究之，顧其心苟病，則於此等事業，奚啻聾者之想鍾鼓，盲者之測日月，耗氣勞體，喪其本心，非徒無益，所傷實多。他日敗人事，如房琯之車戰，荆公之均輸者，可勝旣乎？向言排遣，排遣亦安能有濟？足下固大丈夫，今責足下以

大丈夫事足下之過非一節一事之小過乃平日害
心之大過天地之閉日月之蝕其他尚復何言足下
性本孝弟惟病此過故遷徙展轉所存無復真純此
董生所謂以善爲之而不知其義者也能頓棄勇改
無復回翔戀戀於故意舊習則本心之善乃始著明
營營馳騖之私憂思抑鬱之意當冰釋霧晴矣喜進
參苓等藥補助氣血俟體力强健乃博觀前言往行
詳考古今興亡治亂是非得失苟不懈怠自當循循
以進不至左見背馳矣其後日即東上輒布此少見
切磋之誠養心成事之效是所望於足下

二

近聞與淳叟同爲踈山之行想甚得意二公前日頗有不相能之病比來道同志合相與羽翼光初隙末昔賢猶或蹈之今二公亦加於人一等矣雖儒者好闢釋氏絶不與交談亦未爲全是假令其說邪妄亦必能洞照底藴知其所蔽然後可得而絶之今於其說漫不知其涯涘而徒以名斥之固未爲儒者之善第不知其與棲棲乞憐於其門者其優劣又如何耶雖然誠使能大進其道出得陰界猶爲常人之私利不細政恐陰界亦未易出耳如淳叟正已革恐時僧

牢籠誘掖来作渠法門外護耳若著實理會雖渠亦未必不知其非所敢望於公等也與正巳相處之久不敢不直言

與張誠子

泰之出所惠字知書剙巳東疇㒒仙巖之下而不得進亦爲子不滿傳聞鏁院如許之亟殆未必然第從容以進當無不及也友朋自仙鄉来者斷斷不可光禄勳何耶吾甞謂是非之决于其明不于其暗衆寡非所决也夫子有栖栖倀倀之疑而鄉原無所往而不爲原人楊朱墨翟之言至盈天下誠内省不疚無

惡於志則亦何必鄉人皆稱原人也然誠子氣質之偏云爲之過多在於迫切斜急以此爲學安能壞積私之植以底蕩蕩平平之地狷忿潛爲厲階雖加鞭勉益傷宇宙之和矣

與張輔之

此理塞宇宙古先聖賢常在目前蓋他不曾用私智不識不知順帝之則此理豈容識知哉吾有知乎哉此理豈容有知哉吾書此非敢以贈輔之亦聊以自警耳

與饒壽翁

是心有不得其正想不知耳知之斯正矣爲仁由巳而由人乎哉物有本末事有終始知所先後則近道矣是心誠得其正斯知之矣存乎人者莫良於眸子眸子不能掩其惡胸中正則眸子瞭焉胸中不正則眸子眊焉所謂不正者不必有邪僻之念凡有係累蒙蔽使吾不能自昭自達者皆不得其正也比來諸姪見壽翁狀貌深歎其塵俗昏弱是乃心有不得其正之明驗也宜深省痛鞭無遲回以自取湮沒

二

一種恣情縱欲之人血氣盛強精力贍敏淫朋醜徒

狎比成勢其逞志快意之時目睛有光筋力越勁步
趨舉動莫不便利此時視之豈有眊然之驗及其見
君子聞正言見正事無淫朋之助而孤立於正人之
中神褫氣奪情有所格勢有所禁則眊然之說時或
有證若夫徒言之人不能自明自達有所抑壓有所
蒙蔽有所滯礙至於顛躓而不能自起昏弱而不能
自奮沉溺而不能自拔困憊而不能自持疑惑而不
能自解此時乃眊然之明驗也此心之精明湮没沉
淪一至於此豈不甚可憐哉

行不失其居居不違其道是故經綸酬酢變通不

窮無須臾或離其位也此吾新得試參之

三

壽翁日對雲山坐擁書史造物者時鋪張瓊瑤以照映宜其胸襟明快氣宇軒豁翰墨餘事嶽聳川增中眸於兒姪處竊覽詩什簡尺鄙習塵言時刺人眼殊未厭所望豈離羣索居綱弛棟撓市井羣兒之態復得爲祟於吾象山之顛耶幸深省痛鞭毋貽雲臺羞也

四

德固壽翁二友居山想至可樂也壽翁氣質自佳而

比来學力未知其進此理未能昭徹外累圍繞殊無
摧鋒陷陳之功而有蓄縮巽懦之態昏昏默默爲茍
免之計此亦安敢自免哉但其智不明不能自勉耳
德固頗聞是非明白幸爲我斷之

五

得信承居山安適甚慰近詩尤佳眞有陶韋氣韵可
見所學之進来書著察磨礪四字不可連用若云磨
礪不敢懈日有著察之驗則可蓋著察二字是效驗
察字尚有兩用如省察加察熟察則是我致察於事
理人物若事毋孝故事地察舜察於人倫易言察於

民之故史言其境闌之政盡察此皆是言其智識之明察物無能逃者非是言我致察於彼也孟子之行矣而不著焉習矣而不察焉此乃著察字出處其義尤分明若同著字使則其爲效驗明甚此用字之疵也德固不別紙本末先後之序切不可使倒置也

六

閤人之多益知人材之難蕃姪平日一家賴之事無巨細皆經其心手而間雅況靜琴書之致深造自得比一二月間所整葺事務至多間繕選粹晉書皆盡帙無遺材力優贍識難其輩詩文下筆皆非汎汎所

到而其涵泳儲蓄不肯輕發理道精明見於事上使下處事御物可謂有證矣而甚不自足若射之有志不中不止凡此皆其有以自處非或使之然也此其爲難得也至矣天何奪之遽耶痛哉寃乎鄉黨隣里莫不傷怛況吾壽翁乎今已爲立嗣子名曰紹孫乃百九姪第五子也見擇葬地未有葬期恐欲知之耳

一七

近見與持之書及詩文其間粗存大㫖雖不及詳看要亦不必詳看詩似有一篇稍佳餘無足采大抵文理未通散文字句害礙極多吾少時學文未嘗如此

此等可以立曉此見後生作文多有此患竊所未喻居山必須有暇讀書何爲未能曉此其文旣如此則安能知古人文字工拙鄉来見此等皆歸之大體不振精神昏弱故觀書下筆皆不得力此數書又粗存大旨或恐所謂粗存者但習聞之熟姑存故事非胸襟流出之辭决矣

與倪九成

春聞承訪恨不及欵其時見九成精神意向皆已汩没追念向時從游之意無復髣髴矣遂歔愚衷或冀自此幡然爲益不細来書乃有但説病狀未説病源

之疑此乃俗見膠固俗習深重雖聞正言未肯頓舍
自以曲折之意爲曲折之說亦其勢然也譬如小兒
懶讀書多説懶方未肯便入書院耳要知病源即此
是也以九成之質直誠能深思俗見俗習之可惡能
埋没人靈蒙蔽正理思之旣明幡然而改奮然而興
如出陷穽如決網羅如去荆棘而舞蹈乎康莊翺翔
乎青冥豈不快哉豈不偉哉尚誰得而禦之哉誠能
於此自決則名方乃在九成肘後良劑乃在九成槖
中反而求之沛然甚足尚何事觀我朶頥云哉

與張季悦

盛僕凌雲致書發緘快讀辭旨煥然深見進學之驗何慰如之比来三日乃濟登滋雨意未怠而登車輙霽獨垂至而値雨至此踰四日矣白雲纏綣日相周旋猶未卽安雲臺僅一再見南山亦時至於玉田中縹緲呈露數峰風練諸瀑淙淙自振猶未及一顧之也應朱二公書未及卽治更三四日可遣盛僕来取盛親賢德如此此所樂爲二公言者傳来之文誠如雅諭宜不逊所見觀其首尾皆竊用山翁平日言辭獨其旨趣乖遠繆陋覽之深有假寇兵資盜糧之愧然六藝聖人作也小人猶假之以文姦言天下無小

人異類則已誠未能絕去小人異類何言而不可假
也惟此道之明善人之衆彼無所施則自熄絕矣城
狐社鼠託夜以神其姦使遇正人自無所施惑之者
必其心之素邪所謂物各從其類也雖然彼其心之
本然豈其然哉惟其陷溺而不能以自還故至於此
要當開其改過之門懇惻而開導之凡陷溺之未深
而自以其聲氣相求應者尤當懇惻而開導之發明
剖析使是非邪正判無所疑則小人異類妖狐孽鼠
無所逃其形而陷溺之未深者安知不幡然回心而
鄉道哉昔大禹既平水土貢金九牧鑄鼎象物百物

而爲之備使民知神姦以入山林川澤魑魅魍魎莫能逢之古人所貴於博學審問謹思明辯者政欲究知人情物理使之通達而無所蒙蔽窒礙小人異類無所竄其姦於其言論施設如見肺肝則彼亦安得而不熄絶乎季悅所到其於大槩可謂明矣政當益盡精微使蒙蔽者有所賴是所望也

二

承諭新工但覺徤羨第流俗凡鄙之習謬妄之説正可哀憐傷悼當有開導扶掖摧陷廓清之功乃爲進學之驗若視之如讐方敵國苟以不爲所搖爲吾效

驗恐未可也

與劉伯協

區區之志素願扶持此理竊謂聖勢二字當辯賓主天下何嘗無勢勢出於理則理爲之主勢爲之賓天下如此則爲有道之世國如此則爲有道之國家如此則爲有道之家人如此則爲有道之人反是則爲無道當無道時小人在位君子在野小人志得意滿君子阨窮禍患甚者在囹圄伏刀鋸投荒裔當此之時則勢專爲主舉小熾然但論勢不論理故平昔淺惡論勢之人今門下誠肯相與扶持此理洗濯流俗

之習以理處心以理論事何幸如之敬虛心以俟教

二

人家之興替在義理不在富貴假令貴爲公相富等崇愷而人無義理正爲家替若簞食瓢飲肘見纓絶而人有義理正爲家興吾人爲身謀爲子孫謀爲親戚謀皆當如此然後爲忠其自謀者或不然亦是不忠於吾身矣某向来區區之志素有不在利害間之語正爲此耳来示所謂輕犯名分之語甚未當理名分之說自先儒尚未能窮究某素欲著論以明之流及近時爲弊益甚至有郡守貪黷庸繆爲厲民之事

縣令以義理爭之郡守輒以犯名分劾令朝廷肉食
者不能明辯其事令竟以罪去此何理也理之所在
匹夫不可犯也犯理之人雖窮富極貴世莫能難當
受春秋之誅矣當此道不明不行之時羣小席勢以
從事亦何嘗不假借道理以爲說顧不知彼之所言
道理者皆非道理也儻不以斯言爲罪敢傾倒以畢
其說
某之說正吾人大趨向大吉歸所當先辯者此之不
辯而規規然以聲音笑貌爲道眞放飯流歠而問無
齒決養其一指而失其肩背孟子所謂不知務不知

類

與黄循中

萁山居講習粗適素懷荆門之命固出廟朝不忘之意然雅未有爲吏之興幸尚遲次可徐决去就耳人之不可以不學猶魚之不可以無水而世至視若贅疣豈不甚可歎哉穹壤間竊取富貴者何限惟庸人鄙夫羨之耳識者視之方深憐甚憫傷其賦人之形而不求盡人之道至與蟻虫同其飽適好惡虛生浪死其在高位者適足以播惡遺臭貽君子監戒而已此固循中所宜深曉第居今之世不得不申言之諒

亦不厭於此也

二

江德功資本庸闇加以所學之繆豈復有可論者所惜吾友爲其所引辯於其不足辯耳古書有明理之言有教人用工之言如中庸首章惟戒謹不睹恐懼不聞及謹其獨是用工處次章惟致中和是用工處他辭皆明理之言推此可類見與晦翁往復書錄往伯珍舜輔會次幸示之

象山先生全集卷之十二

象山先生全集卷之十三

書

與郭邦逸

專介奉書細視緘題如揖盛德亟發讀之慰浣良劇教以大對一本尤深降歎鑿鑿精實非泛泛場屋之文也君子義以爲質得義則重失義則輕由義爲榮背義爲辱輕重榮辱惟義與否科甲名位何加損於我豈足言哉吾人所學固如此然世俗之所謂榮辱輕重者則異於是薰染其間小有不辯則此義爲不精矣當使日著日察烱然不可渾亂則善矣垂示晦

翁問荅良所未喻聖人與我同類此心此理誰能異之孟子曰人皆可以爲堯舜又曰至於心獨無所同然乎又曰人之有是四端而自謂不能者自賊者也謂其君不能者賊其君者也今謂人不能非賊其人乎居仁由義大人之事備矣吾身不能居仁由義則謂之自棄聖人於此理不勉而中不思而得賢如顏子猶未至於不思不勉曰三月不違則猶有時而違也曰有不善未嘗不知知之未嘗復行則言其不遠而復也然則雖未至於不思不勉而思勉之工益微矣氣稟益下其工益勞此聖人賢人衆人之辯也語

曰顔子三月不違仁其餘則日月至焉而已矣日月至三月不違與至誠無息則有間矣若其所至所不違所無息者豈容有二理哉古人惟見得此理故曰予何人也舜何人也有爲者亦若是道也者不可須臾離也可離非道也是故君子戒謹乎其所不覩恐懼乎其所不聞學者必已聞道然後知其不可須臾離知其不可須臾離然後能戒謹不覩恐懼不聞元晦好理會文義是故二字也不曾理會得不知指何爲聖賢地位又如何爲留意此等語皆是胸襟不明故撰得如此意見非唯自惑亦且惑人盛价至此偶

有姪婦之喪又賤體中暑連日不得占復山間朋友雲集亦不可久孤其望勢當一往又縣宰終滿與之爲别諸事紛擾亟取紙作復遽甚不能倫理近有復元晦書錄往一觀及有史評一首又有書二本宜章學王文公祠二記併錄呈得暇精觀之亦可見統紀也

與郭邦瑞

前此辱令弟邦逸遣人臨存復書中託拜意近亦嘗得家問否今爲况如何新天子登極海内屬目而風憲之地陞黜殊乖物望非細故也山林之人但以草

野輿議言之耳未知脩身之内其議論又何如也良心正性人所均有不失其心不乖其性誰非正人縱有乖戾思而復之何遠之有不然是自昧其心自誤其身耳及處華要而不知改是又將誤國矣有能明目張膽而糾正之者乎有能惻怛豈弟以感悟之者乎區區周婆之心猶不能無望於左右别後遷除未足爲門下言也姪孫濬處太學家書戒令求見此子近亦少進于學幸與進以子弟視之可也

與李信仲

兩遣府中書皆不及拜丈丈書但託邵機宜趙通判

道意至今歆然前者蒙文丈教以病中所得聽之灑然今兹書中不及寓區區之意有一説煩吾友侍下達之大抵爲學不必追尋舊見此心此理昭然宇宙之間誠能得其端緒所謂一日克己復理天下歸仁焉又非疇昔意見所可比擬此眞吾所固有非由外鑠正不必以舊見爲固有也千萬以此紙稟之所與邵機宜書本末備矣幸復熟之

與潘文叔

文叔慈祥懇惻一意師慕善人服行善事友朋間所共推重與一輩依憑假託以濟其驕矜者不可同年

而語矣然恐懼憂驚每每過分亦由講之未明未聞
君子之大道與虞書所謂儆戒無虞周書所謂克自
抑畏中庸所謂戒謹乎其所不覩恐懼乎其所不聞
者亦不可同年而語也蓋所謂儆戒抑畏戒謹恐懼
者粹然一出於正與曲肱陋巷之樂舞雩詠歸之志
不相悖違若彫零窮蹙弗協于極名雖爲善未得其
正未離其私耳不志于學雖高才美質博物洽聞終
亦累於其私况下才乎尹師魯氣質固自不凡其所
植立可謂表表然如文叔所舉荅韓資政書辭蓋不
免乎其私者也觀於海者難爲水游於聖人之門者

難爲言文叔第未得游聖人之門耳今日風俗已積壞人才已積衰公儲民力皆已積耗惟新之政亦良難哉某方此治登山倥偬占復莫究所懷何時合并以遂傾倒

與朱子淵

五月間拜誨劄之辱備承入夏動息冇用慰沃教以調度詳細既以上尊無秉仰佩眷勤感戢之至某浮食周行侵尋五六載不能爲有無日負愧惕疇昔所聞頗有本末向來面對粗陳大略明主不以爲狂而條貫靡竟統紀未終所以低回之久者思欲再望清

光少自竭盡以致臣子之義耳往年之冬去對班纔數日忽有匠丞之除遂爲東省所逐患失之人素積疑畏而又屬有憸狡設辭以嗾之故冒昧出此亦可憐已然吾人之遇不遇道之行不行固有天命是區區者安能使予不遇哉寬恩畀祠歸伏田畝日得與家庭尊幼鄉里俊彥繙古書講古道舞雩詠歸不敢多遜然此心之靈此理之明周婺之憂益所不能忘也何時合幷以請教臨楮不勝馳情

二

稍不訊記曹日益馳鄉廬陵積弊之餘仍以旱歉調

度有方無異豐歲惟竊徒羨其屬方登山同志亦稍稍合集兹山之勝前書嘗槩言之此來益發其秘殆生平所未見終焉之計於是決矣唐僧有所謂馬祖者嘗廬于其陰鄉人因呼禪師山元豐間又有僧瑩者爲寺其陽號曰應天乃今吾人居之每惡山名出於異教思所以易之而未得從容數日得兹山之要乃向來僧輩所未識也去冬所爲堂在寺故址未愜人意方於要處草創一堂顧眄山形宛然鉅象因名象山輙自號象山居士山面東南疊嶂駢羅近者數十里遠者數百里縹緲磊落爭奇競秀飛舞於簷間

朝暮雨暘雲煙出没之變不可窮極上憩層巔東望

靈山龜峰特起如畫王山之水蓋四百里而出於龜

峰之下略貴溪以經玆山之左西望藐姑石鼓琵琶

羣峰嶕崪逼人從天而下溪之源於光澤者縈紆泓

澄間見山麓如青玉版此視龍虎仙巖臺山僅如培

塿東西二溪窈窕如帶二溪合處百里而近然地勢

卑下夷曠非甚清徹目不能辯常没於蒼茫煙靄中

矣下沿清流石㵎曲折分合萬狀懸注數里蒼林陰

翳巨石錯落盛夏不知有暑挾册其間可以終日造

物之遺予多矣執事方書外膚𦆵觀大用以究厥志

異時厭飫綠野，倘有意從吾游乎？世昌山陽之行，錢君禮之甚厚。僕夫採囊以覔，搏手來歸，甚哉其窮也。此公趍尚甚奇，天其或者竟以是成之耶！今已息肩，共耕學於此矣。因其遣還，借兵草草寓此問訊。

三

去冬遠辱記存，尋已具復。馱哉青陽，行既厥事，矯首南山，豈勝馳遡。區區之迹，無異前日。去臘以敝廬迫隘不得已，增葺數椽，然其事盡付之猶子，了不相關。所困者，獨書問賓客亦無暇日耳。用是欲嗣致尺紙，因循迨今。一春積雨，近清明始得至山房，古松千章環布錯立白雲往来其間迺爲隱見彌旬未解頗盡奇變前峰蘊秀深藏時於白銀世界中微見一二乃知退之所謂橫雲時平凝點點露數岫天宇浮脩眉濃綠畫新就蓋得於親自非臆想也數日始見根底朝陽麗景明若圖畫暮燒聯光爛若綺繡褚氏更端停毫注目天君已復縹緲於薄雲疎雨間矣相望數千里憑彭澤諸君發舒及此庶幾無異於合堂同席也

與薛象先

閱邸報得誠心公道之章深切降歎然愛莫助之柰

何近得舊同官書唯劉志甫差强人意鄭溥之似不及前然亦難得矣馮傳之氣質恢傑吾甚愛之恨向来相聚日淺不能發其大端若只如此恐終不甚濟事也每惋惜之足下尚能有方略及此乎某居山雖未久亦頗得英才臨川南城氣象蔚然其興善爲刀鋤者亦須好鐵吾雖屛居未必不爲足下出山爐也祠禄之滿儻復畀之似亦未爲空餐也舊與馮傳之一書謾録往比見太學夏季私試策題異哉學之不明人心之失其正一至於是山房朋友多有擬荅第二篇者就中二三人之文㝡勝令小兒録往試覽之

如何語曰不知言無以知人也孟子亦曰我知言人之言論豈可不察豈惟觀人善觀國者亦必於此決之矣荆公之學未得其正而才宏志篤適足以敗天下祠堂記中論之詳矣自謂聖人復起不易吾言當時諸賢蓋未有能及此者尚同一説最爲淺陋天下之理但當論是非豈當論同異况異端之説出於孔子今人鹵莽專指佛老爲異端不知孔子時固未見佛老雖有老子其説亦未甚彰著夫子之惡鄉原論孟中皆見之獨未見排其老氏則所謂異端者非指佛老明矣異字與同字爲對有同而後有異孟子曰

耳有同聽目有同美口有同嗜心有同然又曰若合符節又曰其揆一也此理所在豈容不同不同此理則異端矣熙寧排荆公者固多尚同之說裕陵固嘗以詰荆公公對以道德一風俗同之說裕陵乃不直排者然則荆公之說行豈獨荆公之罪哉近見臺評復尾尚同之說以胡君之淳懿無他議論猶如此他尚何望

與羅春伯

適聞晉貳奉常鄉于柄用深為吾道慶大蠹之去四方屬目惟新之政藐未有所聞鄉來相聚不為不久

不能有以相發每用自愧屬闕來亦尤爲惕然宇宙無際天地開闢本只一家往聖之生地之相去千有餘里世之相後千有餘歲得志行乎中國若合符節蓋一家也來書乃謂自家屋裏人不亦陋乎來書言朱林之事謂自家屋裏人自相矛盾不知孰爲他家古人但問是非邪正不問自家他家君子之心未嘗不欲其去非而就是捨邪而適正至其怙終不悛則當爲尤之上六矣舜於四凶孔子於少正卯亦治其家人耳安分儔黨反使玉石俱焚此乃學不知至自用其私者之通病非直一人之過一言之失也近見

臺端逐林之辭亦重嘆其陋羣兒聚戲雜以镮狡尚
何所望非國之福恐在此而不在彼也

與鄭溥之

趙仲聲歸奉書慰浣之劇竊知晋丞大府此亦未足
以處賢者今當復有清切之除矣屏居者未之聞耳
往年山間粗成次第便有西山之遊相繼有事役殘
歲遂不得一登比来朋友復相會集後月朔除一小
功報服即登山爲乆駐之計去冬與邵機宜一書頗
究爲學本末今往一觀游仙巖題新興寺壁數語頗
足以見居山之適臈月得元晦復論太極圖說書尋

以一書復之今併往此老才氣英特平生志向不沒
於利欲當今誠難其輩第其講學之差蔽而不解甚
可念也士論方伸誠得此老大進此學豈不可慶誠
者非自成已而已也所以成物也此心之靈苟無壅
蔽昧沒則痛癢無不知者國之治忽民之休戚彝倫
之叙斁士大夫學問之是非心術之邪正接於耳目
而寘於其心則此心之靈必有壅蔽昧沒者矣在物
者亦在已之驗也何徃而不可以致吾反求之功此
所願與同志日切磋而不舍者文藻特溥之餘事比
来議論節操凛凛近古願加不息之誠日致充長之

功則吾道幸甚道之行不行固有天命吾人之學安
得而不自致哉某向嘗妄論賢者封事不逮奏篇蓋
愚意以爲但當因天變疏陳缺失以勵主上修省之
實不必曲推事驗如後世言災異者嘗見元祐三年
呂益柔廷對有曰昔之言災異者多矣如劉向董仲
舒季尋京房翼奉之徒皆通乎陰陽之理而陳於當
時者非一事矣然君子無取焉者爲其著事應之說
也孔子書災異於春秋以爲後王戒而君子有取焉
者爲其不著事應故也夫旁引物情曲指事類不能
無偶然而合者然一有不合人君將忽焉而不懼孔

子於春秋著災異不著事應者實欲人君無所不謹以荅天戒而已其言雖未精盡大槩可謂得矣如乍警乍縱不能純一之言可謂切當至以雲將族而復散雨將下而復止爲天意象類而然則愚以爲不必如此言也又如證以仁祖露立事亦恐於本指未相應更願精思之格君心之非引之於當道安得不用其極此責難所以爲恭而不以舜之所以事堯事君者所以爲不敬其君也思慮審精每及一事既舉綱領又詳其條目使立可施行此溥之所長也然其本末備重實未一貫故言根原處雖若精純終篇讀之

却覺渾亂無統臨蓮率之勢萬物並育而不相害道
並行而不相悖小德川流大德敦化必綱舉領挈然
後能及此也行百里者半九十顧看鞭焉

與馮傳之

春末在郡城閱邸報竊知已遂改秩自此進用吾道
之幸敢不賛喜吾人仕進自有大義所貴乎學者以
明此義耳不學者固不足道號爲學者而又牽於俗
論私說則是義猶未明私猶未徹耳來教謂不可爲
外面擾動是矣若聘聘然顧流俗之議論則安在其
爲知道明義也計利害計毀譽二者之爲私均也大

哉聖人之道洋洋乎發育萬物峻極于天優優大哉
天之所以爲天者是道也故曰唯天爲大天降衷于
人人受中以生是道固在人矣孟子曰從其大體從
此者也又曰養其大體養此者也又曰養而無害無
害乎此者也又曰先立乎其大者立乎此者也居之
謂之廣居立之謂之正位行之謂之大道非居廣居
立正位行大道則何以爲大丈夫傳之氣質怲乎似
道顧恐不志其大而臨深爲高加少爲多耳願益勉
旃無苟自畫則吾道幸甚

與朱元晦

朝廷以旱暵之故復亟長者以使節儻肯俯就江西
之民一何幸也冬初許氏子來始得五月八日書且
聞令小娘竟不起諒惟傷悼前月來又得五月二日
書開慰之劇某不肖禍釁之深仲兄子儀中夏一疾
不起前月末甫得襄事七月末喪一幼穉三歲乃擬
爲先教授兄後者比又喪一姪孫女姪壻張輔之抱
病累月亦以先兄襄事之後長往痛哉禍故重仍未
有甚於此者觸緒悲摧殆所不堪某舊有血疾二三
年寖劇近又轉而成痔良以爲苦數日方少瘳矣傅
子淵前月到此間聞其舉動言論類多任肆渠自云

聞某之歸此病頓瘳比至此亦不甚得切磋之渠自
謂刋落益至友朋視之亦謂其然其長子自一二年
來鄉人皆稱其敦篤循理過於子淵子淵亦甚譽其
行比日不知何疾一夕奄然而逝劉定夫氣禀强
恣雖朋儕鮮比比來退然方知自訟大抵學者病痛
須得其實徒以臆想稱引先訓文致其罪斯人必不
心服縱其不能辯白勢力不相當强勉誣服亦何益
之有豈其無益亦以害之則有之矣

二

外臺之除豈所以處者德殆新政起賢之兆耳當今

輔石平時亦有物望不應徒呼唱於内庭外衢而已
豈抑自此有意推賢耶金陵虎踞江上中原在目朝
廷不忘春秋之義固當自此發跡今得大賢暫將使
旨則軺車何啻九咢中外倚重當增高衡霍斯人瞻
仰爲之一新矣竊料辭免之章必未俞允願尊兄勉
致醫藥俯慰輿情縱筋力未强但力疾卧護則精神
折衝者亦不細矣若乃江東吏民善良有養奸惡知
畏而行縣之餘或能檢校山房一顧泉石此尤區區
之私願也王順伯在淮間宣力甚勤然不能無莫助
之患倘得長者一照映之爲益又不細矣十三卷終

象山先生全集卷之十四

書

與包詳道

宇宙間自有實理所貴乎學者爲能明此理耳此理苟明則自有實行有實事實行之人所謂不言而信與近時一種事唇吻閑圖度者天淵不侔燕越異向事唇吻閑圖度之人本於質之不美識之不明重以相習而成風反不如隨世習者其過惡易於整救圖度不已其失心愈甚省後看來真登龍斷之賤丈夫實可慚恥若能猛省勇改則天之所以予我者非由

外鑠不佚他求能敬保謹養學問思辯而篤行之誰得而禦

與包敏道

爲學無他謬巧但要理明義精動皆聽於義理不任己私耳此理誠明踐履不替則氣質不美者無不變化此乃至理不言而信詩曰奏假無言時靡有爭此之謂也來書所述未能臻此平時氣質徙浮溢於紙筆間矣幸益勉之至望二賢兄比來皆非復吳下阿蒙矣

二

私意與公理利欲與道義其勢不兩立從其大體與從其小體亦在人耳勉旃勉旃毋多談潛雖伏矣亦孔之昭不可揜也不可誣也二賢兄亦不及荅書意不殊此大人之事至公至正至廣大至平直剖蠡管之見蕩其私曲則天自大地自廣日月自昭明人之生也本直豈不快哉豈不樂哉若諸公所可喜者皆是專於向道與溺私欲不同耳固是各有病痛須索商量但比之足下則相懸耳如幾先所謂萬事隨緣者政所謂習氣使然也吾人居廣居立正位行大道得志與民由之不得志獨行其道豈肯作此等語也

不及荅諸公書幸以此示之

與嚴泰伯

學之不講久矣吾人相與扶持於熟爛之餘何敢以戲論參之古人謂戒謹乎其所不睹恐懼乎其所不聞十目所視十手所指甯敢有戲論乎勉思而謹之是願是望

二

宋無悔來得書知彼時消息甚慰荅君玉書極佳足見新功度今又當日進文範必數得往還此公明白可喜未易得也宋秀才志向可喜而氣習中多病今

雖小愈要未必能一成乎復針藥葢已備嘗亦在其自曉了耳若善自思省亦有何難但恐繆習深重每每反用以滋其繆耳眞不狥名慕外好誇求勝道實不難知也君子之道淡而不厭簡而文温而理又何必大聲色也但人不知非則不能安手此耳今歲科𤍠相從者旣多恐難離城菜初有入城之意今亦以山上朋友之多不欲久曠遂止其行未得相見千萬爲此道勉旃

三

道理無奇特乃人心所固有天下所共由豈難知哉

但俗習繆見不能痛省勇改則爲隔礙耳古人所謂一慚之不忍忍終身慚乎此乃實事非戲論也

古人不求名聲不較勝負不恃才智不矜功能通身純是道義

平日議論平日行業皆同兒戲不足復置胸臆天降之衷在我久矣特達自立誰得而禦勉自奮拔不必他求來早得暇見過以觀新功

與傅子淵

比来居山良有日新之證惜不得與子淵共之以朋友講習而説有朋自遠方來而樂不可以泛觀料想

而解當有事實吾人不幸生於後世不得親見聖人而師承之故氣血向衰而後至此雖然朝聞道夕死可矣今能至此其被聖人之澤豈不厚而其爲幸豈不大哉何時一來快此傾倒

與羅章夫

著是去非改過遷善此經語也非不去安能著是過不改安能遷善不知其非安能去非不知其過安能改過自謂知非而不能去非是不知非也自謂知過而不能改過是不知過也真知非則無不能去真知過則無不能改人之患在不知其非不知其過而已

所貴乎學者在致其知改其過也

與廖幼卿

適聞傳仲昭語及懋卿坐間假寐仲昭以爲此必未能自拔此殆不然仲昭未知此理非但仲昭未知此理料幼卿亦未知此理人未知學其精神心術之運皆與此道背馳一旦聞正言而知非則向來蹊徑爲之杜絶若勇於惟新固當精神筋力皆勝其舊然如此者難得但得不安其舊雖未有日新亦勝頽然不知與主張舊習者遠矣今懋卿雖未有日新之功若其困睡則是已知舊習見舊習之非不復就其上主張

運用故如此耳此不爲深害但少俟之徐觀其幡然則大善矣朋友間不深知此理迫之太甚罪之太切則又反爲害矣

與傅齊賢

義理未嘗不廣大能惟義理之歸則尚何窠穴之私哉心苟不蔽於物欲則義理其固有也亦何爲而茫然哉蔽不真徹則區區之意殆虛設也幸勉旃毋乂自屈

與胥必先

劉德固須尚留山間前此未得與渠同讀書但說得

比卦稍詳書亦政不必遽爾多讀讀書最以精熟爲
貴煩喻德固且熟讀比卦爲佳德固前此於文義間
多未通曉近所以開發之者非在文義每爲德固解
說必令文義明暢欲不勞其思索不起其疑惑使未
不害本文不妨實常令文義輕而事實重於事實則
不可須臾離於文義則曉不曉不足爲重輕此吾解
說文義之妙旨必先亦不可不知也然此亦豈可強
爲之哉非明實理有實事實行之人往往乾沒於文
義間爲蛆虫識見以自喜而已安能任重道遠自立
於聖賢之門墻哉

二

得書甚有奮發之意良以爲慶然譬諸田疇荒穢之久雖粗加墾闢若畚耨不繼則茅立塞之矣用工深切至到則通暢茂悅當又與今不侔願勉旃毋忽何以聚糧爲肯來是幸

三

蕭稍綠耳尚可想見駑駘傷吻弊策而不進於行誠可獻也焉之精神骨幹得之於天不可損益今爲人而坐使古人雖愚必明雖柔必强之言弃而不驗豈不甚可痛哉

與薛公蕭

所錄諸書已逐一點對未後復趙然道書甚多脫誤可子細將所錄本添改庶可讀也書字畫甚無法度如傳字須向上看一點不看點便成傳字古刻傳字專中不着厶字但以不着點與傳字為别所錄書其前尚稍可看向後數篇甚刺人眼結字既不端正畫之長短皆顛倒失宜向來嘗說及此等處何爲都不省記來書辭語病痛極多讀之甚不滿人意用助字不當律令尤爲缺典老夫平時最檢點後生言辭書尺文字要令入規矩如吾兒持之甚懶讀書絕不

曾作文然觀其不得已書尺與爲場屋之文其助字

未嘗有病造語亦勁健不至冗長此亦是稍聞老夫

平日語故能然且今觀吾子之文乃如未嘗登吾門

者即此便可自省安許沉靜心神自應日靈輕浮馳

騖則自難省覺心靈則事事有長進不自省覺即所

爲動皆乖繆適足以貽羞取誚而已

與張德清

積年聞李悅元忠諸友稱道盛德比歲屢得欵集益

有以信諸賢之言又聞非久有退居自養之舉尤切

歎仰近者忽又聞有不肖道士以淫修不軌之事誘

引小子健訟以相誣毀深用不平然在左右正宜高舉以遂初志何必與此輩較勝負於流俗之中哉流俗之所謂勝者豈足爲勝流俗之所謂負者豈足爲負左右平時與諸賢交游當問道之勝負不當問流俗之勝負又聞季悅言德清其初浩然有引退之文且欲别求賢者以嗣其事而盛族乃有茅不可試火之語此可謂不勝俗陋鄙猥之言切不宜以此等語虧損盛德更願深思追還素志他日同來象山頂頭共談大道此乃眞天師非俗天師也

與高應朝

前月併收兩書備知近況慰浣良劇山房比年況味想盡得之帥漕書中矣春尾以猶子之計出山房至今未得復登此乃棱山之子文行皆高家庭所賴年未及壯無疾而逝所以傷之者又不止骨肉之情也聚族既廣患故如此類多今日方除一姪女之服所幸諸兄皆能安之以命不至過傷也此理日明鄉里友朋寖有能共此者每思應朝應之未嘗不興懷應之一跌不復中間見其祭呂郎中文迷繆之甚急於舊書問中尋得其向時書數紙封之題曰石應之公案擬相聚時發此以啓之後在臨安廨舍中相會見

其事役匆匆神志不定不欲出示却語及之渠力索觀略出示之渠欲持去吾曰不可觀足下神思今不能辨此此書非吾親自與汝剖決亦長物耳觀其容貌言論與曩者判然如二人使人不忍視之今遂居臺閣益令人憐之耳閱應朝二書葦齋記亦甚念足下有茅塞之患帥漕處皆有吾文一編此乃韓將領親張氏朱氏所録聞亦有一編在韓將領處想必從韓處見之矣第帥漕處本却經山間友朋點對無錯誤可從帥處借本點對却精觀熟考當有所發也

與姪孫濬

家問遞至汝三信甚念汝文字意旨皆不長進如所謂士論翕然宗之所謂盡公樂善人無間言斯世何幸乃有斯人耶此人么麼姦宄諂事權貴險爲讒慝媒孽善類自吾在朝時物論固已籍籍往者權爲少司成又進而爲大負乘之醜海内蓋之令賢關之論乃復如彼何耶豈汝所交之士皆不足以爲士而所見之人皆非其人耶沈鷙二字史家多以稱人之長關雎亦鷙非惡辭也向來家書中亦時有此等旨趣此非特辭語之病甚可畏也其他用字下語差錯不安者甚多已令汝尊後便逐一告汝場屋得失有命

不足計後生作文却要是當若只如此未可便道時文不難辦安得不勤厥尊之慮也新政雖未甚滿人意且得輔道儲君者得人甚有方畧誠如是國本立矣實宗社無疆之休何幸如之人心至靈惟受蔽者失其靈耳羣兒聚戲袖炒果實與之見樵牧而與爲禮見市井不逞與村農輸納者邀入酒肆犒之則稱頌賛美士大夫卽據此以爲評裁可乎雲從龍風從虎水流濕火就燥物各從其類也天下曷嘗無人況賢關乎在所以召之者如何耳

二

吾春末歸自象山瓶無儲粟囊無留錢不能復入山
近諸生聚糧除道益發泉石遺輿夫相迎始復爲一
登茲山廢久田萊墾未及半今食之者甚衆作之者
甚寡結廬之人事力有限頗歲供役賴其相向之篤
無倦志耳儻得久於是山何樂如之未知造物者卒
能相之乎梭山所與汝言真至言也第致之當有道
耳此道之不明久矣彝小則固背馳君子於此往往
亦未得平土而居之所報時事又如此此皆不可易
言之也紛紛之說但可憐憫豈復有可商校者近閱
舊藁中有一段文字汝可精觀相識見問但出此書

及此文可也

三

學者之不能知至久矣非其志其識能度越千有五伯餘年間名世之士則詩書易春秋論語孟子中庸大學之篇正爲陸沉眞柳子厚所謂獨遺好事者藻繪以矜世取譽而已堯舜禹湯文武周公孔子孟子之心將誰使屬之夫子曰三人行必有我師焉擇其善者而從之其不善者而改之又曰見賢思齊焉見不賢而內自省誠得斯言之旨則凡悠悠泛泛者皆吾師也汝氣質外柔弱而中實不弱自向者旨趣未

得其正時固已有隱然不可搖撓之勢矣能於此深思痛省大決其私毅然特立直以古聖賢為的必居廣居立正位行大道則誰能禦之於此不具大勇却放過一着姑欲庶幾於常人則非吾之所知也真孟子所謂終亦必亡而已矣仁者先難後獲夫道豈難知哉所謂難者乃己私難克習俗難度越耳吾所謂深思痛省者正欲思其艱以圖其易耳仁者必有勇顏子聞一日克己復禮之言而遽能請問其目可謂大勇矣汝能以其隱然不可搖撓之勢用力於此則仁智勇三德皆備於我當知為仁由己而由人乎哉

之言不我欺也國家閒暇及是時明其政刑雖大國
必畏之矣豈獨爲國爲然哉爲家爲身一也逮天之
未陰雨徹彼桑土綢繆牖户今此下民或敢侮予汝
其念之人臣之於國猶其家也於君猶其親也雖不
吾以而問安寢門之心所不能忘也黜陟施設時欲
聞之便信毋略乎此見羅中含致吾意

四

人非木石不能無好惡然好惡須得其正乃始無咎
故曰惟仁者能好人能惡人惡之得其正則不至於
忿嫉夫子曰我未見好仁者惡不仁者蓋好人者非

好其人也好其仁也惡人者非惡其人也惡其不仁
也惟好仁故欲人之皆仁惟惡不仁故必有以藥人
之不仁中也養不中才也食不才豈但是賢父兄之
心賢子弟之心亦豈得異於其父兄哉故凡棄人絶
物之心皆不仁也此吉也比輔也此乃仁也人道也
吾非斯人之徒與而誰與澤上有地臨君子以教思
無窮容保民無疆後生晚進苟無異趣當與先生長
者同心同德先生長者亦須賢子弟爲先後蹤附吾
嘗謂唐虞盛時田畝之民竭力耕田出什一以供公
上者亦是與堯舜皐夔同心同德故曰比屋可封此

和氣之所以充塞宇宙謂之於變時雍處末世弊俗當使憐憫扶持救藥之心勝其憎嫉嫌惡乃爲近正汝當以此言深思毋忽其爲已曉則當有進益有書與胡學錄閒曾盡見去年吾所與汝書否若有未見汝當盡以示之雖汝亦當時一閱之毋謂已盡知之矣觀汝前一書亦未深解吾說若有疑不妨吐露當盡爲汝剖白也

象山先生全集卷之十四

（宋）陸九淵 著　明嘉靖三十九年刊

象山先生全集

2

鳳凰出版社

第二册

象山先生全集卷之十五

書

與陶贇仲

朞承乏將十閱月未有善狀冬春久晴種不入土春季嘗一致禱于山川之神其應如響山溪漲溢田畝充足然自是又無大雨地上以積乾易涸今既踰月又以旱告矣勢甚可畏昨日復致禱諸壇之時雨亦隨下然竟不能成澤今早復叩之亦以疎雨見應未蒙霈然之賜幸醞釀未解猶有可望不然定當投劾以謝斯民也太極圖說乃梭山兄辯其非是大抵言

無極而太極是老氏之學與周子通書不類通書中太極不言無極易大傳亦只言太極不言無極若於太極上加無極二字乃是蔽於老氏之學又其圖說本見於朱子發附錄朱子發明言陳希夷太極圖傳在周茂叔遂以傳二程則其来歷爲老氏之學明矣周子通書與二程言論絶不見無極二字以此知三公蓋已皆知無極之說爲非矣梭山曾與晦翁面言繼又以書言之晦翁大不謂然某素是梭山之說以梭山謂晦翁好勝不肯與辯某以爲人之所見偶有未通處其說固以已爲是以他人爲非且當與之辯

白未可便以好勝絶之遂尾其説以與晦翁辯白有兩書甚詳曾見之否以晦翁之高明猶不能無蔽道聽塗説之人亦何足與言此哉仁義忠信樂善不倦此夫婦之愚不肖可以與知能行聖賢所以爲聖賢亦不過充此而已學者之事當以此爲根本若夫天文地理象數之精微非有絶識加以積學未易言也某欲作一揲著説稍發易數之大端以排異説曉後學坐事奪未克成就早晚就章當奉納一本何時合并以究此懷德成而上藝成而下行成而先事成而後論語曰入則孝出則弟謹而信汎愛衆而親仁曰

言忠信行篤敬孟子曰仁義禮智根於心其生色也睟然見於面盎於背施於四體四體不言而喻曰仁義忠信樂善不倦此等皆德行事爲尊爲貴爲上爲先樂師辯乎聲詩祝史辯乎宗廟之禮與凡射御書數等事皆藝也爲卑爲賤爲下爲後古人右能左賢自有定序夫子曰君子多乎哉不多也曾子曰籩豆之事則有司存凡所謂藝者其發明開創皆出於古之聖人故曰百工之事皆聖人作也然聖人初不尚此其能之也每以教人不以加人若德行中庸固無加人之理世衰道微德行淺薄小人之有精力者始

以其藝加人珍其事祕其說以增其價眞所謂市道故風俗日以不美流傳之久藝之實益不精而眩鶩之風反更張大學者不辯本末不知高下未有不為此輩所眩者吾觀近時談數學者陋日益甚妄日益熾未嘗涉其門戶得其師傳安能辯其是非但以前尊卑貴賤上下先後之義推之則自知所決擇譎妄之情狀大槩亦可見矣作書畢恐贊仲不能不惑於妄人庸夫之説故復書此以助決擇

二

荊公祠堂記與元晦三書併往可精觀熟讀此數文

皆明道之文非止一時辯論之文也元晦書偶無本
在此要亦不必看若看亦無理會處吾文條析甚明
所舉晦翁書辭皆寫其全文不增損一字看晦翁書
但見糊塗沒理會觀吾書坦然明白吾所明之理乃
天下之正理實理常理公理所謂本諸身證諸庶民
考諸三王而不謬建諸天地而不悖質諸鬼神而無
疑百世以俟聖人而不惑者也學者正要窮此理明
此理今之言窮理者皆凡庸之人不遇真實師友妄
以異端邪說更相欺誑非獨欺人誑人亦自欺自誑
謂之繆妄謂之蒙闇何理之明何理之窮哉贊仲爲

人質實學雖未至且守質朴隨分檢省雖未必盡是
却儘勝誑妄之人爲學只要睹是不要與人較勝負
今學失其道者不過習邪說更相欺誑以滋養其勝
心而已古人所謂異端者不專指佛老異端二字出
論語是孔子之言孔子之時中國不聞有佛雖有老
氏其說未熾孔子亦不曾闢老氏異端豈專指老氏
哉天下正理不容有二若明此理天地不能異此鬼
神不能異此千古聖賢不能異此若不明此理私有
端緒卽是異端何止佛老哉近世言窮理者亦不到
佛老地位若借佛老爲說亦是妄說其言闢佛老者

亦是妄說今世却有一種天資忠厚行事謹慤者雖不談學問却可謂朋友惟是談學而無師承與師承之不正者最爲害道與之居處與之言論只漸染得謬妄之說他時難於洗濯不如且據見在朴實頭自作工夫今雖未是後遇明師友却易整頓也理須是窮但今時即無窮理之人何時得一來以究此義

與孫季和

兹以書至發讀知已遡江而西既喜聞動靜之詳又恨不得一見男子生而以桑弧蓬矢射天地四方示有四方之志此其父母教之望之第一義也今尊夫

人既許其行又有二令兄在侍下豈得便謂失計顏
子之家一簞食一瓢飲人不堪其憂之地而其子乃
從其師周遊天下覆宋衞陳蔡之厄而不以為悔此
豈俚俗之人拘曲之士所能知其義哉孟子曰仁人
心也義人路也舍其路而弗由放其心而不知求哀
哉又曰今有無名之指屈而不信非疾痛害事也如
有能信之者則不遠秦楚之路為指之不若人也指
不若人則知惡之心不若人則不知惡此之謂不知
類也誠使此心無所放失無所陷溺全天之所與而
無傷焉則千萬里之遠無異於親膝下不然雖日用

三牲之養猶爲不孝也學不至道而日以規規小智
穿鑿傅會如蛆蠹如蟊賊以飽適由君子觀之政可
憐悼耳山徑之蹊間介然用之而成路爲間不用則
茅塞之矣往年石應之駸駸有成路之興後迷於異
說至今茅塞每爲悼嘆知及之仁不能守之雖得之
必失之季和鄉時所得尚未能及應之臨安再相聚
時凡無初相聚時氣象是後書問與傳聞言論行事
皆不能滿人意謂之茅塞不爲過也苟以其私偷譽
斯世固不難也但非先哲所望於後學其所賞不足
以當所惜之萬一耳幸謹思而勉行之是間爲况要

非紙筆所能宣達李和能着鞭則自相孚矣總卿之疑不必論可矣

與唐司法

鄙文納去數篇第今時人偏黨甚衆未必樂聽斯言總卿從朱丈遊左右不顧聞者今時師匠尚不肯受言何況其徒苟師門户者學者求理當唯理之是從豈可苟私門户理乃天下之公理心乃天下之同心聖賢之所以爲聖賢者不容私而已顔曾傳夫子之道不私孔子之門户孔子亦無私門户與人爲私商也

薄遽占復草草

與傅克明

見所與毛君書及顏淵善言德行論知爲學不懈大旨不畔尤以爲慰然學不親師友則斯文未昭著處誠難責於常才獨力私意未能泯絕當責大志今時士人讀書其志在於學場屋之文以取科第安能有大志其間好事者因書冊見前輩議論起爲學之志者亦豈能專純不專心致志則所謂鄉學者未免悠悠一出一入私意是舉世所溺平生所習豈容以悠悠一出一入之學而知之哉必有大疑大懼深思痛省決去世俗之習如棄穢惡如避寇讐則此心之靈

自有其仁自有其智自有其勇私意俗習如見晛之
雪雖欲存之而不可得此乃謂之知至乃謂之先立
乎其大者何時合并以究此懷

與章茂獻

忝承乏如此懍焉朝夕祈於斯民湫若航海閭巷熈
恬訟爭衰息相安相向不替有加同官協力舉無異
志職事過從無非講習或有指是以爲效績區區之
懷方有大懼兵家言射謂鏃不至指同於無失今學
射者求鏃之至指良不易致孟子曰掘井九仞而不
及泉猶爲棄井古語曰行百里者半九十言末路之

難也知不至雖弗畔不足賴也治不至雖不亂不足傳也流濕就燥物以類從心所同然捷於影響固不可誣也而其淺深多寡厚薄精粗之辯情僞名實盛衰消長之變亦不可誣也服膺典訓何敢貳心至其緜薄弗克自致若蹈虎尾涉于春冰亦何敢狃飢渴之飲食苟以自恕教其不知圖其不逮力提而申策之是所望於同志幸勿遐棄

與羅春伯

某夏中拜之任之命適感寒伏枕幾至於殆月餘少甦又苦腸痔七月四日始得離家九月三日抵二泉

卽日交割是閒素號閒靜至此未常有一字揭示每事益去其煩事至隨手決之似頗不忤於人心士民相敬向吏輩亦肅肅就職獄中但有向來二大囚一已奏未報一已報而憲臺未來審覆除此牢户可閒寂矣自外視之眞太平官府然府藏困於連年接送實亦匱乏簿書所當整頓廬舍所當修葺道路當治田萊當闢城郭當立武備當修者不少朝夕潛究密考略無少暇外人蓋不知也眞所謂心獨苦耳今時仕宦書問常禮與朝夕非職事應接者費日力過半比來於此等固不敢簡忽第亦不敢以此等先職事

拙鈍之質，迺今尚有缺典，如臺諫侍從當有啓劄，今皆未辦，所恃羣賢必不以此督過，萬一致簡慢之疑，更賴故人有以調護之。職事間有當控訴者，續得盡情。春伯資望日隆，宜在兩地，優矣濡筆以待慶牘。向寒，爲國保愛。

與薛象先

此月三日抵二泉，即日交割公文，諒久已徹視。諸事皆仍舊貫。到此無一字揭示，無隨行人一榜，亦吏呈舊比，從之。户庭頗無壅塞，事至隨手決之，頗無忤於人心。是間元少訟訴，今至於無。其血脉蓋有在，號令刑政之表者兄能諒之然事當料理者甚衆潛究密稽日不暇給外殊不見其形也財計亦以連三年接送占壓頗多卒未有還補之策考其實與言者殊不相應元章交割時公庫緡錢萬八千有奇今所存僅五千緡耳歲入倚漿肆所以爲米歲貿者又當取諸其中軍資庫尤爲匱乏其勢未至於不可爲然不爲之樽節則日蹙矣監司郡守數易誠今日之大弊比閱邸報知兄未得請亦不獨屬郡之幸幸少安以惠董湖之民作到首遣兩司迎接兵卒各有借請義勇又適秋閱見迓兵卒又有未請衣賜會慶 聖節

吏以儀式諸物弊壞舉陳當脩所不敢忽子城執工
費日取於軍資又創東嶽廟工纔半諸庫日支率多
於所入會計之事不容不精詳而爲之所荆門歲輸
馬草二千緡分作四季起發赴使臺都錢物庫交納
春夏已納足今正當輸秋季錢前此係三分輸納銅
錢本軍比年係行使鐵錢地分令禁日嚴無得銅錢
輸納每是將會子到鄂渚兌換銅錢所費頗多今欲
乞只以會子輸納望特達允從爲幸此間形勢正宜
積粟聚兵前此諸人乃未及講求張帥有意爲城於
此元善聞有分戍之意前日相聚時乃不及此到應

城見劉宰言元善有此意二公慨然如此豈亦天時
耶幸有以相之子城次第秋閲畢便發手爲之俟見
端緒當一一具聞也

二

某到此詢訪民間疾苦但得二事其一是稅錢役錢
等令民户分納銅錢比年銅錢之禁日嚴此地已爲
鐵錢地分民户艱得銅錢爲苦官或出銅錢以易會
子收三分之息而吏胥輩收其贏故民以重困其一
事是坊場買名錢須納銀買名人户亦困於此然買
名銀須聞于朝與倉臺乃可又所困者非農民至如

稅錢役錢納銅錢乃州郡與胥吏得其利故斷然因
民之請而盡罷之蓋以鐵錢地分其銅錢之禁嚴民
不敢有此義不當責之輸於公今歲計方窘平時所
藉者商稅比以邊郡權禁嚴甚商旅為之蕭條此兩
月稅課之損幾及千緡若令民户輸銅錢於郡計亦
有補然不敢計此以為制事以義乃當然耳故敢求
免貼陌於使臺前書未蒙垂允無乃執事未之深察
吏望斷之以義賜化筆免之不勝幸甚湖北係鐵錢
地分無幾决無他處援例之患且在使臺亦何闗此
不然異時官吏或挾此以擾百姓誰執其咎切幸痛

綵力疾布此未暇他及

與朱子淵

某才短智拙不習爲吏作此乘障真如面墻初聞是間素有儲積今稽其實亦僅足耳年來庫藏占壓頗多所入有限未易還補元章初交割時公庫緡錢萬八千有奇今纔五千耳蓋元章椿留萬緡爲修子城計略會其費曾未十一是役固未易舉而軍資常平占壓之數未知所償讀所惠三說不勝厚顏駑驥之分其在此矣作到一番常禮乃今甫定簿書未及深究更須旬月當稍自竭稽其本末詳以求教刀圭一

粒想無咎也便風能豫以其凡先施尨所望也
共居常深念人不可以自棄義不可以必忘雖其鶩
蹇每自策勵庶幾十駕其於當世賢才每懷隣富之
願有如執事豈宜久於南服比來紛紛多所未喻何
止敎民兵一事伯駿得羈固可喜然此公自亦傷弓
恐設施處未必能盡其材也元德直節已報行矣時
事不知竟如何天下一家痛癢未嘗不相關也發明
此理不無望於執事碩涵養以需之明主可為忠言
便當拭目

與劉澧

計南浦之集行將四換歲矣伏自使華之東尺紙問
訊亦復闊絕懷仰盛德我勞如何杏山崔嵬蒙泉清
澈金蓮在底華葉可數民愿士淳易於開導作姦為
祟者姓名可記藏拙之地孰便於此第斗壘事力有
限頻歲送迎寖爾空竭權黠商征今日所仰比來並
遵法禁日密行旅為之蕭條場務日入頓以虧損迂
愚臨此未知所以善後長者何以振之吳仲權得武
岡尚遲次傳子淵在衡陽士人歸之太守亦甚禮之
但尚來有一二同官不相樂頗有違言然子淵處之
裕如也鄧文範為丞德化政聲甚美常攝兩邑皆整

其弊壞民之戴之不愧於史冊所書皆向來會中客
恐欲知之何時復如曩集以快此懷
與吳斗南
易古經爲晁嵩知雅志第劇中未暇周覽塞宇宙一
理耳上古聖人先覺此理故其王天下也仰則觀象
於天俯則觀法於地觀鳥獸之文與地之宜近取諸
身遠取諸物於是始作八卦以通神明之德以類萬
物之情於是有辭有變有象有占以覺斯民後世聖
人雖累千百載其所知所覺不容有異曰若合符節
曰其揆一也非真知此理者不能爲此言也所知必

至乎此而後可言通天下之志定天下之業斷天下之疑自此道之衰學者溺於所聞梏於所見不能自昭明德已之志不能自辯安能通天下之志定天下之業斷天下之疑哉今世所傳揲蓍之法皆襲揚子雲之謬而千有餘年莫有一人能知之者子雲之太玄錯亂蓍卦乖逆陰陽所謂君不君臣不臣父不父子不子由漢以來胡虜强盛以至于今尚未反正而世之儒者循依玄以言易重可嘆也何時合幷以究此理適值數日紛冗撥置占復草草必有以亮之

象山先生全集卷之十五

象山先生全集卷之十六

書

與章德茂

此月兩拜手翰如奉談麈慰浣之劇伯兄以老病不獲進竭爲恨重蒙致禮之勤豈勝感戢小兒持之獲侍尊俎所以待遇者皆過其分充切悚愧如聞屬有手足之戚諒深追悼後時修慰不專尚幸裁恕小兒頗能道餘教萬一警策多矣荆州逃卒視州郡爲逆旅周流自如莫知禁戢平日若此緩急安能防閑比方稍修其藉革頂名之弊圖致請於太府丙與隣郡

爲約以絶逃逸之患適得公移甚愜下意即已行下
巡尉義勇等嚴其跡捕近有襄陽逃卒投募在此捕
者尋至即令擒去矣敝邑自其入境逃卒亦不少有
未獲者恐在府下徑差人跡捕或恐此輩羣黨欲丐
移文兵官巡尉義勇等爲之應援倘蒙捕獲亦可懲
後也干冒威尊不勝惶恐

二

某備數屬壘倏閱半祀名雖北鄙寔帶嚴城光潤所
蒙最爲親切粗謹職守未至瘝敗無非太府之賜尺
戕關焉不干記史是猶陟嵩華而忘山泳江湖而忘

水揆之常情宜獲罪戾比得邸吏別報乃知姓名首塵薦剡所以奬借之辭寵甚聞之惕然弗稱是懼治古公道還於盛世前輩典刑蔚乎斯在敢不益勵素志勉竭駑朽蘄無負斯言世俗私謝之禮則不敢以累門下伏冀高明必垂洞察職事所當控聞者雖有公狀亦合更具稟劄慮勤聽覽且恃照臨之密邇皆缺弗致今受知之深乃知此尤不容以言謝

三

奉十八日手誨愛民閔雨之誠尚賢戢姦之旨可謂兩盡而兼著豈勝歎仰公道之任歸門下久矣非適

今日某區區之志粗知所擇雷同苟合竊亦所耻同官相與當何求哉事惟其宜理惟其當議論設施不必在已相期相勉大抵以此平居論事始有未合各獻其宜佽然自竭反復之久是非已明伏義如響人得所欲殆莫知初說爲誰主之也仰視滅私之訓妄謂或庶幾焉核實之命不容不以情報今兹旱勢可畏殊甚襄鄂之間沂漢之舟鱗積灘底曠旬淹月而不得進漢上兩暘可見於此矣江流增減太府具知之瀕淮並江諸郡屬嘗具稟續加詢訪舉亡異辭敝邑初六日致禱雖未即得霈澤壇壝之所朝莫致敬

祠官未常不沾濕也惟望日終日晴徹四無纖雲既
望之朝率郡官迎致上泉復冒雨而歸自是日及今
陰雨無曠日境内獨襄水西鄉先得大雨七日八日
之夕自城上望雨色如黛震霆為之達旦十二三間
襄水東鄉如獨山等處亦得大雨至十七八間泌江
鄉及與安樂東鄉往往得大雨矣此日郡城乃始霑
霈南鄉最旱處亦且得雨雨意至今未息當陽亦十
七八以来雨始加大江東西田土較之此間相去甚
遠江東西無曠土此間曠土甚多江東西田分早晚
早田者種占早禾晚田種晚大禾此間田不分早晩

但分水陸陸田者只種麥豆麻粟或蒔蔬栽桑不復種禾水田乃種禾此間陸田若在江東西十八九爲旱田矣水田者大率仰泉在兩山之間謂之浴田實谷字俗書從水江東西謂之源田瀦水處曰堰仰溪流者亦謂之浴蓋爲多在低下其港陂亦謂之堰江東西陂水多及高平處此間則不能盡其爲陂不能如江東西之多且善也惟南鄉去山旣遠且近江高平之地多又邇大府居民差衆故多不仰泉石之田此田最下歲入甚多白楊一鄉此田居十五以上梨陂柘陂等鄉不下十二惟西北東鄉分則無此田矣

然所謂水田者不善治堰則並高處亦與平日相類矣少者不十一多者不十三通之不過十二上泉距郡城幾三十里迎泉之日迂視其田計其龜坼者十一二外此皆尚有水然堰中已乾而不繼必大敗今得雨可無害也惟白楊鄉等處高平田全未種者見施行令種晚穀及可助食者今歲亦幸有湖北平時水浸有不可種禾者民皆種禾若復無水患又得時雨或者可補未種之田耳小兒歸就試經從大府輒布此令進謁竊惟軫憂斯民之深所欲亟聞故詳及之伏幸台察

四

屬奉手誨益深佩服小子持之再望道德之光蒙接遇之寵為幸厚矣家問中備述餘教尤深感激傳有聞民有姓易者為之食户强以錢取去倉粟或云在長林境中及物色之乃無此事又云在當陽境内方此詢究尚未報也俟得其實續當布聞此來雨澤無不霑足但次第有過多之患十三日偶天陰與僉判教授知縣人以一馬數卒行視田間苗甚秀發水皆盈溢向曾龜坼者今得水茂暢過於不缺水者高坡未插秧者今插已過半秧田甚多尚往往成羣插秧

問何以能備此秧則曰年例如此若其不脩陂池不
事耘耨則皆枯死此地情習未易空言勸之今冬欲
措置革此習又未知果能革否陸地耕種粟豆者却
多中稔為有餘矣前書所謂湖田者雖未及物色勢
不能不病水耳襄陽唯南漳宜城間得雨外此皆久
無雨是間舟泊襄水灘下者初七八間得信猶言水
澁不能前進初七日有微雨不成水十二三間自此
来者却云襄陽得雨成水但未通洽未知此後如何
久傳北界旱甚河之南北至相食初未敢信今東自
承楚西自均房来者其言若一恐或有是竊惟長者

愛民之心追配禹稷無間於遠邇內外獨恨華夷首足之分未克大正皇朝德施仁風獨有限隔君子之憂未容遽釋旦晚召還兩地以究設施則樂民之樂爲有日矣春間趙路分良弼來閣禁旅介然如古節士尋有孟正將通成統領和因事相繼過此適値同官習射率然延至其間以觀其技馳射精熟議論慷慨異時所見武弁不多其比陶冶下風者人材如此推而廣之何事不可爲哉長林汪宰初甚不堪姦民之訟既見其薄治其吏亦不能無疑因曉以吾人無他於此輩行法以防微不得不爾即遂釋然奸民肆

其欺罔以快私忿眞大蠹也長林具析申狀皆是事實併用備申伏幸過目昨日得公移闡二縣以酒折鋪兵糧長林斷無此矣長林鋪兵皆在軍倉請米軍廩請錢皆是一色白米好錢未常有折支也當陽方此詢之然以理揆之沈宰處事極有理不至如所聞或恐有疑似又當有曲折須其報即具申也近日以所獲刼盜中有二人是攬客稍以榜約束之兼聞此輩羣黨擾寺觀與鄉村民戶頗甚故不得不裁之亦不敢以稟聞也西蜀之飢淮浙之蝗皆令人不能置懷處州豪民爲盜猶可憐也此土雖雨澤粗足尚用

懍懍日俟教誨以免罪戾伏幸終惠

五

稍踈記室之詢徒積傾仰今歲之旱諸鄉皆有少損而南鄉頗甚初擬瀕江湖下鄉常歲所不種者今歲可種謂可以補近兩月間江漢之流無雨而漲溢者凡三所種之田與蔬茄麻粟皆爲烏有同官赴試與被檄而出者皆親目其事歸言其狀爲之怛然比已分委同官四出檢視前數日方歸所得尤詳旱澇之餘米穀自少而諸處糴米之舟皆鱗次岸下如都絲司至使人於鄉村攔截載負米者本軍今歲以民艱

食遂時發常平以賑之所糶錢二千石見樁糶過常平錢二千緡倉臺公移踵至催以此錢趂時糴米以備來年賑濟雖分差人於熟鄉收糴而來糴者絶少此數日以來米不出市民復艱食見出常平賑糶近來屢謀出賞牓禁米舟下河而吏輩輙以恐有遏糴之嫌爲言初以其有理亦與同官熟論而從之近日事勢尤逼又見郢州以百千之賞禁米舟下河此間新發舉人親戚之家犯其禁用朱漕之言免其罪竟納賞錢試以問吏吏復爲遏糴之說昨日同官相聚復有議洩米之禁因詰吏言果出於公乎抑有私意

手同官皆謂此輩必有親故厚善之人商販米者故
以此爲地耳豈有公心哉疑未决間忽被使臺公牒
深恠事未施行已蒙止絶殆所謂止邪於未形絶惡
於未萌雖然此事乃如吏輩之意敞豈元無是事不
知誰敢致此說於太府疑必有交鬬其間者有不可
不察也某平時不能飾說况在門下尤不敢不用其
情鄉來襄陽過米價米舟至者皆困不能前然卒以
賂津吏有夜竊過者常謂法禁往往不足恃比年場
務蓋艱商旅多行私路私路舊微小少所知者今皆
迥途通行北境連年不熟今歲尤甚近聞米過唐鄧

間多不以舟小民趁目前之急不暇爲後日計況肯爲鄉曲計爲州縣計乎使米粟有餘無禁其洩可也今方甚不足以坐視其洩恐亦未宜敝邑褊小今歲纔數旬不雨市輙無米鄉民素無蓋藏同官出入村塢者皆謂未常見囷倉人家多茅茨其室廬不能深奥大率可窺其有者乃擔石之儲耳風俗所自来非一日今日不爲之計後將益弊今所謂洩米非洩於南之患洩於北之患也已若有餘或能粗給則推以與人乃所願也此方有旦暮之憂而不爲後日計者方累累舉所恃以洩恐不容坐視薄遽亟此布禀丐

察言者之奸續容商議所以處之之宜别當具稟伏

幸台察

與張元善

漕臺數有便郵其發多值宂不克附問累託象先致

意會次當必及之嚴山蓋倉其説未善若謂以舟致

之襄陽則江漢湍淺曠日持久當漲溢時風濤險悍

類不可行陸運則自嚴山至班竹號六十五里山路

阻隘崎嶇其實不止此數又類有水隔春夏之間每

用阻絶本軍至班竹八十五里乃坦塗又嚴山非市

井去處人煙疎闊儲草則可儲粟則難於看守莫若

葺軍倉以儲粟今子城既固如在枕上矣長林巡視
小路常親歷其地敘說甚詳已備在公狀中幸裁之
九江德化丞鄧約禮字文範階爲文林令冬當代其
家世建昌乃臨川李侍郎德遠之壻其居舊遭回祿
未赴德化時寓居李氏今其妻兄官滿歸臨川鄧丞
欲及未代前一歸建昌嘗居舍願丐使臺一檄若蒙
垂允但付此間旦晚即附往也亦嘗託象先轉浼諒
必無阻此公鄉里之秀端慤純正甚有宦業比年攝
両邑當事之難拯其敝壞更使爲佳地民之戴之不
忍其去無愧史冊所書異時真可備藥籠中物韓昌

黎字戒以在得人卒章要哉言乎敝邑兩令皆賢教
官時有裨補自簽以下皆悉心營職無有異志唯税
官頗謬近得一指使佐之其職頓舉拙者不過扶持
勸勉使其善意不替有加庶幾蒙成以免戾今農賈
安帖吏卒抑畏盜賊衰息作則輒獲訟牒之少乃至
曠旬械笞壓委五刑植立試用希闊用必聚觀此豈
迂拙所能坐致竊自幸者亦同官適逢其人耳方至
此時積訟頗多非其俗惡乃不能無敗羣者耳此輩
遨遊城市持吏長短無理致爭期於必勝敵不能甘
遂成長訟諸司不止乃至臺部初既精求案牘辯其

曲直既又曉以義理使得自新能自伏義願改者固
十八九至於怙終之人雖稍柔服於一時尚圖復逞
於他日同惡亦視此爲消長所大幸者諸司皆賢明
此輩無所復逞今訟之日少俗之日厚亦正以此向
來得書謂未識張監張監趨向甚正議論有典刑到
任以來文移條理每每可服張憲在九江時假道識
之蒙渠約飯亦自道其政大抵亦有家法聞到常德
多病少見賓客公文亦多傳入宅書押若無所執何
引大體卧護政亦何傷雖曰德星聚可也稽之事實
乃有大謬不然者今敗羣之人皆走憲臺此輩不之

他司而之憲臺殆必有悔而動令不問宜可動輒索案案之往也又不知所處動輒可惟聞憲臺之吏最無禮而又能觀其文移行遣似皆出吏輩敝邑亦有數事他郡可推而知之未欲盡述其本末若欲知之後便稟聞也聞象先與之相善不知能有道以已之乎奸吏猾民託以擾郡縣害良民傷政敗俗亦不細矣官之不可非其人如此哉久不奉問引筆輒累累如此可一笑也

二

併啓三函良佩謙眷備承作止是慰傾馳事皆得請

尤用感服近日得雨稍大境内頗周遍唯傍江陵界上多未種此恐無及耳和糴一事得不及敝邑可謂大惠屬者不雨曾未踰月民已艱食亟發常平之粟四散賑之僅免狼狽繼此雨澤霑足猶得中下熟敝邑欲自措置私糴少米貯之鄉間以為異時之備此謀或遂皆門下之賜也修城會子甚濟空乏餘會若便得乃幸望示其期交納銀綱處免苛留之患皆藉餘庇兑換會子二萬貫其數甚少聞之去年換會子時官府行之滅裂細民又不善觀揭示誤認下文立限三月之内有不及之數並仍舊流轉交易買賣遂

收不損壞者不赴場換易及至限滿既行使不得悔之無及今此懲前日之害叢奏來換官吏見發到會子不多遂令限其數日限其人來者頗以為病前日令其限數日換三四千緡來者原原後又將不止又以商人以會子難得滯留於此所積或三四百千或七八百千官吏見其數多又是商旅又限其數不肯換與來訴淹留折閱之狀勢不容不換與之所發會子不供數日耳公移再求五萬勢恐未止此數若覺未足又當上瀆前日得新漕臺復書見其辭氣溫厚有前輩典刑甚為之喜第前此不相識未欲遽以片

紙輸腹心象先書中屢言林幹之賢欲通書偶亦未
及漕臺會次得借一言之重使獲區區牧養之志不
勝幸甚郡縣非得使家相知鬨相假借則吏文之能
掣肘者多矣切幸介念汪長林真愛民如子近有奸
民楊汝翼方九成者嗾其黨類十餘人擁帥庭訴其
雹民詞中有云欲訴本軍又恐知軍刪定大慈若只
送縣愈起讐民之意某在此初未嘗以姑息從事猾
吏奸民為柔良害者屢繩治之矣單辭虛偽或不待
両造而得其情尋問根本與之反覆頃刻之間有姦
露辭屈伏罪而去者區區於此自謂有一日之長訟

爭之少盜賊之衰殆亦以此愚民但見械答壓委試
用希闔往往有慈仁之說其姦黠驅儈者實有所憚
且惡其不便於己他未有可以中傷且倡和其間加
大慈等語以為媒孽之地帥庭之訟此其驗也帥方
禱雨未應此輩乘時投辭帥舊知長林方得書稱歎
其美見規某不能詰出此牒尋至亦不能不疑覲其
判辭不止於疑遂至盛怒章文賢甚某卽以書解之
渙若冰釋此等尤令人敬服王謙仲在隆興時曾傳
聞一事卽以書告之政與此相類謾錄往一觀此等
亦不可不知也後見謙仲報書云果有是事但所判

甚平却不至於長奸也此間號民淳但細民淳耳至其豪猾則尤陸梁於江浙也因筆不覺忉忉

象山先生全集卷十六

象山先生全集卷之十七

書

與張監

某效職如昨，皆依大庇。子城土工歲前畢事，包砌東北一隅，猶未周浹。見轂已盡，鄉蒙台旨，令自致買名銀之請，今方圖之，俟得消息，當遂一稟，聞也。通廟堂朝士書，更望一言之賜。此事之就，可壯邊城之勢，當平倉庫，如在枕上矣。計必蒙垂念也。去冬少雨，此間幸得雪頗大，麥今甚秀。正月尾又得薄雪，比來殊亦有雨意，園蔬甚渴，高田亦需水而耕，不無可慮者。去冬得家書謂江東西秋穫稻皆虛耗民多流移此間郤無是患目今皆熙熙但和糴與租米亦皆不如常歲以此知米穀不能無耗折但人不覺耳商稅榷酤皆虧於往時稍簡旁郡往往皆如此凡事自十數年來細校之大抵益難易曰窮則變變則通通則久是以自天佑之吉無不利所謂變而通之者必有其道斷願承教不敢爲累牘之禮以溷記史當蒙亮恕

二

屬承手翰風誼凛然三復之餘益深降歎嚮欲使樂正子爲政孟子曰吾聞之喜而不寐孟子所喜亦曰

君將蒙其益民將被其澤道將行於時而已某前日
賛喜之牘竊自附於此固知外物不足爲賢者輕重
也歸正人伊信者常至庭備諭以賢監司宣布聖朝
恩德之意見其衣服藍縷因薄賙之今不復叫呼矣
其類有二三人相次陳乞計次第關聞也使華過此
時有一陳狀者乃長林係官畫匠後自知理曲復藏
避不欲追追以開其自新之路近方出頭喻之以理
令下當陽與其嫂行踏田界且晚卽申聞其詳簿書
捐絕官府通弊是間僻左忽略尤甚公私文書類難
稽考鄉來郡中公案只寄收軍資庫中間常置架閣

庫元無成規殆爲虛説近方令諸案就軍資庫各檢
尋本案文字收附架閣庫隨在亡證諸萁籍庋有稽
考若去秋以來文案全不容漏脱矣使臺所索屈彦
誠公案中發已久續索所毀公據斷由以不曾啓縣
封不知在不尋呼縣吏問之果不在其中責令搜求
累日不得卽追薛諒劉習問之薛諒老病扶杖出頭
勢必擡輿而後可前劉習自陳初不與事薛諒亦云
省憶追屈氏公據斷由時里正是吳文海非是劉習
後追到吳文海果無異辭然謂當時已追到官薛諒
亦云省憶得當時二文公據斷由皆已附案今若不

在乃是案中漏失長林見其事如此重於發人親監
縣吏倒架搜尋得斷由一截然情理尚可考公據則
竟不在今且發斷由去一二人皆知責侯命若不妨
裁斷得免解其人尤幸比来訟牒益寡有無以旬計
終月計之不過二三紙第積年之訟尚有六七事未
竟此數事日已決三事勢不復起矣如蘄榮屈彦誠
二事旦莫必決餘二事亦皆諭之以理使自和解未
知能從否要亦在旬日當決過社節來屢得雨高田
皆可耕每多夜雨農者之占以為必稔未知果驗否
此間平時多盜今乃絶無有則立獲前政有二盜未

獲令巡尉亦皆是後任者憲臺督責常文久已因循近乃押至其辭加峻此盜在當時卽已遠逃今固無可得之理當時巡尉已遭責罷去久矣今巡尉一人且將滿一人且書考矣一旦責以前任不可得之賊行移如此似亦非宜此間平時爲害之盜今盡捕獲能爲盜之人與常停盜之家皆已寄籍在此茍有盜亦不容不獲也平時剽奪於道路者近獲二人已斷配一人一人見在獄鄉來稟聞當陽界内有六七輩打奪人錢物縳之於深林中而去者皆已斷配今日之無盜大抵以此憲臺輙駁下此案令檢斷去析其

所駁之說無道理此間檢斷官吏析之文條理粲然謾令錄呈得一過目幸甚又有大囚其犯乃在某未到任時到此未久即見一人來投牒乃被人殺之家訟當陽勘囚情節未盡觀其辭節知其爲健訟者已而聞之果無狀之人以好訟不已常遭徒刑矣即判送當陽縣令從公盡情根勘不得稍有鹵莽沈宰亦在郡其亦常摘其詞中所訟與相反覆沈宰謂大囚在獄只得盡情出入皆不可其事皆親自研勘不在吏手觀沈宰序說本末果皆不苟及其解本軍軍院猶研究有節目未盡者竟追縣吏斷遣今奏案上矣

健訟之人自憲使之至卽投牒於憲臺計其投牒之日乃在此間奏上之後憲臺遂索案比旣奏又先申憲矣然旣索案只合發往前月方得牒䟽送司理院且言已專人發案下然其案逮今未至司理院亦無從照勘本軍相尋有兩奏案一後奏者下已久矣此案獨未下豈憲臺致疑於其間以上聞也此事本末甚詳當時憲臺但以其詞與所疑令本軍具析則其事渙然矣刑獄淹延亦憲臺之任其囚已於絞刑上定斷獨以殺人無證法當奏裁縱令别勘其情與其刑皆不能有所加張文老成前輩近自鄉里過九江

時亦常符尊俎未必有心相困近物色之乃令憲臺法司黄亮者乃此間人吏鄭守窘王守之時此人多不用事令聞自孔目已下多與之有隙或謂其人爲此以報私怨萬一出此所簽廳官與檢法官亦唯黄亮是聽而已張丈前輩某本欲作書又恐不暇省録敢借一言之重以調護之幸甚鄉来張丈有公劄問人材某常以两縣宰與教官爲對以洸爲宰某備員守臣莫不至甚有寃濫也張丈尊年諸事未可直致恐反致疑也韓宫檢法者不知何等人品幸有以調護之恃契愛浼瀆伏幸恕察

與豐叔賈

其迂踈罷之泉石閒甚宜一行作吏强其所劣欲罷不能前者所聞荆門郡計不至窘束至此大異所聞蕞爾小壘頻歲迎送勢不能堪疆土雖稍廣闊然由董田蕪人踵稀少户口不能當江浙小縣始至妄意創築城子今幸向畢春間廨舍適有回祿之災不容不新之在官亭宇以數政皆不久積壞幾不可支吾只得隨宜修葺不習於吏當此匱乏重以百役今歲漢江岷江皆無雨暴溢瀕水下地所傷甚多分委同官四出檢視從實與之蠲租常賦殆虧其半廩焉未

知所以善後倘有以督而振㧞之是所望於長者唯
無愛是幸

與鄧文範

其在此士民日相安所爲不至齟齬第二月九日之
夜宅堂有回祿之災大星十餘間頃刻成燼私居行
李錢爲一空幸不曾延燒官府文書印記等無毫髮
損失骨肉間一時不至甚驚恐過後循省乃生驚怖
旬日乃定然比之常人之情相去亦遠特循二子與
姪孫濬當火起時頗見力量他日或可望弟目今二
子終未肯進學耳近以田間缺水登蒙泉山頂禱雨

靈應廿著三祝文薛漕處有之是間民益相安七人亦有向學者郡無逃卒境内盗賊絶少有則立獲訟牒有無以旬計然太守自無暇此間有積年之訟皆盤錯外郡之訟諸司亦時遣至此又有築城造屋之役適連年送迎之後計財匱乏頗費調度近以商税虧額之甚遂自料理頓有增羨乃知事無不可爲者始至即修煙火保伍賊盗之少多頼其力近忽有刼盗九人刼南境村中歎堰寺長生庫暹明爲煙火隊所捕敵殺一人生擒九人皆勇悍之盗義勇之外煙火隊今亦可恃凡事薛漕必能言之凌遽遣此更須

續致

與致政兄

其拙鈍不敏豈不自知然物莫不各有所長各有所短若其深思力考究事理之精詳造於昭然而不可昧確然而不可移則竊自信其有一日之長家信中詳言事爲者非足矜誇政欲以情實達於長上耳某嘗謂三代而下有唐虞三代遺風者唯漢趙充國一人而已宣帝問曰誰可使者則曰無踰老臣其客勸其歸功朝廷與諸臣則曰兵之利害當爲後世法老臣豈嫌伐一時事以欺明主哉皐陶曰朕言惠可底

行禹曰予暨益播庶鮮食艱食烝民乃粒萬邦作乂又曰予決九州距四海濬畎澮距川又曰予創若時娶于塗山辛壬癸甲啓呱呱而泣予弗子惟荒度土功夔曰予擊石拊石百獸率舞庶尹允諧此等皆非矜誇其功能但直言其事以著其事理之當然故君子所爲不問其在人在已當爲而爲當言而言人言之與吾言一也後世爲不情之詞者其實不能不自恃古之君臣朋友之間猶無飾辭況父兄間乎唐虞三代盛時言論行事洞然無彼己之間至其叔末德衰然後有爾有嘉謀嘉猷入告爾后于內爾乃順之

于外曰斯謀斯猷惟我后之德前輩之論以爲太甲
卒爲商太宗近配成湯無愧而有光以其善惡是非
灼然明白非成王比也成王卒爲中才之主以流言
疑周公此難以言智自此而降周德不競矣入告出
順之言德不競之驗也後世儒者之論不足以著太
公貽至信適足以附人之私增人陷溺耳銖銖而稱
之至石必繆寸寸而度之至丈必差石稱丈量徑而
寡失後世人君亦未嘗不欲辯君子小人然卒以君
子爲小人以小人爲君子者寸寸而度銖銖而稱之
過也以銖稱寸量之法繩古聖賢則皆有不可勝誅

之罪況今人乎今同官皆盡心力相耶人莫不有才

至其良心固有更不待言但人之見理不明自爲蒙

蔽自爲艱難亦蒙蔽他人艱難他人善端不得通暢

人心不亨人材不得自達阻碍隔塞處多但增乞然

非所以致和消異今時人逢君之惡長君之惡則有

之矣所謂格君心之非引君當道邈乎遠哉重可嘆

哉

與張伯信

屬者伏承使華臨賁侍坐陪吟日飽德義慰喜可知

至如風露淒清星河錯落月在林杪泉鳴石間薰鑪

前引茶昜後殿方池爲鑑廻溪爲佩氷玉明瑩雪霜騰耀則噴玉新亭真蓬壺瀛洲巴方士徒爾幻怪安知真仙在此而不在彼也奇石悉巳如數置之作者屹立瀑間瀕池四輩聳然相望如五老後有三峰跬步之間便使人應接不暇如聞玉泉亦蒙點化光價十倍其初此邦何幸自此天下名勝皆有望於門下矣

與似清

九月八日蒙泉守陸某書復明珠菴清長老禪師侍者自從臨安一別直至如今談詠高風便同覿面去

年百八姪姪歸自南嶽得書又承惠藥足慰別懷道人家信緣信脚到處爲家可也明珠菴幸有諸貴人賢士相愛得住且住若是名山大刹更尚有緣頂笠便行亦且無碍不須擬議不勞擘劃在在處處皆是道塲何處轉不得法輪何人續不得慧命事忙来人索書草草奉此想蒙道照

與洸宰

回祿之災獨中居室此其不德之譴也慰慰信勤至益重悚惻㨿張二孽初欲以聞上而終治者以其有自新之意姑從末减小示懲戒恐欲知之築室之役豫

蒙軫念尨佩厚意長林艱得竹林不免以累治下旋令納去百緍煩令計費續當奉償郡中以孑城之後殊覺空竭更賴調護之方振翼而成就之是頗是幸承欲一来諸遲面旣

二

荐領詩文皆豪健有力健羡健羡其卿有後程帥惠江西詩派書曾見之否其間頗述詩之源流非一時之說愚見大槩如此國風雅頌固巳本於道風之變也亦皆發乎情止乎禮義此所以與後世異若乃後世之詩則亦有當代之英氣禀識趣不同凡流故其

模寫物態陶冶情性或清或壯或婉或嚴品類不一而皆條然各成一家不可與衆作渾亂字句音節之間皆有律品皆詩家所以自異者曾子固文章如此而見謂不能詩其人品高者又借義理以自勝此不能不與古異今若借以古詩爲師一意於道則後之作者又當左次矣何時合併以究此理

象山先生全集卷之十七

象山先生全集卷之十八

奏表

刪定官輪對劄子

臣讀典謨大訓見其君臣之間都俞吁咈相與論辯各極其意了無忌諱嫌疑於是知事君之義當無所不用其情唐太宗即位魏證爲尚書右丞或毀證以阿黨親戚者太宗使溫彦博按訊非是彦博言證爲人臣不能著形迹遠嫌疑心雖無私亦有可責太宗使彦博責證且曰自今宜存形迹證入見曰臣聞君臣同德是謂一體宜相與盡誠若畧下但存形迹則

邦之興衰未可知也太宗矍然曰吾已悔之數年之
後蠻夷君長帶刀宿衛外戶不閉商旅野宿非偶然
也唐太宗固未足為陛下道然其君臣之間一能如
此卽著成效陛下天錫智勇隆寬盡下遠追堯舜誠
不為難而臨御二十餘年未有太宗數年之效版圖
未歸讐耻未復生聚教訓之實可為寒心執事者方
雍雍于于以文書期會之隙與造請乞憐之人俯仰
醻酢而不倦道兩暘時若有詠頌太平之意臣竊惑
之臣誠恐因循玩習之久薰蒸浸漬之深雖 陛下
之剛德亦不能不消蝕也鸞鳳之所以能高飛者在

六翮臣願　陛下毋以今日所進爲如是足矣而博
求天下之俊傑相與舉論道經邦之職將見無愧於
唐虞之朝而唐之太宗誠不足爲　陛下道矣取進
止

二

臣讀漢武策賢良詔至所謂任大而守重常竊嘆曰
漢武亦安知所謂任大而守重者自秦而降言治者
稱漢唐漢唐之治雖其賢君亦不過因陋就簡無卓
然志於道者因陋就簡何大何重之有今　陛下獨
卓然有志於道真所謂任大而守重道在天下固不

可磨滅然人能洪通非通洪人今　陛下羽翼未成
則臣恐　陛下此心亦不能以自遂　陛下此志不
遂則宜其治功之不立日月逾邁而駸駸然反出漢
唐賢君之下也神龍棄滄海釋風雲而與鯢鰍校技
於尺澤理必不如臣願　陛下益致尊德樂道之誠
以遂初志則豈惟今天下之幸千古有光矣取進止

三

臣嘗謂事之至難莫如知人事之至大亦莫如知人
人主誠能知人則天下無餘事矣管仲嘗三戰三北
三見逐於君鮑叔何所見而遽使小白置彎弓之维

釋囚拘而相之韓信家貧無行不得推擇爲吏不能
自業見猒於人寄食於漂母受辱於跨下蕭相國何
所見而必使漢王拔於亡卒之中齋戒設壇而拜之
陸遜吳中年少書生耳呂蒙何所見而必使孫仲謀
度越諸老將而用之諸葛孔明南陽耕夫偃蹇爲大
者耳徐恕何所見而必欲屈蜀先生枉駕顧之此四
人者自其已成之效觀之童子知其非常士也當其
困窮未遇之時臣謂常人之識必無能知之理人之
知識若登梯然進一級則所見愈廣上者能兼下之
所見下者必不能如上之所見　陛下識能坐進此

道使古今人品瞭然於心目則四子之事又豈足為陛下道哉若猶屈鳳翼於鷄鶩之羣日與瑣瑣者共事信其俗耳庸目以是古今臧否人物則非臣之所敢知也取止

四

臣嘗謂天下之事有可立至者有當馴致者旨趣之差議論之失是惟不悟悟則可以立改故定趨向立規模不待悠久此則所謂可立至者至如救宿獘之風俗正久蘗之法度雖大舜周公復生亦不能一旦盡如其意惟其趨嚮既定規模既立徐圖漸治磨以

歲月乃可望其丕變此則所謂當馴致之者日至之時陽氣卽應此㞐至之驗也大冬不能一日而爲大夏此馴致之驗也凡事不合天理不當人心者必害天下效驗之著無愚智皆知其非然或智不燭理量不容物一旦不勝其忿驟爲變更其禍敗往往甚於前日後人懲之乃謂無可變更之理眞所謂懲羮吹虀因噎廢食者也自秦漢以來治道龎雜而甘心懐愧於前古者病正坐此歲在壬辰臣省試對策首篇大抵言古事是非初不難論但論於今日多類空言事體遼絶形勢隔塞無可施行未章有云然則三代

之政其終不復矣乎合抱之木萌蘖之生長也大夏之暑大冬之推移也三代之政豈終不可復哉顧當爲之以漸而不可驟耳有包荒之量有馮河之勇有不遐遺之明有朋亡之公於復三代乎何有臣乃今日請復爲　陛下誦之取進止

五

臣聞人主不親細事故皐陶賡歌致叢脞之戒周公作立政稱文王罔攸兼于庶言庶獄庶事唐德宗親擇吏宰畿邑柳渾曰陛下當擇臣輩以輔聖德臣當選京兆尹以承大化尹當求令長以親細事代尹擇

令非陛下所宜此言誠得臯陶用公之旨今天下米
鹽靡密之務往往皆上累宸聽臣謂 陛下雖得臯
陶周公亦何暇與之論道經邦哉荀卿子曰主好要
則百事詳主好詳則百事荒臣觀今日之事有宜責
之令者令則曰我不得自行其事有宜責之守者守
亦曰我不得自行其事推而上之莫不皆然文移回
復互相牽制其說曰所以防私而行私者方藉是以
藏姦伏慝使人不可致詰惟盡忠竭力之人欲舉其
職則苦於隔絶而不得以遂志以 陛下之英明焦
勞於上而事實之在天下者皆不能如 陛下之志

則豈非好詐之過耶此臣所謂奇趣之差議論之失而可以立變者也臣謂必深懲此失然後能遂求道之志致知人之明　陛下雖垂拱無爲而百事辞矣臣不勝拳拳取進止

荆門到任謝表

趣之祠舘畀以邊城来見史民祗承光寵伏念臣才由拙短學以樸專必古道之可求竭愚衷而自信用情所慍載僞是羞頃玷末科未更煩使荐塵薦剡遽忝周行初斜正於成均繼編摩於書局坐閲五年之久慚無一策之奇賜對祥曦誤蒙　聖奬嘖煩東省

叨冒優恩仰覊日之重明伏下風而增怍固領鞭其緜力以自效於昌時某玉維州沮漳在境擁江帶漢控蜀撫淮豈惟古爭戰之場實在今政守之要政須英傑以佐規恢敢謂疲駑濫膺委寄茲蓋伏遇　皇帝陛下道同舜禹德配湯文灼三俊之心廸九德之行精微得於親授廣大蔚乎天成以搜訪儲材以試用責實肆令凡下亦被甄收臣敢不益勵素心庶幾尺寸上裨遠略附近涓塵臣無任

與廟堂乞築城劄子

某僭有白事書曰有備無患記曰事豫則立荊門在

江漢之間爲四集之地南捍江陵北援襄陽東護隨郢之膂西當光化夷陵之衝荆門固則四隣有所恃否則有背脇腹心之虞由唐之湖陽以趨山則其涉漢之處已在荆門之脇由鄧之鄧城以涉漢則其趨山之處已在荆門之腹自此之外間道之可馳漢津之可涉坡陀不能以限馬灘瀨不能以濡軌者尚多有之自我出奇制勝徼敵兵之腹脇者亦正在此𠷣制事者常令其利在我其患在彼不𠷣者反之法曰先爲不可勝以待敵之可勝又曰無恃其不來恃吾有以待之無恃其不攻恃吾有所不可攻謂能銷患

致利備豫不虞也荆門雖四山環合易於備禦義勇
四千疆壯可用而素無城壁倉廩府庫之間麋鹿可
至累政欲修築子城畏憚其費不敢輕舉某竊謂郡
無城郭使在内地尚且不可况其在邊平居形勢不
立扃鑰不固無以係民心待暴客脱有緩急區區倉
庫之儲適足以啓戎召寇患害之致何啻丘山權今
費役曾不毫末惜毫末之費忽丘山之害難以言智
一旦有警誰執其咎某去冬妄意聞于帥府請就此
役尋得帥檄令委官置局徑自修築欲趂冬土堅密
庶幾可久已於十二月初四日發手亦幸天氣晴霽

人心齊一臘前兩旬土工畢事規模稍壯邦人慰滿
小壘縣薄仍歲送迎事力殫竭累政之積僅足辦此
會計用甎包砌立門施樓其費尚多目今見已包城
十丈砌角臺一所建敵樓一座以此計之猶當用緡
錢三萬本軍有買名銀一萬七千餘兩隸在常平稽
之専條不可擅用欲乞鈞慈特爲敷奏於數内撥支
銀五千兩應副包砌支用使城壁一新形勢益壯姦
宄沮謀民心有賴實爲無窮之利伏想鈞懷垂念邊
城不異墻屛思患豫防久有廟筭擇狂聽愚當不待
辯之畢也

象山先生全集卷之十八

象山先生全集卷之十九

記

敬齋記

古之人自其身達之家國天下而無愧焉者不失其本心而已凡今爲縣者豈顧其心有不若是乎哉然或者遏於勢而狃於習則是心殆不可考吏縱弗肅則曰事倚以辦民困弗蘇則曰公取以足貴勢富彊雖姦弗治貧羸孤弱雖直弗信習爲故常天子有勤恤之詔迎宣拜伏不爲動心曰奚獨我責吏縱弗肅民困弗蘇姦弗治而直弗信天子勤恤之意不宣于

民是豈其本心也哉勢或使之然也方其流之未遠平居靜慮或有感觸豈能不忸怩於其心至其同利相挺同波相激視已所行爲天下達道訕侮正言仇讐正士則是心或幾乎泯矣人之所以異於禽獸幾希庶民去之君子存之是心或幾乎泯吾爲懼矣天地鬼神不可誣也愚夫愚婦不可欺也是心或幾乎泯吾爲懼矣黃鍾大呂施宣于內能生之物莫不萌芽奏以大簇助以夾鍾則雖瓦石所壓重屋所蔽猶將必達是心之存苟得其養勢豈能遏之哉貴溪信之大縣緜地過百里民繁務劇暨陽吳公爲宰於兹

吏肅矣而事未始不辦民蘇矣而公未始不足姦治
直信民莫不說而惴惴焉惟恐不能宣天子勤恤之
意是其本心之所發而不過於其勢者耶然公之始
至則修學校延師儒致禮甚恭余屢辱其禮不敢受
今爲齋於其治之東偏名之以敬請記於余文至於
再三望道之重若不可及者某聞諸父兄師友道未
有外乎其心者自可欲之善至於大而化之之聖聖
而不可知之神皆吾心也心之所爲猶之能生之物
得黃鍾大吕之氣能養之至於必達使瓦石有所不
能壓重屋有所不能蔽則自有諸己至於大而化之

者敬其本也豈獨爲縣而已雖然不可以不知其害也是心之稂莠萌於交物之初有滋而無芟根固於怠忽末蔓於馳騖深蒙密覆良苗爲之不殖實著者易拔形潛者難察從事於敬者尤不可不致其辯公其謹之某雖不敏它日周旋函丈願有所請公名愽古字敏叔淳熙二年十有二月望日廸功郎新隆興府靖安縣主簿陸某記

宜章縣學記

大訓有之天聰明自我民聰明天明畏自我民明威蓋斯民之秉惟上帝實降之作之君師惟其承助上

帝故曰天子内建朝廷由公卿至於百司庶府外部
邦邑由牧伯至於子男附庸則亦惟天子是承是助
故周公以徽言告成王曰克知三有宅心灼見三有
俊心以敬事上帝立民長伯成王之誥康叔誕陳民
常且曰外庶子訓人正人至於小臣諸節皆所以使
之分别乎此而播敷之以造民大譽漢董生曰今之
郡守縣令民之師帥所使承流而宣化也是故任斯
民之責於天者君也分君之責者吏也民之弗率吏
之責也吏之不自君之責也書曰萬方有罪罪在朕
躬又曰百姓有過在予一人此君任其責者也可以

爲吏而不任其責乎今爲吏而相與言曰某土之民
不可治也某土之俗不可化也嗚呼弗思甚矣夷狄
之國正朔所不加民俗各繫其君長無天子之吏在
焉宜其有不可治化者矣然或病九夷之陋而夫子
曰君子居之何陋之有況非夷狄未常不有天子之
吏在焉而謂民不可治俗不可化是將誰欺春秋之
時去成周未遠也曾子且曰上失其道民散久矣如
得其情則哀矜而弗喜春秋而來至于今幾年矣觀
民之罪視俗之惡顧不于其上之人而致其責而惟
民是尤則斯人之爲吏可知也孟子曰饑者易爲食

渴者易爲飲孔子曰德之流行速於置郵而傳命吾於其所謂不可治者有以知其甚易治也於其所謂不可化者有以知其甚易化也郴據嶺爲荆湖南徼宜章又郴之南徼遠於衣冠商賈之都會其民宜淳愿忠樸顓蒙悍勁而不能爲詐欺不才之吏不能教訓拊循其民又重侵漁之民不堪命則應之以不肖其勢然也夫淳愿忠樸顓蒙悍勁而不能爲詐欺此侵漁者之易以逞志而其積之已甚有所不堪則不肖之心勇發而無所還忌亦其勢然也不數十年間盗孽屢起宜章以是負惡聲有自來矣淳熙十有二

年吳侯鎰抵行都諸公貴人倒屣迎之咸稱其才將
有論薦於是宜章闕宰顧吏之視仕宜章若蹈豺虎
之區無敢往者帥府嗜吳侯之賢辟書東馳吳侯欣
然就之至則務去民之所惡而致其所欲勉之使爲
學以雪惡聲大葺學宮補弟子員淳熙五年始建今
學八年朝廷殊其令優其數以奬誘入學之士部使
者各求其所隸閒田以禀之士之禀於學者五十人
自食而學於其間者又數十人句讀訓詁旨義辭章
少長分曹皆經講授士勸其業豈惟學官異時鬬爭
欲攘惰力侈費之習廓然爲變忠敬輯睦尊君親上

之風靄然爲興牒訴希闊犴獄屢空且晝爲求簿書期會之事僅費數刻吳侯策勳文史優于里居閒則益發泉石之秘徜徉詠歌以致其適自謂兹土之樂中州殆不如也方其始至解除煩苛布宣天子德意爲條教以曉其父兄興學校以育其子弟而其民鼓舞踴躍回心異鄉惟恐居後曾不淹久而效見明著暇裕若此然則致治施化誠莫易於此矣雖然周道之行群黎好德武夫之節優於干城游女之操竦於喬木忠厚純積洽于庶類敦彼行葦牛羊勿踐履當此之時民日遷善遠罪而不知爲之者如雍容康莊

而忘其夷優游厦屋而忘其安也及道之衰王澤寖
竭綱弛倫斁獄訟滋而干戈起民墜塗炭由是霸圖
迭興異端並作徼其困極窘至而歸之若出荆棘而
蹈邪蹊脫塗淖而棲茇舍喜幸之浮康莊厦屋平居
綫帶所無有也至於會載籍以自藩飾害義崇私不
知紀極則其爲荆棘塗淖抑益深矣曠安宅而弗居
舍正路而弗由豈得罪彼民哉吳侯其亦有憂於是
乎僕夫敖駕以命所之千里雖遠首途發軔燕越可
辯此學之興敢問所向爲辭章從事場屋今所未免
苟志於道是安能害之哉所欲有甚於生所惡有甚

於死是心之存上帝臨女先民垂訓昭若日星呻其佔畢覆用敝之責有在矣夫不遠千里屬記於予而豈徒哉三晉分國齊泰圖帝衍儀伏軾說士蜂起兵強國富是為良臣功利之習入於骨髓楊朱墨翟告子許行之徒又各以其說從而誣之帝降之衷茅塞甚矣自暴者既不足與有言而自棄者又曰吾身不能居仁由義故孟子道性善發四端曰人之有是而自謂不能者自賊者也謂其君不能者賊其君者也唐韓愈謂柳當中州清淑之氣蜿蟺扶輿磅礴而鬱積必有魁奇忠信材德之民生其間而今而後吾有望

於宜章矣淳熙十有四年十有一月甲子臨川陸某記

荆國王文公祠堂記

唐虞三代之時道行乎天下夏商叔葉去治未遠公卿之間猶有典刑伊尹適夏三仁在商此道之所存也周歷之季跡熄澤竭人私其身士私其學横議蜂起老氏以善成其私長雄於百家竊其遺意者猶皆逞於天下至漢而其術益行子房之師實維黄石曹參避堂以舍蓋公高惠收其成績波及文景者二公之餘也自夫子之皇皇沮溺接輿之徒固已竊議其

後孟子言必稱堯舜聽者為之藐然不絶如綫未足以喻斯道之微也陵夷數千百載而卓然復見斯義顧不偉哉裕陵之得公問唐太宗何如主公對曰陛下每事當以堯舜為法太宗所知不遠所為未盡合法度裕陵曰卿可謂責難於君然朕自視眇然恐無以副此意卿宜悉意輔朕庶同濟此道自是君臣議論未嘗不以堯舜相期及委之以政則曰有以助朕勿惜盡言又曰須督責朕使大有為又曰天生俊明之才可以覆庇生民義當與之戮力若虛捐歲月是自棄也秦漢而下南面之君亦嘗有知斯義者乎後

之好議論者之聞斯言也亦嘗隱之於心以揆斯志乎曾魯公曰聖知如此安石殺身以報亦其宜也公曰君臣相與各欲致其義耳爲君則自欲盡君道爲臣則欲自盡臣道非相爲賜也秦漢而下當塗之士亦嘗有知斯義者乎後之好議論者之聞斯言也亦嘗隱之於心以揆斯志乎惜哉公之學不足以遂斯志而卒以負斯志不足以究斯義而卒以蔽斯義也昭陵之日使還獻書指陳時事剖析弊端枝葉扶疏往往切當然覈其綱領則曰當今之法度不合乎先王之法度公之不能究斯義而卒以自蔽者固見於

此矣、其告裕陵蓋無異旨、勉其君以法堯舜是也、而謂每事當以爲法、此豈足以法堯舜者乎、謂太宗不足法可也、而謂其所爲未盡合法度、此豈足以度越太宗者乎、不知言無以知人也、公疇昔之學問熙寧之事業、舉不遁乎使還之書、而排公者或謂容悅、或謂迎合、或謂變其所守、或謂乖其所學、是尚得爲知公者乎、氣之相迕而不相悅、則必有相訾之言、此人之私也、公之未用、固有素訾公如張公安道、呂公獻可蘇公明允者、夫三公者之不悅於公、蓋生於其氣之所迕、公之所蔽則有之矣、何至如三公之言哉、英特邁往不屑於流俗聲色利達之習介然無毫毛得以入於其心潔白之操寒於冰霜公之質也掃俗學之凡陋振弊法之因循道術必爲孔孟勳績必爲伊周公之志也不蘄人之知而聲光燁奕一時鉅公名賢爲之左次公之得此豈偶然哉用逢其時君不世出學焉而後臣之無愧成湯高宗君或致疑謝病求去君爲責躬始復視事公之得君可謂專矣新法之議舉朝讙譁行之未幾天下恟恟公方秉執周禮精白言之自信所學確乎不疑君子力爭繼之以去小人投機密贊其决忠撲屏伏憸狡得志曾不爲悟公

之蔽也、典禮爵刑莫非天理洪範九疇帝賚錫之古所謂憲章法度典則者皆此理也、公之所謂法度者豈其然乎、獻納未幾裕陵出諫院疏與公評之至簡易之說曰、今未可爲簡易修立法度乃所以簡易也熙寧之政粹於是矣釋此弗論尚何以費辭於其建置之未哉爲政在人取人以身修身以道修道以仁仁人心也、人者政之本也身者人之本也、心者身之本也、不造其本而從事其末末不可得而治矣大學不傳古道榛塞其來已久隨世而就功名者淵源又類出於老氏世之君子天常之厚師尊載籍以輔其

質者行於天下，隨其分量有所補益，然而不究其義
不能大有所爲，其於當時之弊，有不能正，則依違其
間，稍加潤飾，以幸無禍，公方恥斯世不爲唐虞，其肯
安於是乎，蔽於其末而不究其義，世之君子未始不
與公同，而犯害則異者，彼依違其間，而公取必焉，故
也，熙寧排公者，大抵極詆訾之言，而不折之以至理，
平者未一二，而激者居八九，上不足以取信於裕陵，
下不足以解公之蔽，反以固其意，成其事，新法之罪，
諸君子固分之矣，元祐大臣一切更張，豈所謂無偏
無黨者哉，所貴乎玉者，瑕瑜不相揜也，古之信史直

書其事、是非善惡靡不畢見、勸懲鑑戒後世所賴、抑
揚損益以附已好惡用夫情實小人得以藉口而激
怒、豈所望於君子哉、紹聖之變寧得而獨委罪於公
乎、熙寧之初公固逆知已說之行人所不樂、旣指爲
流俗、又斥以小人、及諸賢排公已甚之辭、亦復稱是、
兩下相激事愈戾而理益不明元祐諸公可易轍矣、
又益甚之六藝之正可文姦言小人附託何所不至
紹聖用事之人如彼其傑新法不作豈將遂無所寘
其巧以逞其志乎、反復其手以導崇寧之姦者實元
祐三館之儲、元豐之末附麗匪人自爲定策至造詐

以誣首相則疇昔從容問學慷慨陳義而諸君子之
所深與者也格君之學克知灼見之道不知自勉而
戞戞於事爲之末以分異人爲快使小人得間順投
逆逞其致一也近世學者雷同一律發言盈庭豈善
學前輩者哉公世居臨川罷政徙于金陵宣和間故
廬丘墟鄉貴人屬縣立祠其上紹興初常加葺焉逮
今餘四十年隳圮已甚過者咨嗟今恠力之祠緜緜
不絶而公以蓋世之英絶俗之操山川炳靈殆不世
有其廟貌弗嚴邦人無所致敬無乃議論之不公人
心之畏疑使至是耶郡侯錢公期月政成人用輯和

繕學之既慨然徹而新之視舊加壯爲之管鑰掌于學官以時祠焉余初聞之竊所敬嘆既又屬記於余余固悼此學之不講士心不明隨聲是非無所折衷公爲使時舍人曾公復書切磋有曰足下於今最能取於人以爲善而比聞有相曉者足下皆不足之必其理未有以奪足下之見也竊不自揆得從郡矦敬以所聞薦於祠下必公之所樂聞也淳熙十有五年歲次戊申正月初吉邦人陸某記

經德堂記

堂名取諸孟子經德不回非以干祿也經也者常也

德也。者人之得於天者也。不回者是德之固不回撓也。無是則無以爲人，爲人臣而無是則無以事其君，爲人子而無是則無以事其父。禹之疏鑿，稷之播種，契之敷教，皋陶之明刑，益驅禽獸，垂備器用，伯夷典禮，后夔典樂，龍出納帝言，尹自耕莘相成湯，說由築巖佐武丁，太公以磻溪釣漁爲文武師，皆是德也。關龍逢誅死，王子比干剖心，箕子爲囚奴，孔子削跡伐木，窮於陳蔡，毀於叔孫，貽譏於微生畝，荷蕢植杖之流，孟子見沮於臧倉，受嗤於優髡，見疑於尹士，充虞者，同是德也。武王纘太王王季

文王之緒以有天下周公成文武之業追王太王王
季宗祀文王於明堂盡繼述之善爲天下達孝曾子
受經於仲尼以孝聞天下而名後世皆是德也舜小
杖則受大杖則走妻帝二女不待瞽瞍之命繕廩而
焚捍笠以下浚井而掩鑿旁以出太伯虞仲將致位
乎季歷斷髮文身逃之荆蠻太子申生使人辭於狐
突再拜稽首而死同是德也治古盛時黎民於變比
屋可封漢上游女如彼喬木中林武夫可爲腹心所
欲有甚於生所惡有甚於死證驗之著在於塗巷況
士大夫乎逮德下衰此心不競豪傑不興皇極不建

賢智迷於會歸庶民無所歸命學者文煩訟者辭勝文公實私賓義主利陵夷不採橫流不隄天常民彝所不可泯絕者如漢獻在許聽命於蜮操而已舊章先典格言至訓櫝存珠亡轉為藻繢邪釋繆解正漫眞渝又轉而給寇兵充盜糧矣疽潰蛆肆賊民猖獗猖狂之士方不勝憤悶矛義介節出嬰其鋒猶或憑天藉聖因其不遂泯絕者足為且吾以聳觀聽然如孤豚之咋虎者常十八九總其實火不啻一車薪而水未必盈杯也信乎終亦必亡而已矣夫子生於周季當極文之弊王者之迹熄書訖詩亡亦已久矣載

贄之輿方牟海岱江淮河濟之間莫能用者歸而講
道洙泗賢顔氏之樂大林放之問嘆曾點之志稱重
南宮适禹稷躬稼之言眷眷於柴參之愚魯而終不
能使予賜偃商由求之徒進於知德先入之難拔積
習之錮人乃至於此夫子既没百家並興儒名者皆
曰自孔氏顔淵之死無疑於夫子之道者僅有曾子
自子夏子游子張猶欲强之以事有若他何言哉章
甫其冠逢掖其衣以詩書禮樂之辭爲口實者其果
眞爲自孔氏者乎老聃蒙莊之徒恣睢其間摹寫其
短以斬病周孔躪籍詩禮其勢然也戰國嬴秦無足

復道漢高帝鋤項籍其要領在爲義帝發喪一事天常民彝莫大於此新城三老蓋深於老氏者也彼知取天下之大計在此耳豈有匹夫匹婦不與被堯舜之澤若已推而納諸溝中之心哉莊子識田常盜仁義以竊國乃不知其學自有盜仁義以竊天下之計也雖然君子反經而已矣經正則庶民興庶民興斯無邪慝矣雲錦吳生紹古而來從余游求名其讀書之堂余既名而書之且爲其說使歸而求之孟子曰古之人修其天爵而人爵從之今之人修其天爵以要人爵既得人爵而棄其天爵則惑之甚者也後世

發策決科而高第可以文藝取積資累考而大官可以歲月致則又有不必修其天爵者矣垄其早辯而謹思之紹熙元年五月望日象山翁記

貴溪重修縣學記

風俗之所由來非一日也或覩其壞而欲齊諸其末禁諸其外此後世政刑之所以益弊至無如之何則寖而歸於苟且玩歲月習撩著便文飾說以規責偷譽謂理不過如是其視書傳所記治古之俗若必不可復至以爲未必然者有矣孩提之童無不知愛其親及其長也無不知敬其兄先王之時庠序之敎抑

申斯義以致其知使不失其本心而已堯舜之道不過如此此非有甚高難行之事何至遼視古俗自絶於聖賢哉物之所蔽説之所迷欲之所制意之所羈獨不可研極考竟圖所以去之而顧安之乎取士之科久渝古制馴致其弊于今已劇稍有識者必知患之然不狗流俗而正學以言者豈皆有司之所棄天命之所遺先達之士由場屋而進者旣有大證矣是固制時御俗者之責爲士而託焉以自恕安在其爲士也二帝三王之書先聖先師之訓炳如日星傳註益繁論説益多無能發揮而秖以爲蔽家藏其帙人

誦其言而所汲汲者顧非其事父兄之所願欲師友之所期向實背而馳焉而舉世不以爲非顧以爲常士而有識是可以察其故得其情而知所去就矣退不溺其俗而有以自立進不負所學而有以自達使千載之弊一旦而反諸其正此豈非明時所宜有聖君所願得而爲士者所當然乎何所悼懼何所維縶而頋不擇所安決所鄉哉福唐陳君顯公之爲貴溪視前政則優焉視比縣則優焉民言士論固已胥輯而陳君自視歉然鄉學問道之誠如恐不及此其所以爲民師師者大矣縣學久不葺於是撤講堂直舍

而新之祠屋士廬門廡庖湢繕治加壯創表其坊扁曰申義遣學職事致請記於予陳君所鄉明著如此斯邑之士可不自拔於流俗而勉所以立所以達者以無負陳君之意哉紹熙元年歲次庚戌八月二十有六日戊申象山陸某記

武陵縣學記

彝倫在人維天所命良知之端形於愛敬擴而充之聖哲之所以爲聖哲也先知者知此而已先覺者覺此而已氣有所蒙物有所蔽勢有所遷習有所移往而不返迷而不解於是爲愚爲不肖彝倫於是而斁

天命於是而悖此君師之所以作政事之所以立是故先王之時風教之流行典刑之昭著無非所以寵綏四方左右斯民使之若有常性克安其道者也是故鄉舉里選月書季考三年而大比以興賢能蓋所以陶成髦俊將與共斯政同斯事也學校庠序之間所謂切磋講明者何以捨是而他求哉所謂格物致知者格此物致此知也故能明明德於天下易之窮理窮此理也故能盡性至命孟子之盡心盡此心也故能知性知天學者誠知所先後則如木有根如水有源增加馴積月異而歲不同誰得而禦之若迷其

端緒易物之本末謬事之終始雜施而不遜是謂異端是謂邪說非以致明秖以累明非以去蔽秖以爲蔽後世之士有志於古不肯甘心流俗然而苦心勞身窮年卒歲不爲之日休而爲之日拙者非學之罪也學絶道喪不遇先覺迷其端緒操末爲本其所從事者非古人之學也古人之學其時習必悅其朋來必樂其理易知其事易從不貳於異說不牽於私欲造次於是顛沛於是則其久大可必孟子曰原泉混混不舍晝夜盈科而後進放乎四海此古人之學也武陵舊無縣學縣傍有勝地地有故築基蓋往時有

欲遷府學於是而不遂者今縣宰林君夢英出故基於蕪穢之中而創學焉士民之有力者皆爭出財以相其役林君不事官府之威凡學之百役無異民家之爲者既成規模宏麗氣象雄威遂爲武陵壯觀先是倉臺薛公伯宣助成講堂今憲臺丁公逵倉臺趙公不迂郡侯蔣公行簡皆助錢買田以養士林君之創茲學而上下翕然助成其美如此則林君之政可知矣余於是敬誦所聞以記之紹熙二年歲次辛亥六月上澣象山陸某記

本齋記

唐虞之朝禹治水臯陶明刑稷降播種契敷五教益作虞垂作工伯夷典禮夔典樂龍作納言各共其職各敦其功以成雍熙之治夫豈常試爲之者哉蓋其所以自信與人之所以信之者皆在其疇昔之所學後世之爲士者鹵莽泛濫口耳之間無不涉獵其實未常有一事之知其至者人才之不足爲天下用固無足怪雖然是又未可以汎責於天下天之生斯民也以先知覺後知先覺覺後覺要當有任其責者大學曰物有本末事有終始知所先後則近道矣原泉混混不舍晝夜盈科而後進放乎四海有本者如是

孟子之言乃知所先後之驗成都郭震醇仁以本名齋求言於余余嘉其志告以所聞後日當有以觀其驗

臨川簿廳壁記

壁記書前任人姓名尚矣然今官府不皆有亦視官府事力其人志尚才具與所遭之時如何不可一槩論也臨川簿廳舊無壁記鄱陽張瀛季海蒞事既久謂不可缺於是搜求前任姓名至今制置四川京公其上不復可攷余常至簿廳見其廨宇乃京所置新令張君所考適肖於京異哉張君春秋鼎盛而老練

忠謹臨事不茍攝縣宰攝郡幕皆舉其職今又攝宰金谿百姓安焉是記乃未攝金谿時諉余既諾之矣余迫荆門之役且抱拙疾念不可食言力疾記之

象山先生全集卷十九

象山先生全集卷之二十

序贈

送毛元善序

無常產而有常心者惟士為能古之時士無科舉之累朝夕所講皆吾身吾心之事而達之天下者也夫是以不喪其常心後世弊於科舉所鄉日陋疾其驅於利欲之塗吾身吾心之事漫不復講曠安宅而弗居舍正路而弗由於是有常心者不可以責士非豪傑特立雖其質之僅美者蓋往往波蕩於流俗而不知其所歸斯可哀也南城毛君惠然訪余余未之前

識也贄余以文余視其貌溫然儒人也觀其文則從事於場屋者也問其聚族則有父兄在問其貲產則有負郭之田問其室廬則不至繩甕之陋視其衣裳冠屨則皆楚楚鮮明非所謂纓絕肘見者也詰其所以來之志則悼科舉之不偶恥其旨之不充將變其業以遊於四方者也且決去就於余余觀毛君雖朴直淳厚而辭旨趨鄉大槩麗雜豈所謂質之僅美而波蕩於流俗而不知其所歸者耶於是申前之說與之言義命之歸固窮之道毛君色動情變矍然謝余曰乃今廓然如發蒙請從此歸矣余固美其質又甚

賢其改過之敏因勉之曰君歸矣古人事親貧則啜菽飲水盡其歡君兄父皆儒冠貫業又足以自養歸而共講先王之道以全復其常心居廣居由正路此其所得視疾其驅於利欲之途者何如耶毛君甚然余言於其行遂書以贈

送宜黃何尉序

民甚宜其尉甚不宜其令吏甚宜其令甚不宜其尉是令尉之賢否不難知也尉以是不善於其令令以是不善於其尉是令尉之曲直不難知也東陽何君坦尉宜黃與其令臧氏子不相善其賢否曲直蓋不

難知者二人之爭至于有司有司不置白黑於其間遂以俱罷縣之士民謂臧之罪不止於罷而幸其去謂何之過不至于罷而惜其去臧貪而富且自知得罪於民式遄其歸矣何廉而貧無以振其行李縣之士民哀其窮而爲之裹囊以餞之思其賢而爲之歌詩以送之何之歸亦榮矣比干剖心惡來知政子胥鴟夷宰嚭謀國爵刑舛施德業倒植若此者班班見於書傳今有司所以處臧何之賢否曲直者雖未當乎人心然揆之舛施倒植之事豈不遠哉況其民心士論有以慰薦扶持如此其盛者乎何君尚何憾督

士師如柳下惠楚令尹如子文其平獄治理之善當
不可勝紀三黜三已之間其爲曲直多矣而語孟所
稱獨在於遺逸不怨阨窮不憫仕無喜色已無慍色
況今天子重明麗正光輝日新大臣如德星禦陰輔
陽以却衆祲下邑一尉悉力衛其民以迮壘令適用
吏文與令俱罷是豈終遺逸阨窮而已者乎何君尚
何憾雖然何君譽處若此其盛者臧氏子實爲之也
何君之志何君之學遽可如是而已乎何君是舉亦
勇矣誠率是勇以志乎道進乎學必居廣居立正位
行大道使富貴不能淫貧賤不能移威武不能屈此

吾所望於何君者不然何君固無憾吾將有憾於何君矣

送彭子壽序

臨江彭君子壽來行都當改秩有司以苛文滯留之輒欲棄去朋舊慰勉乃肯留有司以名上又以疑似之嫌欲棄去朋舊又相與解釋而留之旣改秩欲便親養奉祠而歸人皆稱彭君恬於進取如此余謂此未足爲彭君言也彭君當官無不盡力政有不便於民未嘗不盡意爲上官言之雖見挫抑不爲衰止此人所難然亦未足爲彭君言也余與彭君同爲江西

人聞其賢久矣比來始識其面直諒之氣固可得之
眉宇間以彭君之賢疇昔擇交必善士取舍向背不
咈于善惡是非之大歸不必過求自可不失爲今世
賢士大夫然自視歉然若有所甚不足者嘗相與講
求古聖賢格物致知之説自謂不能無疑於此而不
肯自安於其所已知者此吾所以竒彭君而有望於
彭君者也於其歸書以贈之

送楊通老

學所以開人之蔽而致其知學而不知其方則反以
滋其蔽諸子百家往往以仁義道德爲説然而卒爲

異端而畔於皇極者以其不能無蔽焉耳長溪楊楫
通老忠實懇到有志于學相見雖未久而其切磋於
此甚力於其歸書以勉之

贈吳叔有

人生天地間抱五常之性爲庶類之最靈者汨其靈
則有罪全其靈則適其分耳誠全其靈則爲人子盡
子道爲人臣盡臣道豈曰無營乎哉蔡邕之說是殆
饑耳食渴耳飲未得飲食之正也孟子嘗勉人以求
在我者誠能求在我者則無營之說不足道矣

贈俞文學

吾觀俞君大篆用筆勁快而體致閑雅與和氣浹洽聽其論當世字畫必推及氣質豈其所自得者在此耶至其考訂偏旁參稽模範有根據來歷殊不苟也自謂少所嘗識及觀其所得澹庵詩則蓋有識之者又問其得官獲罪本末異哉其言之也余於是所感蓋深俞君亟復南北歷歷能談其山川風俗余所叩未十二三然已多矣惜其遂將東上余未有以留之因書以贈

贈二趙

書契既造文字日多六經既作傳註日繁其勢然也

苟得其實本末始終較然甚明知所先後則是非邪正知所擇矣雖多且繁非以爲病秪以爲益不得其實而蔽於其末則非以爲益秪以爲病二見其謹所以致其實哉

贈僧允懷

子弟之於家士大夫之於國其於父兄君上之事所謂無所逃於天地之間者顧乃不能竭力致身以供其職甚者至爲蠹害懷上人學佛者也尊其法教崇其門庭建藏之役精誠勤苦經營未幾駸駸鄉乎有成何其能哉使家之子弟國之士大夫舉能如此則

父兄君上可以不詔而仰成豈不美乎懷本陸出是役也過余余於是有感因書以贈

二

隆冬盛寒氷霜嚴厲民之病涉戚於榜掠上能擇吏吏能陳力則徒杠輿梁可以觀政茲事之不論久矣楊林溪者貴溪之要津他日溺焉者衆矣鄉之善士以允懷勤誠使爲石橋以便行者懷陸出而學佛余嘗因其所爲有所感矣今於是役又重嘉之懷勉之哉

贈曾友文

德成而上藝成而下生占辭論理稱道經史未見牴牾乃獨業相人之術藝藝雖精下矣生書又能自悼疇昔之顛頓稱引孟子無以小害大無以賤害貴之言年又尚少則舍其舊而新是圖此其時也生其勉之

贈汪堅老

五行書以人始生年月日時所值日辰推貴賤貧富夭壽禍福詳矣乃獨略於智愚賢不肖曰純粹清明則歸之貴富壽福曰駁雜濁晦則歸之賤貧夭禍關龍逢誅死比干剖心箕子囚奴夷齊爲餓夫仲尼羈

旅絶粮於陳，卒窮死於其家。顔冉夭疾，叉皆貧賤。孟子亦老於奔走。聖賢所遭若此者衆。闒茸委瑣，朋比以致尊顯，負君之責，孤氏之望，懷禄貌寵，惡直醜正，尸肆讒慝，莫知紀極。叉或壽老死簀，立閥閱，蒙爵謚，以厚累世。道術之純駁，氣禀之清濁，識鑑之明晦，將安歸乎？易有否泰，君子小人之道迭相消長，各有盛衰。純駁清濁明晦之辯，不在盛衰，而在君子小人。今顧略於智愚賢不肖，而必以純粹清明歸之貴富壽福，駁雜濁晦歸之賤貧夭禍，則吾於五行書誠有所不解。生盍爲我言之。

贈丁潤父

道之將行也與命也道之將廢也與命也公伯寮其如命何吾之不遇魯侯天也臧氏之子焉能使予不遇哉聖賢之知命如此今之知命者幸其知貧賤富貴之有定數也而無爲小人以害其心斯可矣雖然吾所謂心天之所予我者也彼其險詖頗側悉精畢力以遂其私而不肯以入堯舜之道豈亦天之所予我者乎吾嘗有說以贈汪堅老而未及於此子旣見之矣今子所遊又多賢士大夫盍兼爲我言之

贈黃舜咨

陳正己以書導黃舜咨見吾家阿咸甚譽其命術吾嘗聞當世鉅公言命余答之曰道之將行也歟命也道之將廢也歟命也鉅公矍然曰足下所言者大命也吾所言小命耳此其說出於蒙莊余因嘆鉅公博洽出言有稽據如此小命之術其來久矣於今尤盛余又聞近時府第呼召術士有一日之間而使人旁午於道者舜咨術既精何爲不導之於彼陳廣文非忠於黃舜咨者也

贈汪彥常

番陽汪君彥常挾太乙數遊諸公間實有奇驗然汪

君本知耆一旦以老人之言廢其業從受此術今又以其效驗自喜吾觀汪君精神有不宜止於是者後日過我當與汪君究其說

贈陳晋卿

君子所不可及者其唯人之所不見乎古人之所以大過者無他焉善推其所爲而已人所不見此心昭然善推所爲充是心而已紹熙辛亥立秋後二日臨川陸某子靜爲福唐陳縉晋卿書

示象山學者

道不遠人顧人離道耳古人謂宿道鄉方二三君子

毋徒宿吾方丈日鄉群山得無愧於宿道鄉方之言斯可矣吾方以此自省因書此以奉警藝之進不進亦各視其才雖無損益於其道然至於有棄日有遺力與未知其方而不能問於知者則其道亦可知矣幸勉旃毋忽五月朔某白象山諸同志足下

贈金谿砌街者

爲善爲公心之正也爲惡爲私心之邪也爲善爲公則有和協輯睦之風是之謂福爲惡爲私則有乖爭陵犯之風是之謂禍和協輯睦人所願也乖爭陵犯人所惡也吾邑街道不治久矣行者疾之乃有肯出

心力捐貨財辛勤而爲之者此眞爲善爲公而出於其心之正者也有是心者豈得不翕然相應而功成之乎將見和協輯睦之風興而乖爭陵犯之事息復是街者皆唐虞成周之人也諸君勉之

贈湯謨舉

淅江湯謨舉往年見過占辭甚文爲禮甚恭而挾地理之術登象山圖其形殊不失實相從之久溫然慈祥不少異其初比來又以啓事見余多經史全句首尾詳整類從事場屋間者問之則曰舊亦應舉屢不中乃舍之地理乃先世之傳姑業之以爲生又出謝

中丞詩詩得謨舉素懷旣別求余言因叕書以贈

贈陸唐卿

貴溪隱口陸堯臣唐卿今徙居望姑世其家醫學傳之二子又曰吾所傳大方脉也吾於小方脉雖嘗學之而不能精郭中有精於此者在浮屠氏今老矣吾將使少子學焉若陸君者可謂不自用矣學必有師豈唯醫哉因其求言遂書以勉之

贈竦山孟侍者

淳熙己酉孟秋中氣在月之初填星復順入龍氏直二大星之間比下星如心大星之於前星二日之夕

微出其西三日之夕微出其東四日𥁞東如朔之在
西則其正隱於三日之朝矣古羲和之官甚重堯典
獨詳其職後世星翁曆官爲賤有司人庸識暗安能
舉其職哉因循廢弛莫董正之是等或有所記後有
治其事者不無所助是月也余將視吾外姑之宅兆
于東漕之龍岡朔之夕發象山三日而抵余家四日
之夕發余家次夕抵大原觀六日抵龍岡事既遂抵
竦山與同行昭武吳大年里中晉必先言曰五緯次
舍有經宿可準如此者得之於所見不可不記之治
曆須積候以稽合否官之不宿其業爲日久矣是亦

可以備其搜訪也越翼日因益侍者出此紙求余言甚力且曰當寶藏之余於是得所託矣他日拈出嘗有賞音七夕月下象山翁書

贈劉季蒙

明德在我何必他求方士禪伯眞爲大祟無世俗之陷溺無二祟之迷惑所謂無偏無黨王道蕩蕩浩然宇宙之間其樂孰可量也壬子月日蒙泉守陸某書

贈劉季蒙

題新興寺壁

木在龍氏金先墳于亢著雍涒灘月望東壁時雨新

霽西風增凉閒雲未歸悠然垂陰黍粒登場稻花盈
疇菽粟粲然黍麻沃然象山翁觀瀑半山登舟水南
宿上清信龍虎次于新興究仙巖之勝石瀨激雪澄
潭漬藍鷺翹鳧飛恍若圖畫疎松翠篠蒼苔茂草之
間石護呈黃金橙舒紅被崖緣坡爛若錦繡輕舟危
檣笑歌相聞聚如魚鱗列如鴈行至其尋幽探奇更
泊互進迭爲後先有若偶然而相從老者蒼顏皓髯
語高領深少者整襟肅容視微聽冲莫不各適其適
予亦不知夫小大精粗剛柔緩急之不齊也乃俾循
子謙之標之子持之分書同遊者七十有八人邑姓

名字于左方

題翠雲寺壁

淳熙己酉長至後二日余寓許昌朝家約遊翠雲明日劉伯恊戒余朝飧許昌朝胡無相與焉伯恊又誇翠雲泉石謂不減廬阜飯餘乘輿一行不期而會者盈翠雲之堂翠雲五題始於王文公父子六詠增於吾家庸齋梭山二兄之遊乃今始得覩自昔年嘗東遊會稽探禹穴西登五老窺玉淵比歲又開象山於龍虎之上游啓半山篠潭風練飛雪氷簾梔子諸瀑今秋之杪登雲臺瞰鬼谷窮石人之龍湫觀千尋之

玉帶乃獨未覩躍馬鳴玉之奇可謂道在近而求之遠然則斯遊之得亦已多矣盛冬水泉既縮又值久晴長老敏公俾畊丁决田間蓄水大作水供陳師淵作飯供胡無相作茶供成此一段奇事在會長少爲善之意如川方增不可不紀會者姓字具列于後童子書名象山翁書

朱氏子更名字說

淳熙丁未暮春之初予抵城闉後生學子來從余游者日以益衆余與之悼時俗之通病啓人心之固有莫不惕然以懲躍然以興前輩長者往往辱臨教之

舉無異辭余於是益信此心此理充塞宇宙誰能間之一日朱伯虎進而請曰虞書有朱虎伯虎幼未知學蓋不知其名之不可得待函丈乃始自覺背若負芒願賜更之余於是名以元瑜字以忠甫取諸瑕不揜瑜瑜不揜瑕忠也夫玉之瑕終瑕瑜終瑜人則不然學則瑕者瑜不學則瑜者瑕天之所以予我者固皆瑜也惟不思而蔽於物而後瑜者瑕今子旣覺之則瑕者瑜矣故曰元瑜能覺而更是謂不揜不揜之謂忠氣禀之所蒙習尚之所梏豈遽能盡免於瑕哉繼是而不替其忠則信乎其爲元瑜也故曰忠甫余

始名字之未及告之以其說余留喻月而後東還吾廬朱子又篋書旅于吾廬之傍以求講益秋七月朔歸覲其親始書以遺之

二張名字說

番昜張季海見二子求名名其一曰樾卿冠之日宜告賓字以淸父其二曰檝卿字以宏父暑氣之淸莫如樾字樾卿曰淸父取淸暑也夏日之蔭莫如檝字檝卿曰宏父取宏蔭也時六月中澣予方有行役因以是祝云

格矯齋說

格至也與窮字究字同義皆研磨攷索以求其至耳學者孰不曰我將求至理顧未知其所知果至與否耳所當辯所當察者此也强哉矯古註以爲矯亦强貌甚當若以爲矯揉則章旨文義皆不通和而不流中立而不倚豈矯揉所能居廣居立正位行大道乃能和而不流中立而不倚此天下之至强也故曰强哉矯

跋資國寺雄石鎮帖

象山西址瀕溪溪有渡曰石龜夾溪之山曰西山西山之北有山峭峙與西山同出曰徵君山故老相傳

古有隱者在其上累徵不就人號徵君因以名山山
麓有寺曰資國猶藏其立寺時帖乃雄石鎮帖也字
體結客行筆有法非今時吏書所及年曰龍紀元年
仍書歲次己酉亦不類今時文移官曰鎮遏使侍御
史簽書者曰押衙兼副將印曰信州雄石鎮本末記
文乃正篆不繆疊今其地屬貴溪史傳所記故老所
傳皆未嘗知有雄石鎮鄉人常言永泰二年置貴溪
考之唐史貴溪之建在永泰元年而次年爲大曆元
年然大曆改號在長至日是永泰嘗有二年矣建議
至巳立涉兩年亦事勢之常置縣之年尚傳至今龍

紀後永泰百餘年而人不復知有雄石鎮何也唐六
典鎮有鎮將鎮副掌鎮捍防守兵部條中又曰凡鎮
皆有使一人副使一人今曰鎮遏使曰副將蓋互見
矣又曰凡諸軍鎮五百人置押官一人今曰押衙者
豈幾是歟施其地者曰周丞鄭丞鄭之官曰押衙兼
都監似亦鎮官然則此鎮有兩押衙又有都監唐百
官志本六典六典乃明皇所撰史臣固曰永泰後諸
鎮官頗增損開元之舊制固宜不可盡考丞鄭稱鎮
長曰中丞而其官實侍御史唐供奉官御史中丞與
侍御史聯班此尤足以知非後人所能僞也其地則

曰丞鄴宅西函東坑徽山脚初無君字然山上有井其深無底旱時禱雨率多靈應謂之望井水流出爲石坑謂之君坑實折徽君二字云耳寺僧海瓊乃周氏子丞鄴之後也好文學詩懼此帖之磨滅將刊諸石求予爲跋予觀唐於今爲近其季尤近龍紀之元距今纔三百有三年史傳所述故老所傳已不復知雄石鎮之髣髴則是帖之傳亦足爲考古者之監故備論而書之

記祚德廟始末 甲辰春爲初獻官書于祠下

元豐中皇嗣未育吴處厚上書言宜祠程嬰公孫杵

臼於是下詔捜訪遺迹得其冢於絳州太平縣趙村
立廟祠之曰祚德廟封嬰爲誠信侯杵臼爲忠智侯
擢處厚將作監丞徽廟朝又封韓厥爲義成侯紹興
十三年建州王朝倚上封事乞祠三侯於行都其後
詔立行廟加謚四字嬰爲忠勇誠信侯杵臼爲通勇
忠智侯厥爲忠定義成侯初立廟在棘寺巷上後建
棘寺徙于元貞觀二十二年臣寮上言廟在委巷中
湫隘卑陋郡歲遣從事草具酒脯祠之弗處宜崇其
廟貌超六字八字侯加封二字公升爲中祠於是嬰
封爲强濟公杵臼爲英畧公厥爲啓佑公從廟于青

蓮寺側秩于祀典掌于太常歲差官行事作樂祠之
廟貌始嚴肅封告寺僧主之
鄧文苑求言往中都
義理所在人心同然縱有蒙蔽移奪豈能終泯患人
之不能反求深思耳此心苟存則修身齊家治國平
天下一也處貧賤富貴死生禍福亦一也故君子素
其位而行不願乎其外唐虞之時黎民於變比屋可
封之人此心存也周道之行人皆有士君子之行兔
罝可以干城可以好仇可以腹心者此心存也自戰
國以降權謀功利之説盛行者先王之澤竭此心放

失隋溺而然也當今聖明天子在上所願上而王公大人下而奔走服役之人皆不失其本心以信大義成大業則吾人可以灌畦耕田爲唐虞成周之民不亦樂乎又何必挈挈而東哉鄧君遠告予以有行予敎書是以勸其反而求之

象山全集卷之二十

象山先生全集卷之二十一

雜著

易說

此理塞宇宙誰能逃之順之則吉逆之則凶其蒙蔽則爲昏愚通徹則爲明智昏愚者不見是理故多逆以致凶明智者見是理故能順以致吉說易者謂陽貴而陰賤剛明而柔暗是固然矣今晉之爲卦上離六五一陰爲明之主下坤以三陰順從於離明是以致吉二陽爻反皆不善蓋離之所以爲明者明是理也坤之三陰能順從其明宜其吉無不利此以明理

順理而善則其不盡然者亦宜其不盡善也不明此
理而泥於爻畫名言之末豈可與言易哉陽貴隂賤
剛明柔暗之說有時而不可泥也
雷在天上大壯君子以非禮弗履非禮弗履人孰不
以爲美亦孰不欲其然然善意之微正氣之弱雖或
欲之而未必能也今四陽方長雷在天上正大之壯
如此以是而從事於非禮弗履優爲之矣此顔子請
事斯語時也泰之九二言包荒包荒者包含荒穢也
當泰之時宜無荒穢蓋物極則反上極則下盈極則
虧人情安肆則怠忽隨之故荒穢之事常在於積安

之後也

易之爲書也不可遠其爲道也屢遷變動不居周流六虛上下無常剛柔相易不可爲典要唯變所適臨深履氷參前倚衡儆戒無虞小心翼翼道不可須臾離也五典天叙五禮天秩洪範九疇帝用錫禹傳在箕子武王訪之三代攸典罔不克敬典不有斯人孰足以語不可遠之書而論屢遷之道也

易數爲張權叔書

一得五合而成六天一生水地六成之故一得六合而成水二得五合而爲七地二生火天七成之故二

得七合而成火三得五合而爲八天三生木地八成之故三得八合而成木四得五合而爲九地四生金天九成之故四得九合而成金五得五合而成十天五生土地十成之故五得十合而成土論五行生成水合在一六火合在二七木合在三八金合在四九土合在五十數至四而五在其中矣一與四自爲五二與三自爲五二與三少陰少陽之裏也一與四老陽老陰之裏也五數旣見二得五爲七三得五爲八故七爲少陽八爲少陰一得五爲六四得五爲九故六爲老陰九爲老陽故七與八合其數十五六與九

合其數亦十五少陰少陽老陰老陽是謂四象論四象則陰陽之少合在七八陰陽之老合在九六四象成列七八在裏九六在表陰陽之分先裏後表故七八爲少九六爲老四七二十八故二十八者少陽之策四八三十二故三十二者少陰之策也易之爲書也不可遠其爲道也屢遷變動不居周流六虛上下無常剛柔相易不可爲典要惟變所適吾嘗言天下有不易之理是理有不窮之變誠得其理則變之不窮者皆理之不易者也水生數一成數六其卦爲坎坎陽裏而陰表水形柔弱蓋陰表也然本生於陽故

道家謂水陰根陽火生數二成數七其卦爲離離陰裏而陽表火形剛烈蓋陽表也然本生於陰故道家謂火陽根陰自水火之成數而言則水六也火七也水則爲陰火則爲陽自水火之卦而言之水坎也火離也坎則陽卦離則陰卦自坎離之卦而言之則坎月也離日也拘儒於此將如何而言陰陽哉五行相得而各有合蓋不止乎前二合而已

又爲達拔廣書

三奇者四四四也三偶者八八八也此老陰老陽也即乾坤之象故不容有二若少陰少陽則各有三變

此六子之象也兩偶一奇則四八八爲震之象八四

八爲坎之象八八四爲艮之象兩奇一偶則八四四

爲巽之象四八四爲離之象四四八爲兌之象四象

生八卦亦可見於此

三奇四　爲老陽變　三偶八　爲老陰變

兩偶八　一奇四　爲少陽不變　兩奇四

一偶八　爲少陰不變　一二三四五五行生數六七

八九十五行成數

天一生水地六成之地二生火天七成之天三生木

地八成之地四生金天九成之天五生土地十成之

生而未成不可用故用其成數三者變之始五者變之終故數至於五而變化具矣天地之數五十有五莫非五也天數五一三五七九也地數五二四六八十也生數五一二三四五也成數五六七八九十也三象著於三才五象上著五星下著五嶽總爲五方五方之形正分之亦四隅分之亦四五無分界故天有四時春木夏火秋金冬水而土寄旺四季孟子言四端不言信孔子嘗獨言信曰自古皆有死民無信不立又曰人而無信不知其可也又屢言主忠信醫家言六脉皆有胃脉人無胃脉則死亦此理也故四

為數之大紀五在其中矣四營成易亦此義也易有
太極是生兩儀兩儀生四象四象生八卦四象者陰
陽有老少謂老陽少陽老陰少陰也或曰六七八九
為四象即是老陽少陽老陰少陰也四者一體七八
為裏陰陽之分自裏策始故七為少陽八為少陰六九
為表裏當少表當老故六為老陰九為老陽四者其
本數也以四揲之則乾坤之策見矣四六二十四母
爻二十四策六爻之積則百四十有四故坤之策百
四十有四九三十六每爻為三十六策六爻積之
則二百一十有六故乾之策二百一十有六一三五

七九則天之五奇也而其中爲五故五爲天中數二四六八十此則地之五偶也而其中爲六故六爲地中數十日者陽也乃二五之數十二辰者陰也乃二六之數天中數爲十日地中數爲十二辰五音六律亦由是也十日十二辰相配至六十而周故甲子六十四六二十四四九三十六二十四是老陰之策三十六是老陽之策老陰老陽相配而爲六十四七二十八是少陽之策四八三十二是少陰之策二十八與三十二相配亦得六十者陰陽相配之數也

三五以變錯綜其數

數偶則齊數奇則不齊唯不齊而後有變故主變者
奇也一三五七九數之奇也一者數之始未可以言
變自一而三自三而五而其變不可勝窮矣故三五
者數之所以爲變者也有一物必有上下有左右有
前後有首尾有背面有内外有表裏故有一必有二
故曰一生二有上下左右首尾前後表裏則必有中
中與兩端則爲三矣故曰二生三故太極不得不判
爲兩儀兩儀之分天地旣位則人在其中矣三極之
道豈作易者所能自爲之哉錯之則一二三四五總
之則爲數十五三居其中以三紀之則三五十五三

其十五則爲洛書九章四十有五之數九章眞位縱
橫數之皆十五此可見三五者數之所以爲變者也
九章自一至九而無十然一與九爲十三與七爲十
二與八爲十四與六爲十則所謂十者固在一二三
四五六七八九之間矣雖無十而十固在其間所謂
十五者五即土之生數十即土之成數然則九章之
數雖四十有五而其天地五十有五之數已在其中
矣由是觀之三五之變可勝窮哉天地人爲三才日
月星爲三辰卦三畫而成鼎三足而立爲老氏之說
者亦曰一生二二生三三生萬物蓋三者變之始也

天有五行地有五方一二三四五則五行生數六七八九十則五行成數一三五七九爲天數二四六八十爲地數易大傳曰天數五地數五五位相得而各有合一與六爲合蓋一與五爲六故一、六爲合二與七爲合蓋二與五爲七故二、七爲合三與八四與九五與十皆然故天地之數五十有五而五爲小衍五十爲大衍蓋五者變之終也參五以變而天下之數不能外乎此矣天地旣位人居其中嚮明而立則左右前後爲四方天以氣運而爲春夏秋冬地以形處而爲東西南北四數於是乎見矣然後有四方中與

四方於是爲五故一生水而水居北二生火而火居南三生木而木居東四生金而金居西而五生土而土居中央

學說

古者十五入大學大學曰大學之道在明明德在新民在止於至善此言大學指歸欲明明德於天下是入大學標的格物致知是下手處中庸言博學審問謹思明辯是格物之方讀書親師友是學思則在己問與辯皆須在人自古聖人亦因往哲之言師友之言乃能有進况非聖人豈有自任私知而能進學者

然往哲之言因時乘理其指不一方冊所載又有正僞純疵若不能擇則是泛觀欲取決於師友之言亦不一又有是非當否若不能擇則是泛從泛觀泛從何所至止如彼作室于道是用不潰于成欲取其一而從之則又安知非私意偏說子莫執中孟子苟以爲執一廢百執一廢百豈爲善學後之學者顧何以處此

論語說

苟志於仁矣無惡也惡與過不同惡可以遷免過不可以遷免質如蘧伯玉欲寡其過而未能聖如夫子

猶曰加我數年五十而學易可以無大過矣況於學
者豈可遽責其無過哉至於邪惡所在則君子之所
甚疾是不可毫髮存而斯須犯者也苟一旦而志於
仁斯無是矣
志於道據於德依於仁游於藝道者天下萬世之公
理而斯人之所共由者也君有君道臣有臣道父有
父道子有子道莫不有道惟聖人惟能備道故爲君
盡君道爲臣盡臣道爲父盡父道爲子盡子道無所
處而不盡其道常人固不能備道亦豈能盡亡其道
夫子曰誰能出不由户何莫由斯道也田野龐畝之

人未嘗無尊君愛親之心亦未嘗無尊君愛親之事
臣子之義其端在是矣然上無教下無學非獨不能
推其所爲以至於全備物蔽欲汨推移之極則所謂
不能盡亡者殆有時而亡矣弑父與君乃盡亡之時
也民之於道係乎上之教士之於道由乎已之學然
無志則不能學不學則不知道故所以致道者在乎
學所以爲學者在乎志夫子曰吾十有五而志于學
又曰士志於道而恥惡衣惡食者未足與議也孟子
曰士尚志與志於道一也小德川流大德敦化此聖
人之全德也皐陶謨之九德日嚴祗敬六德則可以

有邦曰宣三德則可以有家德之在人固不可皆責
其全下焉又不必其三苟有一焉即德也一德之中
亦不必其全苟其性質之中有微善小美之可取而
近於一者亦其德也苟能據之而不失亦必日積日
進曰著曰盛曰廣曰大矣惟其不能據也故其所有
者亦且日失日喪矣尚何望其日積日進曰著曰盛
曰廣曰大哉士志於道豈能無其德故夫子誨之以
據於德仁人心也從心所欲不踰矩此聖人之盡仁
孔門高弟如子路冉有之徒夫子皆曰不知其仁必
如顏淵仲弓然後許之以仁常人固未可望之以仁

然亦豈皆頑然而不仁聖人之所爲常人固不能盡爲然亦有爲之者聖人之所不爲常人固不能皆不爲然亦有不爲者於其爲聖人之所爲與不爲聖人之所不爲者觀之則皆受天地之中根一心之靈而不能泯滅者也使能於其所不能泯滅者而充之則仁豈遠乎哉仁之在人固不能泯然而盡亡惟其不能依乎此以進於仁而常違乎此而汲於不仁之地故亦有頑然而不仁者耳士志於道豈能無其仁故夫子誨之以依於仁藝者天下之所用人之所不能不習者也游於其間固無害其志道據德依仁而其

道其德其仁亦於是而有可見者矣故曰游於藝

孟子說

志壹動氣此不待論獨氣壹動志未能使人無疑孟子復以蹶趨動心明之則可以無疑矣壹者專一也志固爲氣之帥然至於氣之專壹則亦能動志故不但言持其志又戒之以無暴其氣也居處飲食適節宣之宜視聽言動嚴邪正之辯皆無暴其氣之工也

必有事焉而勿正心是一句勿忘勿助長也是一句下句是解上句孟子中有兩正字同義必有事焉而勿正心一也言語必信非以正行也二也勿正字下

有心字則辭不斷勿忘字上無心字則辭不贅此但工於文者亦能知之必有事焉字義與小心翼翼昭事上帝事字義同

孟子知言一段後人旣不明其道因不曉其文强將詖淫邪遁於楊墨佛老上差排曰何者是詖辭何者是淫辭何者是邪辭何者是遁辭不知此四字不可分諸子百家所字乃是分諸子百家處蔽陷離窮是其實詖淫邪遁是其名有其實而後有其名若欲曉詖淫邪遁之名須先曉蔽陷離窮之實蔽陷離窮是終始淺深之辯非是四家學有所蔽則非其正故曰

詖辭必深陷其中其說必淫故曰淫辭受蔽之初其言猶附著於正其實非正故深陷之後其言不能不離於其所附著故曰邪辭離則必窮窮則必宛轉逃遁而爲言故曰遁辭故蔽而不解必陷陷而不已必離離則必窮窮而不反於正則不復可救藥矣孟子之闢楊墨但泛言息邪說距詖行放淫辭初不向楊墨上分孰爲詖孰爲淫孰爲邪所以論語有六言六蔽論後世學者之蔽豈止六而已哉所以貴於知其所蔽也總而論之一蔽字可盡之矣荀子解蔽篇却通蔽字之義觀論語六言六蔽與荀子解蔽篇便可

見當於所字上分諸子百家皜皜纍白也濯以江漢暴以秋陽其纍白不復可加矣吉夫子之道如此非有若私智杜撰者所可糊塗也

象山先生全集卷之二十一

象山先生全集卷之二十二

雜著

武帝謂汲黯無學

汲黯進積薪之言，武帝爲之默然，是必有所中矣。已而曰：「人果不可以無學。」觀黯之言也，日益甚，人將求勝乎人，以自信何患無辭？謂黯無學，未必不可。武帝亦安取學而議人哉？太史氏推原其故，謂黯褊心，不能無少望，果足以知黯之心乎？始遷榮陽令，病歸田里，後拜淮陽太守，伏謝不受印，及召見，則曰：「巨願爲中郎，出入禁闥，補過拾遺，臣之願也。」不得請，過李息曰：「黯棄

居郡不得與朝廷議勉息早言張湯後之人誰實爲
知黯者必信褊心之言此與兒童之見何異使視東
越相攻不至而還曰不足以辱天子之使使視河内
失火曰家人失火比屋延燒不足憂河南貧民傷水
旱便宜持節發粟以賑之請歸節伏矯制之罪天子
招文學儒者告廷臣以所欲爲則對曰陛下内多欲
而外施仁義柰何欲效唐虞之治乎上默然怒變色
而罷朝群臣或數黯黯曰天子置公卿輔弼之臣寧
令從諛承意陷主於不義乎且已在其位縱愛身柰
辱朝廷何渾邪降漢漢發車二千乘從民貰馬民匿

馬馬不具欲斬長安令則爭之渾邪至賈人與市者坐當死五百人則爭之弊中國以事夷狄庇其葉而傷其枝之言誰能易之謂公孫弘徒懷詐飾智以阿人主取容謂張湯深文巧詆陷人於罪使不得反其真以勝爲功淮南謀反說公孫弘等如發蒙振落耳獨憚黯好直諫守節死義難惑以非卒以不敢若黯雖曰未學吾必謂之學矣雖然張湯更定律令可斥也何必曰高皇帝約束爲哉武帝之事四夷非也何必曰與胡和親爲哉此等皆黄老言誤之也學絶道喪老氏之說盛行於漢黯不幸生乎其時亦汲於是

雖然學老氏者多矣如黯之質固自有老氏所不能
沒者惜哉其生弗逢時也放飯流歠而問無齒决是
之謂不知務末哉武帝之所以求勝於黯者乎帝自
爲太子時固已憚其嚴矣即位既久大將軍青侍中
帝踞厠而視之丞相弘燕見或時不冠至黯見不冠
不見也嘗坐武帳不冠黯奏事避而使人可之莊助
爲黯請告論黯之長帝然之且曰古有社稷臣黯近
之矣爲中大夫固以切諫不得久留出守東海大治
帝聞而召之列於九卿湯敗帝聞黯與息言則抵息
罪令以諸侯相秩居淮陽其卒也官其弟至九卿官

其子至諸侯相武帝之不能自克不樂於黜之切直固也然其心之靈不能掩沒有以知黜者未必不愈於後世吠聲之人也及其遂非而求勝則是心之靈或幾乎熄矣此孟子所謂終亦必亡而已者也然則生弗逢時者豈不大可惜過而求勝者豈不大可畏哉

張釋之謂令法如是

張廷尉當渭橋下驚乘輿馬者以罰金文帝怒張廷尉爭以爲不可更重是也然謂法者天子所與天下公共也今法如是而更重之是法不信於民也方其

時上使立誅之則已今既下廷尉廷尉天下平也一
傾天下用法皆爲輕重則非也廷尉固天下平也天
子獨可不平乎法固所與天下公共也苟法有不當
爲廷尉者豈可不請之天子而修之而獨曰今法如
是可乎㬉書曰宥過無大周書曰乃有大罪非終乃
爲眚災適爾既道極厥辜時乃不可殺縣人聞蹕匿
橋下久謂乘輿已過而出至於驚馬假令有敗傷亦
所謂有大罪非終乃爲眚災適爾是固不可殺釋之
不能推明此義以袪文帝之惑乃徒曰法如是此後
世所以有任法之弊而三代政刑所從而亡也

雜說

皇極之建彝倫之叙亙是則非終古不易是極是彝根乎人心而塞乎天地居其室出其言善則千里之外應之出其言不善則千里之外違之是非之致其可誣哉雖然苗民之弗用靈當堯之時則然矣逮舜受終而未有格心乃竄之于三危又數十載而禹始受命爰有徂征之師夫以堯舜之聖相繼而臨天下可謂盛矣簫韶九成鳳凰來儀而蠢兹有苗侮慢自若不要諸舞于七旬之後而論於其不恭自賢之日則違應之理殆無證於此矣周自后稷積仁修德其

來遠矣武王纘太王王季文王之緒以有天下而商
之頑民乃至三世而弗化天之所以與人者豈獨鈌
於是乎苗頑之於唐虞商頑之於成周可諉曰寡鄉
原夫子所惡也而人皆悅之楊墨孟子所闢也而言
者歸之夫子受徒久矣而顏淵獨爲好學其後無疑
於夫子之道者僅有曾子夫子沒而子夏子游子張
乃欲强之以事有若自夫子不能喻之於其徒曾子
不能喻之於其友則道之所存亦孤矣嗚呼是非之
決于其明不于其暗衆寡非所決也苗民之未格商
民之未化鄉原之未知其非楊墨之未歸於儒子夏

子游子張之徒未能克己而復禮彼其私說詖論可勝聽哉揆之至理則是所謂不善者也是所謂不明者也是其所以爲非者也苗民之格商民之化鄉原而知其非楊墨而歸於儒子夏子游子張之徒一日克己而復禮則是非之辯判然明矣是理之在天下無間然也然非先知先覺爲之開導則人固未免於暗故惟至明而後可以言理學未至於明而臆决天下之是非多見其不知量也純乎其善純乎其不善夫人而能知之也人非至聖至愚時非至泰至否固有所不純有所不純則其大小本末輕重多寡表裏

隱顯始卒久近劇易幸不幸之變非至明誰能辯之有善於此至大至重宜在所師宜在所尊而以其有不善焉而其善不遂其事不濟舉世莫辯而反以爲非反以爲懲豈不甚可歎哉

念慮之正不正在頃刻之間念慮之不正者頃刻而知之卽可以正念慮之正者頃刻而失之卽是不正此事皆在其心書曰惟聖罔念作狂惟狂克念作聖然心念之過有可以形迹指者有不可以形迹指者今人有慢侮人之心則有慢侮之容慢侮之色慢侮之言此可以形迹指者也又有慢侮人之心而僞爲

恭敬容色言語又若莊重此則不可以形迹指者也深情厚貌色厲而内荏者是也可以形迹指者其淺者也不可以形迹指者其深者也必以形迹觀人則不足以知人必以形迹繩人則不足以救人非惟念慮之不正者有著於形迹有不著於形迹雖念慮之正者亦有著有不著亦有事理之變而不可以形迹觀者亦有善不善雜出者如比干之忠則可見如箕子佯狂微子適周不可謂之不忠如曾子之孝則可見如舜不告而娶不可謂之不孝此是事理之變而不可以形迹觀者如匡章之得罪於其父乃在於責

善此是善不善雜出者通國皆稱不孝則便見匡章不得孟子乃見得他善不善處分明故與之遊又從而禮貌之常人不能知此等處又未足論世固有兩賢相值而不相知者亦是此處如老泉之於王臨川東坡之於伊川先生是也

堯舜文王孔子四聖人聖之盛者也二典之形容堯舜詩書之形容文王論語中庸之形容孔子辭各不同誠使聖人者並時而生同堂而學同朝而用其氣禀德性所造所養亦豈能盡同至其同者則禹益湯武亦同也夫子之門惟顏曾得其傳以顏子之賢夫

子猶曰未見其止孟子曰具體而微曾子則又不敢望顏子然顏曾之道固與聖人同也非特顏曾與聖人同雖其他門弟子亦固有與聖人同者不獨當時之門弟子雖後世之賢固有與聖人同者非獨士大夫之明有與聖人同者雖田畝之人良心之不泯發見於事親從兄應事接物之際亦固有與聖人同者指其同者而言之則不容強異然道之廣大悉備悠久不息而人之得於道者有多寡久暫之殊而長短之代勝得失之互居此小大廣狹淺深高卑優劣之所從分而流輩等級之所由辯也

書疏云周天三百六十五度四分度之一天體圓如
彈丸北高南下北極出地上三十六度南極入地下
三十六度南極去北極直徑一百八十二度強天體
隆曲正當天之中央南北二極中等之處謂之赤道
去南北極各九十一度春分日行赤道從此漸北夏
至行赤道之北二十四度去北極六十七度去南極
一百一十五度從夏至以後日漸南至秋分還行赤
道與春分同冬至行赤道之南二十四度去南極六
十七度去北極一百一十五度其日之行處謂之黃
道又有月行之道與日相近交路而過半在日道之

裏半在日道之表其當交則兩道相合去極遠處兩道相去六度此其日月行道之大畧也

苟無所蔽必無所窮苟有所蔽必有所窮學必無所蔽而後可學

不親師友則太玄可使勝易

主於道則欲消而藝亦可進主於藝則欲熾而道亡藝亦不進以道制欲則樂而不厭以欲忘道則惑而不樂

有有志有無志有同志有異志觀雞與𤙫可以辯志繫猨檻虎可以論志謹微不務小志大堅強有力沉

重善思

四方上下曰宇往古來今曰宙宇宙便是吾心吾心即是宇宙千萬世之前有聖人出焉同此心同此理也千萬世之後有聖人出焉同此心同此理也東南西北海有聖人出焉同此心同此理也近世尚同之說甚非理之所在安得不同古之聖賢道同志合咸有一德乃可共事然所不同者以理之所在有不能盡見雖夫子之聖而曰回非助我啓予者商又曰我學不厭舜曰予違汝弼其稱堯曰舍已從人惟帝時克故不惟都俞而有吁咈誠君子也不能不害爲君

子誠小人也雖能不失爲小人

宇宙内事是已分内事已分内事是宇宙内事

人心至靈此理至明人皆有是心心皆具是理

黄道者日所行也冬至在斗出赤道南二十四度夏至在井出赤道北二十四度秋分交於角春分交於奎月有九道其出入黄道不過六度當交則合故曰交蝕交蝕者月道與黄道交也

聖人固言仁矣天下之言仁者每不類聖人之言仁

聖人固言義矣天下之言義者每不類聖人之言義

聖人之言知道之言也天下之言不知道之言也知

道之言無所陷溺不知道之言斯陷溺矣

右賢而左能德成而上藝成而下

道行道明則恥尚得所不行不明則恥尚失所恥得所者本心也恥失所者非本心也聖賢所貴乎恥者得所恥者也恥存則心存恥忘則心忘于賓晋論有恥尚失所之說

求處情求處厚求下賢欲行浮於名恥名浮於行先生因讀表記書此語

邪正純雜係念慮清濁強弱係血氣

朱均管蔡志不變也非質不可變也苗格崇降聖人

有以變其志也

後世知有事而不知有政知責詳於法而不知責詳於人

學者規模多係其聞見孩提之童未有傳習豈能有是規模是故所習不可不謹處乎其中而能自拔者非豪傑不能切於事勢而爲之趨向者多不得其正亦理之常也

道譬則水人之於道譬則蹄涔汚沱百川江海也海至大矣而四海之廣狹深淺不必齊也至其爲水則蹄涔亦水也

常人所欲在富君子所貴在德士庶人有德能保其
身卿大夫有德能保其家諸侯有德能保其國天子
有德能保其天下無德而富徒增其過惡重後日之
禍患今日雖富豈能長保又况天生民而立之君使
司牧之故君者所以爲民也書曰德惟善政政在養
民行仁政者所以養民君若不行仁政而反爲之聚斂
以富之是助君虐民也宜爲君子之所棄絕當戰國
之時皆矜富國强兵以相侵伐爭城以戰殺人盈城
爭地以戰殺人盈野故孟子推明孔子之言以爲率
土地而食人肉罪不容於死推論既明又斷之曰人

臣善戰者服上刑連諸侯者次之辟草萊任土地者次之孟子在當時所陳者皆堯舜之道勉其君修德行仁勸之以閒暇之時明其政刑自謂以齊王猶反手耳使孟子得用必能使天下仕者皆欲立於其朝耕者皆欲耕於其野商賈皆欲藏於其市行旅皆欲出於其塗天下之民盡歸之則無敵於天下矣此理甚明效可必至當時之君徇俗自安不能聽用其説乃反謂之迂闊可謂不明之甚也

象山先生全集卷之二十二

象山先生全集卷之二十三

講義

白鹿洞書院講義

其雖少服父兄師友之訓不敢自棄而頑鈍疎拙學不加進每懷愧惕恐卒負其初心方將求鍼砭鐫磨於四方師友與獲開發以免罪戾比來得從郡侯祕書至白鹿書堂群賢畢集瞻覩盛觀竊自慶幸祕書先生教授先生不察其愚令登講席以吐所聞顧惟庸虛何敢當此辭避再三不得所請取論語中一章陳平日之所感以應嘉命亦幸有以教之子曰君子

喻於義小人喻於利

此章以義利判君子小人辭旨曉白然讀之者苟不切已觀省亦恐未能有益也某平日讀此不無所感竊謂學者於此當辯其志人之所喻由其所習所習由其所志志乎義則所習者必在於義所習在義斯喻於義矣志乎利則所習者必在於利所習在利斯喻於利矣故學者之志不可不辯也科舉取士久矣名儒鉅公皆由此出今爲士者固不能免此然場屋之得失顧其技與有司好惡如何耳非所以爲君子小人之辯也而今世以此相

尚使汩沒於此而不能自拔則終日從事者雖曰聖賢之書而要其志之所鄉則有與聖賢背而馳者矣推而上之則又惟官資崇卑祿廪厚薄是計豈能悉心力於國事民隱以無負於任使之者哉從事其間更歷之多講習之熟安得不有所顧恐不在於義耳誠能深思是身不可使之爲小人之歸其於利欲之習怛焉爲之痛心疾首專志乎義而日勉焉傳學審問謹思明辯而篤行之由是而進於場屋其文必皆道其平日之學胸中之蘊而不詭於聖人由是而仕必皆共其職勤其事心

乎國心乎民而不爲身計其得不謂之君子乎秘
書先生起廢以新斯堂其意篤矣凡至斯堂者必
不殊志願與諸君勉之以毋負其志
淳熙辛丑春二月陸兄子静來自金谿其徒朱
克家陸麟之周清叟熊鑑路謙亨胥訓實從十
日丁亥熹率寮友諸生與俱至于白鹿書院請
得一言以警學者子静既不鄙而惠許之至其
所以發明敷暢則又懇到明白而皆有以切中
學者隱微深痼之病蓋聽者莫不悚然動心焉
熹猶懼其久而或志之也復請子静筆之於簡

而受藏之凡我同志於此反身而深察之則庶

乎其可不迷於入德之方矣新安朱熹識

大學春秋講義淳熙九年八月十七日

楚人滅舒蓼

聖人貴中國賤夷狄非私中國也中國得天地中

和之氣固禮義之所在貴中國者非貴中國也貴

禮義也雖更衰亂先王之典刑猶存流風遺俗未

盡泯然也夷狄盛強吞并小國將乘其氣力以憑

陵諸夏是禮義將無所措矣此聖人之大憂也楚

人滅弦滅黄滅江滅六滅庸至是又滅舒蓼聖人

悉書不置其所以望中國者切矣

秋七月甲子日有食之既

春秋日食三十六而食之旣者二日之食與食之深淺皆曆家所能知是蓋有數疑若不爲變也然天人之際實相感通雖有其數亦有其道昔之聖人未嘗不因天變以自治荐雷震君子以恐懼修省君子無終食之間違仁造次必於是顛沛必於是所以修其身者素矣然荐震之時必因以恐懼修省此君子之所以無失德而盡事天之道也况日月之眚見於上乎遇災而懼側身脩行欲銷去

之此宣王之所以中興也知天災有可銷去之理則無疑於天人之際而知所以自求多福矣日者陽也陽爲君爲父爲夫爲中國苟有食之斯爲變矣食至於旣變又大矣言日不言朔食不在朔也日之食必在朔食不在朔歷差也

冬十月巳丑葬我小君敬嬴

襄仲殺太子惡敬嬴爲之也敬嬴非嫡而處以夫人葬以小君魯君臣之責深矣春秋作而亂臣賊子懼蓋爲是也

雨不克葬庚寅日中而克葬

葬不爲雨止以其有雨備也雨不克葬是無雨備

潦車載蓑笠士喪禮也諸侯葬其毋而無雨備豈

禮也哉

城平陽

平陽魯邑也冬使民時也然宣公葬毋不能爲雨

備不易時而遽興土工罪不可逃矣

楚師伐陳

前年晉衞侵陳以其即楚之故至是楚始伐之是

楚未能盡得志於陳也楚子陸渾之役觀兵周疆

問鼎輕重是年疆舒蓼及於滑汭盟吳越而還其

疆至矣然猶未盡得志於陳鄭之間當是時使中

國之君臣能恐懼自治明其政令何遽不能遏其

鋒哉

又十年二月七日

九年春王正月公如齊公至自齊夏仲孫蔑如京師

古者諸侯之於天子比年一小聘三年一大聘五

年一朝天子五年一廵狩周制六年五服一朝又

六年王乃時廵考制度于四岳諸侯各朝于方岳

所以考制度尊天子也故曰天子無事與諸侯相

見曰朝考禮正刑一德以尊天子穀梁子以爲天

子無事諸侯相朝誤矣禮所謂兩君相見者不能無是事耳非定制也比年小聘三年大聘諸侯交相聘問則有定制矣故曰朝覲之禮所以明君臣之義也聘問之禮所以使諸侯相尊敬也是故一不朝則貶其爵再不朝則削其地三不朝則六師移之三王之通制也義之所在非由外鑠根諸人心達之天下先王爲之節文著爲典訓苟不狂惑其誰能渝之宣公即位九年兩朝于齊乃一使其大夫聘于周室王迹既熄綱常淪斁逆施倒置恬不爲異春秋之作其得已哉直書于策比而讀之

而無懼心者吾不知矣

齊侯伐萊

萊微國也三年之間兩勤兵於萊齊侯之志可見

於此矣

秋取根牟

魯侯之志猶齊侯也

八月滕子卒

名不登載書簡牘則不名

九月晉侯宋公衛侯鄭伯曹伯會于邑晉荀林父帥

師代陳

晉自靈公不君之後浸不競於楚楚之政令日修
兵力日强然聖人之情常拳拳有望於晉非私之
也華夷之辯當如是也前年陳受楚伐勢必向楚
扈之會乃爲陳也陳不即晉荀林父能併將諸侯
之師以伐陳春秋蓋善之

辛酉晉侯黒臀卒于扈冬十月癸酉衛侯鄭卒

書地不卒于國都也不書葬魯不會也

宋人圍滕

滕雖小國圍之則非將卑師少也滕子卒未數月
興兵圍之書人之爲貶明矣

楚子伐鄭晉郤缺帥師救鄭

伐陳救鄭晉之諸臣猶未忘文公之霸業春秋蓋善之

陳殺其大夫洩冶

稱國以殺罪累上也洩冶以直諫見殺名之陳罪著矣

又七月十七日

六月宋師伐滕

宋大國也滕小國也滕安能害宋宋之伐滕陵蔑小弱以逞所欲耳左氏謂滕人恃晉而不事宋然

晉之伯業方不競滕固微國何恃之有或者事晉之故而有闕於宋故歟宋亦何義而責滕之事已大當字小恤其不及焉可也去年因其喪而圍之今年又興師而伐之其爲陵蔑小弱以逞所欲明矣陳常弑其君孔子朝魯侯而請討之前月陳方以弑君告宋爲鄰邦不知此何時耶而年年焉興師伐滕以逞所欲尚得爲有人心者乎

公孫歸父如齊葬齊惠公

宣公爲弑君者所立懼齊見討故事齊以求免齊悅其事已而定其位自是齊魯之交厚而魯之事

察其志謹齊侯之卒宣公既身奔其喪及其葬也又
使其貴卿往會葬書于策亂臣賊子得無懼乎歸
父仲遂之子貴而有寵弒君者仲遂也
晉人宋人衛人曹人伐鄭
左氏謂鄭及楚平諸侯伐鄭取成而還諸侯伐鄭
而稱人貶也晉楚爭鄭為日久矣春秋常欲晉之
得鄭而不欲楚之得鄭與鄭之從晉而不與鄭之
從楚是貴晉而賤楚也晉之所以可貴者以其為
中國也中國之所以可貴者以其有禮義也鄭介
居二大國之間而從於強今亦其勢然也今晉不

能芘鄭致其從楚陳又有弒君之賊晉不能告之天王聲罪致討而乃汲汲於爭鄭是所謂禮義者滅矣其罪可勝誅哉書人以貶聖人於是絕晉望矣

秋天王使王季子來聘

宣公即位十年屢朝于齊而未嘗一朝于周能奔諸侯之喪而不能奔天王之喪能使其貴卿會齊侯之葬而不能使人會天王之葬如是而天王猶使王季子來聘則冠屨倒置君臣之倫汩喪殆盡矣

公孫歸父帥師伐邾取繹

魯之伐邾無以異於宋之伐滕特書取繹罪益重矣

又十一月二十二日

大水

太極判而爲陰陽陰陽播而爲五行天一生水地六成之地二生火天七成之天三生木地八成之地四生金天九成之天五生土地十成之五奇天數陽也五偶地數陰也陰陽奇偶相與配合而五行生成備矣故太極判而爲陰陽陰陽卽太極也

陰陽播而為五行五行即陰陽也集宇宙之間何
往而非五行水火金木土穀謂之六府土爰稼穡
穀即土也以其民命所係別為一府總之則五行
也洪範九章初一曰五行此其在天之本也次二
曰敬用五事次三曰農用八政次四曰協用五紀
次五曰建用皇極次六曰乂用三德次七曰明用
稽疑次八曰念用庶徵次九曰嚮用五福威用六
極者此其在人之用而所以燮理陰陽者也日月
五緯謂之七政四時行焉歷數興焉人君代天理
物歷數在躬財成輔相參贊燮理之任於是乎在

故堯命羲和舜在璿璣皆二典大政夫金穰水毀
木饑火旱天之行也堯有九年之水則曰洚水警
予盖以爲己責也昔之聖人小心翼翼臨深履冰
參前倚衡疇昔之所以事天敬天畏天者盖無所
不用其極而菑變之來亦未嘗不以爲己之責周
道之衰王迹既熄諸侯放肆代天之任其誰尸之
春秋之書災異非明乎易之太極書之洪範者孰
足以知夫子之心哉漢儒專門之學流爲術數推
類求驗旁引曲取徇流忘源古道榛塞後人覺其
附會之失反滋怠忽之過董仲舒劉向猶不能免

吁可歎哉是年之水仲舒以爲伐邾之故而向則以爲殺子赤之咎是奚足以知天道而見聖人之心哉

季孫行父如齊冬公孫歸父如齊齊侯使國佐來聘

宣公是年身如齊者二使其臣如齊者三聞天王使王季子來聘矣未聞身如京師與使其臣如京師也不待詳攷其事而罪已著矣左氏載行父出莒僕之事陳誼甚高且曰先大夫臧文仲教行父事君之禮行父奉以周旋弗敢失隧齊惠公之卒公旣親奔其喪矣王季子之聘曾未易時而行父

僕僕往聘于齊知事君之禮而奉以周旋者果如是乎歸父之往則以取繹之故齊惠公卒未踰年而國佐寔來徇私棄禮見利而不顧義安然行之不畏于天不愧于人人心之泯滅一至於此吁可畏哉

饑

作之君師所以助上帝寵綏四方故君者所以爲民也書曰天視自我民視天聽自我民聽孟子曰民爲貴社稷次之君爲輕歲之饑穰百姓之命係焉天下之事孰重於此春秋書饑蓋始於是聖人

之甚豈得以書貴魯之君哉

楚子伐鄭

當是時晉伯既不復可望齊魯之間孰爛如此楚
尸之肆行其誰過之伐鄭之書聖人所傷深矣左
氏所載士會逐楚師于潁北不見於經縱或有之
亦不足為輕重也

荊門軍上元設廳講義

五皇極皇建其有極斂時五福用敷錫厥庶民惟時
厥庶民于汝極錫汝保極
皇大也極中也洪範九疇五者其中故謂之極是

極之大充塞宇宙天地以此而位萬物以此而育
古先聖王皇建其極故能參天地贊化育當此之
時凡厥庶民皆能保極比屋可封人人有士君子
之行叶氣嘉生薰爲太平謂用五福此之謂也皇
建其有極即是歛此五福以錫庶民捨極而言福
是虛言也是妄言也是不明理也惟皇上帝降衷
于下民衷即極也凡民之生均有是極但其氣禀
有清濁智識有開塞天之生斯民也使先知覺後
知先覺覺後覺古先聖賢與民同類所謂天民之
先覺者也以斯道覺斯民者即皇建其有極也即

斂時五福用敷錫厥庶民也今　聖天子重明于
上代天理物承天從事皇建其極是彝是訓于帝
其訓無非斂此五福以錫爾庶民郡守縣令承流
宣化即是承宣此福爲　聖天子以錫爾庶民也
凡爾庶民知愛其親知敬其兄者即惟皇上帝所
降之衷今　聖天子所錫之福也若能保有是心
即爲保極宜得其壽宜得其福宜得康寧是謂攸
好德是謂考終命凡爾庶民知有君臣知有上下
知有中國夷狄知有善惡知有是非父知慈子知
孝兄知友弟知恭夫義婦順朋友有信即惟皇上

帝所降之衷今聖天子所錫之福也身或不壽此心實壽家或不富此心實富縱有患難心實康寧或爲國死事殺身成仁亦爲考終命實論五福但當論人一心此心若正無不是福此心若邪無不是禍世俗不曉只將目前富貴爲福目前患難爲禍不知富貴之人若其心邪其事惡是逆天地逆鬼神悖聖賢之訓畔君師之教天地鬼神所不宥聖賢君師所不與忝辱父祖自害其身靜時回思亦有不可自欺自瞞者若於此時更復自欺自瞞是直欲自絕滅其本心也縱是目前富貴正人觀

之無異在囹圄糞穢之中也患難之人其心若正其事若善是不逆天地不逆鬼神不悖聖賢之訓不畔君師之教天地鬼神所當佑聖賢君師所當與不辱父祖不負其身仰無所愧俯無所作雖在貧賤患難中心自亨通正人達者觀之即是福德作善降之百祥作不善降之百殃積善之家必有餘慶但自考其心則知福祥殃咎之至如影隨形如響應聲必然之理也愚人不能遷善遠罪但貪求富貴却祈神佛以求福不知神佛在何處何緣得福以與不善之人也皇極在洪範九疇之中乃

洪範根本經曰天乃錫禹洪範九疇　聖天子建
用皇極亦是受天所錫斂時五福錫爾庶民者即
是以此心敷于教化政事以發明爾庶民天降之
衷不令陷溺爾庶民能保全此心不陷邪惡即爲
保極可以報　聖天子教育之恩長享五福更不
必別求神佛也洪範一篇著在尚書今人多讀未
必能曉大義若其心正其事善雖不曾識字亦自
有讀書之功其心不正其事不善雖多讀書有何
所用用之不善反增罪惡耳常歲以是日建醮於
設廳爲民祈福竊惟　聖天子建用皇極以臨天

下郡縣之吏所宜與爾庶民惟皇之極以近天
子之光謹發明洪範斂福錫民一章以代醮事亦
庶幾承流宣化之萬一仍畧書九疇次叙圖其象
數于后恐不曾讀書者欲知大槩亦助爲善求福
之心詩曰自求多福正謂此也

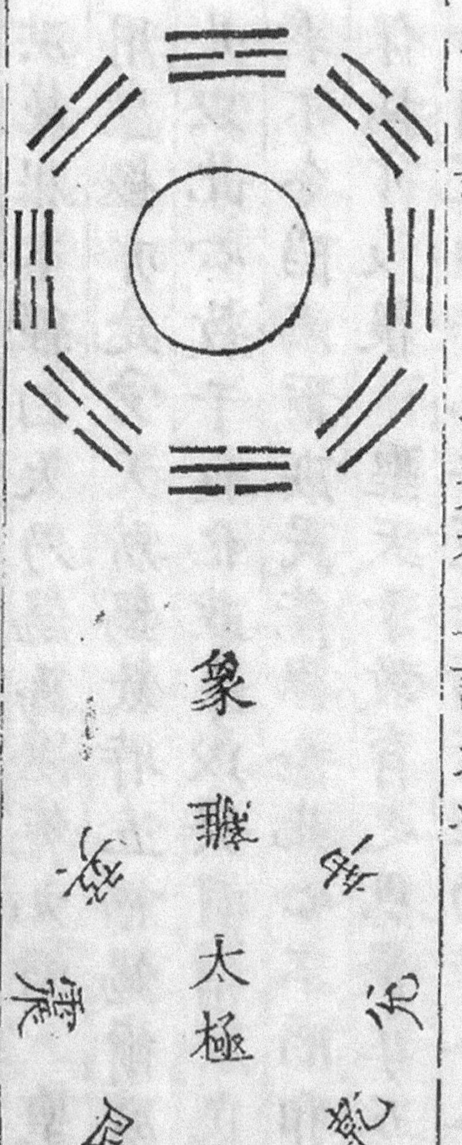

易有太極是生兩儀兩儀生四象四象生八卦乾爲天坤爲地震爲雷巽爲風坎爲水離爲火艮爲山兌爲澤

乾三連坤六斷震仰盂艮覆盌兌上缺巽下短離中虛坎中滿

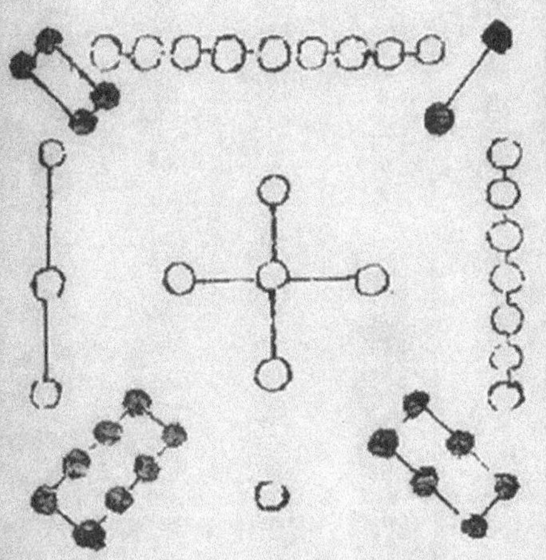

二　七　六

數

九　五　一

四　三　八

洪範九疇初一曰五行次二曰敬用五事次三曰農用八政次四曰協用五紀次五曰建用皇極次六曰乂用三德次七曰明用稽疑次八曰念用庶徵次九曰嚮用五福威用六極

載九履一　左三右七

二四爲肩　六八爲足

縱横數之皆十五

象山先生全集卷之二十四

策問

問語有之曰人之相去如九牛毛或者疑其言之過吾人有解之者曰巢許遜天下而市道小人爭半錢之利此其相去何啻九牛毛哉其言誠辯矣然嘗病其意之未廣先儒論人之量曰有天地之量有江海之量有鍾鼎之量有斗筲之量其意廣矣而嘗嘆乎言之難備生乎天地之間具人之形體均之為人也品類差等何其若是之相遼絕哉今夫天下之俗固不可以言古然蒙被先王之澤士之求堯舜孔子之

道者日衆而儒宮學館之間有父兄之所教有師友之所講磨而考其所向則有常人之所恥者此其與求堯舜孔子之道而期於必至何啻九牛毛哉二三子各悉究其日積之所嚮嘗試相與其評斯語毋徒爲場屋課試之文試言人之所以相去若是遼絶者何故已之氣質已之趨鄉當在何地今日之用心今日之致力者其實何如將有所攷焉

問齊欲稱東帝鄒魯之臣妾肯死而不肯從之秦欲稱西帝魯仲連肯死而不肯從之夫以齊秦之强力足以帝天下而卒沮於匹夫之一辭固國不以山谿

之險威天下不以兵革之利孟子之言於是信矣西
漢不崇禮義好言時宜叔孫通陸賈之徒號稱以儒
見用綜其實殆未有以殊於奇謀祕計之士也高祖
寬大長者之稱見於起兵之日惟恐沛公不爲秦王
則長安之民所以愛戴之者亦可謂深且素矣繼以
文景之仁愛武宣之政令所以維持之者亦後世所
鮮儷元成哀平雖浸以微弱亦非有暴鷙淫虐之行
然區區新莽舉漢鼎而移之若振槁葉天下懾然莫
之敢爭東都之興光武之度不洪於高祖明帝之察
慧有愧於文景多矣章帝之仁柔殆伯仲於元成之

聞自是而降無足譏矣然綿祀埒於西漢以曹操之
强其所自致者不後於高光然終其身不敢去臣位
視天下有孔北海如孺子之有嚴師傅凛然於几席
之上而不敢肆也推其所自則尊禮卓茂以爲太傅
投戈講藝息馬論道講論經理夜分乃寐殆未可以
文具而厚非之也於身於家於國於天下初不可以
二理觀二三子盍自其身而觀之以及於家於國於
天下而備論夫固國不以山谿之險威天下不以兵
革之利之道有道之世士傳言庶人謗於道商旅議
於市皆朝廷之所樂聞而非所禁也有能究唐虞三

代之政論兩漢之得失以及乎當世之務者其悉書
之毋隱

問異端之說自周以前不見於傳記後世所同信其爲夫子之言而無疑者惟春秋十翼論語孝經與戴記中庸大學等篇論語有攻乎異端斯害也已之說然不知所謂異端者果何所指至孟子乃始闢楊墨闢許行闢告子後人指楊墨等爲異端孟子之書亦不目以異端不知夫子所謂異端者果何等耶論語有曰鄉原德之賊也孟子亦屢言鄉原之害若鄉原者豈夫子所謂異端耶果謂此等則非止鄉原而已

也其他亦有可得而推知者乎孟子之後以儒稱於
當世者荀卿楊雄王通韓愈四子最著荀子有非十
二子篇子思孟軻與焉荀子去孟子未遠觀其言甚
尊孔子嚴王霸之辯隆師隆禮則其學必有所傳亦
必自孔氏者也而乃甚非子思孟軻何耶至言子夏
子游子張又皆斥以賤儒則其所師者果何人而所
傳者果何道耶其所以排子思孟軻子夏子游子張
者果皆出其私意私說而舉無足稽耶抑亦有當攻
而論之者耶老莊蓋後世所謂異端者傳記所載老
子蓋出於夫子之前然不聞夫子有闢之之說孟子

亦不闢老子獨楊朱之學考其源流則出於老氏然亦不知孟子之辭畧不及於老氏何耶至楊子始言老子槌提仁義絕滅禮樂吾無取焉耳然又有取於其言道德韓愈作原道始力排老子之言道德佛入中國在楊子之後其事與其書入中國始於漢其道之行乎中國始於梁至唐而盛韓愈闢之甚力而不能勝王通則又渾三家之學而無所譏貶浮屠老氏之教遂與儒學鼎列於天下天下奔走而鄉之者蓋在彼而不在此也愚氏以禍福歸鄉之者則佛老等以其道而收羅天下之英傑者則又不在於老而在

於佛故近世大儒有曰昔之入人也因其迷暗今之入人也因其高明謂佛氏之學也百家滿天下入者主之出者奴之入者附之出者汚之此莊子所以有彼是相非之說也要知天下之理唯一是而已彼其所以交攻相非而莫之統一者無乃未至於一是之地而然耶抑亦是非固自有定而惑者不可必其解蔽者不可必其開而道之行不行亦有時與命而然耶道固非初學之所敢輕議而標的所在志願所向則亦不可不早辯而素定之也故願與諸君熟論而深訂之

問夫子生於周末自謂文王既沒文不在茲乎當時從之遊者三千門人高弟如宰我子貢有若之徒所以推尊之者至謂賢於堯舜謂自生民以來未之有謂百世之後等百世之王莫之能違也千載之後未有以其言爲過者古聖人固多至推以爲斯道主則惟夫子苟有志于斯道者孰不願學夫子刪詩定書繫周易作春秋傳曾子則有孝經子思所傳則有中庸門人所記則有論語簡編雖出煨燼而西都搜求參校之詳猶足傳信凡此固夫子所以詔教後世而後世所以學夫子者亦未有捨此而能得其門者也

論語載當時問答與疇昔訓詞既不得親炙於當時則視其所載亦可以如親聞於當時也然學必有業不知當時在夫子之門者業果安在由治千乘之賦求宰百乘之家赤可使與賓客言二三子蓋自謂其能而夫子亦以是許之不識其在夫子之門獨以是爲業乎抑亦所學於夫子者又不在是也他日獨立伯魚過庭乃使學詩既學矣他日乃使之學禮不識伯魚之未學詩也亦有所學乎無也既學禮矣亦有所學乎無也小子何莫學夫詩又曰與於詩夫子蓋屢教人以學詩不識凡居夫子之門者舉皆以學詩

爲業乎陳亢固在弟子列乃問伯魚而後聞詩聞禮無乃先是未知其説乎子以四教文行忠信此固門弟子紀述之辭然亦必有所據而言所謂文行忠信者果何如而以爲教也三千之中獨稱顔淵爲好學而稱之則曰終日不違如愚曰三月不違仁曰不改其樂曰不遷怒不貳過不識亦有可得而知者乎讀論語者固當求所以爲學之方曰肄之業故願與諸君論其所疑夫子之所以教人與當時門弟子之所以學於夫子者苟不在是而今日學者之所患亦不在是則亦願與諸君備論而索言之毋略

問聖人備物制用立成器以爲天下利是故網罟耒耜杵臼作而民不艱于食上棟下宇以待風雨而民不病于居服牛乘馬刳舟剡楫而民得以濟險弦弧剡矢重門擊柝而民得以禦暴凡聖人之所爲無非以利天下也二典載堯舜之事而命義和授民時禹平水土稷降播種爲當時首政急務梁惠王問何以利吾國未有宅過而孟子何遽闢之峻辯之力夫子亦曰君子喻於義小人喻於利樊遲欲學圃亦斥以爲小人何也孟子曰我能爲君約與國戰必克今之所謂良臣古之所謂民賊也闢土地充府庫約與國

戰必克此其爲國之利固亦不細而孟子顧以爲民
賊何也豈儒者之道將坐視土地之荒蕪府庫之空
竭鄰國之侵陵而不爲之計而徒以仁義自解如徐
偃王宋襄公者爲然耶不然則孟子之說亦不可以
鹵莽觀而世俗之蔽亦不可以不深究而明辯之也
世以儒者爲無用仁義爲空言不深究其實則無用
之譏空言之誚殆未可以苟逃也願與諸君論之
問古不以科舉取士天下之從事者不專於文至漢
始射策決科然仕進者不一途習其業者未始專且
重也綿延以至於唐進士爲重選習其文者殆遍天

下至于今不變文宜益工於古然六經之文先秦古書自漢而視之已不可及由漢以降視漢之文又不可及矣唐三百年文章宗伯惟韓退之其次柳子厚而二人皆服膺西漢之文章恨悼當世鮮有能共與者何耶夫文一也豈科舉之文與古之文固殊而不可同耶何其習之者益專且衆而益不如也言而不文行之不遠子以四教文與居一焉文固聖人所不廢也然夫子四科善言德行者不在言語之科而言語又不與文學自小子應對至於會同之相四方之使言語之用亦重矣而反不與文學則所謂文學者

果何所習而何所用耶科舉取士未遽可變而諸公
於科舉之習亦未能遽免方將朝夕從事於文其所
以爲文者可不深知乎願與諸君論之
問盡信書不如無書理固然也然自書出煨燼千有
餘年其更賢知多矣則所同尊而信之者固不可槩
以書不可盡信而不之信也然亦不可以人之所同
信而苟信之而弗之思也觀古人之書泛然而不得
其實則如弗觀而已矣孔子惡鄉原語孟載之詳矣
夫居之似忠信行之似廉潔自以爲是人皆悅之此
鄉原之行也夫苟自以爲是而人皆悅之則必以爲

真忠信真廉潔者矣獨自孟子言之則以爲似耳至
於心獨無所同然乎此孟子之言也今鄉原者人皆
悅之而夫子惡之人皆以爲忠信廉潔而孟子獨以
爲似之此人之所同然者而夫子孟子乃不與之同
何也居斯世也爲斯世也善斯可矣夫居斯世爲斯
世而善果有不可者乎何以是嘐嘐也言不顧行行
不顧言則曰古之人古之人行何爲踽踽凉凉夫言
不顧行行不顧言誠足病也而又不謂是何耶孟子
闢楊墨蓋自比於禹之洪水周公之驅虎豹夫楊朱
墨翟皆當時賢者自孟子視之則爲先進孟子之後

人猶曰孔曾墨子之賢墨子之賢蓋比於孔曾楊朱之道能使舍者避席煬者避竈猶以爲未也進而至於爭席爭竈則其所得豈淺淺者哉而孟子闢之至曰無父無君是禽獸也又曰天下之言不歸楊而歸墨夫兼愛之無父爲我之無君由孟子之言而辯釋之雖五尺童子粗習書數者立談之頃亦可解了豈有以大賢如楊朱墨翟其操履言論足以傾天下之士而曾不知此必待孟子之深言力闢貽好辯之譏而猶未得以盡白於天下而熄其說何耶若曰此皆聖賢之事後學未敢妄措其說則孟子固曰能言距

楊墨者聖人之徒必不敢少置其思措其議是不得為聖人之徒矣亦何以學為且書稱為學遜志記稱學不躐等而顏子則曰舜何人也予何人也有為者亦若是成覸曰彼丈夫也我丈夫也吾何畏彼哉公明儀曰文王我師也周公豈欺我哉必如顏子成覸公明儀之言無乃與遜志不躐等之說悖乎苟以為必顏子成覸公明儀而後敢為此言則滕文公好馳馬試劍未嘗學問而孟子亦遽勉之以是何也願與諸君倂論其說毋愛詞

問欲學耕必問諸農欲學斲必問諸工天下之事非

可以浪爲之也業是事而不知本末則浪爲之而已
唐虞商周之佐起於隱釣而登宰輔其道前定其業
既修固矣陳平韓信佐高祖取天下其將相之業皆
素定於困窮之時此豈偶然而成者耶又如諸葛孔
明抱膝長嘯祖逖之聞雞起舞雖其功業不能大酬
其志而人皆信其始志之不妄也後世豪傑之士各
以其才自見於當時雖未可責以古人之學而觀其
規模先定則與泛泛浪爲者殊也今諸君求講古聖
賢之書從事於古聖賢之學不識規模果有先定如
古人者乎夫子之門如由治千乘之賦求宰百乘之

家二人皆以此自許夫子亦以是許之不識諸君自知其才而人信之有如此者乎曾子鏗爾舍瑟而言志不知其所志果何事而其志果何如夫子喟然嘆而與之果何所取而然耶夫子稱顔子終日不違如愚退而省其私亦足以發回也不愚夫終日如愚可知者也而所謂終日不違者果何道而亦足以發者果何事也古人雖不可妄議然讀其書爲其事可不知其說乎不然亦願聞諸君之志

問知人古所難以堯之聖其知鯀蓋審及四岳請試之猶不敢必漢高祖亡命豐沛起亦不知書其得天下

殆有天命初非盡出其智謀然其於知人亦異矣張良受書老父爲它人言不省而帝能聽之陳平韓信楚不能用而帝用之至告呂后以後日將相之任擬擠其才能殆若權度雖善論人物者未必逮此世見其言之符契遂謂其得異書前知其事者非也顧不知高祖果何以能之耶文帝世稱賢君儒者之論往往以爲優於七制賈生慷慨言事帝抑不用世以爲非不知生獨以其壯鋭不更涉姑少抑之以老其才耳賈生姑不論當時之才豈獨止生耶然匈奴大侵邊數四帝不能堪至御鞍講武拊髀求將遠想廉頗

李牧乃爲馮唐所惜則平日所以収羅人才者可知矣武帝號雄才大畧然終其身無一名宰相快心胡越取前世紅腐之粟貫朽之錢而空之至於海内虚耗户口減半輪臺之詔終亦自悔悼而已未聞有一人能開悟之者豈當世獨無其人耶是又不可以厚誣也知人固所難而爲天下以人爲本使終於不能知則天下亦終不可爲矣堯以不得舜爲已憂舜以不得禹臯陶爲已憂臯陶曰在知人又曰知人則哲能官人豈可以終不知之耶知人則必有道矣顥併與漢三君論之

問逢蒙殺羿孟子曰是亦羿有罪焉庾公之斯追子濯孺子子濯孺子知其獲免曰尹公之他端人也其取友必端矣論學取友必入學七年而後可責然自其一年辯志則所辯者即其事也取友之事亦有不得不論者矣自非聖人安能每事盡善人誰無過如以其行之有過事之不善而遂絕之則是天下皆無可教之人矣逢蒙思天下惟羿爲愈已然後萌殺羿之心將何以使羿能逆知之而不教之耶必以爲不可知則子濯孺子未嘗識庾公之斯而能知其端人何也所謂端人果何如其端而知之者果何如其知

之也二三子其詳言其本末而備論之亦群居之大益也

問書稱堯舜禹皋陶皆曰若稽古記稱仲尼祖述堯舜憲章文武傳說告高宗曰事不師古以克永世匪說攸聞所貴乎聖人者以其寬洪博大無自用自私之心其所施設必有稽考祖述理固然也然所謂稽考祖述者果獨取其無自用自私之心而然耶亦其事之施設必於古有所考而後能有所濟也如曰事必於古有所考而後能有濟則如網罟耒耜杵臼弧矢舟楫棟宇棺槨書契皆上世所無有而後世聖人

創之而皆能有濟何耶若曰是事之小者因時而創制至其大者則必有所師法而後可則如堯傳天下不與子不與在朝之大臣舉舜於匹夫而授之果何所師法耶堯傳舜舜傳禹禹獨與子而傳以世此又何耶湯以諸侯有天下孔子匹夫而作春秋此事之莫大焉者而皆若此無乃與稽古之說戾乎且均之爲事亦安有大小之間哉今之天下所謂古者有堯舜有三代自秦而降歷代固多而其昭昭者曰漢曰唐其君之賢者甚衆事之施設蓋有不勝其異今朝廷有祖宗故事祖宗故事尚且不一今欲建一事而

必師古則將安所適從如必擇其事之與吾意合者
而師之無乃有師古之名而居自用之實乎若曰吾
擇其當於理者而師之則亦惟理之是從而已師古
之說無乃亦持其虛說而已乎二三子其詳考而備
論之

問中庸稱隱惡而尚書載其受終巡狩之後獨汲汲
於明刑自四罪而放之流之竄之殛之無乃與隱惡
之意異耶孔子自言爲政以德又曰道之以德齊之
以禮又曰政者正也季康子問殺無道以就有道何
如對曰子爲政焉用殺子欲善而民善矣宜不尚刑

也而其爲魯司寇七日必誅少正卯於兩觀之下而後足以風動手人此又何也夫子曰德之流行速於置郵而傳命湯德足以及禽獸而不行於葛伯必舉兵征之又東征西征不已必十一征而天下服周世世脩德莫若文王而不行於崇必再駕而後降至伐阮共伐密須伐玁狁伐昆夷蓋未始不以兵何耶七國用兵爭強攻城取地如恐不及而孟子乃遊於其間言深耕易耨修其孝弟忠信之事曰仁義而已曰仁者無敵曰強爲善而已矣曰可使制挺以撻秦楚之堅甲利兵曰齊王猶反手耳曰天下莫不與也其

說儻可信乎顧究其說而悉言之毋畧

問高宗得傅說以夢文王得呂望以卜置相重事而夢卜是信可乎洪範稽疑自乃心卿士庶人而後及卜筮大舜命禹必曰朕志先定詢謀僉同鬼神其依龜筮協從夢卜似非聖賢所宜專信者高宗之知傅說文王之知呂望其必有不止於夢卜者矣儻可得而考乎鮑叔言管仲齊威公用之徐庶言諸葛孔明蜀先主用之威公先主豈惟人言是信耶管仲與威公讐也而至於一則仲父二則仲父先主既見孔明雖關張之愛將不能間至曰孤之有孔明猶魚之有

水也觀此則二君二臣之所以相知者果不苟矣其相知之處果安在耶諸君其併言之將以觀其所蘊

問古者八歲入小學十五歲入大學小學教之射御書數大學之道則歸乎明明德於天下者今教童稚不過使之習字畫讀書稍長則教之屬文讀書則自孝經論語以及六經子史屬文則自詩對至於所謂經義詞賦論策者不識能有古者小學大學之遺意乎若曰今之教人者不必如古惟使之能為文應有司程度可以取科第而已則竊有疑焉幼所誦書長必知其意義及其作文則所謂題目者又皆出於古

書則必能言其義而後文可成也如孝經首章所謂
立身行道論語首章言學而時習之孟子首章言何
必曰利亦有仁義而已不知果何如而立身何如而
行道所學所習果何道何業利與仁義何如而辯若
此等類今之為文者果有不必知之者乎若曰今之
教人者與古大異言之於口筆之於紙施之於場屋
者不必有其實巧與勤者斯可矣然亦不廢仁義忠
信之道兩者並行不相悖不識有是理乎夫仁義忠
信之道古人汲汲學之猶懼有闕今悉力從事者初
不在是而曰自能不廢則是今人才質過古人遠矣

不然則是父語其子兄語其弟友朋之群居相與從事者皆爲欺爲僞相驅入於罟擭陷穽也而可安乎諸君幸詳考備究而精言之當得其實而後可問夫子講道洙泗論語所載問仁者不一又曰子罕言仁如陳文子令尹子文之所爲皆世所難得而不許以仁如子夏子路冉有之徒皆不許以仁豈仁之爲道大而非常人所能逮及耶審如是則所謂罕言者是聖人之教人常秘其大者而姑以其小者語之也且以子路子貢冉有皆聖門之高弟其所自立者皆足以師表百世令尹子文陳文子皆列國之賢大

夫非獨當時所難得人品如此蓋亦古今天下之所難得也然而猶皆不足以與於仁則今日之學者宜皆絕意於仁不當復有所擬議矣今世讀書者未有不先論語自童子而已誦習之矣不識學者每讀至言仁處果可置而不思乎亦可試思而不必其遂知之也今世又以科舉取士苟其題之言仁者又將累累而言之其爲誣欺無乃已甚乎諸生方將從事於聖人之學近世言仁者亦衆而持罕言之說以排言仁者亦衆故願與諸生論之

問天之生物自足以供一世之用天之生才亦猶是

也古之興王未嘗借才於異代而後世常患人才之不足或者歸咎於科舉以爲教之以課試之文章非獨不足以成天下之材反從而困苦毀壞之科舉固非古然觀其課試之文章則聖人之經前代之史道德仁義之宗治亂興亡得喪之故皆粹然於其中則其與古之所謂學古入官學而優則仕者何異困苦毀壞之說其信然乎不也人才之不如古其故安在抑果未嘗無才而獨上之所以取而用之者未至耶願有以究其說

象山先生全集卷之二十四

象山先生全集卷之二十五

詩

少時作

從來膽大胸膈寬虎豹億萬虬龍千從頭收拾一口吞有時此輩未妥帖哮吼大嚼無毫全朝飲渤澥水暮宿崑崙巔連山以爲琴長河爲之絃萬古不傳音吾當爲君宣

聞鸎

百哢吟春不暫停長疑春意未丁寧數聲綠樹黃鸝曉始笑從前著意聽

鸎 六言

巧囀風臺急筦清逾石澗回溪好去枝枝驚夢無人心到遜西

晚春出箭溪 二首

晴雲冉冉薄斜暉春靜衙門半掩扉風入墻頭丹杏晚高枝頻颭亂花飛

又

長蹊窈窕晴沙暝緑樹交加細草香歸去不緣吾與盡月明應得更褰裳

子規 六言

柳院竹齋茅店雲蕪風樹煙溪聽徹殘陽曉月不論
巴蜀東西

蟬

風露枯腸裹宮商兩翼頭壯號森木晚清嘯茂林秋

贈化主

學佛居山林往往儀狀野道人翩然來禮節何爾雅
職事方惛惛言論猕灑灑安得冠其顛公材豈云寡

疎山道中

村静蛙聲幽林芳鳥語警山樊紛皓葩隴麥摇青穎
離懷付西江歸心薄東嶺忽忘飢歎憂黻令發深省

鵝湖和教授兄韻

墟墓興衰宗廟欽斯人千古不磨心涓流積至滄溟水拳石崇成泰華岑易簡工夫終久大支離事業竟浮沉欲知自下升高處眞僞先須辯只今

挽石子重

古重百里長寄命謀託孤今以京秩授麋至無賢愚州家督版帳殿最視所輸況乃積弊久宿負堆文符老姦乘倉皇陰拱爲師模民窮歛愈急吏飽官自癉天子爲焦勞宵旰思良圖高選部使者庶使德意敷石君在薦剡聞者皆懽愉不知何方民凋瘵遲君蘇

君丞同安日歲旱當蠲租縣白如故事守恕牢雖盱
賴君爭之力意得所請俞揭數授里正俾後不可渝
又嘗宰尤溪吏輩初閱鬮首以財匱告欲闢侵民途
君乃治稅籍弊竅窮根株簡易以便民上下交相孚
民自不忍負豈復煩催驅闢征且損數孰謂儒術迂
使家得此人黃屋何憂虞惜哉不及用重使吾嗟吁

挽張正應

海門晝夜吼奔雷却立吳山亦壯哉前殿神僊三島
邃正陽閶闔九天開玉階恭授太官賜象簡親承御
墨回多少簞瓢蓬蓽士輸君留宿兩宮來

和黃司業喜雪

疇昔詩囊未破慳瓊瑰盈自倍枵然才華卉落諸公後誠實徒居野老前臘雪堍成春雪早梅花靜對雪花妍從今長作豐登瑞稟庾家家贍九年

遊湖分韻得西字

兪駕不辭春遲泥少蓬高會帝城西物非我輩終無賴書笑蒙莊只強齊天入湖光隨廣狹山藏雲氣互高低誰憐極目芟芻裏隱隱蒼龍卧古堤

和楊廷秀送行

學粗知方耻爲人敢崇文貌蝕誠眞義難阿世非忘

世志不謀身豈誤身逐遇寬恩猶得禄歸衝臘雪自
生春君詩正似清風快及我征帆故起蘋

送德麟監院歸天童和楊廷秀韻二首

盡道吾廬登陟難上人得得到相看莫言無物堪延
待此有茶澆舌本乾

又

聞說淮民未免飢春頭已掘草根歸羨君稇載還山
去更挾星郎大字詩

送勾熈載赴浙西盐

平分浙江流東境浮海角其民仰魚盐久已困征榷

麥禾與黍麻耕鋤到磽确徃歲比不登場圃幾濯濯
荒政勞廟謨賑廩聞數數飢羸不待飽共感君澤渥
仁哉覆育恩所惡吏齷齪教詔彌諄諄聽受祗藐藐
何知國與民足已肆貪濁流離且未還已復事椎剥
按察殊未曾聖主獨先覺重貽宵旰憂顧盼求卓犖
君固㟭峨英懷抱富荆璞邇來奏對語朝陽鳴鸑鷟
鏘然歷帝聰簡記諒已確外臺適虛席妙選出親擢
此節豈輕授委寄重山嶽除音九天下衆論靡瑕駁
攬轡首越山青萍方在握送君無雜言當不負所學

題慧照寺

春日重來慧照山經年詩債不曾還請君細數題名客更有何人似我頑

贈畫梅王文顯

子作寒梢已逼真不須向上更稱神由來絶藝知音少只恐今人過古人

簡朱幹叔諸友

利名風浪日相催青眼難於世上開何事諸君胃艱險杖藜來入白雲堆

書劉定夫詩軸

人生不更涉何由知險艱觀君一巨軸奚啻百盧山

玉芝歌

靈華兮英英，芝質兮蘭形。瓊葩兮瑶實，冰葉兮雪莖。石室兮宛宛，苔茵兮菁菁。蔭長松之偃蹇，帶飛瀑之琮琤。實青端而黄表，耿中藏而不矜。匪自昭其明德，羌無愧兮疇能。

淳熙戊申余居是山，夏初與二三子相羊瀑流間，得芝草三偶相比，如卦畫成，華如蘭，玉明冰瑩，洞徹照眼，乃悟芝蘭者非二物也。己酉上巳，復覩瑶芽，迫歸拜掃，不及見其華。是日訪風練飛雪，始得一華方擷，至案間，時雲菴僧適至，且求余言爲鄉

道余方作是歌因謂之曰當爲予書之第排此以往會當有賞音者紹熙元年三月二十八日象山翁書

象山先生全集卷之二十五

象山先生全集卷之二十六

祭文

祭吕伯恭文

玉在山輝，珠存川媚，邦家之光，繫人是寄。惟公之生，度越流輩，前作見之，靡不異待。外朴如愚，中敏鮮儷，悔嘗致侮，彰或招忌。纖芥不懷，惟以自治，侮者終敬，忌者終愧。遠識宏量，英才偉器，孤騫無朋，獨立誰配。屬思紆徐，摛辭綺麗，少日文章，固其餘事。顏曾真學，伊吕其志，久而益專，窮而益厲。約偏持平，棄疵養粹，玩心黄中，處身白賁。停澄衍溢，不見涯涘，豈伊人豪

無乃國瑞往年之疾人已愕眙逮其向痊全安是冀
詩傳之集大事之記先儒是裨麟經是嗣杜門養痾
素業不廢訃音一馳聞者隕涕主盟斯文在數君子
纍纍奪之天乎何意荊州云亡吾兄既逝曾未期年
公又棄世死者何限人有鉅細斯人之亡匪躬之瘁
嗚呼天乎胡不是計竭川夷陵忍不少俟辛卯之冬
行都幸會僅一往復揖讓而退既而以公將與考試
不獲朝夕以吐肝肺公素與我不交一字糊名謄書
幾千萬紙一見吾文知非他士公之藻鏡斯已奇矣
公遭大故余忝末第迫歸覲親徒以書慰甲午之夏

公尚居里余自錢塘遡江以詣値公適衢浹日至止一見懽然如獲大利我坐狂愚幅尺殊侈言不知權或以取戾雖訟其非每不自制公賜良箴始痛懲艾問我如傾告我如祕教之以身抑又有此惟其不肖往往失墜竟勤公憂抱以沒地擕湖之集已後一歲輙復妄發究爾故態公雖未言意已獨至方将優游以受砭劑潢池之兵警及郡界亟還親庭志不克遂先兄復齋比一二歲兩獲從欵言符心契冉疾顔夭古有是比嗚呼天乎胡嗇於是復齋之葬不可無紀幽鐫之重豈敢他委道同志合惟公不二拜書乞銘

公郎揮賜琅琅之音河奔岳峙嗚呼斯文何千萬祀
我固罷駑重以奔踶惟不自休強勉希驥比年以來
日覺少異更嘗差多觀省加細追惟曩昔龕心浮氣
徒致參辰豈足酬義期此秋冬以親講肄庚幾十駕
可以近理有疑未决有懷未既訃音東來心裂神碎
與二三子慟哭蕭寺即拜一書以慰令弟惟是窀穸
祈厠未肆繼聞其期不後日至躡屩擔簦宵不能寐
所痛其來棺藏幃蔽誰謂及門紼翣已邁足跡塗泥
追之不逮矯首蒼茫涕零如霈不敏不武将以誰罪
及其旣窆几筵進拜觴酒豆肉哀辭以載聞乎不聞

神其如在

代致政祭姪櫄之文

吾年七十有六闔門且將千指田僅充數月之糧卒歲之計每用凛凛汝在同行十餘人之下獨能任吾事以紓吾憂彌縫補苴於缺絶迫窄之中如霈然者不動聲色而中外巨細靡不整辦使吾有以安之然吾念汝獨勞久矣顧難於代汝者耳去年雖令諸子與汝輪幹以遂汝學問之志而事之本末緊汝是賴籬落之未葺舂揄之未便皆在隱處汝死之日猶悉爲吾治之吾平日見爲人臣而不恤君之民不任君

之事者毋觸僨之有盡瘁者必喜而憂之況汝在于窮之中而服勤於至難之事若此者乎如汝之賢或壽而死人猶傷之況於未壯而亡乎而天遽奪乎汝汝其有以知我之哀也命也柰何莫非命也吾既以紹孫環孫為汝後嗇譔之山貞佳城也吾見之矣翌日維吉汝其行乎

代教祭神文

孔子曰非其鬼而祭之諂也禮曰非所祭而祭之名曰淫祀惟爾神諸禮典非士庶所當祭於家者鄉者因循舊俗未適厥正夫聰明正直之謂神非所當

祭而祭之固非所以祀神非所以當祭而欲人之祭之亦非所以爲神今將革舊俗之失以爾神之祀而歸諸正惟爾有神鑒之

石灣禱雨文

惟皇宋紹熙元年歲次庚戌六月甲申朔十有三日丙申奉議郎新權發遣荆門軍事事兼管内勸農營田事陸某謹以元酒茗飲蓬萊之香清陂之蓮就所居青田石灣山頂除地爲壇昭告于是鄉五方山川神祇蓋聞天子祭天地諸侯祭其境内名山大川雩禜祭水旱山林川谷丘陵能出雲爲風雨則祭之國有

常典掌在有司非其職守誰敢奸焉然輔相不任爕調以吏事爲責守令無暇撫字以催科爲政論道經邦承流宣化徒爲空言簿書期會獄訟財計斯爲實事爲日久矣況今日興圖未歸東南事力有限而朝廷百官有司城郭宫室郊社宗廟諸費事大體重未易損削東西被邊殆幾萬里養兵之費乃十八九公卿大臣寬厚有體日以靖恭謹重相告誠方重改作惡紛更服膺仍舊貫之旨則民力日屈郡縣日困守令救過不給其勢然也旱雩水禜雖欲竭精盡誠而本職常務所分過半矣故祈禱散在庶民徧滿天下

久以爲常法有其文官無其禁亦其勢然也今不雨
彌月龜坼已深水泉頻縮陂池鄉涸車聲塞耳而浸
不終畝憂色在面而歎不成聲民心自危日加一日
客有病其者曰居是鄉者莫不憂一鄉之事今人所
常行而法所不禁乃獨守區區古說坐視旱暵之災
不一出心力以祈神明以輔郡縣以慰鄉里以分父
兄之憂無乃類刻舟求劍嫂溺不援者乎某因念今
天下一家郡守再期縣令三期而易之矣今日事體
又有如前所陳者某嘗備員朝著之末列今又分符
荆壘待次于家郡縣不鄙其愚禮以上客父兄子弟

往往過而問以所長誠無以分父兄之憂慰子弟之望則客之所病不爲過矣是用齋戒以祈于爾有神是鄉之東有象山雲臺僊巖龍虎湖嶺豪嶺侯棟僊鶴中山南有崖山雲林白馬頭陀麻姑軍峰余源清江南山登高西有大嶺崇嶺靈谷何嶺明珠觀原翁塘火源官山箭溪四集北有柘岡金峯禪嶺積煙吉嶺萬石塘斗門石瀨沙岡三牛桂枝駢羅環遶韜奇蘊秀炳靈兆異歲享鄉民禱祈祭祀者多矣旱魃如此不爲一出雲爲風雨以殺其虐而惠斯民則父兄子弟之責望恐不獨在某也惟爾有神裁之尚饗

謝雨文

維皇宋紹熙元年歲次庚戌六月甲申朔十有六日己亥具位陸某謹以元酒茗飲蓬香蓮花登石灣之壇致謝于是鄉五方山川神祗除壇之日陰雲交覆致告之辰凉雨逅灑旋而風雨四作神祗參會連日未已諸鄉周洽靈應特達惠澤優渥惟神正直盡道舉職以贊上帝以蘇下民安肯論功望報然感而應祈焉而遂在吾民之心豈其敢忘用敢率兹前儀以致虔謝惟神其鑒之以毋替德惠尚饗

荆門禱雨文

荆門故楚國也江漢爲疆沮漳在境東有百頃南有
龜山西有玉泉北有上泉中爲蒙泉皆炳靈效異爲
此土之望旱乾水溢實與守臣同其責徃歲之冬兹
歲之春霈澤殊嗇今旣立夏矣陂池涸絶種未入土
斯民凛凛有無年之憂守臣不德當身受其咎斯民
何辜謹卜日爲壇於蒙泉山頂刑𮂶薦血瘞于兹壇
之右庸敬告于爾有神其尚鑒于兹

望壇謝雨文

獨占爲壇以元酒茗飲禱雨于是邦山川神祇曾不
崇朝雷動雲合甘澤隨降霧霈浹洽冬春所無靈應

響荅民情大慰謹率官寮望壇祇謝惟茲積暘陂池久涸泉源未動是安得無數願無愛威靈尚終惠之是用卒請

又

屬以是邦經冬涉春雨澤殊少啓蟄之後雷震不作已踰立夏陂池尚涸創茲爲壇用祈于爾有神爲壇之辰油雲四興疎雨爲兆致禱之日先以震雷從以膏雨霶霈周浹連日不忽靈應昭然凡厥吏民孰不感動謹率郡寮詣壇祇謝繼是雨暘時若百穀順成民戴神惠其有窮哉

東山禱雨文

謹率闔郡官僚以元酒茗飲致告于山川之神荆門爲郡大抵在江漢之間正南爲江陵而江實在焉唯沮漳由當陽以入江在郡之西正北爲襄陽而漢實署襄陽而後南折爲長林東境故荆門之山發於嶓嵱止於西山蒙泉原其下以在郡之西故曰西山其支山泌溪而東以繞郡治有峰峨峨然曰東山有浮圖在其上於西山爲賓季春之月以不雨之乆爲壇西山之巔以致其禱靈應響答沛然爲霖比日又以不雨申致其請連三日皆詣壇致請有雲油然有雨

瀟然而竟未霶霈正晝間霽二日三日之夕西北境有雷雨甚久電光容邇而不及郡城東南上田至廣仰雨尤急殊不霑及竊惟所以事神者未至古之祠山川者皆為壇望其所祠今西山之壇既獲靈應不敢廢也然觀東山正為西山之賓西望則山川之本原皆森列在前宜為壇以致禱是用於此申致前請惟神其鑒之

東山刑鵝禱雨文

謹率闔郡官僚詣東山新壇以望西山敢告于茲土五方山川之神自九月庚辰致禱之後境内每有雨

澤凡詣壇之時雲氣必變雨澤雖未霑洽可見靈應
然郡城至今未得大雨諸鄉亦未週遍竊懼所以事
神之禮未至春季致禱西山之時刑鵝薦血瘞于壇
側用著厥誠茲月之禱此禮未講惟神恕其不逮而
許其自新其尚鑒茲誠

上泉龍潭取水禱雨文

茲歲不雨之久是月六日於蒙泉山頂爲壇致禱十
有二日又於東山望壇申致厥請自六日之朝有雲
油然有雨祈然由郡城以及諸鄉是故諸鄉循環得
雨但未霶霈浹洽雖蒙靈應未終大惠是用竭誠致

請敢敬以淨瓶迎泉歸置郡治東荆岑亭上朝夕致敬以幸靈沛尚饗

象山先生全集卷之二十六

象山先生全集卷之二十七

行狀

全州教授陸先生行狀

先生名九齡，字子壽，其先媯姓，田敬仲裔孫齊宣王少子通，封於平原般縣陸鄉，即陸終故地，因以爲氏。通曾孫烈爲吳令豫章都尉，既卒，吳人思之，迎其喪葬于胥屛亭，子孫遂爲吳郡吳縣人。自烈三十九世至唐末，爲希聲，論著甚多，後仕不偶，去隱義興，晚歲相昭宗，未幾罷。仰龐華三叛兵犯京師，輿疾避難，卒，謚曰文。文公六子，次子崇生德遷，德晟以五代末避地于撫之金谿解槖中裝買田治生貲高閭里德晟之後散徙不復可知德遷遂爲金谿陸氏之祖六子高祖有程爲第四子博學於書無所不觀三子曾祖演爲第三子能世其業寬厚有容四子祖戩爲第四子再從兄弟蓋四十人先祖最幼好釋老言不治生產四子先考居士君賀爲次子生有異禀端重不代究心典籍見於躬行酌先儒冠昏喪祭之禮行之家家道之整著聞州里六子先生爲第五子生而頴悟能步趨則容止有法五歲入學同學年長踰倍者所爲盡能爲之讀書因析義趣十歲丁母憂居喪哀毁

如成人十三應進士舉爲文優贍有理致老成歎異年十六遊郡庠每課試必居上游時方擯程氏學先生獨尊其説郡博士徐君嘉言高年好脩留意學校間日獨行訪諸齋先生侍諸兄衣冠講論未嘗懈弛由是徐君雅相禮敬明年徐君物故又明年新博士將至先生聞其嗜黄老言脱畧儀檢慨嘆不樂賦詩見志歸葺茅齋從父兄讀書講古間出見故老先達所咨叩皆不苟時居士君欲悉傳家政平日紀綱儀節更加檃括使後可久先生多與裁評弱冠造吏部外郎許公忻許公居間久故知少見先生如舊相識

明年許公守邵陽欲先生來居士君亦啓其四方之志先生於是游湖湘抵邵陽久之而東至臨江郡守鄧君子延先生于學臨江士人皆樂親之居半歲乃歸越數年郡博士苗君昌言復延先生於學從遊者益衆苗自謂平生所尊賞者不苟至且所以禮先生者特異人亦以是信之其與先生啓有云文辭近古有退之子厚之風道學造微得子思孟軻之旨推尊蓋如此先生覧書無滯礙紬閲百家晝夜無倦於陰陽星曆五行卜筮靡不通曉性周謹不肯苟簡涉獵所習必極精詳歲在己卯始與舉送同郡官中都者

適有二人皆先進知名士閱貢籍見先生姓名相顧
喜曰吾州今乃可謂得人庚辰春官試不利辛巳補
入大學故端明汪公實爲司業月試輒居上游場屋
之文大抵追時好拘程度不復求至當惟先生之文
據經明理未嘗屈其意嘗有先進以是病之先生曰
是不可改先生寛裕平直人皆樂親久愈敬愛學校
知名士無不師尊之明年丁居士君憂乙酉升補内
舍丙戌爲學録學校綱紀日肅弊無巨細皆次第革
之人不駭異嘗有小戾規矩者先生以正繩之無假
借後或以先生問其人顧稱先生之德不以爲怨丁

亥升補上舍戊子館于婺女之張氏先生授其子以
中庸大學其父老矣每偶坐拱手與聽講授且曰不
自意晚得聞此張君之死其子喪以古禮不用浮屠
氏己丑登進士第授迪功郎桂陽軍軍學教授壬辰
當赴逕吏且至時太孺人間親藥餌先生以桂陽道
遠風物不類江鄉難於迎侍陳乞不赴甲午授興國
軍軍學教授明年夏湖之南有冦侵軼將及郡境先
是建炎虜冦之至先生族子諤嘗起義應募是後冦
攘相次犯州境諤皆被檄保聚捍禦往往能却敵州
里賴焉至是諤已死舊部伍願先生主之以請于郡

時先生適在信之鈆山聞警報亟歸抵家請者已盈門却之不去日益衆先生與兄弟門人論所以宜從之義甚悉會郡符已下先生將許之或者不悅謂先生曰先生海内儒宗蹈履規矩講授經術一旦乃欲爲武夫所爲衛靈公問陳於孔子孔子不荅今先生欲身爲之乎先生曰男子生以弧矢長不能射則辭以疾文事武備初不可析古者有征討公卿即爲將帥比閭之長則伍兩之長也衛靈公家國無道三綱將淪旣見夫子非哲人是尊社稷是討而猥至問陳其顛荒甚矣故夫子荅以俎豆而遂行夾谷之會三

都之墮討齊之請夫子豈不知兵者其爲委吏乘田
則會計當牛羊茁壯長使靈公捨戰陣而問會計牧
養之事則将遂言之乎執此而謂夫子誠不知軍旅
之事則亦難與言理矣或者又曰禮别嫌疑事有宜
稱使先生當方面受邊寄誰復敢議此閭里猥事何
足以累先生今鄉黨自好者不願尸此尸此者必豪
俠武斷者也今先生尸之人其謂何先生曰子之心
殆未廣也使自好者不尸此而豪俠武斷者卒尸此
是時之不幸也子亦将願之乎事之宜稱當觀其實
假令寇終不至郡縣防虞之計亦不可已是社之初

倉卒應募非有成法令備禦文移類以軍興從事郡縣欲事之集勢必假借主者或非其人乘是取必於閭里何所不至是其爲慘蓋不必寇之來也有如寇至是等皆不可用無補守禦因爲剽刼仁者忍視之哉彼之所以必誘我者爲其有以易此也吾固以許之爲宜或者又曰曾子之在魯寇至則先去寇退則曰修我墻屋我將反爲其爲師也今先生居於鄉有師儒之素命於朝爲師儒之官而又欲尸此無乃與曾子異乎先生曰吾居鄉講授自窮約之分吾求仕爲祿養今之官乃吏按銓格而與之耳異乎曾子之

爲師也今文遲次居鄉老毋年且八十家累過百人寇未至先去固令郡縣所禁比至而去必不逹剽刼踐蹂狼狽流離之禍往往不可免去固不可藉令可去扶八九十老者從以千餘指去將焉之子欲使吾自附於分位不同之曾予而并家之禍忍鄉之毒縮手於所可得爲之事此奚啻嫂溺不援者哉或者乃謝不及先生於是始報郡符許之已而調度有方備禦有實寇雖不至而郡縣倚以爲重丙申夏四月到任先生於事無大小處之未嘗不盡其誠於人無衆寡待之未嘗不盡其敬富川單僻絃誦希闊士人在

學校者無幾先生涖職舉措謹重規模雅正誠意孚
達士人莫不感動興起先生方將收拾茂異而遠近
願來親依者且衆冨川學廪素薄而又負逋不輸歲
入僅六百石而比年不輸者乃七八百石民未必盡
負姦吏黠徒乾沒其間簿書緣絶莫可稽證先生爲
覈實催理受輸之法甚簡而便白郡行之於是無文
移之繁無追督之擾簿書以正負者樂輸儲廪充裕
士人至者日衆不滿歲丁太孺人憂去職在冨川者
莫不惋惜己亥四月服闋冬末到選庚子春授全州
州學教授夏中得寒熱之疾繼以脾泄屢止屢作竟

不可療九月二十有九日卒享年四十有九先生雖
卧病見賓客必衣冠舉動纖悉皆有節法卒之日晨
興坐于牀問疾者必留與語幼者人人有所訓誨談
笑歡如也先生未嘗不以天下學術人才爲念病中
言論每每在此是日言之尤詳夜稍久則正卧整衣
衾理鬚髯疊手腹間不復言笑又數刻而逝先生道
德之粹繫天下之望曾未及施一疾不起識與不識
莫不痛惜先生少有大志而深純浩博無涯涘可見
親之者無智愚賢否皆不覺敬愛慰釋稱其善者往
往各以所見未嘗同也不區區撫摩而藹然慈祥愷

惕之風有以消爭融隙不斷刻畫而昭然脩潔清
白之會足以澄汙律漫趣尚高古而能虔脩辯析精
微而能容愚一行之善一言之得雖在巫醫卜祝衆
圃藏獲亦加重焉珍愛自必以聖賢爲師其於釋老
之學辯之嚴矣然其徒苟有一善亦所不廢故先生
無棄人而於先生亦鮮有不獲自盡者與人言未嘗
迫遽從容數析本末洞徹質辨請益者莫不得所欲
而去於人言行之失度未可與語則不發或者疑之
先生曰人之惑固有難以口舌爭者言之激適以固
其意少需之未必不自悟也扞格忤很之氣消之

不當起之責善固朋友之道聖人猶曰不可則止况泛然之交者乎又况有親愛之情者乎雖朋友商確至不可必通處非大害義理與其求伸而傷交道不若姑待以全交道且事有輕重小大吾懼所益者小所傷者大所爭者輕所喪者重故也然有時而遽言之盡言之力言之者蓋權之以其事權之以其人權之以其時也母饒氏繼母鄧氏淳熙三年以慶壽恩封太孺人娶王氏魏公曾孫通州使君瑊之長女也通州君亦以是年八月卒先生卧病聞訃制服成禮逮遣祭纖悉皆自經畫子艮之年十三女人皆幼先

生未及著書若場屋之文與朋友往來論學之書則傳錄者頗衆其餘雜著古律詩墓誌書啓序跋等門人方且編次將以十二月乙酉葬于鄉萬石塘謹書其行實之大槩以求誌於當世之君子淳熈七年十一月既望弟某狀

吳公行狀

公諱漸字德進姓吳氏舊名興仁字茂榮以舊字行其先自金陵徙家臨川今幾百年矣曾大父嗣宗大父景章父萬石迪功郎致仕兄弟三人公居次少隨伯氏從學於江公匯江爲鄉先生從游多老成宿學

一時英異如李公浩曾公季貍皆在公以童幼居其
問愿慤恭遜得子弟禮有所未解人樂告之年十有
五丧母高氏服除致仕公使之治生公雅好文學重
違致仕公意服勤數歲一日從容言其志致仕公大
悅之更使從學未幾會新教官至試補弟子員郡之
士大集公居第一自是每試輒居上游人服其藝異
時同事江公者與爲執友公每自挹損事之如子弟
紹興癸酉始與舉送人謂公一第固可俯拾明年省
試不偶公不以罪有司曰吾殆業不精丙子再舉壬
午三舉省試皆報罷自是仕進之意衰矣其後雖屢

到省皆以其子姪或門人與舉送顧公表率親舊敦勉以行公往來超然殊不以得失介意或以特奏名留之公曰吾來此聊復爾耳不能久也謝之竟歸曰率諸子讀書以自娛樂其聲洋洋踵門者未及見已爲之起淳熙十年六月朔以疾卒享年六十鄉閭莫不惋惜公性孝事親左右無違見老者雖賤必敬慈祥愛物力所及者螻蟻蛙蚓之難亦必免之其謙恭不競人皆以爲不可及至有不當其心引義正色堅勇亦不可奪家甚貧自奉甚薄唯祭祀賓客則致其豐鮮公在郡庠以行藝推爲前廊居無何輙逡巡辭

去乾道庚寅許君及之蘇君總龜爲教官尤留意學校聞公學行信於鄉里造廬敦請至于再三不得已就之公雅爲許所知許方欲盡去宿弊事無巨細皆以委公公爲區處條畫如指諸掌許每歎曰於是見君後日之施設矣事有緒即辭去其後合郡之士屢請延公入學教官郡守各致其禮公皆固辭不復出矣鄉里先達皆期公以有用乃竟不三試而死悲夫公娶黃氏子五人顒若厚若誠若皆世其業厚嘗與丁酉舉送女四人長歸某次甫笄而死次許胥訓次未許嫁孫男女各一人尚幼卒之年秋九月壬申葬

于金谿縣歸德鄉金石源祖塋之側葬之日送車塞塗祖奠于道者相望不絕行過者莫不賫咨涕夷某在童稚時爲公所知後又妻以其女知公之平生可謂深且詳矣知公之德不可不表顯于後謹覈書以告當世之君子淳熙十一年九月旣望壻承奉郎充詳定一司敕令所删定官陸某狀

象山先生全集卷之二十七

墓誌銘

黄氏墓誌銘

淳熙庚子三月八日梁君世昌以書抵予言繼室黄氏將葬以李君蟠狀來乞銘余未嘗銘墓抑銘墓非古惟孔悝鼎銘見戴記則衞侯策書曰予汝銘墓之有銘柳子厚謂始於公室用碑以葬其後子孫因銘德行如此則非公侯不得有是然郭林宗不過嘗給事縣廷其葬也刻石立碑蔡邕爲之銘是則東漢時銘墓已無限制今人力能辦者必銘其墓余滋不恍

然黄氏余外姑之妹也舊聞其賢梁君亦惓惓於余
是春之初余訪梁君梁君内顧酒肴立具梁君去年
嘗遊廬阜其談山水之勝誦高人逸士之文亹亹不
惓余於是益知其在中饋者能安於梁君而後梁君
能安於所好也嗚呼乃不知余去數日而黄氏死矣
墓銘今世皆用黄氏又賢余又親戚前其死數日余
又適至其家梁君又惓惓於余是以重違其請銘曰
世居臨川其姓則黄曰謂之女少慧且良謂殊愛之
擇配至詳爰綏其歸繼室于梁歲時祭祀絜蠲盛湘
有親有賓餚具有常撫其二子成章大章與其一女

藹然慈祥梁賴其相志願畢償家用益肥於前有光
庚子孟春甲子遽亡年止四十壽胡不長其穴伊何
靈臺之鄉桐嶺梁源舅姑塋傍三月壬申體魄以藏
後有興者是不可忘

張公墓誌

公諱琬字禹錫姓張系出漢留侯世居信之龍虎山
曾祖嗣宗賜虛白先生祖大方贈武功郎考念承信
郎公生於元符二年十有一月五日癸酉卒於淳熙
八年三月十有四日庚申享年八十有三公甫冠應
舉不利乃去入京師宣和間應募破方臘補進義副

尉建炎初自京師從馮獬等詣濟南府扈從至南京
轉進武校尉明年以嘗從使虜轉承信郎傾側擾攘
汴淮之間所志不就浩然歸休居家處鄉孝慈悌順
無所違拂留意吐納希蹤喬松中年卜居不用世俗
陰陽地理等說自得勝處家既饒給益自燕適晚歲
尊延禮法之士爲子弟師變其舊俗軌範一新鄉里
改觀焉寢疾且亟召子孫申戒之言訖而逝娶莊氏
早卒繼室周氏子男四人崇之簡之安之明之女二
人長適章如璋次適將仕郎倪安國孫男八人女七
人曾孫男一人卜以十月三日丙午葬于長湖既得

卜子明之來求誌其墓公繼室余表姊也明之又嘗從予遊不可辭青田陸某誌

宋故陸公墓誌

公姓陸氏名九叙字子儀撫州金谿人曾大父演大父戩父賀贈承事郎母饒氏贈孺人繼母鄧氏封大孺人公生於宣和五年七月乙卯卒於淳熙十四年五月癸亥享年六十有五以卒之年十月壬辰葬于臨川縣長壽鄉羅首峯下公氣稟恢廓公正不事形迹群居族談公在其間初若無與至有疑議或正色而斷之以一言或談笑而解之以一説往往爲之渙

然家素貧無田業自先世爲藥肆以養生兄弟六人公居次伯叔氏皆從事場屋公獨總藥肆事一家之衣食百用盡出於此子弟僕役分役其間者甚衆公未嘗孱孱於擀撿伺察而人莫有欺之者商旅往來咸得其懽心不任權譎計數而人各獻其便利以相裨益故能以此足其家而無匱乏後雖稍有田畝至今計所收僅能供數月之粮食指日衆其仰給藥肆者日益重公周旋其間如一日也公娶余氏先公十一年卒余氏孝順出於天性娣姒皆以爲莫及當窮約時公之子女衣服敝敗特甚余氏或時及之公即

正色呵止必伯叔氏爲之處乃始得衣雖公之衣服器用亦往往如此及伯季有四方游雖至窘急褁囊無不立具自公云亡遠方士友聞訃慰唁諸孤與公之伯季稱公德美悼痛傷悅無異辭子男四人望之麟之立之尚之女六人長適鄉貢進士張商佐次適黄叔豐次適危三畏先公十七年卒次適徐翔龍周清叟熊鑑孫男三人女五人皆幼弟宣義郎主管台州崇道觀棊謹誌

黄公墓誌銘

南豐黄世成少事場屋再舉不第即棄去益繙經史

石家言究窮其道理結廬石僊巖有終焉之意其兄世永甫冠登科所志頡朊以出暇日憇石僊與世成劇論時事歎羨其才勉之使出堅不可奪世永益奇之名其廬曰壺隱其父南雄府君官至正郎澤及世成世成推以與弟澤再及又推以與次弟有季弟澤不及則推己田與之或惡其背馳議之曰是非人情曰矯曰好名世成處之泰然議者浸以熄久之遠近咸服不稱姓字但曰壺隱在童稚時嘗爲横浦張公賞識及長結交皆一時名流雖絶意仕進其於國之治忽民之休戚未嘗不關其心故舊居職任事者每

類以有聞江西之捄荒湖廣之弭盜往往出其策比年移書左司楊廷秀諫議謝昌國其言尤剴切深至二公還書推重嘉歎然卒不能有所施行余不識世成而得其爲人至詳粹然其容懇然其中剸煩若易處大若細其施不匱其守不渝爲文操筆立成藻思贍蔚統紀不紊有苦心極力所不到者得諸儒言論必沉涵紬繹頗倰論著訂其真僞然不自以爲是也比十數年辱余以書無曠時若所嚴事學絕道喪片善寸長必自介恃世成之所可挾者衆矣乃自視歉然汲汲於求道過人亦遠矣今其亡也其子來請銘

以世成之賢雖不吾屬猶將彰之况請之勤邪世成
諱文晟曾祖㑹中康州司理參軍妣蕭氏祖俯左廸
功郎處州司理參軍贈左朝請大夫妣太宜人吕氏
曾氏父越左朝奉大夫知南雄州妣宜人曾氏娶曾
氏子男五人長曰揖先四年卒次曰枘曰槐曰椿曰
棐女三人長適湛覺次適曾林宗幼在室孫男二人
𤋮勲女一人世成生於紹興丁巳二月己亥卒於淳
熈丁未十二月壬辰享年五十有一將以戊申十一
月己酉葬于石僊巖之金鵝谷銘曰匪屋之潤于其
身匪爵之尊于其仁無其責而有其言非其位而及

其民孰曰余咎孰曰余咎烏乎壺隱豈其隱淪誰尚顯之在其後人象山陸某誌

黄夫人墓誌

余少時見墓銘日多往往緣稱美之義不復顧其實修言濫辭使人無取信竊念之曰苟如是不如無銘及長人或過聽俾爲墓銘輙終辭之蓋不獨以才薄品卑也歲在庚子同郡梁君光遠繼室黄氏之亡乞銘於余余於是銘之且具誌其故然其原大抵以其爲吾外姑之妹而有以信其賢也昔者外舅吳君茂榮之葬余狀其行乞銘於尤太史不敢加一辭如所謂

闔郡之士願以爲領袖謁諸郡傅士造廬延致至于
再三乃始應命則許君深之杏詳深父乃
當時郡傅士今年自右拾遺進貳奉常者也余比歲
又銘南豐慈溪二君子之墓海内名識謂無愧辭今
吾外姑之葬雖微諸孤之請吾敢無銘乎外姑踰笄
歸于外舅尊卑内外姻戚鄰里僚友之家下與僕妾
舉無間言自吾爲壻未嘗見其喜怒唯見其慈祥恭
謹爲姑如婦祭祀賓客酒殽菹醢靡不躬親滌濯致
潔調劑致適奉承薦獻致其誠敬其勤勞中饋殆如
一日諸婦祈欲逸之而不可得待子壻卑行猶孳孳

若有不及筴幽閒安詳不動聲色屐之如素亦使人有以安之詩書傳記所稱婦德於是有證嗚呼賢哉享年六十有四邑氏先諱見乃妹銘章子孫男女名數具外舅行狀與尤公之誌獨子之幼非外姑出其氣體稚弱外姑慈撫鞠育劬勞有加於疇昔莫辨其非已出也其女之季前一年卒孫則增男一人女四人卒之日維淳熙十有五年二月丁卯明年十月己酉葬于金谿東漕之龍岡銘曰龍岡之阡雲林之別盱江陳前浮霜湧雪瀦若鑑明繚若水縈旁羅諸峰麻姑兢列却負書山屏隱巖嶂靈谷後車雷公並轍

維姑之賢徃訓是將維姑之身命服不設天實酬之窆以斯穴余實知之詩之斯碣尚其子孫自致閥閱褒綸崇封奕世不缺葬月之朔壻宣義郎新權發遣荆門軍兼管内勸農營田事陸某書

楊承奉墓碣

年在耄耋而其學日進者當今所識四明楊公一人而已公長不滿五尺薾然臞儒而徇道之勇不可回奪血氣益衰而此志益厲賁育不足言也余獲遊甚晩而知公特深平生爲學本末無不爲余言者四方士友辱交於余惟四明爲多自余未識公時聞公行

事言論詳矣公爲人恭謹精悍不屑碌碌視天下事無不可爲者其言有曰畏夷狄憂用財此宰相非才之明驗少時蓋常自視無過視人則有過一日自念曰豈其人則有過旋又得二三已而紛然乃大恐懼痛懲方改刻意爲學讀書聽言必以自省每見其過內訟不置程督精嚴及於夢寐怨艾深切或至感泣積時既久其工益密念慮之失智識之差毫釐之間無苟自恕嘉言善行不曠耳目書之盈室著之累秩嘗曰如有樵童牧子謂余曰吾誨汝我亦當敬聽之檢身嚴而安其止取善傳而知所擇舊習日遠新功皆

日著自其子識事未嘗見公有過所自責者類非形
見公每發明以示監戒人患忿懥公容物若虛人患
吝嗇公捐財若無或歎其不可及公曰昔甚不然吾
改之耳一夕被盜翌日諭子孫曰婢初告有盜吾心
止如此張燈視筒告所亡甚多吾心止如此今吾心
亦止如此四明士族多躬行有聞公家尤盛闔門雍
雍相養以道義仲子簡尤克肖入太學治易冠諸生
既第主富陽簿訪余於行都余敬誦所聞反復甚力
余既自竭卒不能當其意謂皆其兒時所曉殆庸儒
無足采者此其腹心初不以語人後乃爲余言如此

又一再見始自失久乃自知就實據正無復它適自謂不逮迺翁遠甚恨其未聞余言後簡自以告公公果大然之於是盡梵所藏異教之書每曰人心至靈迷者繆用又曰動靜語默皆天性也又曰顔回屢空夫子所賞必以所得塡塞胸中抑自苦耳又曰令吾之樂何可量也余爲國子正公携二孫訪余留月餘而去後其子爲浙西帥屬迎公以來余更卜廨爲鄰每侍函丈屬厭誨言晚學肅虛無能啓助負公所期斯爲愧耳公嘗行步小跌拱手自若徐起儵然殊不少害從行異之公曰蹉跌未必遽傷此心不存或自

驚擾則致傷耳余聞之曰所謂顛沛必於是江浙相望千里而遙公既還第余亦屏處時想風采如鞭其後公之云亡子簡遣訃余適西游僕及余館余不知其爲訃也方喜見之首問公安否僕荅曰已下世余驚嗟再三哭之爲慟簡又以墓碣屬余於是次而銘之公諱庭顯字時發其先居台之寧海黄壇九世祖徙明之奉化其子又徙鄞紹興末北虜犯淮又徙慈溪曾祖倫祖宗輔父演皆隱德不仕淳熙十一年壽聖慶霈公以子官封承務郎十三年光堯慶霈封承奉郎十五年秋八月戊寅以疾卒享年八十有二卜

以十一月庚申葬于縣之石壇鄉句餘村孝順里娶莊氏先公十四年卒公葢合葬予男六籌篆簡權卿箎籍篆嘗與舉送簡宣教即新知紹興府嵊縣權卿夭女三長適孫楷次適馮象先次適王洽孫男十二恬恢惟悔懌忯恪慥愉憺惿憻女九長適顔袞次適舒鈇餘未許嫁曾孫三蟄卮圭女一銘曰施之家可移天下海可竭斯銘不滅契姪臨川陸棊撰并書

葛致政誌

余稚齒在先君侍側見客有長大面目方整坐立聳直揖遜恭謹者心獨異之廉問左右知爲葛公德載

而未能詳其爲人及長則聞葛才美有聲學校有業五行術者曰黄實久遊鄉里常往來吾家每科詔下問此舉誰當薦名實必曰葛才美已而不驗人皆笑實曰是獨釆有能名者耳才美竟以乾道戊子與其子同與舉送明年才美登科余聞實言時實已老矣不知此時猶在否也才美公仲子也公平日待之甚嚴其母嘗秉間爲才美泣曰兒未嘗有過盍少假借之公曰此非兒女子所知吾如是猶懼其業不進德不脩可假借乎是所以成之也爾母以爲苦由是母亦喻其意才美未第時余嘗造郡庠由東序以入有

二士並立西序稍相睥睨一士容色甚少益自嵬岸面焉以出一士低回恭謹翼翼趨庭間見即乃才美也才美齒出吾上遠甚而其恭如此余由是益敬重之已而聞其有嚴君焉余然後知才美恭遜固天性亦其教有以成之也才美與先兄復齋爲同年進士自是往來加密余亦屢造公公年耆行尊過自謙抑如見所畏未獲從容比年客有過我道公疇昔語且及其行事余竊有慕焉因介客道意欲求數晤以究本末因循未遂而公下世矣余往哭公柩諸孤執喪甚哀余亦不知涕泗之橫集既歸即束書入山房公

葬有日才美後行銜蜀盤山以銘爲請余雖不繼銘墓異時所辭卻者衆矣或破此意而爲之者皆適有所感而不能自已者也余於其所感者深矣遂次而銘之公諱慶曾其姓德載甚字其先五代間自番易徙撫之金谿曾祖祈祖曹父思審皆不仕世以力田殖其家公爲人剛決臨事無凝滯年十三區處家務如成人父兄異之於是付之以其政時公父年未五十爲堂舍比以自熟適如遺世者凡三十餘年而後即世公有二兄仲早卒事伯兄撫仲孤毅發閔盡人無間言遭時多故縣官倚辨於民者幾倍嘗賦公謂

虔有方從容贍給建炎間盜賊蜂起所在爲保伍以
自衛郡每被寇必檄以捍禦臨川爲寇衝虜騎侵軼
亦嘗及城下皆賴鄉社以免公善用長戈慷慨徇義
人所樂親所部皆勇敢以是見推爲前鋒摧堅陷陣
未嘗有所避虜騎既敗退王燮後軍叛卒數千尋至
城下他兵遇者輒不利城中恟懼金谿鄉社既至城
中則大喜城上呼曰賊中有髯而騎者善戰宜謹備
之既陣果有髯而騎者奮刀馳突公直前以長戈搆
之應手墮馬賊衆驚潰獲其告身官已正使人皆曰
盍論功爭公曰今日之事本爲除賊賊除足矣論功

非吾事也有司亦不復有所省録公仲子既仕凡三
遇慶霈累封至承事郎賜緋魚袋今上登極加封宣
義郎公功不見録於有司天則録之矣紹興乙卯歲
旱明年民艱糴米斗踰十錢富民方閉廩時公先下
價散其米徒手來者輒貸與之公限粟不多而里中
賴之宏矣蔬圃蒔茶爲用餘者以易所乏農家往往
有之嚚猾持以榷禁愚民不知所辨則可以得貨公
有三貧族嘗遭此厄訟者亦公之族被訟者願賂入
訟者萬錢求已而未能得錢丐公爲保公欣然保之
已而訟者迫公索錢凡三人爲錢三萬公度三家者

八十有四卒之日嘗紹熙改元五月庚午公娶楊氏
後數日從容就枕如平常左右視之公則逝矣享年
飲食步趨無異壯時一日出門小跌既歸如有微恙
者不能贍自其子登科痛乃浸發久而失之年益高
他疾中年指間有贅天陰或痛久者彌日而後止醫
留也性喜飲酒客至治具隨有無飲必至醉公生無
之官訪舊賞新窮日不倦及其興盡而返子亦不能
從容者其子丞西安令星子皆適當公意方其迎侍
餘財然公處之裕如也柯山所容廬山公所閱皆顏
貧甚終不能得錢即代償之公輕財類以是家無

早卒繼室余氏封宜人子男六人曰造曰逢時儒林
郎知南康星子縣曰述先公五年卒曰宗允曰少良
嘗從余遊曰亮女四人王適一胡溥余邦光馮文載
其壻也孫男十三人俊卿即與其父同舉者玉卿有
光有開如霆有爲祖蒙憲卿如江冠卿三人尚幼女
五人曾孫男五人女三人卜十月己酉葬于池頭鶴
叩嶺下湖除尉朱桴濟道實狀其行銘曰捐財致身
紓難去害其聲則微其功則大象笏昂昂朱銀煌煌
公固不言天其以章前葬十日奉議郎新權發遣荆
門軍兼管内勸農營田事陸某撰并書

吳伯顒墓誌

臨川吳伯顒余妻弟也外舅五子伯顒爲長孝友謹飭見於稚齒婣婭賓朋每所歎賞年十五補入郡庠歲選嘗多許深甫蘇待問爲教官時學校最盛伯顒居上游所爲生財有大道論深甫極賞之謂後日當爲世用初爲詩後爲書爲二禮月試皆嘗冠其倫然竟不薦名人爲稱屈家甚貧外舅既下世變故仍出歲荐艱伯顒處以義理凜然不移尤人所難外姑之喪將及大祥以微疾卒嗚呼痛哉伯顒名顒居世系

先諱具尤禮侍所爲外舅茂榮之碑生於紹興戊辰

閏八月丁巳卒於紹熙庚戌十一月乙亥以十有二月壬寅葬于金谿龍岡母塋之東娶周氏再娶亦其族一女尚幼既死以族子爲嗣名繼孫生四歲矣前葬五日奉議郎新權發遣荊門軍兼管内勸農營田事陸某誌

陸修職墓表

陸氏徙金谿年餘二百嗣見九世公居五世諱九臯字子昭同胞六人公爲叔氏子美其季也次爲子壽次爲某子壽下世今十有三年矣某狀其行述世系爲詳當是時先君子未贈官其後某誌仲兄子儀之

墓不復具世次獨載先君子贈承事郎今再贈宣教
郎去年秋某迎侍伯兄子强來守荆門伯兄至甫一
月既歸歸未及家公已下世嗚呼痛哉公少力于學
日課經子文集必成誦夜閲史冊不盡帙不止嘗夜
過分先君子見公猶觀書勉使寢息公後不能自已
爲之障燈屏息懼先君之復知之也及長補郡學子
弟貢一試即居上游郡博士徐君視公文行俱優擢
爲齋長公與二季嘗正衣冠講誦不懈徐君每所咨
賞月試必聯名占前列徐君嘗語於衆曰此其學皆
有淵源非私之也然公年過三十始獲薦名又復不

第𥙷老乃得一官兹非命耶公持論根據經理耻穿

鑿之習雖蹭蹬塲屋而人所推尊不在利達者後授

經之士或以獨步黌序或以擅塲南省而公之與否

曾不以是一視其言行如何耳令其徒有忠信自將

退然里巷庠序之間若將終焉而進修不替者公之

教也先君子居約時門户艱難之事公所當每以條

理精密濟登平易吾家素無田蔬圃不盈十畒而倉

指以千數仰藥寮以生伯兄總家務仲兄治藥寮公

授徒家塾以束脩之饋補其不足先君晚歲用是得

與族黨賓客優游觴詠從容琴奕𥲤然無窮匱之憂

當是時公於妻子裘葛未嘗問也杜子美北征詩謂
海圖折波濤舊繡移曲折天吳及紫鳳顛倒在短褐
公妻子無海圖可折無天吳紫鳳可依然舊繡移曲
折顛倒在短褐則有之矣先君子之喪既除公不復
御講席家塾教授屬諸其季過從之隙時時杖策徜
徉畦壟阡陌間檢校種刈若無意斯世者豈各以其
時耶番陽許氏爲書院桐嶺延師其間以處鄉之學
者又自稟若干人然其季子往往從學于外亦嘗來
從余游因得侍公函丈之末公之餘論遺風或者竊
有所聞矣一日父子協謀闢廬舍儲器用廣會集之

堂增自稟之員介其鄉之賢者致禮以延公公却之

再三請益固公爲一出桐嶺學者於是變而樂義理

之言厭塲屋之陋士大夫聞風莫不願與三席自遠

至者踵繫不絶興起甚衆然公年益高頗倦酬應未

幾謝去越數歲安仁宰曾君文清孫也至則葺縣學

增士稟修禮儀尊師道願公主之公不復出矣淳熈

丁未江西歲旱撫爲甚撫五邑金谿爲甚倉臺郡守

留意賑恤别駕廖君實主之廖知其説莫善於鄉得

其人莫不善於吏與其事造廬問公計策且屈公爲

鄉官於是鄉之所得多忠信之士而吏不得制其權

以牟利明年賑糶行出粟受粟舉無異時之弊里閭
熈熈不知爲歉歳而俗吏以善公力爲多公平居混
然無異於人者而智識濬深遇事始見又其晦明之
變人所不解當其晦時童子所了隷人所知公或不
辨然特間見於燕間視聽使令之間未始害事至事
理之盤錯情僞之隱伏賢識趦趄或用蹉跌惟公之
明如辨蒼素客有以名聞者公探衣將見之矣户閫
偶目其貌退而却衣曰吾不欲見斯人也已而果非
佳士况此非獨人所不解公亦有不能自知者不以
學自命而就證者類有愜志不以智自多而就謀者

類有寤心公之得於天者如玉在山如珠在淵其可
量哉逆遜溺心形似蔽實徵者過當甚者易位今之
賢者未易免此惟公之明好惡不能亂形似不能蔽
大學曰好而知其惡惡而知其美者天下鮮矣故諺
有之曰人莫知其子之惡莫知其苗之碩公疇昔亟
誦斯言而屢嘆其難公之所以自致其力者深矣是
書之流行近世特盛然其靈足以造此者求諸其傑
未見如公者焉公壯年以吕氏次序大學章句猶有
未安於是自爲次序今遠方學者傳録浸廣吾家獨
亡其藁公之子長者年將四十乃不知父嘗有是書

蓋自其省事惟見公正文講授故也公見善未嘗不喜而稱道不浮其實見惡未嘗不惡而指摘不加其罪兩益之辭無所和一切之論無所取疑似之跡不輕實流傳之事不輕據故人之所稱有所未許人之所擯有所不絕衆人所决發言盈庭公每低回以致裁抑憂世之士或病公首鼠不足以植風聲示懲勸而公隱然持之自若近年以文祭舊生徒劉堯夫頌其平日之美責其晚節之過謂玟之寘寘尤足爲貴其辭深切著明讀者無不感動理之所存何間幽顯當疑而决當决而疑均爲不明也孰謂公首鼠哉公

嘗名所居齋曰庸學者因號庸齋先生然公未嘗言其義學者亦未嘗有所請公著述頗多皆未編次生於宣和乙巳十有二月十有四日辛亥卒於紹熙辛亥十月十日乙酉享年六十有七卒之前一夕起旋小跌自是倦乏然就枕即熟睡覺時醫者視脉家人進藥雖飲之必曰吾不起矣十日之朝侍疾者忽不聞鼻息察公則已逝矣娶吳氏子四人損之益之賁之升之女二人長先公二年卒未及許嫁次許嫁貴溪張氏孫男一人女三人卜以紹熙壬子七月十有二日葬于鄉之長慶寺側公以淳熙甲辰　壽聖慶

恩授迪功郎監潭州南嶽廟十六年己酉　上登極

覃恩進修職郎某效官重湖疾不侍藥歛不撫棺葬

不臨穴嗚呼痛哉敬次序公平生以表墓某聞命之

日嘗請迎侍公曰子行矣吾往時當自訪子訃前數

日從公于夢自是節朔必夢見公嗚呼痛哉東望隕

涕爲之銘曰如珠潛光可以照夜公之明也如玉儲

潤可以賁山公之德也表公之墳與斯銘其長存

象山先生全集卷之二十八

象山先生全集卷之二十九

程文

庸言之信庸行之謹閑邪存其誠善世而不伐

德博而化 解試

知所以成己而無非僻之侵則誠之在己者不期而自存知所以成物而無驕盈之累則德之及物者不期而自化乾之九二何其誠之至而德之博也庸言之必信庸行之必謹是知所以成己矣知所以成己則誠豈有外乎洮哉又懼夫邪之爲吾害而閑之也嚴使無一毫非僻之習以侵之則誠日益至而在己

者不期存而自存矣反而誠其身推以善斯世是知
所以成物矣知所以成物則德豈有外乎此哉又懼
夫伐之爲吾病而去之也盡使無一毫驕盈之氣以
累之則德日益傅而及物者不期化而自化矣誠之
在已者不期存而自存而其端特在於閑邪德之及
物者不期化而自化而其機特在於不伐則天理人
欲之相爲消長其間可謂不容髮矣庸言之信庸行
之謹閑邪存其誠善世而不伐德傅而化此所以爲
君德歟中庸之言誠曰非自成已而已也所以成物
也然則成已成物一出於誠彼其所以成已者乃其

所以成物者也非於成己之外復有所謂成物也又曰性之德也合內外之道也然則曰誠曰德一本乎性彼其所謂誠者乃其所以為德者也非於誠之外復有所謂德也明乎中庸之說則乾九二之君德可得而議矣言行之信謹二之所以成己者也善世而不伐二之所以成物者也彼其所謂信謹者乃其所以不伐者也舍言行而求其所以善世者則乖矣閑邪存其誠〻之存諸己者也德博而化德之及乎物者也彼其所以閑而存者乃其所以博而化者也外乎誠之存而求其所謂德之博則惑矣若夫朝謀夕

訪求所以治乎人而不知反求諸其身安知夫大人
正己而物正而二之善世者特在乎言行之間而已
也小惠小信欲以爲己之德而不知誠之不可揜安
知夫明明德於天下者蓋本於正心誠意而二之德
博者由乎其誠之存也至矣哉誠之在天下也一言
之細一行之微固常人之所忽然言出乎身加乎民
行發乎邇見乎遠言行君子之所以動天地也君子
喘言蠕動皆足法造次顛沛必於是庸言之信而莫
不可以爲天下則庸行之謹而莫不可以爲天下法
知至乎吾之誠而不知夫言行之細也然邪之與正

猶眴睨之相爲生死陰陽之相爲消長非僻之習一
毫焉侵之則言隨以不信而行隨以不謹矣尚何有
於誠之至故爲冠以莊其首爲屨以重其足在車聞
和鸞之音行步聞珮玉之聲盤盂有銘几杖有戒所
以防閑其邪而使非僻無自而至者備矣則凡見乎
吾身而充乎天地者何往而非誠哉茲不曰不期而
自存者乎大矣哉德之見於天下也推吾所有兼善
天下此固人之所甚欲然有諸已而後求諸人無諸
已而後非諸人所藏乎身不恕而能喻諸人者未之
有也故君子正身以正四方修已以安百姓且曰麗

必照物雲濃必雨苟和順積中英華發外極吾之善斯足以善天下矣然伐之害德猶木之有蠹苗之有螟驕盈之氣一毫焉間之則善隨以喪而害旋至矣尚何有於德之博故有焉而若無實焉而若虛功贊化育而不居智協天地而若愚消彼人欲而天焉與徒謙冲不伐而使驕盈之氣無自而作則凡不言而信不怒而威者乃所以爲德也茲不曰不期而自化者乎嗚呼由乎言行之細而至於善世由乎己之誠存而至於民之化德則經綸天下之大經者信乎其在於至誠而知者誠者信乎非聰明睿知達天德者

有不能也以經考之乾之六爻隱而未見行之未成者初之潛也貴而無位高而無民者上之亢之三則以危而進德四則以疑而自試惟五以飛龍在天而二以見龍在田皆有利見大人之美夫君位既已在五則夫君德者非人之龍德而正中其孰足以當之聖人於是發成己成物之道存誠傳德之要使後之人君能明聖人之言以全九二之德則天下有不足為矣切嘗稽之於舜好問而好察邇言隱惡而揚善則庸言之信庸行之謹為如何納伯益儆戒之辭則罔有忌諱許伯禹股肱之命則使之弼違開邪存誠

可見於此矣巍巍乎有天下而不與則善世不伐爲
如何考其民之心則天下同戴稽其民之俗則比屋
可封德傳而化可見於此矣九二之德大舜其盡之
矣説易者以爲九二之爻蓋舜之田漁時也今槩以
爲帝之事可乎曰以位而言則田漁時也以德而言
則夫子匹夫也或曰祖述堯舜或曰賢於堯舜孰謂
乾之九二而不足以言舜乎不然則何以謂之君德

　黄裳元吉黄離元吉

用中者雖與其時獲吉者皆極其大中之爲德言其
無適而不宜也黄中色也坤中在五而有黄裳之以

裳下裳也黄裳者守中而居下也在上者患不能居
下能守中而居下安得而不大吉哉離中在二而有
黄離之義離麗也黄離者所麗得中正也附麗者患
不得中正如所麗之中正安往而不大吉哉位有二
五之殊辭有裳離之異其居下附麗雖因時而不同
而其爲大吉則一而已非中之爲德疇克爾哉坤之
六五曰黄裳元吉離之六二曰黄離元吉嘗謂中之
爲道大矣世嘗玩於其説而莫之省也夫以堯舜禹
三聖人相授受而同出於一辭則道宜莫大於此矣
而不過曰允執厥中故子思之書反覆乎大中之説

丁寧乎時中之論而世之喜事者不明乎中之說欲爲驚人可喜之行是非獨得罪於聖人而其所以速矣取禍者蓋亦不旋踵矣嘗試告之以大吉之可願則莫不願至告之以大中之道則又玩而不知省嗚呼安知所願者乃出於其所玩者歟然子思之言中不獨有大中之說而又有時中之論蓋中而非其時則烏在其爲中也時乎坤之六五則疑乎陰之在上疑乎其上則居下之爲中矣守中而居下則以貴而下賤以尊而下卑以能而下於不能以多而下於寡夫守中而居下如此則天道之所益地道之所流人

道之所好鬼神之所福其吉豈不亦大矣乎黃裳元吉坤之六五所以爲中也時乎離之六二則以陰而麗於兩陽之間麗於兩陽之間則麗之中正者也所麗者中正之道所附者中正之人以下而附乎上則在上者中正也以上而附乎下則在下者中正也夫所麗之中正如此則上交不諂下交不瀆建諸天地而不悖質諸鬼神而無疑其吉豈不亦大矣哉黃離元吉離之六二所以爲中也坤離之五二其居下附麗之義雖殊而其獲吉則咸底乎大信乎無適而不宜也竊嘗求之有周之臣周公以叔父之親師保之

文

任而握髮吐哺下於白屋之夫終以周致太平魯疆以啓黄裳元吉周公以之太公抱鷹揚之策垂釣乎磻溪之涯年且八十矣一旦聞文王作興曰盍歸乎來終以大告武成齊國以建黄離元吉太公以之雖然古之聖賢未有不中者夫子之聖而卒於旅人顔子之賢而終於陋巷則所謂元吉者果安在哉曰孔顔萬世稱聖賢吉孰大焉若乃陰賊而崇軒列鼎吾見其益疾而已未見其吉也。

使民宜之

民不可使知吾道之義而可使享吾道之宜使道而

不宜於天下則聖人亦烏取乎道哉聖人出而有爲於天下變而通之神而化之而天下之民鼓舞踴躍莫不以爲宜而安之者亦盡其道而已矣大傳曰使民宜之以此夫子曰民可使由之不可使知之非聖人固不使之知也若道之義則彼民之愚蓋有所不能知也若乃其道之宜則聖人固與天下之民共由而共享之方民未知佃漁也聖人作爲網罟而民宜於網罟矣方民未知耕稼也聖人作爲耒耜而民宜於耒耜矣以至舟楫弧矢杵臼莫不皆宜於民雖其以象以義取諸離盃之諸卦而其所以使民宜之者

蓋無以異於黃帝堯舜之乾坤也當黃帝堯舜氏之作其備物制用立成器以爲天下利者前聖已備之矣故其使民由之者獨見於垂裳之治黃帝之事於六藝無所攷信而堯舜之事則載之典謨彰彰可攷如明五刑典三禮疏江河驅虎豹凡建法立制都俞咨詢以宜其民者蓋不爲少矣而夫子特稱其蕩蕩無名無爲而治則其所以宜之者一出於道而已故曰堯以是傳之舜

知來知以藏往 省試

聖人以此洗心退藏於密吉凶與民同患神以

滌人之妄則復乎天者自爾微盡己之心則交乎物者無或累蓍卦之德六爻之義聖人所以復乎天交乎物者何其至耶以此洗心則人爲之妄滌之而無餘人妄既滌天理自全退藏於密微之地復乎天而已由是而吉凶之患與民同之而已之心無不盡心既盡則事物之交來以神知往以知藏復何累之有哉妄滌而復乎天者自爾微心盡而交乎物者無或累則夫蓍卦六爻之用又豈可以形迹滯而神知之說又豈可以荒唐窺也哉聖人以此洗心退藏於密吉凶與民同患神以知來知以藏往其意如此中庸

言君子之道費而隱夫婦之愚可以與知焉及其至
也雖聖人有所不知焉夫婦之不肖可以能行焉及
其至也雖聖人有所不能焉夫聖人有所不知不能
則可謂隱密精微之地矣而不外乎夫婦之所可知
所可能蓋道之費者未嘗不隱而隱者未嘗不費内
外合體用備非人之所可毫末加而斯須去也聖人
洗心於蓍卦六爻之間退藏於隱密精微之地而同
乎民交乎物者雖吉凶往來之紛紛而吾之心未嘗
不退藏於密此堯之所以無名舜之所以無爲文王
之所以不識不知而易之書所以不可以象數泥而

浮虛說也狎海上之鷗游呂梁之水可以謂之無心不可以謂之道心以是而洗心退藏吾見其過焉而溺矣濟溱洧之車移河東之粟可以謂之仁術不可以謂之仁道以是而同乎民交乎物吾見其淺焉而膠矣聖人懼夫道之不明也舉而揭之蓍卦六爻之間反覆而發明之使知夫妄滌而復乎天者自微心盡而交乎物者無累夫其所以曉天下者亦云至矣大衍之數五十其用四十有九則由衍以生蓍四營而成易十有八變而成卦則由蓍以立卦蓍生卦立剛柔相推吉凶以告爻在其中矣人爲之妄尚安得

而與於其間哉以此洗心信乎其復於天矣雖六七
八九之錯綜無窮乾坤六子之摩盪不息而五十之
數所謂不用之一者實於是乎見之則聖人退藏之
地豈所謂過而溺焉者哉得失之象形悔吝之情著
則爻之所以爲吉凶者吾之所以與民同患者也至
誠如神受命如嚮事物之來神以知之無以異於蓍
之圓也物各付物所過者化事物之往知以藏之無
以異於卦之方也夫聖人之同乎民交乎物者亦異
於不及而膠焉者矣由是觀之蓍卦六爻之用其諸
以執其兩端用其中於民也歟嘗考於咸之卦而得

聖人洗心之妙於咸之彖發天地萬物之情於咸之象發以虛受人之義此固可以滌人妄而復天理觀乎同民交物之道也至於九四一爻聖人以其當心之位其言感通爲尤至曰正吉悔亡而象以爲未感害也蓋未爲私感所害則心之本然無適而不正無感而不通曰憧憧往來朋從爾思而象以爲未光大也蓋憧憧往來之私心其所感必狹從其思者獨其私朋而已聖人之洗心其諸以滌去憧憧往來之私而全其本然之正也歟此所以退藏於密而能同乎民交乎物而不墮於溺焉膠焉之一偏者也或曰聖

人生知安行彼其心之酬酢萬變者蓋不思而得不勉而中而何以洗爲蓋不知堯舜不能忘危微之戒而當時大臣有淫逸遊樂之辭有慢遊傲虐之辭君亦不以爲輕已且樂聞而願聽之嗚呼此其所以爲生知安行不思不勉者歟於洗心乎何疑

天地設位聖人成能人謀鬼謀百姓與能

天地有待乎聖人而天地爲不可及聖人有待乎天下而聖人亦爲不可及大哉天地聖人之不可及乎位乎上而能覆物者天也位乎下而能載物者地也天地能覆載萬物而成其能者則有待乎聖人天地

未嘗專之也而覆載之功卒歸之天地此天地之所以爲不可及也聖人參天地而立成天地之能其智能非天下之敵也然人焉謀之卿士鬼焉謀之蓍龜雖百姓之愚且賤亦不謂其不能而與之焉則聖人之有待於天下者亦云衆矣然成能之功卒歸之聖人此聖人之所以爲不可及也然則恃一己之智能而謂人莫已若者豈可與論天地聖人之事哉天地設位聖人成能人謀鬼謀百姓與能以此嘗觀箕子爲武王陳洪範其七稽疑曰汝則有大疑謀及乃心謀及卿士謀及庶人謀及卜筮蓋與易言聖人所以

成天地之能者與經同𦒿天錫之洪範出於溫洛之水則天地之心於此甚白而道之大原吾於此而見之矣大哉天地聖人之所以爲不可及者乎天之高也日月星辰繫焉陰陽寒暑運焉萬物覆焉地之厚也載華嶽而不重振河海而不洩萬物載焉天地之間何物而非天地之爲者然而覆載萬物之能猶有待於聖人聖人之政有以當天地之心則諸福百祥以嘉慶之有以失天地之心則妖孽災異以警懼之彼其望於聖人以成其能者何其至耶無它無私焉而極天下之大也聖人膺裁成輔相之任秉參贊燮

理之權道奚而可與天地殊心奚而可與天地異朝焉卿士善責汝進違責汝弼余愆是繩余繆是糾廟焉蓍龜揲枯鑽朽余不敢不敬有行有疑余不敢不問人謀鬼謀猶以爲未也懼夫百姓之能吾不與謀焉工誦箴諫士傳民語庶人謗於道商旅議於市雖芻蕘之賤未嘗不詢焉則聖人所以有待於天下者亦何其至耶無他無私焉而與天地同其大也天地有待於聖人而覆載之功歸焉聖人有待於天下而成天地之能者歸焉嗚呼此天地聖人之所以爲不可及也夫子頌堯曰惟天爲大唯堯則之而其所以

爲大者民無能名焉孟子頌舜曰大舜有大焉而其
所以爲大者亦不過舍己從人樂取諸人以爲善廟
堂之上都焉而吁咈焉而俞昆命之龜協從之筮罔
有不敬闢四門明四目而芻蕘之賤咸得上達吾於
此見其所以成天地之能者歟嗚呼匹夫匹婦不獲
自盡民主罔與成厥功君天下者可不勉所以與天
地相似者乎

首出庶物萬國咸寧

聖人有兼覆之道天下無難辦之功庶物之多萬國
之衆聖人欲首出而使之咸寧可謂難辦之功矣然

聖人體兼覆之乾以是首出庶物則萬國咸寧不足
多也首出庶物萬國咸寧聖人所以得乾元之用固
大矣非天下之所可得而易言也大而言之何物而
不備何所而不該然品物之形既流洪纖高下毫釐
之間而各有所宜六位之成則潛見飛躍其道各異
欲體是道以首庶物而寧萬國非夫學之超乎天下
之上吾未見其能也方其潛也隱而未見行而未成
則學固不可以已也及見而在田則庸言之信庸行
之謹閑邪存誠是學果可以已乎三之厲四之疑固
進德修業不可懈也至於五之與天地合德上而知

進退存亡而不失其正非學果何以致之首出庶物
蓋在於乘六龍而聖人於乾之六位莫不反復乎學
使其學能超乎天下之上則天下有不足爲而萬國
咸寧信乎其不足多也用九之辭曰天德不可爲首
而乃以首出庶物何耶嗚呼不爲首蓋所以首出庶
物而愚所以謂不可以無學者也

象山先生全集卷之三十九

象山先生全集卷之三十　外集

程文

孝文大功數十論

頌人之美者必增重乎其人頌人之美而不足以增重乎其人則其非爲無疑矣立言之非者必貽譏於後世立言之非而不足以貽譏於後世則其非又有大焉者矣孝文漢之賢君也鼂錯大廷之對枚數其興利除害變法易故之事而凡之曰大功數十其美亦已至矣其言亦已夸矣而後世稱文帝之賢者初不以斯言而增重蓋文帝以直言極諫求人而錯亦

以直言極諫充詔不聞條疏闕失輔帝不逮而猥用稱述功烈其辭諄複駸駸乎俊謦諛諛之風勞於附會粉飾而無中情當理之實其非無足疑矣然自昔公明通方之士於錯之對未嘗深致意於斯言非以爲然而或取之也蓋以其言之非有大過於是者而不必以斯言輕重之也君子一言以爲智一言以爲不智此一言之失者也若錯之對無非遷就牽合之說如五帝三王五伯之說一篇之襟領而悖理尤甚要其歸獨欲以自親事一說勸帝而又大乖乎帝王之道此孝文大功數十之說宜昔人之無譏焉耳雖

然言心聲也錯以大廷對策豈徒爲是謬矣不根之
說以塞詔而已耶蓋其刑名慘刻之學深欲其君廢
放股肱之臣身覆叢脞之任智慮力竭欲已不可欲
進不能則勢必委之於我而我之辯智得伸焉其機
如此則亦不得不盛稱其功烈能事以聳動其欲爲
之心激發其敢爲之氣使之樂吾之說而不自知焉
然則大功數十之說豈可謂之不足輕重而置之乎
孟子曰長君之惡其罪小逢君之惡其罪大錯之斯
言其逢君之惡者矣爲錯解者曰將順其美亦事君
之道而何過之深乎嗚呼不知言無以知人也彼其

終身之所學平日之所存發之於言者雖欲掩匿蔽覆由君子觀之如見其肺肝况其處心積慮旁求曲取以附致共邪說而有所不知則不可謂之知言者矣說春秋者以爲言之重辭之複其中必有大美惡焉聖人之情猶可以辭見蓋聖愚邪正雖異而情見乎辭則同目動言肆懼我之情見矣幣重言甘誘我之情見矣錯述文帝之功其目數十如躬親本事廢去淫末農民不租親耕節用示民不奢此五者特一事也如絶秦之迹除苛解嬈寬大愛人肉刑不用罪人不孥誹謗不治除去陰刑此七者亦一事也其餘

事同而條異者亦又有之號之以大功凡之以數十則其意亦可見矣葢將以夸許聳動文帝之心而作其自任之意投之膠擾之地陰拱以窺其困而乘其隙以申辯智焉肇端於文帝之日而遂申於景帝之朝卒然讙於七國之變而山東幾非漢有袁盎從容一說而要領竟分於東市世莫不有讒忌之惜而愚獨喜其少足以正逢君之罪

天地之性人爲貴論

聖人所以曉天下者甚至天下所以聽聖人者甚藐人生天地之間稟陰陽之和抱五行之秀其爲貴孰

得而加焉使能因其本然全其固有則所謂貴者固
自有之自知之自享之而奚以聖人之言為惟夫陷
溺於物欲而不能自拔則其所貴者類出於利欲而
良貴由是以寖微聖人憫焉告之以天地之性人為
貴則所以賤之者亦甚至矣誦其書聽其言乃類不
能勝焉有所感發獨膠膠乎辭說議論之間則其所
以聽之者不既藐矣乎天地之性人為貴吾甚惑夫
聖人所以賤人者至而人之聽之者藐也孟子言知
天必曰知其性則知天矣言事天必曰養其性所以
事天也中庸言贊天地之化育而必本之能盡其性

人之形體與天地甚藐而孟子中庸則云然者豈固爲是闊誕以欺天下哉誠以吾一性之外無餘理能盡其性者雖欲自異於天地有不可得也自夫子告曾子以孝曰事父孝故事天明事母孝故事地察舉所以事天地者而必之於事父母之間蓋至此益切而益明截然無辭說議論之蹊徑至因其有無以加於孝乎之問又告之以天地之性人爲貴有篤敬之心踐履之實者聽斯言也獨不有感於心乎於此而猶膠膠於辭說議論之間亦奚啻不以三隅反者哉雖然愚豈敢以是殫責天下獨以爲古之性說約而

性之存焉者類多後之性説費而性之存焉者類寡
告子湍水之論君子之所必辯荀卿性惡之説君子
之所甚疾然告子之不動心實先於孟子荀卿之論
由禮由血氣智慮容貌態度之間推而及於天下國
家其論甚美要非有篤敬之心有踐履之實者未易
至乎此也今而未有篤敬之心踐履之實拾孟子性
善之遺説與夫近世先達之緒言以盜名干澤者豈
可與二子同日道哉故必有二子之質而學失其道
此君子之所宜力辯深詆挽將傾之轅於九折之坂
指迷塗而示之歸也若夫未有篤敬之心踐履之實

而遽爲之廣性命之説愚切以爲病而已耳嗚呼循頂至踵皆父母之遺體俯仰乎天地之間惕然朝夕求寡乎愧怍而懼弗能儻可以庶幾於孟子之塞乎天地而與聞吾夫子人爲貴之説乎

智者術之原論

實亡莫甚於名之尊道弊莫甚於説之詳自學之不明人爭售其私術而智之名益尊説益詳矣且誰獨無是非之心哉聖人之智非有喬桀卓異不可知者也直先得人心之同然耳其見於施設則合物理稱事情犂然當乎人心夫婦之愚可以與知焉奚名之

尊奚說之詐哉逮夫智失而私術興則向之良心日馳騖乎詭譎姦詐之場實不足以欺天下也將竊智者之名以售其詭故名不得不尊名不可以徒尊也將文近似之說以實其名故說不得不詳名尊說詳而智之實益亡弊益甚矣此則智之賊也漢公孫洪謂智者術之原其賊智之誅固不可逭而愚又幸智之說由是而益明也世之罪洪者常以其飯脫粟爲布被殺主父偃徙董仲舒膠西此雖其挾術之明驗而特一人之過一時之害而常情之所易知者多詐不情汲黯能詰其不忠外寛内深班固能知其意忌

蓋有不足深誅者至於竊智之名以售巳之術要之
以利害之效文之以近似之辭使聽之者誠以爲治
天下不可以無術而聖人之智亦不過如此而巳此
吾所謂智之賊而不可逭之誅也然墨之賊仁楊之
賊義鄉原之賊德皆以近似之亂真其罪正與洪之
言智等耳及孟子辭而闢之而曰仁曰義曰德由楊
墨鄉原而其說益明有能因洪說而闢之使天下曉
然知夫私術之賊智則洪之說亦智之幸也洪之說
曰擅殺生之柄通壅塞之塗權輕重之數論得失之
迹使遠近情僞畢見於上謂之術此所謂要之以利

害之效文之以近似之辭使聽之者誠以爲聖人之智亦不過如此而已也且聖人之智明徹洞達無一毫私意芥蔕於其間其於是非利害不啻如權之於輕重度之於長短鑑之於妍醜有不加思而得之者故其處大疑定大論亦若饑食渴飲夏葛冬裘焉已耳雖酬酢萬變無非因其固然行其所無事有不加毫末於其間者夫如是可謂之術乎果必若洪之說乎鑠金爲刃凝土爲器爲網罟爲耒耜爲宮室棺槨爲舟車弧矢杵臼之利此皆上世之所無有創物以教天下者也而夫子則以爲皆取諸易之卦畫是聖

人之智見於創立者猶皆因其固然而無容私焉況
於生殺通塞輕重得失之常而洪欲以其私術爲之
乎語稱舜禹之有天下而不與焉詩稱文王不識不
知順帝之則夫生殺通塞輕重得失之理昔非有異
於今也必欲以私術爲之則舜禹文王誠不公孫氏
若也自學之不明而聖人之智不復見矣世之人往
往以謂凡所以經綸天下創立法制致利成順應變
不窮者皆聖人之所自爲而不知夫蓋因其固然行
其所無事而未嘗加毫末於其間彼役役者方且各
以其祕術求逞於天下而曰此聖人之所謂智也歟

老氏出於春秋而有棄智之説孟子生於戰國而有
惡鑿之言是皆見夫趧私術之失也然終至於縱横
如儀秦刑名如鞅斯者雜然四出而天下遂以分裂
潰散至秦則燼然矣公孫氏生於漢而以儒名當世
此溺待拯焚待救之時也乃復尊智之名許智之説
以售其私術世之人雖欲聞先王之智孰從而聽之
故曰智之賊也孟子者聖學之所由傳也故其言發
明聖人之智而指當時所謂智者以爲鑿老氏者得
其一不得其二而聖學之異端也故幸夫私術之失
因欲申己之學而其言則曰絶聖棄智又曰以智治

國國之賊是直泛舉智而排之世之君子常病其汚吾道而不知其皆售私術者之過也使術之說破則爲老氏者將失其口實而奔走吾門墻之不暇其又何汚焉嗚呼觀老氏之說孟子之言與儀秦鞅斯之所爲則術之害智所從來久矣非直至漢而然也然昔之爲私術者名未甚尊說未甚詳故辯之者不力罪之者不深若孟子者不過曰行其所無事惡夫鑿而已至於公孫以黠中辯吻發策人主之前陳智之名益尊而術之說甚詳非明於道者有不能不爲其疑似所惑故辯之不得不力罪之不得不深辯之力

罪之深而智之說不明者不也故曰洪之說亦智之幸

房杜謀斷如何論

事之要者無二機計之得者無二說然而得於積思者其意疑得於忽悟者其意決此謀之與斷所以異任而同功殊稱而一致者也天下之事惟其要而難處也於是乎有賴於謀彼其以善謀稱而不足與斷者豈無得於其機而嘗試爲之說也哉顧特以其旁推曲攷原始要終紬繹復熟而得之則謹重之心勝而剛決之意微故不能不自疑其有所未善至於善

斷者因其謀而遂斷之其始之爲謀雖不出於已而
亦豈無得乎其心而徒徇人之説以勇於必行而已
哉蓋其權奇倜儻方爵於紬繹復熟之久而聞言輙
契覩機忽悟如雷蟄而忽驚日曀而忽明其勢不能
不决然則謀之與斷雖所任各異所稱各殊而要其
實豈不同功而一致也哉唐房杜佐太宗取天下而
史稱元齡善謀如晦長於斷愚請以是而論之甚哉
機事之可畏而謀斷之任不可以非其人也嘗觀漢
高祖聽酈生之謀刻印立六國後高祖方食以告張
良良借前箸籌之高祖至輟飯吐哺怒駡令趣銷印

石勒去高祖五六百載以奴虜之身據有中原初不知書一旦聽讀漢史至刻印事駭曰此法當失何以得天下及讀至張良之籌乃曰賴有此人嗚呼使酈生佩印已行數舍之遠則高祖之天下幾已去矣知天下之機事卒如是之可畏而張良之籌高祖之罵石勒之駭皆機緘互發如聲響相應非直偶然而已則知凡所謂謀者斷者皆不可以或非其人而房杜之才智可得而論之矣雖然元齡謀事帝所必曰非如晦莫與籌之及如晦至則卒用元齡策自常情觀之元齡不失爲謙抑謹重而如晦則爲無謀而因人

成事者耳嗚呼以此論房杜此與兒童之見何異奕秋中枰而輟奕少下於奕秋者必不能以舉其棊矣王良中道而弭輿少下於王良者必不能以振其策矣天下之機事而可以非其人而與於其間哉或謀或斷必其機緘識畧之相符者而後可也韓信破趙之後發使使燕而燕人從風而靡其策乃不出於韓信而出於李左車然天下不以韓信爲不知兵鄒陽受梁之謝入見王長君而梁罪竟解其計乃不出於鄒陽而出於王先生然天下不以鄒陽爲非辯士蓋因其善而用之與夫發悟於心者實機緘識畧之相

符而非苟從之者也知此則知房杜之謀斷如宮商之相應而同於成聲如斤斧之迭用而同於成器初不可以差殊觀而優劣論也抑嘗言之太宗以弓矢定天下其智畧之出於已者班班見於紀傳大焉制勝千里之外小焉决機兩陣之間超逸神變不可窮極及天下既定談治道論政理則老師宿儒詘其辯此亦難乎其爲臣矣然而自渭北一見之初秦府表留之後謀必於房斷必於杜則夫二公之才智豈淺淺者所可得而窺議哉及考之傳紀則夫謀斷之迹有不可得而見焉嗚呼此二公之才智所以爲不可

及歟史臣取柳芳之言曰帝定禍亂而房杜不言功王魏善諫而房杜遜其直英衛善兵而房杜濟以文此眞足以知房杜謀斷之本矣若乃謀之不善而強欲以辯屈人之異已如徐湛之於沈慶之者又有嫉其謀之善而必爲沮格撓敗之計如牛僧孺之於李德裕者其視房杜之謀斷奚啻天淵之相遼哉雖然法律之書許而望之以禮樂則鈌功利之意篤而槩之以道義則疎此雖不足以是責之而亦不能不使人歎息也

劉晏知取予論

天下之事不兩得知其說者斯兩得之矣取予之說事之不兩得焉者也民有餘而取國有餘而予此夫人而能知之者也至於國之匱方有待乎吾之取而濟民之困方有待乎吾之與而蘇當是時顧國之匱而取之乎必不恤民焉而後可也顧民之困而予之乎必不恤國焉而後可也事之不兩得孰有甚於此哉使終於不兩得則終無一得焉爾矣故取予之說不可謂易知也取而傷民非知取者也予而傷國非知予者也操開闔斂散之權總多寡盈縮之數振弊舉廢挹盈注虛索之於人之所不見圖之於人之所

不慮取焉而不傷民予焉而不傷國豈夫人而能知之者哉必有其才而後知其說也非唐之劉晏吾誰與歸史氏以知取予許之眞知晏者哉夫所病夫取予之難者非一不足之難而皆不足之難也下有餘而取之可也彼方不足也而何以取之上有餘而予之可也此方不足也而何以予之天下有皆不足之病矣而有皆不足之理乎聞之曰川竭而谷盈丘夷而淵實天下蓋未始皆不足也方其上之不足也不必求之下也其可以足之者固有存乎其上焉者矣下之不足也不必求之上也其可以足之者固有存

乎其下焉者矣將輸之利害不明則費廣於舟車之
徭儲藏之利害不悉則公困於腐蠹之弊物苦道遠
則尋以輸尺斛以輸斗吏汙法弊則私良公害私盈
公虛此所謂不必求之下焉者也富賈乘急而騰息
豪民困弱而兼并貪胥旁公而侵漁繩蘢不立而連
阡陌者猶未已也糟糠不厭而餘芻豢者猶爭侈也
此所謂不必求之上焉者也由是言之有餘不足之
數可得而見而取予之説可得而知也然狃於常者
變之則駭便於私者奪之則爭黨繁勢厚則扞格而
難勝謀工計深則詭秘而不可察圖利而害愈繁趨

省而費益廣則夫天下之才果不易得而取予之詑果不易知也支左屈右夫射者舉知之也至於中秋毫於百步之外左右前後惟的之從知之者惟后羿而已攬轡執策夫御者舉知之也至於致六馬於千里之遠周旋曲折惟意所適知之者惟造父而已國不足而取民不足而予夫人而能知之也至於取不傷民予不傷國知之者惟晏而已利病具於元載之書而轉漕之說詳鼓吹出於東渭之橋而轉漕之功著補辟之選精也干請者寧奉以廩入故趨督倚辦而功成教令之出嚴也數千里無異於目前至嚬呻

諧戲不敢隱盐法客於第五琦而地無遺入鼓鑄與
於淮楚間而貨有餘縉彼其所以取之者豈盡出乎
下哉是以取之而民不傷駛足募而商賈不得制物
價之低昂賑救行而豪植不得乘細民之困溺檢核
出内一委之士而吏無所竄巧督漕主驛一出之官
而民得以息有無名之歛雖罷而鹽榷實行米粟之
賑雖出而雜貨則入彼其所以予之者豈盡出乎上
哉是以予之而國不乏嗚呼創殘之餘而嚮敵之甲
未解也饑疫之後而饋軍之輸未艾也上方宵旰而
民且嚚嚚而晏也遑遑於其間深計客畫推羨補闕

國不增役而民力紓民不加賦而國用足非夫知取予之説妙取予之術疇克濟哉若夫頭會箕斂剥膚椎髓疲民力而徼便漕之功於難成之渠捨吏欺而責負逋之租於已輸之民竭下以益上困民以悦君此則韋堅王鉷楊國忠之倫無恥敗國其慮乎晏之下而人皆憤焉者也至於談仁義述禮樂既古人之文而不既古人之實大言脩説而不適於用如裴光庭之暴宇文融之惡而不能任國用不足之責房琯知惡第五琦而不能對何所取財之問此則不知堯舜孔孟之學雖自處不在晏之下而天下皆笑之者

也其處乎下者如彼欲出乎上者如此則夫知取予者非晏之與而誰與也雖然論之以聖人之道照之以君子之智則堅鉄國忠雖晏所不爲而愚恐其有時而同科瑨光庭雖不足以詆晏而愚恐晏未免於可詆何則晏之取予出於才而不出於學根乎術而不根乎道出於才而根於術則世主之忠臣而聖君之罪人也上有道揆而責以有司之事焉可也人君悅而尊寵之鮮有不弊焉者也易之理財周官之制國用孟子之正經界其取不傷民予不傷國者未始不與晏同而綱條法度使官有所守民有所賴致天

下之大利而人知有義而不知有利此則與晏異故曰出於才而不出於學根於術而不根於道晏之治財未能過管商氏仲尼之門五尺童子羞稱管商曾西之不爲孟子之不願至於商君則後世篤論以爲帝秦者商君也而亡秦者亦商君也今晏之所爲如茗橘珍貢常冠諸府要官華使多出其門畏權貴而稟其人默其口而啖以利爲國家者亦何利於此哉使不死於楊炎之擠則其汚身敗國者將不止此人莫不以楊炎之擠爲晏惜而愚獨以爲晏之幸故曰論之以聖人之道照之以君子之智蓋未免於可誚

亦未必不與堅鉄國忠等同科雖然才之難也久矣
道不稽諸堯舜學無窺於孔孟毋徒爲侈說以輕議
焉可也

政之寬猛孰先論

君不可以有二心政不可以有二本君之心政之本
不可以有二而後世二之者不根之說有以病之也
寬猛之說其論政之不根者歟岐君之心撓政之本
其害有不可勝言者惜乎未之辯也唐憲宗問權德
輿政之寬猛孰先當時德輿之對似亦有得乎吾所
謂君之心政之本者矣惜乎其不能伸之長之而寬

猛之説未及辯也寬者羡辭也猛者惡辭也寬猛可以美惡論不可以先後言也強弗友之世至於頑嚚疾很傲逆不遜不可以誨化懷服則聖人亦必以刑而治之然謂之剛克可也謂之猛不可也五刑之用謂之天討以其罪在所當討而不可以免於刑而非聖人之刑之也而可以猛云乎哉蠻夷猾夏寇賊姦究舜必命皐陶以明五刑然其命之之辭曰以弼五教期于無刑皐陶受士師之任固以詰姦慝刑暴亂爲事也然其復於舜者曰御衆以寬曰罰弗及嗣曰罪疑惟輕曰與其殺不辜寧失不經好生之德洽于

民心玆用不犯于有司嗚呼此吾所謂君之心而政之本也而可以猛云乎哉寬猛之說古無有也特出於左氏載子産告子太叔之辭又有寬以濟猛猛以濟寬之說而託以爲夫子之言嗚呼是非孔子之言也且其辭曰政寬則民慢慢則糾之以猛猛則民殘殘則施之以寬使人君之爲政寬而猛猛而寬而其爲之民者慢而殘殘而慢則亦非人之所願矣嗚呼是非夫子之言也語載夫子之形容曰威而不猛書數羲和之罪曰烈于猛火記載夫子之言曰苛政猛於虎也故曰猛者惡辭也非美辭也是豈獨非所先

而已耶是不可一日而有之者也故曰可以美惡論不可以先後言也左氏之傳經說春秋者病其失之誣柳宗元非其國語以爲用文錦覆陷穽彼其寛猛之說其爲誣而設陷穽也大矣左氏不足道也吾觀西漢董生三策不能無恨三策之辭大抵粹然有臯夔伊傅周召之風使人增敬加慕其首篇有王者宜求端於天任德不任刑之說尤切時病至武帝再策之有所謂商人執五刑以督姦傷肌膚以懲惡之說且繼以周秦之事爲問嘗謂當時待詔者百有餘人至於此語未必非仲舒任德不任刑之言有以激之

也此其說蓋亦有所自來而仲舒乃不之辯特推周家刑措之效以爲由於教化之漸仁義之流非獨傷肌膚之效也殆若無以加荅而遷就其說者然若夫周措刑之美秦用刑之非武帝固自言之矣彼之所問者特以商人執五刑以督姦傷肌膚以懲惡有異於周之措而秦之用此則武帝之所據以遂其任法之意者也此其說蓋出於戴記商人先罰後賞之言嗚呼盡信書不如無書戰國之君爭城以戰殺人盈城爭地以戰殺人盈野孟子必力辯血流漂杵之言以爲非是武成周書也戰國周之世也書者又夫子

所定去孟子未久也至其言有害理非實而足以病人君之心術亦必力辯而無嫌武帝之時經籍出於秦火灰燼之餘而記禮之書特傳於二戴之口其非聖人之全書明甚其所謂執五刑傷肌膚之說又背理非實亦彰彰明甚仲舒胡不稽克寬克仁之言敷政優優之言后來其蘇后來其無罰之言以告之且申戴記先罰後賞之說明辯其非是以祛武帝之惑顧乃遷就其說而不之辯亦異於吾孟子矣張湯之徒竟以任職稱意公卿之間往往繫獄具罪知見之法與繡衣之使出罔密文峻而姦宄愈不勝吾於仲

舒之策不能無遺恨焉至再傳而爲宣帝之雜霸又轉而爲元帝之優柔皆此說之不明也嘗謂古先帝王未嘗廢刑刑亦誠不可廢於天下特其非君之心非政之本焉耳夫惟於用刑之際而見其寬仁之心此則古先帝王之所以爲政者也堯舉舜舜一起而誅四凶魯用孔子孔子一起而誅少正卯是二聖人者以至仁之心恭行天討致斯民無邪慝之害惡懲善勸咸得游泳乎洋溢之澤則夫大舜孔子寬仁之心吾於四裔兩觀之間而見之矣然則君人者豈可以頃刻而無是心而所謂政者亦何適而不出於此

也故曰君不可以有二心政不可以有二本唐李吉甫嘗言於憲宗曰刑賞國之二柄不可偏廢今恩惠洽矣而刑威未振中外懈怠願加嚴以振之當時帝顧問李絳絳雖能以尚德不尚刑之說折之然終未能盡愜於理葢亦曰吉甫爲宰相若中外誠有傲逆滛縱敗常亂俗麗於法而不可逭者葢亦明論其罪告主上以行天討乎何乃泛言刑威不振勸人主以加嚴此豈大舜明刑之心而臯陶所以告舜之意乎如此則不墮於偏廢之說而吉甫之失自著矣噫吉甫斯言可謂失其本心者矣其後于頔勸帝峻刑帝

乃告諸朝而推論其意吉甫退而抑首不言笑竟日則吉甫亦可謂知恥者矣後之欲以險刻苛猛之説復其君者尚鑒于此哉善哉德輿之所以告其君者乎蓋亦有合乎吾孟子告君之機惜乎其無以終之也人君之所以進於先王之政者蓋始於仁心之一興爾然而事物之至利害之交此心常危而易蔽况夫水溺火烈之説載於左氏嚴理寬亂之論著於崔寔而世莫之非一旦而君有寬猛孰先之問安知其不有所蔽而然乎德輿首告以太宗觀明堂圖以罷鞭背之罪此與孟子以見牛之説告齊宣王何異真

足以興其仁心矣宜乎憲宗然之無疑其後不惑於
吉甫于頔之說而能顧問李絳推論于朝者未必非
德輿斯言力也雖然有仁心仁聞而民不被其澤者
不行先王之政也仁心之興固未足以言政孟子之
興其仁心者固將告之以先王之政也若德輿則不
復進於是矣此吾所以惜其無以終之也嗚呼是說
之難久矣自堯以是而哀鰥寡之辭舜以是而稱皐
陶之休禹以是拜伯益之言湯以是優代虐之政文
王以是明丕顯之德武王以是釋箕子之囚至于穆
王猶能以是而作吕侯之命三代降斯道其不行矣

孟子没斯道其不明矣夫自漢儒之純如仲舒猶不能使人無恨則吾於德與乎奚責

常勝之道曰柔論

人情之所甚欲常出於其所甚不欲處天下之勝而舉天下常無以勝之者此固人情之所甚欲也若乃暴之而有勝人之形張之而有勝人之勢嶤嶤然與物爲敵而未始少屈者此則快於常人之情而以爲可以致勝焉者也然而天下之取敗者常出於此而幸勝者不萬一焉至於窺之而無勝人之形抗之而無勝人之勢退然自守初若無以加乎人者此則常

則薛之君必惟齊之命是勝未始出乎宋也然周以
鄒之陳則鄒之將必俘楚之庭掃齊境以臨薛之城
宋之體而不及用則宋有不可以致勝悉楚甲以奔
苟楚負何者論勝之勢而不及理則勝有不出於宋詣
言也切嘗論之禦寇是說固不可以苟訾亦不可以
者而人或未之知也嘗勝之道曰宋列禦寇之所以
越於此者然則其所甚不欲者乃所以致其所甚欲
可以勝人者皆於此而發其強則夫常勝之道蓋無
者於此發其力智者於此發其謀舉天下之所謂若
情之所甚不欲而以為無足以致勝焉者也然而勇

岐山之邑而興王業越以會稽之棲而成伯圖蜀漢
足以斃項昆陽足以死莽是勝未始不出乎柔也蓋
不出乎柔者勢也出乎柔者理也理可常也而勢不
可常也是勢果不足論而勝果出於柔也蒙鳩之巢
不足以當嵩衡之遺石枯楊之稊不足以試鏌鋣之
餘鋒是柔未始可以致勝也然天下之至柔者莫若
水而攻堅強者莫之能先洞庭彭蠡之瀦是汪然者
非犀兕之堅金石之郛也有賤丈夫焉奮劒而裂之
力則疲而水則不可裂也投石而破之石則墜而水
則不可破也則是柔未始不可以致勝也蓋不可以

致勝者其體也可以致勝者其用也體者徒柔也而用者不徒柔也是體果不足論而柔果可以致勝也論勝之勢而不及勝之理語柔之體而不及柔之用然而贊之者是不明而苟於狥人也然而訾之者是愚而果於自任也訾之之弊往往徒恃其有勝之勢而不知其無勝之理六國并而秦以破南北混而隋以亡此恃勝之勢而不知勢之不可常也贊之之弊往往徒以其有柔之體而不知其無柔之用元帝以優柔而微漢德宗以姑息而弱唐此有柔之體而不知徒柔之無用也尺蠖之屈以求伸也龍蛇之蟄以

存身也猛虎伏於深谷而其威愈不可玩翠虬蟠於
深淵而其靈愈不可狎使勝之勢而若此則烏有不
可常也哉是其勢固出乎柔而非向之所謂勢者也
泊然而無勝人之形寂然而無震人之聲誘之不可
得而喜激之不可得而怒使柔之體而若此則亦何
往而不勝哉是其體固有所用而非向之所謂徒柔
也嗚呼天下之言勝者每快於秦之并吞隋之混一
而言柔者又多溺於漢之優柔唐之姑息則吾又安
得夫知柔之說者而與之論常勝之道哉雖然登華
嶽則衆山不能不迤邐浮滄海則江漢不能不汙沱

明聖人之道則禦寇之學幾不能立其門墻蓋正巳
之學初無心於求勝大中之道初不偏於剛柔沉潛
剛克高明柔克德之中也強弗友剛克燮友柔克時
之中也時乎剛而剛非剛也中也時乎柔而柔非柔
也中也其爲道也內外合體用備與天地相似與神
明爲一又安有求勝之心於其間哉屈伸視乎時勝
否惟其德湯嘗事葛矣而仇餉之師竟舉文王嘗事
昆夷矣而柞棫之道終兑非求勝也時也虞干舞而
苗格周壘因而崇降非用柔也德也且南方之強在
於寬柔以教而申棖之慾則不可謂之剛蓋剛之中

有至柔之德而柔之中有至剛之用安得以一偏而名之哉彼弊弊而言柔行行而言勝固無譏焉耳矣顓爲禦寇之說者於此非羞汙反走則亦將舍所學而問聖道之津矣故明聖人之道則禦寇之學幾不能立於門墻雖然禦寇之學得之於老氏者也老氏篤言勝之說於不爭而禦寇托常勝之道於柔其致一也是雖聖學之異端君子所不取然其爲學固有見乎無死之說而其爲術又有得於翕張取予之妙殆未可以淺見窺也其道之流於說者爲蘇張之縱橫流於法者爲申韓之刑名流於兵者爲孫吳之攻

戰高祖得於張良而創漢業，曹參得於蓋公而守漢法。逮光武有見乎莌棄之説，遂以興漢而理天下。今莌茸竿牘之智弊精神乎蹇淺者，其於蘇張申韓之倫無能爲役，而欲肆其胸臆，以妄議老氏、禦寇之學，多見其不知量也。故曰不可以苟訾，亦不可以苟贊。

象山先生全集卷之三十

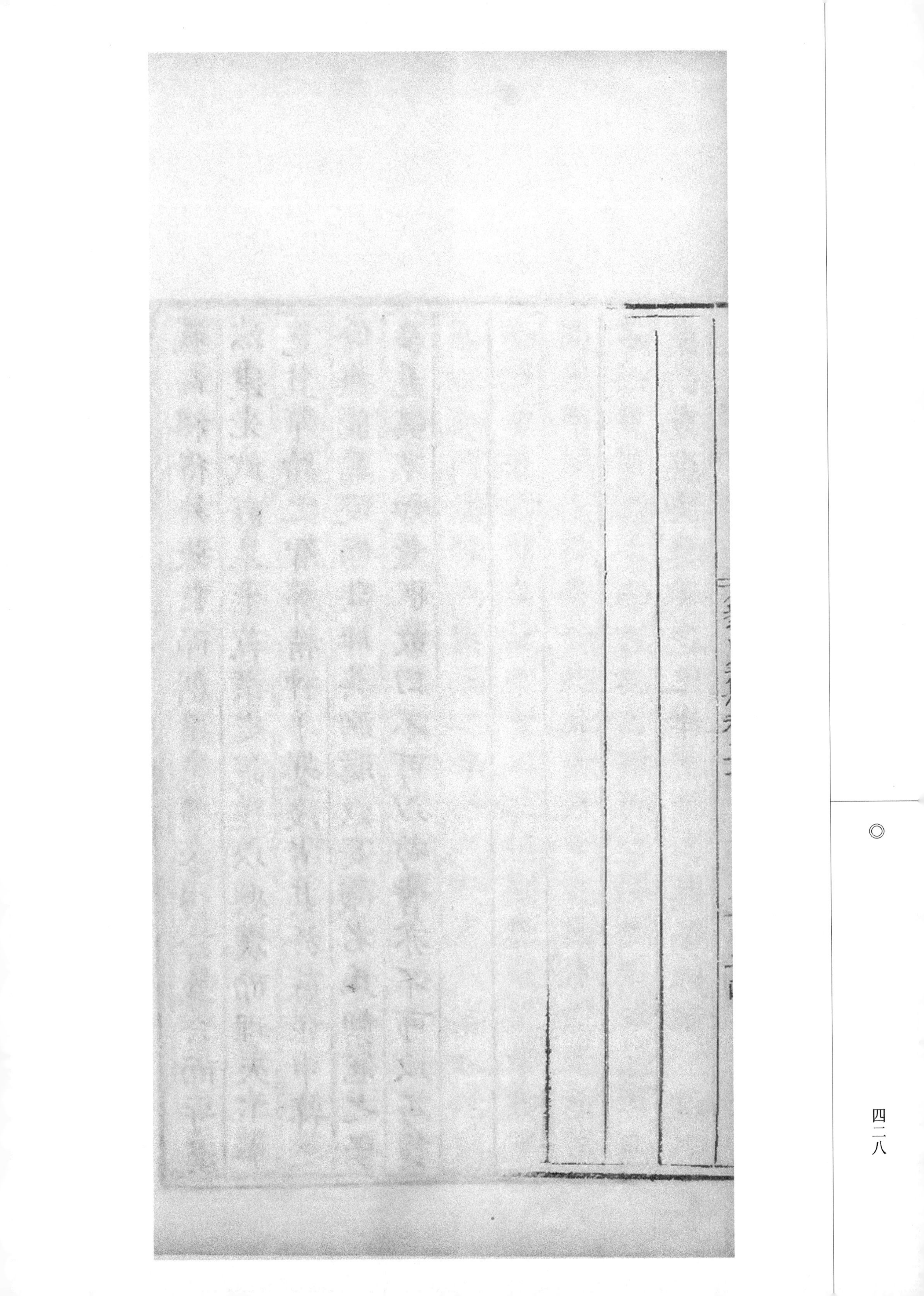

象山先生全集卷之三十一　外集

程文

問制科　解試

對制科不可以有法制科而有法吾不知制科之所取者何人也以蝸蛭之餌垂海而冀吞舟之魚唐賈至猶以爲諸科之病今制科者天子所自詔以待非常之才也孰謂非常之才而可以區區之法制束而取之乎然是科始於漢盛於唐至于我宋其爲法益密而其得人之盛視漢唐有優焉何哉愚嘗論之漢病於經唐病於文長才異能之士類多淪溺於訓詁

聲律之間故漢唐之制舉不可以罪法我宋之盛莫盛於仁宗蓋其承三朝涵養天下之久和氣浹洽人才衆多學術雅正經不病漢文不病唐而天聖復科之詔又其圖治之心鋭而求才之意切天下之士雷動雲合欲振聳於天子之庭者心洋洋而冠峩峩也是以一舉而得富鄭公再舉而得張文定其餘如何張蘇錢之流亦往往可稱數號爲得人之盛然未幾而范文正公且言曰朝廷命試之際或將訪以不急之務雜以非聖之書欲伺其所未知誤其所熟習適足以誤多士之心非勸學育材之意也嘉祐之末蘇

文忠公制策之對且曰陛下所爲親策賢良之士者以應故事而已豈以臣言爲眞足有感於陛下耶愚以爲仁宗英特之主好賢之誠蓋不後於堯舜三王而乃使當時大臣有誤多士之論制科之人有應故事之說者是蓋其法之罪也故天聖之法不可以不變恭惟主上臨御以來十年三詔鋭意方聞之彦凡記誦傳註之僻識知侍從之艱咸汛掃而新之則夫范文正所謂誤多士者蓋革之矣乃秋九月實試賢良之士執事大人下教諸生以試之之時有可變而通之之理謂今歲列郡不兩者非一則成湯之自責

宣王之憂民甯莊子之知天意臧文仲之知人事其
所先所宜可用可爲者宜有得於大廷之對誠如是
則蘇文忠所謂應故事者又革之矣雖然慶曆六年
監察御史唐詢嘗請如漢故事俟有災異然後舉之
親策當世要務罷試祕閣六篇參政吳育執以爲不
可愚嘗交譏其齷齪庸陋蓋詢之意非知待賢之體
而能勉君以盡其禮顧患應科者之衆而欲設術以
抑其進爲育者正當詰其意而取其說從而廣之若
曰思未治則舉之思遺逸則舉之有缺政則舉之有
災異則舉之有大謀議則舉之惟人君之所欲舉欲

問毋拘以法毋限以時則是科之設庶乎其有補而是科之名庶乎其無愧矣不知出此而猥曰法不可變嗚呼待賢良而有若待胥吏徒隸者存焉是尚爲不可變乎齷齪庸陋之臣不知待賢者之禮適以蕪累明君之政如是哉故曰天聖制科之法不可不變若夫漢唐之時則未始有定法也所謂舉之以五者惟晁錯爲然當時特詔有司諸侯王及三公九卿主郡吏舉賢良而舉晁錯者適有五人耳若乃公孫洪董仲舒谷永杜欽之流而推之選之舉之皆不必其五也故彼之以五者非有定法而我之以二則法之

一定者也問之以三者惟董仲舒爲然當時固以對策者條貫靡竟統紀未終辭不別白旨不分明故至于再至于三耳若乃鼂錯谷永杜欽皆止於一篇而公孫洪止於復問初不必其三也故彼之以三者初非定法而我之以一者則法之一定者也至於應者之多寡亦不可槩論漢之應者以百數而唐永昌之初對策者至千餘當時張柬之爲第一此狄仁傑之所謂宰相材而成誅二張之功者也固不可謂其應者之多而所得之非才也故曰漢唐之制科不可以罪法若夫比方之事非承學之任故愚不復爲執事

道謹對

料敵 解試

曹操能註兵法而不能諭於其子趙括能讀父書而不見許於其父兵家之變又豈可以言傳而迹窺也哉李靖佐李孝恭平蕭銑靖請乘水傳壘以爲必擒及叩夷陵銑已惶駭而其敗軍之將適也清溪靖乃以爲不可擊孝恭擊之果以敗還賊委舟散掠靖視其亂擊而破之孝恭繼進銑遂以降夫圖銑一事也始而曰必擒中而曰不可擊終而擊其說三變而無一不酬知此則韓安國淮南王之説可得而判矣李

德裕之在劒南也追咎韋臯招徠群蠻之策以爲召寇之端撫納蕃將悉怛維州之降以爲制敵之要夫劒南一方也群蠻之來悉怛之至大畧相類一以爲召寇一以爲制敵而君子兩是其說審乎此則耿國柳渾之說可得而知矣故孫武以兵爲書而曰兵家之勝不可先傳霍去病以兵爲事而曰何至學古兵法誠以兵家之變在於機緘識畧之相符非可以言傳而迹窺也然則高祖之前料子房之决勝夫豈偶然而已哉嘗觀石勒素不知書聽讀漢書至食其立六國事搏手驚曰此法當失何以得天下及至張良

借箸之說則曰賴有此人耳以是知高祖輟飯吐哺之時豈無見乎其事之機而惟良之爲信者後世書生以陳迹臆見斷天下之成敗者豈不貽笑矣哉若夫宣帝之使單于慕義郭子儀之使回紇下拜此其誠之所感則又進乎兵矣

問賑濟 解試

對賑濟之策前人之迹可求也然無得乎其本而惟末之求則其策有時而窮文潞公之在成都也米價騰貴因就諸城門相近院凡十八處減價而糶仍不限其數張榜通衢翼日米價遂減此蓋劉晏之遺意

然公廩無儲私囷且竭則其策窮矣趙清獻之守越
米價踊貴傍州皆榜衢路禁增米價清獻獨榜衢路
令有米者任增價糶之於是諸路米商輻輳詣越米
價更賤民無餓莩此蓋處坦之舊策然商路不通鄰
境無粟則其策窮矣舍是二策獨可取之富民而富
民之囷廩盈虛穀粟有無不得而知就令知之而閉
糶如初又誠如明問所慮以公家之勢發民之私藏
以濟賑食不爲無義顧其間尚多他利害故愚請舍
其末而論其本可乎漢倪寬以租不辦居殿當去官
百姓思之大家牛車小家負檐乃更居最夫寬於科

斂之方畧亦踈矣而能旦暮之間以毆爲最則愛民之心孚乎其下故也誠使令之縣令有俔寬愛民之心感動乎其下則富民之粟出而邇臣散給之策可得而施矣方畧之未至利害之未悉皆可次第而講求若監司郡守不能以是心爲明主謹擇縣令或憚於有所按發而務爲因循舍貸則吾未如之何也已矣

問唐取民制兵建官 省試

對古之是非得失常易論今之施設措置常難言論古之是非得失而不及今之施設措置吾未見其爲

果知古也然則古亦豈可以易言乎哉取民制兵建官之法蓋莫良於三代遭秦變古先王之制掃地而盡由漢以來因循苟簡視三代之法幾以爲不可復行蓋不知大冬之寒可以推而爲大夏之暑毫末之小可以進而爲合抱之大顧當爲之以漸而不可以驟反之也唐因魏隋之舊而成租調府衛之制官約以六典而省之至於七百三十此可以爲復三代之漸而唐之所以爲可稱者也至於貧無以葬者許鬻求業自狹鄉徙寬鄉者併鬻口分啓兼幷之端開避地之纍此固失在於其法省官之初自謂吾以此待

天下賢才足矣旣而增員外置寖廣而不復除此固
失在於其身居重御輕之說在唐固不能無蔽而府
兵之廢實出於版圖隳而不可攷閱習弛而不可用
其源蓋與授田相表裏皆其立法之遺恨也彍騎兩
稅雖皆一時可喜之事而壞經常簡易之法馴致鉅
創大蠹而不能救承良法之弊不知脩而後之苟且
變更以偷一時之利而不顧其後此尤君子之所深
惡不可諉前人之失而逭其誅至於斜封墨敕之濫
則誠無足深責大抵君子之望於唐者欲其等而上
之而唐愈下欲其推而進之而唐愈退其是非得失

豈不較然甚明哉至推之於今日則又有難言者唐
租調之法固可以爲復井田什一之漸矣然連阡陌
者難於行削奪之法厭糟糠者無以爲播種之資削
奪之法不行則田畒孰給播種之資旣乏則租課孰
供况今之取於民者斗斛之數定而輸再倍和市之
名存而直不給殊名異例不可殫舉而州縣遑遑有
乏之須負課之憂大農汲汲爲支柱權宜之計於此而
議復租調之法誰曰爲通世務者唐府兵之法固可
爲復軍旅卒伍之漸矣然授田之制不行則府衛之
制不可復論况邇者兩淮流徙之民朝廷欲因振救

之衆使耕荒棄之地以成屯田之業而議者猶懼資儲之乏事弗克究列營而居負米而爨者或者猶懼拊循之未至居處之未安習勤之未集而遽欲望被堅躡勁於田畝捨鋤釋耒之人亦已難矣於此而言府衛之制蓋索商船於北溟之涯者也唐虞官百夏商官倍周官三百六十而唐承隋後官不勝衆驟而約之七百有奇則復古建官亦莫近於唐矣今之內而府寺場局外而參幕佐貳可以罷而省之者蓋不爲少天下莫不知之而朝廷之憚爲此者則懼夫衣裳之流離而無以生也今雖不省而受任者或數千

里需次者或八九年奪園夫紅女之利不復可以責士大夫爲省官之說則又不可無以處此故曰論古之是非得失者易言今之施設措置者難然則三代之法其終不可復矣乎曰太夏之暑大冬之推也合抱之木毫末之進也況夫脩已以安百姓篤恭而天下平仲尼謂朞月而可三年有成有包荒之量有馮河之勇有不遐遺之明有朋亡之公於復三代乎何有愚不佞他日執事大人論思之次願與聞焉

問德仁功利

對仲尼晏歎管仲之功而遊於其門者五尺童子羞

稱焉曾西有所不爲孟子有所不願威公由莒轉戰而入齊管仲釋因拘而相之其學焉而後臣之也孟子至與成湯伊尹同稱然觀其始志不過欲立功名於天下以自尊榮其身而已豈有匹夫匹婦有不與被堯舜之澤者若己推而納之溝中之心哉召陵之役亥未及國而陳轅濤塗之執驕恣之迹已形其視成湯之懋德爲如何嗚呼此功利德仁之所從分歟唐太宗與裴寂劉文靜謀動高祖時其志無異於威公管仲之事及其有天下之後致正觀之治而論者以爲庶幾三代之王吾獨於其聽魏徵之言而見之

宇文士及稱南衙群臣面折庭爭陛下不得舉手蓋
當時輔拂鯁挺之臣不獨徵而已顧獨徵之言爲尤
詳且切取徵之言而讀之蓋有富翁貴仕之所不能
堪者而太宗富有天下貴爲天子功業皆其所自致
而能俯首抑意聽拂逆之辭於疇昔所惡之臣嗚呼
此其所以致正觀之治庶幾於三代之王者乎恭惟
主上盛德至仁其學蓋出於五帝三王而俯取唐太
宗德仁功利之問與魏徵之所以對者發於奎書形
於詔旨詢及侍臣一何其德之盛仁之熟勉勉亹亹
而無有窮已也實天下萬世之幸執事大人仰取而

俯用之策諸生於旅試之場甚大惠也設功利德仁之疑於魏徵之辭愚既以齊威管仲之事決之於前矣至於帝王之德之仁豈但如匹夫見於脩身齊家而已之說愚竊以爲不然夫所謂脩身齊家者非夫餙小廉矜小行以自託於鄉黨者然也顏子視聽言動之間曾子容貌辭氣顏色之際而五帝三王臯夔稷契伊呂周召之功勳德業在焉故大學言明明德於天下者取必於格物致知正心誠意之間愚不敏姑誦所聞執事大人幸恕其狂斐

問漢文武之治

對嘗讀洪範至於沈潛剛克高明柔克之辭未嘗不
反復深玫而敬思之以爲古先帝王之所以未嘗不
學而求警戒磨厲之心未嘗不切也執事敎諸生以
漢文帝武帝之事愚獨以學而斷二君之失夫文帝
之爲君固寬仁之君也然其質不能不偏於柔故其
承高惠之後天下無事不知上古聖人弦弧剡矢重
門擊柝之義安於嫁胡之恥不能飭邊備講武練兵
以戒不虞而匈奴大舉入邊者數四甚至候騎達於
雍甘泉僅嚴細柳灞上棘門之地雖拊髀求將御鞍
講武而志終不遂使其有學以輔之而知高明之義

必不至於此矣武帝之爲君固英明之君也然其質不能不偏於剛故其承文帝富庶之後貫朽粟腐憤然欲犂匈奴之庭以刷前世之恥然不知舞干格苗因壘降崇之事不止衛青霍去病之師而窮貳師之兵至於海内虚耗户口減半雖下輪臺哀痛之詔亦無及矣飄風不終朝驟雨不終日執事謂始作者有以基之信其然乎使其有學以輔之而知沉潛之義不至於此矣嗚呼富庶之效雖遼於虚耗之報而拊髀之歎有不如輪臺之哀堯舜三王之心吾於漢武帝末年之詔而知之此吾所以重惜其無學以輔之

也若聖天子求治之至而治道未盡舉此則執事大
人之任愚未敢僣

象山先生全集卷之三十一

象山先生全集卷之三十二

拾遺

好學近乎知

聖人之言有若不待辯而明自後世言之則有不可不辯者夫所謂智者是其識之甚明而無所不知者也夫其識之甚明而無所不知者不可以多得也然識之不明豈無可以致明之道乎有所不知豈無可以致知之道乎學也者是所以致明致知之道也向也不明吾從而學之學之不已豈有不明者哉向也不知吾從而學之學之不已豈有不知者哉學果可

以致明而致知則好學者可不謂之近智乎是所謂不待辯而明者也然大道之不明斯人之陷溺古之所謂學者後世莫之或知矣今自童子受一卷之書亦可謂之學雖學農圃技巧之業亦不可不謂之學人各隨其所欲能者而學之俗各隨其所漸誘者而學之均之爲學也雖其學之也有好有不好其好之也有篤有不篤而當其篤好之也均之爲好學也今學農圃技巧之業者姑不論而如童子受書如射御書數專爲一藝者亦姑不論又如詭怪妖妄之人學爲欺世誣人之事者亦姑不論而世蓋有人焉氣庸

質腐溺於鄙陋之俗習於庸猥之説膠於卑淺零亂之見而乃勉勉而學孜孜而問茫茫而思汲汲而行聞見愈雜智識愈迷東轅則恐背於西南轅則恐違於北執一則懼爲通者所笑泛從則懼爲專者所非進退無守彷徨失據是其好之愈篤而自病愈深若是而學若是而好者果可謂之近於智乎此所謂自後世言之則有不可不辯焉者也

學問求放心

舉天下從事於其間而莫知其説理無是也而至於有是是豈可以不論其故哉學問也者是舉天下之

所從事於其問者也然于其所以學問者而觀之則汙雜茫昧駁乎無以議爲也古者學問之道於是而有莫知其說者矣仁人心也心之在人是人之所以爲人而與禽獸草木異焉者也可放而不求哉古人之求放心不啻如饑之於食渴之於飲焦之待救溺之待援固其宜也學問之道蓋於是乎在下愚之人忽視玩聽不爲動心而其所謂學問者乃轉爲浮文緣飾之具甚至於假之以快其遂私縱欲之心翕之以熾其傷善敗類之燄豈不甚可歎哉學問之道無他求其放心而已矣孟子斯言誰爲聽之不藐者

主忠信

人不可以無所主尤不可以主非其所主蓋人而無所主則倀倀然無所依歸將至於無所不爲斯固有所不可也然至於主非其所主則念慮云爲舉出於其心之所主方且陷溺於其中而自以爲得雖有至言善道賢師良友亦無如之何則又不若無所主者之或能入於善也此夫子所以屢言之忠者何不欺之謂也信者何不妄之謂也人而不欺何往而非忠人而不妄何往而非信忠與信初非有二也特由其不欺於中而言之則名之以忠由其不妄於外而言

之則名之以信果且有忠而不信者乎果且有信而不忠者乎名雖不同總其實而言之不過良心之存誠實無僞斯可謂之忠信矣由是言之忠信之名聖人初非外立其德以教天下蓋皆人之所固有心之所同然者也然人之生也不能皆上智不惑氣質偏弱則耳目之官不思而蔽於物物交物則引之而已由是向之所謂忠信者流而放僻邪侈而不能以自反矣當是時其心之所主無非物欲而已矣然則聖人所欲導還其固有舍曰主忠信其何以哉是故為人子而不主於忠信則無以事其親為人臣而不主

於忠信則無以事其君兄弟而不主於忠信則傷夫婦而不主於忠信則乖朋友而不主於忠信則離視聽言動非忠信則不能以中理出處語默非忠信則不能以合宜凡文辭之學與夫禮樂射御書數之藝此皆古之聖賢所以居敬養和周事致用備其道全其美者一不出於忠信則雖或能之亦適所以崇姦而長僞况其餘乎嗚呼忠信之於人亦大矣欲有所主捨是其可乎故夫子兩以告門人弟子而子張之問崇德亦以是告之至於賛易則又以爲忠信所以進德也誠以忠信之於人如木之有本非是則無以

爲木也如水之有源非是則無以爲水也人而不忠信果何以爲人乎哉鸚鵡鸜鴿能人之言猩猩猿狙能人之技人而不忠信何以異於禽獸者乎嗚呼學者能審其所主則亦庶幾乎其可矣國以君爲主則一國之事莫不由君而出軍以將爲主則一軍之事莫不由將而出家以長爲主則一家之事莫不由長而出人能以忠信爲主則念慮云爲舉一身之事莫不由忠信而出然而不能進於聖賢者吾未之信也

毋友不如己者

人之技能有優劣德器有小大不必齊也至於趨向

之大端則不可以有二同此則是異此則非向背之
間善惡之分君子小人之別於是決矣交者所以相
與切磋琢磨以進乎善而爲君子之歸者也其所向
苟不如是惡可與之爲交哉此毋交不如己者之意
甚矣趨向之不可不謹而交之不可不擇也耳目之
所接念慮之所及雖萬變不窮然觀其經營要其歸
宿則舉係於其初之所向布乎四體形乎動靜宣之
於言語見之於施爲醞釀陶冶涵浸長養日益日進
而不自知者蓋其所向一定而勢有所必然耳彼其
趨向之差而吾與之交則其朝夕遊處之間聲薰氣

染波蕩風靡者豈不大可畏哉子張氏有於人何所不容如之何其拒人之說殆未知夫主忠信毋友不如已者之義也

人不可以無恥

人惟知所貴然後知所恥不知吾之所當貴而謂之有恥焉者吾恐其所謂恥者非所當恥矣夫人之所當貴者固天之所以與我者也而或至於戕賊陷溺顛迷於物欲而不能以自反則所可恥者亦孰甚於此哉不知乎此則其愧恥之心將有移於物欲得喪之間者矣然則其所以用其恥者不亦悖乎由君子

觀之乃所謂無恥者也孟子曰人不可以無恥以此

又

不善之不可爲非有所甚難知也人亦未必不知而至於甘爲不善而不之改者是無恥也夫人之患莫大乎無恥人而無恥果何以爲人哉今夫言之無常行之不軌旣已昭著乃反睢睢揚揚飽食煖衣安行而自得畧無愧怍之意吾不知其與鱗毛羽鬣山棲水育牢居野牧者何以異也人而至此果何以爲人乎哉鈞是人也而至於有爲聖爲賢者獨何爲而能然哉人之無恥者盍亦於是而少致其思乎人不可

以無恥以此

思則得之

義理之在人心實天之所與而不可泯滅焉者也彼其受蔽於物而至於悖理違義蓋亦弗思焉耳誠能反而思之則是非取舍蓋有隱然而動判然而明決然而無疑者矣

君子喻於義

非其所志而責其習不可也非其所習而責其喻不可也義也者人之所固有也果人之所固有則夫人而喻焉可也然而喻之者少則是必有以奪之而所

志所習之不在乎此也孰利於吾身孰利於吾家自聲色貨利至於名位祿秩苟有可致者莫不營營而圖之汲汲而取之夫如是求其喻於義得乎君子則不然彼常人之所志一毫不入於其心念慮之所存講切之所及唯其義而已夫如是則亦安得而不喻乎此哉然則君子之所以喻於義者亦其所志所習之在是焉而已耳

求則得之

良心之在人雖或有所陷溺亦未始泯然而盡亡也下愚不肖之人所以自絕於仁人君子之域者亦特

其自棄而不之求耳誠能反而求之則是非美惡將有所甚明而好惡趣舍將有不待強而自決者矣移其愚不肖之所爲而爲仁人君子之事殆若決江疏河而赴諸海夫孰得而禦之此無他所求者在我則未有求而不得者也求則得之孟子所以言也

里仁爲美

自爲之不若與人爲之與少爲之不若與衆爲之此不易之理也仁人心也爲仁由己而由人乎哉我欲仁斯仁至矣仁也者固人之所自爲者也然吾之獨仁不若與人焉而共進乎仁與一二人焉而共進乎

仁孰若與衆人而共進乎仁與衆人焉共進乎仁則其浸灌薫陶之厚規切磨礪之益吾知其與獨爲之者大不侔矣故一人之仁不若一家之仁之爲美一家之仁不若鄰焉皆仁之爲美其鄰之仁不若里焉皆仁之爲美也里仁爲美夫子之言豈一人之言哉

則以學文

欲明夫理者不可以無其本本之不立而能以明夫理者吾未之見也宇宙之間典常之昭然倫類之燦然果何適而無其理也學者之爲學固所以明是理也然其疇昔之日闈門之内所以慕望期嚮服習踐

行者蓋泯然乎天理之萌蘖而物欲之蔽實豪據乎其中而爲之主則其所以爲學之本者固已壓矣然而方且汲汲於明理吾不知所謂理者果可以如是而明之乎苟惟得之於天者未始泯滅而所以爲學之本者見諸日用而足以恬乎人則雖其統紀條目之未許自可以切磋窮究次第而講明之而是理亦且與吾相契而渙然釋怡然順者將不勝其衆矣則以學文夫子所以言也

人心惟危道心惟微惟精惟一允執厥中

知所可畏而後能致力於中知所可必而後能收效

於中夫大中之道固人君之所當執也然人心之危罔念克念爲狂爲聖由是而分道心之微無聲無臭其得其失莫不自我曰危曰微此亦難乎其能執厥中矣是所謂可畏者也苟知夫危微之可畏也如此則亦安得而不致力於中乎毫釐之差非所以爲中也知之苟精斯不差矣須臾之離非所以爲中也守之苟一斯不離矣惟精惟一亦信乎其能執厥中矣是所謂可必者也苟知夫精一之可必也如此則亦安得而不收效於中乎知所可畏而致力於中知所可必而收效於中則舜禹之所以相授受者豈苟而

已哉

學古入官議事以制政乃不迷

天下有不易之理是理有不窮之變誠得其理則變之不窮者皆理之不易者也理之所在固不外乎人也而人之生亦豈能遽明此理而盡之哉開闢以來聖神代作君臣之相與倡和彌縫前後之相與緝理更續其規恢締建之廣大深密咨詢討慮之委曲詳備證驗之著有足以折疑更嘗之多有足以破陋被之載籍著爲典訓則古制之所以存於後世者豈徒爲故實文具而已哉以不易之理禦不窮之變於是

乎在矣學之以入官操之以議事政之不迷固其所也

汝分猷念以相從各設中于乃心

必有所辯然後私說可得而破必有所主然後私意可得而絕道之所在固非私說之可擬中之所存固非私意之可間有道之君率由是中以圖事揆策其爲民之意至炳炳也而不便于其私者輙持其私意倡爲異說以鼓動吾民彼民之愚至怵於其私說黨於其私意相率而違上之令何理之是非至是而難見而心之權度至是而無所準如此哉是殆其外之

無所辯而異說之來不能無惑內之無所主而宅心之素不于其中而物得以奪

養心莫善於寡欲

將以保吾心之良必有以去吾心之害何者吾心之良吾所固有也吾所固有而不能以自保者以其有以害之也有以害之而不知所以去其害則良心何自而存哉故欲良心之存者莫若去吾心之害吾心之害旣去則心有不期存而自存者矣夫所以害吾心者何也欲也欲之多則心之存者必寡欲之寡則心之存者必多故君子不患夫心之不存而患夫欲

之不寡欲去則心自存矣然則所以保吾心之良者豈不在於去吾心之害乎

取二三策而巳矣

昔人之書不可以不信亦不可以必信顧於理如何耳蓋書可得而僞爲也理不可得而僞爲也使書之所言者理耶吾固可以理揆之使書之所言者事耶則事未始無其理也觀昔人之書而斷於理則眞僞將焉逃哉苟不明於理而惟書之信幸而取其眞者也如其僞而取之則其弊將有不可勝者矣孟子曰吾於武成取二三策而巳矣非明於理者孰能與於

此嘗謂言而無稽往哲以爲不足聽事不師古昔賢以爲非所聞堯舜之聖書以稽古稱之夫子之聖自謂好古敏而求之古訓是式詩所以稱仲山甫之賢必則古昔稱先王禮所以爲學者之軌範也然則昔之聖賢蓋未嘗有不取於書者也欲求稽古以爲師法訓式而非書之取將孰取之哉然而古者之書不能皆醇也而疵者有之不能皆然也而否者有之眞僞之相錯是非之相仍使不通乎理而槩取之則安在其爲取於書也昔之聖賢豈其然乎自羲皇以來至於夫子蓋所謂有道之世雖中更衰亂而聖明

代興而周家又號爲典章之備而職守之詳且嚴者
當時載籍之傳宜其無所謂疵者否者僞者非者然
而夫子之於書也於易則有八索之黜於職方則有
九丘之除書必定詩必刪言夏商之禮則以爲杞宋
不足証武之樂未久也而聲淫及商至於老聃之問
萇弘之問郯子之訪無非所以攷覈其醇疵眞僞是
非可否而一斷之以理者也然則書之不可一槩而
取也久矣雖然夫子天下後世固宜取信焉者也孟
子之時去夫子爲未遠而經籍皆出於夫子之筆削
則雖槩而取之可也而於武成一篇所取者纔二三

策而已無亦好高求異之過耶嗚呼非也夫子所以
取信於後世者豈徒爾哉抑以其理之所在而其一
以貫之者建諸天地而不悖質諸鬼神而無疑百世
以俟聖人而不惑而已使書不合於理而徒以其經
夫子之手而遂信之則亦安在其取信於夫子也況
夫孟子雖曰去聖人之世未遠而亦百有餘歲矣言
爵祿之班則曰諸侯惡其害已也而皆去其籍論堯
舜之事則曰齊東野人之語而非君子之言然則於
武成之篇不惟其書之信而一斷之以理又何疑焉
故曰書不可以不信亦不可以必信使書而皆合於

理雖非聖人之經盡取之可也況夫聖人之經又安得而不信哉如皆不合於理則雖二三策之寡亦不可得而取之也又可必信之乎蓋非不信之也理之所在不得而必信之也古人之於書稽求師式至於爲聖爲賢而後世乃有疲精神勞思慮皓首窮年以求通經學古而内無益於身外無益於人敗事之誚空言坐談之譏皆歸之者庸非不通於理而惟書之信其取之者不精而致然耶今夫藥石之儲不能皆和平也而悍毒者有之不能皆真良也而僞䆀者有之彼良醫之遊於其間也審病者之脉理知藥石之

性味擇之精而用之適其宜是以百發而百中至非能醫者而以其病而遊焉槩取而試之苟其不中得無遇毒以益病而戕其身也哉不明乎理而惟書之信取之不當以至於悖理違道者得無類是乎故曰盡信書不如無書

保民而王

民生不能無群群不能無爭爭則亂亂則生不可以保王者之作蓋天生聰明使之統理人群息其爭治其亂而以保其生者也夫爭亂以戕其生豈人情之所欲哉彼其情驅勢激而至於此未有不思所以易

之者也當此之時有能以息爭治亂之道拯斯民於水火之中豈有不翕然而歸往之者保民而王信乎其莫之能禦也

續書何始於漢

安於所習而絕意於古固君子之所患也以其所知而妄意於古尤君子之所大患也君臣上下之大分善惡義利之大較固天下不易之理非有隱奧而難知者也然而世衰道喪利欲之途一開而莫之或止角奔競逐相師成風如大防之一潰濾漫衍溢有不可復收之勢當是時所謂大分大較非隱奧而難知

者往往顛倒錯亂廢墜湮沒而莫之或顧此後世之公患也人性之靈豈得不知其非然志銷氣腐無豪傑特立之操波流之所蕩激終淪胥而不能以自振尚何望其能軒輊於人哉然則安於所習而絶意於古者誠亦人之所深患也有人於此被服儒雅師尊聖賢知大分大較之不可易隱然思以易當世志不得而攄其所有著之簡編以自附於古人此何啻去國之似人虛空之足音有識者之所宜深嘉屢嘆稱揚頌美之不能自已者也而曰君子之所大患者何耶理之所當然而時不然有能去彼取此自拔於流

俗自一言一行以往莫不有益莫不可貴然其高下淺深大小多少雖毫釐之間不可以相踰越乗人之不然而張其殊於人者以自比於古之聖賢襲其粗迹偶其大形而修其説以欺世而盜名則又有大不然者矣彼固出於識量之卑聞見之陋而世衰道微自爲翹楚莫有豪傑之士剖其蒙開其蔽而遂至於此非固中懷譎詐而昭然有欺世盜名之心而爲之也然其不知涯分偃蹇僭越自以爲是人皆悅之而不可與入堯舜之道者蓋與賊德之鄉原所蔽不同而同歸於害正矣欺世盜名之號夫又焉得而避之

續書何始於漢吾以爲不有以治王通之罪則王道終不可得而明矣

問古者言之不出恥躬之不逮也故君子欲行之浮於言不欲言之浮於行傳說告高宗以遜志詩人稱文王小心翼翼記美后稷祿及子孫歸之於其辭恭其欲儉大言侈志固君子之所不取夫子講道洙泗之間而遊於其間者五尺童子羞稱五伯豈其五尺童子與管仲舅犯輩度長絜大舉能無所愧耶蜀諸葛孔明距今且千載更閱賢智多矣莫敢少訾而當時不過自比管樂孔門之童子

豈皆度越孔明者乎不然何其言之大而志之後
也禮不苟訾學不躐等夫子之教必不其然苟以
稱五伯之說爲非是則孟子亦曰仲尼之徒無道
桓文之事者或問曾西與管仲孰賢則曰爾何曾
比予於是然則蓋稱之說信矣孟子言必稱堯舜
且曰能言距楊墨者聖人之徒也楊墨亦當世所
推使當時後生小子不自揆度靡然而非之豈遜
志小心辭恭欲儉不苟訾不躐等之道乎諸君以
孔孟爲師者也願有所析其疑

對東明之升群陰畢伏咸池既作窪鄭不可復陳矣

康衢之謠擊壤之歌後世高文大冊不能無忝中林之夫漢上之女後世碩儒宗工不能無愧豈其智有所不足而力有所不逮哉道之不明不行而所以用其智力者病矣談中華之壯麗則夷裔之君長不如王朝之下士論滄海之汪洋則雍梁之秀民不如渤澥之庸夫理固然也道之行與不行明與不明相去遠矣傅說之遜志將以時敏厥修文王之小心所以昭事上帝其辭恭其欲儉后稷之德於是乎在矣必不苟訾而後可與言此必不躐等而後可以進此羞稱五伯能言距楊墨然後可以免於苟訾躐等之過

而進乎遜志小心辭恭欲儉之地矣

象山先生全集卷之三十二

象山先生全集卷之三十三

謚議 嘉定十年三月二十八日聖旨特賜謚

宣教郎大常博士孔煒撰

議曰學道以聖賢爲師聖賢遺書萬世標的也孟軻氏有言曰君子深造之以道欲其自得之也自得之則居之安居之安則資之深資之深則取之左右逢其原故君子欲其自得之也甚矣古人之講學其端緒源委誠未易言學而未至於安難與議聖賢之閫域矣傳記所載如曰安而行安則久恭而安皆取諸此也自軻既没逮今千有五百餘年學者狗口耳之

末昧性天之眞凡軻之所以詔來世者卒符於空言有能尊信其書修明其學反求諸己淑諸人如監丞陸公者其能自拔於流俗而有功於名教者歟公生而穎悟器識絕人與季兄復齋講貫理學號江西二陸其學務窮本原不爲章句訓詁其持論雄傑卓立不苟隨聲趨和唯孟軻氏書是崇是信蓋謂此心之良人所均有天所予我非由外鑠先立乎其大者則其小者莫能奪信能知此則宇宙無非至理聖賢與我同類大端既立趨嚮既定明善充類以求之強力勇敢以行之如木有根如水有源逮其久也此心

之靈此理之明將渙然釋怡然順眞有見夫居廣居立正位行大道皆吾分内事所謂操存求得盛行不加窮居不損者端不我誣也公惟見理昭徹加以涵養踐履之功故能自得於心有餘於身即其成已用以成物四方才俊之士風動雲集至無館舍以容公槃護端嚴對之者非心邪念自然消沮論說奕邁聽之者如指迷塗如出荆棘質諸遺編義利之分王霸之别天理人欲凡介於毫芒疑似之間者辯之弗措叩之弗竭自非學本正大充乎自然安能如是之周流貫通動與理會也哉繇其推是學以爲文則辭達

而不事乎雕鎸理勝而無用乎繚繞無意於文而文
自爾工施是學於有政則視吾民如子弟遇僚屬如
朋友誠心所孚自有不言之教當時元臣碩輔或薦
進其心悟理融出於自得或稱美其治郡善政可驗
躬行夫理而造於自得政而本於躬行則君子之所
養可知矣使天假之年上之得君行道次之立言明
道俾獲盡宣其用則以利生民以惠後學可勝旣哉
謹按謚法敏而好古曰文貌肅辭定曰安公天禀純
明學無凝滯服膺先哲發揮憲言非敏而好古乎抗
志洪毅師道尊嚴記久傳遠言皆可復非貌肅辭定

乎謚曰文安於義爲稱謹議

覆謚

朝請大夫行尚書考功員外郎丁端祖撰

議曰儒學之盛自三代以來未有如我本朝者也夫

六經厄於秦而士以權謀相傾漢尚申韓晉尚莊老

唐惟辭章是誇先王之道陵遲甚矣至我本朝伊洛

諸公未出之時易之一書猶晦蝕於虛無之談書之

皇極詩之二南記禮中庸大學之旨春秋尊王之義

皆未有能發明其指歸者也自濂溪明道伊川義理

之學爲諸儒倡而窮理盡性之說致知格物之要凡

堯舜禹湯文武周公孔子相傳之大原始暴白於天下其後又得南軒張氏晦庵朱氏東萊呂氏續濂溪明道伊川幾絶之緒而振起之六經之道晦而復明是三君子奉常既已命謚矣又有象山陸氏者自丱角時聞誦伊川語嘗曰伊川之言奚爲與孔子孟子之言不類初讀論語即疑有子之言支離及長而與朋友講學因論及太極圖斷然以太極之上不復更有無極其他特立之見超絶之論不一而足要皆本於自得天分既高學力亦到蓋自三四歲時請問於親庭其立論已不凡眞所謂少成若天性者惜乎不

能盡以所學見之事業立朝僅丞匠監旋即奉祠以歸惠政所加止荆門小壘而已世固有能言而不能行內若明了而外實迂闊不中事情者公言行相符表裏一致其吐辭發論既卓立乎古今之見至於臨政處事實平易而不迂詐審而不躁當乎人情而循乎至理而無一毫蹈常襲故之迹若公者在吾儒中眞千百人一人而已奉常謚以文安誠未爲過博士議是謹議

象山先生行狀

先生姓陸諱九淵字子靜其先嬀姓至齊宣王少子

元侯諱通始封平原般縣陸鄉因以爲氏曾孫諱烈爲吳令子孫遂爲吳郡吳縣人自吳公四十世爲唐宰相文公諱希聲是爲先生八世祖七世祖諱崇六世祖諱德遷五代末避地于撫州金谿高祖諱有程曾祖諱演並以學行重於鄉里祖諱戩父贈宣教郎諱賀生有異禀端重不伐究心典籍見於躬行酌先儒冠昏喪祭之禮行之家家道之整著聞州里母孺人饒氏生六子先生其季也先生幼不戲弄靜重如成人三四歲時常侍宣教公行遇事物必致問一日忽問天地何所窮際宣教公笑而不答遂深思至忘

寢食角總經夕不脫衣屨有弊而無壞韈至三接手
甲甚脩足跡未嘗至庖廚常自掃灑林下宴坐終日
立于門過者駐望稱歎以其端莊雍容異常兒也五
歲讀書紙隅無捲摺六歲侍親會嘉禮衣以華好却
不受季兄復齋年十三舉禮經以告先生迺受與人
粹然樂易然惡無禮者讀書不苟簡外視雖若閒暇
而實勤於致索伯兄總家務常夜分起必見先生秉
燭檢書伊川近世大儒言垂于後至今學者尊敬講
習之不替先生獨謂簡曰丱角時聞人誦伊川語自
覺若傷我者亦嘗謂人曰伊川之言奚爲與孔子孟

子之言不類初讀論語即疑有子之言支離先生生而清明不可企及有如此者他日讀古書至宇宙二字解者曰四方上下曰宇往古來今曰宙忽大省曰宇宙内事乃已分内事已分内事乃宇宙内事又嘗曰東海有聖人出焉此心同也此理同也西海有聖人出焉此心同也此理同也南海北海有聖人出焉此心同也此理同也千百世之上有聖人出焉此心同也此理同也千百世之下有聖人出焉此心同也此理同也乾道八年登進士第時考官呂祖謙能識先生之文於數千人之中他日謂先生曰未嘗欵承

足下之教僅得之傳聞一見高文心開目明知其爲
江西陸子靜也其始至行都一時俊傑咸從之游先
生朝夕應酬答問學者踵至至不得寢者餘四十日
所以自奉甚薄而精神益強聽其言興起者甚衆還
里遠邇聞風而至求親炙問道者益盛先生旣受徒
即去今世所謂學規者而諸生善心自興容體自莊
雍雍于于後至者相觀而化揖欶盛哉真三代時學
校也有一生飯次微交足飯旣先生從容問之曰汝
適有過知之乎生畧思曰已省先生曰何過對曰中
食覺交足雖即攺正即放逸也其嚴如此先生深知

學者心術之微言中其情或至汗下有懷於中而不能自曉者爲之條析其故悉如其心亦有相去千里素無雅故聞其大槩而盡得其爲人嘗有言曰念慮之不正者頃刻而知之即可以正念慮之正者頃刻而失之即爲不正有可以形迹觀者有不可以形迹觀者必以形迹觀人則不足以知人必以形迹繩人則不足以救人又曰今天下學者唯有兩途一途朴寔一途議論嗚呼至哉足以明人心之邪正破學者之窟宅矣嘗攻切問者之疵問者不領惡聲輙至旁觀不能堪而先生悠然從容乃及他事淳熙元年授

廸功郎隆興府靖安縣主簿未上丁繼母大孺人鄧氏憂服闋調建寧府崇安縣主簿八年少師史公浩薦先生之辭曰淵源之學沉粹之行輩行推之而心悟理融出於自得得 旨都堂審察陞擢不赴九年侍從復上薦除國子正諸生叩請孳孳啓諭如家居教授感發良多十年冬遷 勑令所删定官同志之士相從講切不替僚友多賢相與問辯大信服先生自少時聞長上道靖康間事慨然有感於復讐之義至是遂訪求智勇之士與之商確益知武事利病形勢要害人物短長十一年當輪對期迫甚猶未入思

慮所親累請乆乃下筆繕寫甫就厥明即對上屢俞
所奏修寬恤詔令書成有旨敢承奉郎十三年轉宣
義郎親朋謂先生乆次宜求去先生曰往時面對粗
陳大義　明主不以爲非然條貫靡竟統紀未終思
欲再望清光少自竭盡以致臣子之義距對五日除
將作監丞後省駁得　旨主管台州崇道觀先生
既歸學者輻輳愈盛雖鄉曲老長亦俯首聽誨言稱
先生先生悼時俗之通病啓人心之固有咸惕然以
懲躍然以興每詣城邑環坐率一二百人至不能容
徙觀寺縣大夫爲設講坐於學宫聽者貴賤老少溢

塞塗巷從遊之盛未見有此貴溪有山實龍虎之本
岡先生登而樂之結茆其上山高五里其形如象遂
名之曰象山自號象山翁四方學徒復大集至數百
人從容講道詠歌怡愉有終焉之意於是人號象山
先生十六年祠秩滿今　上登極除知荆門軍是年
轉宣教郎又轉奉議郎紹熙二年九月初領郡事吏
以故例白内諸局務外諸縣必有揭示約束接賓受
詞分日先生曰安用是延見僚屬如朋友推心豁然
論事惟理是從先生家書有云每一同官稟事衆有
所見皆得展其所懷辯爭利害於前太守唯默聽候

其是非既明乃從贊歎以養其狥公之意太守所判僚屬郡囬者常有之先生教民如子弟雖賤隷走卒亦諭以理義接賓受詞無早暮下情盡達無壅故郡境之内官吏之貪蠹民俗之習尚忠良材武與猾吏暴強先生皆得之於無事之日往時郡有追逮皆特遣人先生唯令訴者自執狀以追以地近遠立限皆如期即日處決輕罪多酌人情曉令解釋至人倫之訟既明多使領元詞自毀之以厚其俗唯怙終不可誨化乃始斷治詳其文狀以防後日反覆久之民情盖孚兩造有不持狀唯對辯求決亦有證者不召自

至問其故曰事久不白共約求明或既伏俾各持其狀去不復留案嘗夜與僚屬坐吏白有老者訴甚急呼問之體戰言不可解俾吏狀之謂其子爲群卒所殺先生判翌日呈僚屬難之先生曰子安之不至是淩晨追究其子蓋無恙也人益服先生之明有訴遭竊脫而不知其人先生自出二人姓名使捕至訊之伏辜盡得所竊物還訴者且宥其罪使自新因語吏曰某所某人尤暴吏亦莫知翌日有訴遭奪掠者即其人也乃加追治吏大驚郡人以爲神初保伍之制州縣以非急務多不檢覈盜賊得匿藏其間近邊尤

以爲患先生首申嚴之姦無所蔽有刼僧盧鄰伍遽
集擒獲不逸一人至是群盜屏息荆門素無城壁先
生以爲此自古戰爭之場今爲吹邊在江漢之間爲
四集之地南捍江陵北援襄陽東護隨郢之脇西當
光化夷陵之衝荆門固則四鄰有所恃否則有背脇
腹心之虞由唐之湖陽以趨山則其涉漢之徑已在
荆門之脅由鄧之鄧城以涉漢則其趨山之道已在
荆門之腹餘有間途淺津陂陁不能以限馬灘瀨不
能以濡軌者所在尚多自我出奇制勝徼敵兵之腹
脇者亦正在此雖四山環合易於備禦義勇四千疆

壯可用而倉廩藏庫之間麋鹿可至累議欲修築子城悍重費不敢輕舉先生審度决計召集義勇優給庸直躬自勸督役者樂趨竭力工倍二旬訖築初計者擬費緡錢二十萬至是僅費緡五千而土工畢後復議成砌三重置角臺增二小門上置敵樓衞天渠荷葉渠護險墻之制畢備纔費緡錢三萬又郡學貢院客館官舍衆役並興初俗習惰人以執役爲耻吏惟好衣閒觀至是此風一變督役官吏布衣雜役夫佐力相勉以義不專以威盛役如此而人情晏然郡中恬若無事荆門兩縣置壘事力綿薄連歲困於送

迎藏庫空竭調度倚辦商稅先是日差使臣暨小吏
伺商人于門檢貨給引然後至務務唯據引入稅出
門又覆視官收無幾而出入其費已多初謂以嚴禁
榷杜奸弊而門吏取賄多所藏覆禁物亦或通行商
苦重費多由僻途務入日縮先生罷去之或曰門譏
所以防奸列郡行之以爲常一旦罷廢商冐利必有
不至務者先生曰是非爾所知即日揭示俾徑至務
復減正稅援例是日稅入立增有一巨商已遵僻途
忽聞新令復出正路巡尉卒於岐捕之先生揭得其
實劵而釋之巨商感涕行旅聞者莫不以手加額誓

以毋欺私相轉告必由荊門旁觀者詰其故商曰罷三門引減援例去我輩大害不可不報德稅取增倍酒課亦如之荊門故用銅錢後以近邊以鐵錢易之銅錢有禁而民之輸於公者尚容貼納先生曰既禁之矣又使之輸不可耶蠲之又減鈔錢罷比較不遣人詣縣給吏札置醫院官吏民咸便而郡吏亦貧而樂獄卒無以自給多告罷先生以僚屬訪察得其實遂廪給之朔望及暇日詣學講誨諸生郡有故事上元設齋醮黃堂其說曰為民祈福先生於是會吏民講洪範斂福錫民一章以代醮事發明人心之善所

以自求多福者莫不曉然有感於中或爲之泣湖北
諸郡軍士多逃徙視官府如傳舍不可禁止緩急無
可使者先生病之乃信捕獲之賞重奔竄之刑又數
閱射中者受賞役之加廩直無饑寒之憂相與悉心
弓矢逸者絶少他日兵官按閱獨荆門整習他郡所
無先生平時按射不止於兵伍郡民皆得而與中亦
同賞薦舉其屬不限流品嘗曰古者無流品之分而
賢不肖之辯嚴後世有流品之分而賢不肖之辯畧
先生之家居也鄉人苦旱群禱莫應有請於先生乃
除壇山巔陰雲已久及致禱大雨隨至荆門亦旱先

生舟有祈必踈兩隨車郡民異之洽化孚洽久而益
著既踰年笞箠不施至於無訟相保相愛閭里熈熈
人必敬向日以加厚吏卒亦能相勉以義視官事如
其家事識者知其爲郡有出於政刑號令之表者矣
諸司交章論薦丞相周公必大嘗遺人書有曰荆門
之政于以驗躬行之效三年冬十一月語女兄曰先
教授兄有志天下竟不得施以没女兄盡然又嘗謂
家人曰吾將死矣或曰安得此不祥語骨肉將柰何
先生曰亦自然又告僚屬曰某將告終先生素有血
疾居旬日大作實十二月丙午越三日疾良已接見

屬僚與論政理如平時宴息靜室命掃灑焚香家事一不掛齒庚戌禱雪辛亥雪驟降命具浴浴罷盡易新衣幅巾端坐家人進藥先生卻之自是不復言癸丑日中奄然而卒郡屬棺斂竭誠哭哀甚吏民哭奠充塞衢道各有辭以敘陳痛戀之情柩歸門人奔哭會葬以千數郡縣於其講學之地爲立祠先生遺文諸生已次第編紀先生生於紹興九年二月乙亥享年五十有四娶吳氏封孺人二子持之循之女一明年十有一月壬申葬于鄉之來興寺山距妣饒氏孺人墓爲近先生之道至矣大矣簡安得而知之惟簡

主富陽簿時攝事臨安府中始承教於先生及反富陽又獲從容侍誨偶一夕簡發本心之問先生舉是日扇訟是非以答簡忽省此心之清明忽省此心之無始末忽省此心之無所不通簡雖几下不足以識先生而於是亦知先生之心非口說所能贊述所畧可得而言者日月之明先生之明也四時之變化先生之變化也天地之廣大先生之廣大也鬼神之不可測先生之不可測也欲盡言之雖窮萬古不可得而盡也雖然先生之心與萬古之人心一貫無二致學者不可自棄謹狀

紹熙五年二月十有六日門人奉議郎知饒州
樂平縣主管勸農公事楊簡狀

象山先生全集卷之三十三

（宋）陸九淵 著　明嘉靖三十九年刊

象山先生全集

3

鳳凰出版社

第三册

象山先生全集卷之三十四

語録上

道外無事事外無道先生常言之

道在宇宙間何嘗有病但人自有病千古聖賢只去人病如何增損得道

道理只是眼前道理雖見到聖人田地亦只是眼前道理

唐虞之際道在皐陶商周之際道在箕子天之生人必有能尸明道之責者皐陶箕子是也箕子所以佯狂不死者正爲欲傳其道既爲武王陳洪範則居於

夷狄不食周粟。

論語中多有無頭柄的說話，如知及之，仁不能守之之類，不知所及所守者何事；如學而時習之，不知時習者何事。非學有本領，未易讀也。茍學有本領，則知之所及者，及此也；仁之所守者，守此也；時習之，習此也；說者，說此；樂者，樂此。如高屋之上建瓴水矣。學茍知本，六經皆我註脚。

天理人欲之言亦自不是至論。若天是理，人是欲，則是天人不同矣。此其原蓋出於老氏。樂記曰：人生而靜，天之性也；感於物而動，性之欲也；物至知知，而後

好惡形焉不能反躬天理滅矣天理人欲之言蓋出
於此樂記之言亦根於老氏且如專言靜是天性則
動獨不是天性耶書云人心惟危道心惟微解者多
指人心爲人欲道心爲天理此說非是心一也人安
有二心自人而言則曰惟危自道而言則曰惟微罔
念作狂克念作聖非危乎無聲無臭無形無體非微
乎因言莊子云眇乎小哉以屬諸人警乎大哉獨遊
於天又曰天道之與人道也相遠矣是分明裂天人
而爲二也

動容周旋中禮此盛德之至所以常有先後言語必

三

信非以正行纔有正其行之心已自不是了

古人皆是明實理做實事

近來論學者言擴而充之須於四端上逐一充焉有此理孟子當來只是發出人有是四端以明人性之善不可自暴自棄苟此心之存則此理自明當惻隱處自惻隱當羞惡當辭遜是非在前自能辨之又云當寛裕温柔自寛裕温柔當發強剛毅自發強剛毅所謂溥溥淵泉而時出之

夫子問子貢曰汝與回也孰愈子貢曰賜也何敢望回回也聞一以知十賜也聞一以知二此又是白著

了夫子氣力故夫子復語之曰弗如也時有姓吴者在坐遽曰爲是尚嫌少在先生因語坐間有志者曰此說與天下士人語未必能通曉而吴君通敏如此雖諸君有志然於此不能及也吴遜謝謂偶然

子貢在夫子之門其才最高夫子所以屬望磨礲之者甚至如予一以貫之獨以語子貢與曾子二人夫子既沒三年門人歸子貢反築室於場獨居三年然後歸蓋夫子所以磨礲子貢者極其力故子貢獨留三年報夫子深恩也當時若磨礲得子貢就則其材豈曾子之比顏子既亡而曾子以魯得之盖子貢反

爲聰明所累卒不能知德也

子貢言性與天道不可得而聞此是子貢後來有所見處然謂之不可得而聞非實見也如曰子欲無言即是言了

天下之理無窮若以吾平生所經歷者言之眞所謂伐南山之竹不足以受我辭然其會歸總在於此

顔子爲人最有精神然用力甚難仲弓精神不及顔子然用力却易顔子當初仰高鑽堅瞻前忽後博文約禮遍求力索既竭其才方如有所立卓爾逺至問仁之時夫子語之猶下克己二字曰克己復禮爲仁

又發露其旨曰一日克己復禮天下歸仁焉既又復告之曰爲仁由己而由人乎哉吾嘗謂此三節乃三鞭也至於仲弓之爲人則或人嘗謂雍也仁而不佞仁者靜不佞無口才也想其爲人沖靜寡思日用之間自然合道至其問仁夫子但答以出門如見大賓使民如承大祭己所不欲勿施於人只此便是也然顏子精神高既磨礲得就實則非仲弓所能及也顏子問仁之後夫子許多事業皆分付顏子了故曰用之則行舍之則藏惟我與爾有是顏子沒夫子哭之曰天喪予蓋夫子事業自是無傳矣曾子雖能傳

其脉然參也魯豈能望顏子之素蓄幸曾子傳之子
思子思傳之孟子夫子之道至孟子而一光然夫子
所分付顏子事業亦竟不復傳也
學有本末顏子問夫子三轉語其綱既明然後請問
其目夫子對以非禮勿視勿聽勿言勿動顏子於此
洞然無疑故曰回雖不敏請事斯語矣本末之序蓋
如此今世論學者本末先後一時顛倒錯亂曾不知
詳細處未可遽責於人如非禮勿視聽言動顏子已
知道夫子乃語之以此今先以此責人正是躐等視
聽言動勿非禮不可於這上面看顏子須看請事斯

語直是承當得過

天之一字是臯陶説起

夫子以仁發明斯道其言渾無罅縫孟子十字打開

更無隱遁盖特不同也

自古聖賢發明此理不必盡同如箕子所言有臯陶之所未言夫子所言有文王周公之所未言孟子所言有吾夫子之所未言理之無窮如此然譬之奕然先是這般等第國手下棊後來又是這般國手下棊雖所下子不同然均是這般手段始得故曰其或繼周者雖百世可知也古人視道只如家常茶飯故漆

雕開曰吾斯之未能信斯此也

此道與溺於利欲之人言猶易與溺於意見之人言却難

涓涓之流積成江河泉源方動雖只有涓涓之微去江河尚遠却有成江河之理若能混混不舍晝夜如今雖未盈科將來自盈科如今雖未放乎四海將來自放乎四海如今雖未會其有極將來自會其有極歸其有極然學者不能自信見夫標末之盛者便自荒忙舍其涓涓而趨之却自壞了曾不知我之涓涓雖微却是真彼之標末雖多却是偽恰似

檐水來相似其涸可立而待也故吾嘗舉俗諺教學者云一錢做單客兩錢做雙客

傅子淵自此歸其家陳正己問之曰陸先生教人何先對曰辨志正己復問曰何辨對曰義利之辨若子淵之對可謂切要

此道非爭競務進者能知惟靜退者可入又云學者不可用心太緊今之學者大抵多是好事未必有切己之志夫子曰古之學者為己今之學者為人須自省察

夫民合而聽之則神離而聽之則愚故天下萬世自

有公論

先生與晦翁辨論或諫其不必辨者先生曰女曾知否建安亦無朱晦翁青田亦無陸子靜

不曾過得私意一關終難入德未能入德則典則法度何以知之

居象山多告學者云女耳自聰目自明事父自能孝事兄自能弟本無欠闕不必他求在自立而已

生於末世故與學者言費許多氣力盖爲他有許多病痛若在上世只是與他說入則孝出則弟初無許多事

千虛不博一實吾平生學問無他只是一實

或問先生何不著書對曰六經註我我註六經韓退之是倒做蓋欲因學文而學道歐公極似韓其聰明皆過人然不合初頭俗了或問如何俗了曰符讀書城南三上宰相書是已至二程方不俗然聰明却有所不及

正人之本難正其末則易今有人在此與之言汝適某言未是某處坐立舉動未是某人必樂從若去動他根本所在他便不肯

釋氏立教本欲脫離生死惟主於成其私耳此其病

根也且如世界如此忽然生一箇謂之禪已自是無
風起浪平地起土堆了
無宅利與善之間也此是孟子見得透故如此說
或問先生之學當來自何處入曰不過切已自反改
過遷善
有善必有惡眞如反覆手然善却自本然惡却是反
了方有
人品在宇宙間逈然不同諸處方嘵嘵然談學問時
吾在此多與後生說人品
此道之明如太陽當空羣陰畢伏

典憲二字甚大惟知道者能明之後世乃指其所撰苛法名之曰典憲此正所謂無忌憚

朱元晦曾作書與學者云陸子静專以尊德性誨人故游其門者多踐履之士然於道問學處欠了某教人豈不是道問學處多了些子故游某之門者踐履多不及之觀此則是元晦欲去兩短合兩長然吾以爲不可既不知尊德性焉有所謂道問學

吾之學問與諸處異者只是在我全無杜撰雖千言萬語只是覺得他底在我不曾添一些近有議吾者云除了先立乎其大者一句全無伎倆吾聞之曰誠

然

復齋家兄一日見問云吾弟今在何處做工夫某答云在人情事勢物理上做些工夫復齋應而已若知物價之低昂與夫辯物之美惡眞僞則吾不可不謂之能然吾之所謂做工夫非此之謂也

後世言學者須要立箇門戶此理所在安有門戶可立學者又要各護門戶此尤鄙陋

人共生乎天地之間無非同氣扶其善而沮其惡義所當然安得有彼我之意又安得有自爲之意

二程見周茂叔後吟風弄月而歸有吾與點也之意

後來明道此意却存伊川已失此意吾與常人言無不感動與談學問者或至爲仇舉世人大抵就私意建立做事專以做得多者爲先吾却欲殄其私而會於理此所以爲仇

吾與人言多就血脉上感移它故人之聽之者易非若法令者之爲也如孟子與齊君言只就與民同處轉移它其餘自正

今之論學者只務添人底自家只是減他底此所以不同

宇宙不曾限隔人人自限隔宇宙

乾以易知坤以簡能先生常言之云吾知此理即乾行此理即坤知之在先故曰乾知太始行之在後故曰坤作成物

夫子平生所言豈止如論語所載特當時弟子所載止此爾今觀有子曾子獨稱子或多是有若曾子門人然吾讀論語至夫子曾子之言便無疑至有子之言便不喜

先生問學者云夫子自言我學不厭及子貢言多學而識之又却以爲非何也因自代對云夫子只言我學不厭若子貢言多學而識之便是蔽說

學者須先立志志旣立却要遇明師

攻乎異端斯害也已今世類指佛老爲異端孔子時佛教未入中國雖有老子其說未著却指那箇爲異端盖異與同對雖同師堯舜而所學之端緒與堯舜不同即是異端何止佛老哉有人問吾異端者吾對曰子先理會得同底一端則凡異此者皆異端子不語怪力亂神夫子只是不語非謂無也若力與亂分明是有神怪豈獨無之人以雙瞳之微所矚甚遠亦怪矣苟不明道則一身之間無非怪但玩而不察耳

可與適道未可與立可與立未可與權棠棣之華偏其反而豈不爾思室是遠而子曰未之思也夫何遠之有上面是說階級不同夫子因舉詩中室是遠而之語因以掃上面階級蓋雖有階級未有遠而不可進者也因言李清臣云夫子刪詩固有刪去一二語者如棠棣之詩今逸此兩句乃夫子刪去也清臣又言碩人之詩無素以爲絢兮一語亦是夫子刪去其說皆是當時子夏之言謂繪事以素爲後乃是以禮爲後乎言不可也夫子盖因子夏之言而刪之子夏當時亦有見乎本末無間之理然後來却有所泥故

其學傳之後世尤有害繪事後素若周禮言繪畫之事後素功謂既畫之後以素間別之盖以記其目之黒白分也謂先以素為地非

紫愚參魯夫子所愛故子路使子羔為費宰子曰賊夫人之子以此見夫子欲子羔來磨礲就其遠者大者後來子羔早卒故屬意於曾子

叩其兩端而竭焉言極其初終始末竭盡無留藏也

江漢以濯之秋陽以暴之皜皜乎不可尚已此數語自曾子胷中流出

咸有一德之書言惟尹躬曁湯咸有一德以此見當

時只有尹湯二人可當一德

臯陶論知人之道曰亦行有九德亦言其人有德乃言曰載采采乃是謂必先言其人之有是德然後乃言曰某人有某事有某事盍德則根乎其中達乎其氣不可僞爲若事則有才智之小人可僞爲之故行有九德必言其人有德乃言曰載采采然後人不可得而廋也

後世言伏羲畫八卦文王始重之爲六十四卦其說不然且如周禮雖未可盡信如筮人言三易其經卦皆八其別皆六十有四龜筮協從亦見於虞書必非

僞説如此則卦之重久矣盖伏羲僟畫八卦即從而重之然後能通神明之德類萬物之情而扶持天下之理文王盖因其繇辭而加詳以盡其變爾

繫辭首篇三句可疑盖近於推測之辭

吾之深信者書然易繫言黙而成之不言而信存乎德行此等處深可信

伊川解此卦原筮作占决卜度非也一陽當世之大人其不寧方來乃自然之理勢豈在占决卜度之中原筮乃蒙初筮之義原初也古人字多通用因云

伊川學問未免占决卜度之失富貴不能淫貧賤不

能移威武不能屈非知道者不能楊子謂文王久幽
而不改其操文王居羑里而賛易夫子戹於陳蔡而
弦歌豈久幽而不改其操之謂耶
自周衰以來人主之職分不明堯典命羲和敬授人
時是爲政首後世乃付之星官曆翁盖緣人主職分
不明所致孟子曰民爲貴社稷次之君爲輕此却知
人主職分
詩大雅多是言道小雅多是言事大雅雖是言小事
亦主於道小雅雖是言大事亦主於事此所以爲大
雅小雅之辨

秦不曾壞了道脉至漢而大壞盖秦之失甚明至漢則迹似情非故正理愈壞

漢文帝藹然善意然不可與入堯舜之道僅似鄉原

諸公上殿多好說格物且如人主在上便可就他身上理會何必別言格物楊子黙而好深沉之思他平生爲此深沉之思所誤

韓退之原性却將氣質做性說了

近日舉及荀子解蔽篇說得人之蔽處好梭山兄云後世之人病正在此都被荀子莊子輩壞了荅云今世人之通病恐不在此大槩人之通病在於居茅茨

則慕棟宇衣敝衣則慕華好食麄糲則慕甘肥此乃是世人之通病

春秋北杏之會獨於齊桓公稱爵蓋當時倡斯義者惟桓公管仲二人春秋於諸國稱人責之也

古者風俗醇厚人雖有虛底精神自然消了後世風俗不如古故被此一段精神爲害難與語道

因歎學者之難得云我與學者說話精神稍高者或走了低者至塌了吾只是如此吾初不知手勢如此之甚然吾亦只有此一路

人方奮立已有消餒則議者不罪其消餒而尤其奮

立之太過舉其進銳者其退速以爲證於是併懲其
初曾不知孟子之意自不在此
聖人作春秋初非有意於二百四十二年行事又云
春秋大槩是存此理又云春秋之亡久矣說春秋之
繆尤甚於諸經也
嘗閱春秋纂例謂學者曰啖趙說得有好處故人謂
啖趙有功於春秋又云人謂唐無理學然亦有不可
厚誣者
後世之論春秋者多如法令非聖人之旨也千古聖
賢若同堂合席必無盡合之理然此心此理萬世一

揆也

銖銖而稱之至石必繆寸寸而度之至丈必差石稱

丈量徑而寡失此可爲論人之法且如其人大槩論

之在於爲國爲民爲道義此則君子人矣大槩論之

在於爲私己爲權勢而非忠於國徇於義者則是小

人矣若銖稱寸量校其一二節目而違其大綱則小

人或得爲欺君子反被猜疑邪正賢否未免倒置矣

有學者聽言有省以書來云自聽先生之言越千里

如歷塊因云吾所發明爲學端緒乃是第一步所謂

升高自下陟遐自邇却不知指何處爲千里若以爲

今日捨私小而就廣大爲千里非也此只可謂之第一步不可遽謂千里

吾於人情研究得到或曰察見淵中魚不祥然吾非苛察之謂研究得到有扶持之方耳

後世將讓職作一禮數古人推讓皆是實情唐虞之朝可見非尚虛文以讓爲美名也

嘗聞王順伯云本朝百事不及唐然人物議論遠過之此議論甚闊可取

嘗問王順伯曰聞尊兄精於論字畫敢問字果有定論否順伯曰有定論曰何以信此說順伯曰有一畫

一拐於此使天下有兩三人曉書問之此人曰是此等第則彼二人之言亦同如此知其有定因問字畫孰為貴順伯曰本朝不及唐唐不及漢漢不及先秦古書曰如此則大抵是古得些子者為貴順伯曰大抵古人作事不茍簡尊兄試觀古器與後來者異矣此論極是

傅子淵請教乞簡省一語答曰艮其背不獲其身行其庭不見其人後見其與陳君舉書中云是則全掩其非非則全掩其是此是語病中又云闊節而疏目子淵好旨高而趣深旨高而趣深甚佳闊節而疏目子淵好

處在此病亦在此又云子淵弘大文範細密子淵能
兼文範之細密文範能兼子淵之弘大則非細也
朱濟道力稱贊文王謂曰文王不可輕贊須是識得
文王方可稱贊濟道云文王聖人誠非某所能識曰
識得朱濟道便是文王

一學者自晦翁處來其拜跪語言頗怪每日出齋此
學者必有陳論應之亦無他語至四日此學者所言
已罄力請誨語答曰吾亦未暇詳論然此間大綱有
一箇規模說與人今世人淺之為聲色臭味進之為
富貴利達又進之為文章技藝又有一般人都不理

會却談學問吾總以一言斷之曰勝心此學者默然後數日其舉動言語頗復常

一學者從游閱數月一日問之云聽說話如何曰初來時疑先生之顛倒既如此說了後又如彼說及至聽得兩月後方始貫通無顛倒之疑

三百篇之詩周南爲首周南之詩關雎爲首關雎之詩好善而已

興於詩人之爲學貴於有所興起

洙泗門人其間自有與老氏之徒相通者故記禮之書其言多原老氏之意

先生在粉局日或問曰先生如見用以何藥方醫國

先生曰吾有四物湯亦謂之四君子湯或問如何曰任賢使能賞功罰罪

先生云後世言道理者終是粘牙嚼舌吾之言道坦然明白全無粘牙嚼舌處此所以易知易行或問先生如此談道恐人將意見來會不及釋子談禪使人無所措其意見先生云吾雖如此談道然凡有虛見虛說皆來這裏使不得所謂德行常易以知險恒簡以知阻也今之談禪者雖爲艱難之說其實反可寄託其意見吾於百衆人前開口見膽

先生云凡物必有本末且如就樹木觀之則其根本必差大吾之教人大槩使其本常重不爲末所累然今世論學者却不悅此

有一士大夫云陸丈與他人不同却許人改過

先生嘗問一學者若事多放過有寬大氣象若動輙別白似若褊隘不知孰是學者云若不別白則無長進處先生曰然

先生云學者讀書先於易曉處沉涵熟復切己致思則他難曉者渙然氷釋矣若先看難曉處終不能達

舉一學者詩云讀書切戒在荒忙涵泳工夫興味長

未曉莫妨權放過切身須要急思量自家主宰常精
徤逐外精神徒損傷寄語同遊二三子莫將言語壞
天常

先生歸自臨安子雲問近來學者先生云有一人近
來有省云一蔽旣徹群疑盡亡

先生云歐公本論周好然亦只說得皮膚看唐鑑令
讀一段子雲因請曰終是說骨髓不出先生云後世
亦無人知得骨髓去處

劉淳叟參禪其友周姓者問之曰淳叟何故捨吾儒
之道而參禪淳叟答曰譬之於手釋氏是把鋤頭儒

者把斧頭所把雖不同然却皆是這手我而今只要就他明此手友答云若如淳叟所言我只就把斧頭處明此手不願就他把鋤頭處明此手先生云淳叟亦善喻周亦可謂善對

先生云子夏之學傳之後世尤有害

先生居象山多告學者云汝耳自聰目自明事父自能孝事兄自能弟本無少缺不必他求在乎自立而已學者於此亦多興起有立議論者先生云此是虛說或云此是時文之見學者遂云孟子闢楊墨韓子闢佛老陸先生闢時文先生云此說也好然闢楊墨

佛老者猶有些氣道吾却只關得時文因一笑

先生作貴溪學記云堯舜之道不過如此此亦非有甚高難行之事嘗舉以語學者云吾之道眞所謂夫婦之愚可以與知

或問讀六經當先看何人解註先生云須先精看古註如讀左傳則杜預註不可不精看大槩先須理會文義分明則讀之其理自明白然古註惟趙岐解孟子文義多略

有一後生欲處郡庠先生訓之曰一擇交二隨身規矩三讀古書論語之屬

程先生解易爻辭多得之彖辭却有鶻突處人之文章多似其氣質杜子美詩乃其氣質如此

三代之時遠近上下皆講明扶持此理其有不然者衆從而斥之後世遠近上下皆無有及此者有一人務此衆反以爲怪故古之時比屋至於可封後世雖能自立然寡固不可以敵衆非英才不能奮興

有學者因事上一官員書云遏惡揚善沮姦佑良此天地之正理也此理明則治不明則亂存之則爲仁不存則爲不仁先生擊節稱賞

先生云吾自應舉未嘗以得失爲念場屋之文只是

直寫胸襟故作貴溪縣學記云不狥流俗而正學以
言者豈皆有司之所棄天命之所遺

有學者曾看南軒文字繼從先生游自謂有省及作
書陳所見有一語云與太極同體先生復書云此語
極似南軒

學者不可用心太緊深山有寶無心於寶者得之

有學者上執政書中間有云閤下作而待漏於金門
朝而議政於黼座退而平章於中書歸而咨訪於府
第不識是心能如晝日之昭晰而無薄蝕之者乎能
如砥柱之屹立而無淪胥之者乎先生云此亦可以

警學者

曹立之有書於先生曰願先生且將孝弟忠信誨人先生云立之之謬如此孝弟忠信如何說且將

惟溫故而後能知新惟敦厚而後能崇禮

易繫上下篇總是贊易只將贊易看便自分明凡吾論世事皆如此必要挈其總要去處後世言易數者多只是眩惑人之說

夫人幼而學之壯而欲行之今之論學者所用非所學所學非所用

或有譏先生之教人專欲管歸一路者先生曰吾亦

只有此一路

孟子曰言人之不善當如後患何今人多失其旨蓋孟子道性善故言人無有不善今若言人之不善彼將甘爲不善而以不善向汝汝將何以待之故曰當如後患何

見到孟子道性善處方是見得盡

退之言軻死不得其傳荀與楊擇焉而不精語焉而不詳何其說得如此端的

程先生解頻復厲言過在失不在復極好

先生在勑局曰或勸以小人闖伺宜乞退省先生曰

吾之未去以君也不遇則去豈可以彼爲去就耶

李白杜甫陶淵明皆有志於吾道

資禀之高者義之所在順而行之初無留難其次義利交戰而利終不勝義故自立

吾自幼時聽人議論似好而其實不如此者心不肯安必要求其實而後已

吾於踐履未能純一然纔自警策便與天地相似

後世言寬仁者類出於姑息殊不知苟不出於文致而當其情是乃寬仁也故吾嘗曰虞舜孔子之寬仁吾於四裔兩觀之間見之

有士人上詩云手抉浮翳開東明先生頗取其語因云吾與學者言眞所謂取日虞淵洗光咸池

右門人傅子雲季魯編録

冉子退朝子曰何晏也對曰有政子曰其事也魯國無政所行者亦其事而已政者正也

志壹動氣此不待論獨氣壹動志未能使人無疑孟子復以蹶趨動心明之則可以無疑矣壹者專一也志固爲氣之帥然至於氣之專一則亦能動志故不但言持其志又戒之以無暴其氣也居處飲食適節宣之宜視聽言動嚴邪正之辨皆無暴其氣之工也

古者十五而入大學大學之道在明明德在親民在止於至善此言大學指歸欲明明德於天下是入大學標的格物致知是下手處中庸言博學審問謹思明辨是格物之方讀書親師友是學思則在己問與辨皆須助人自古聖人亦因往哲之言師友之言乃能有進況非聖人豈有任私智而能進學者然往哲之言因時乘理其指不一方冊所載又有正僞純疵若不能擇則是泛觀欲取決於師友師友之言亦不一又有是非當否若不能擇則是泛從泛觀泛從何所至止如彼作室于道謀是用不潰于成欲取其一

而從之則又安知非私意偏説子莫執中孟子尚以
爲執一廢百豈爲善學後之學者顧何以處此
學者規模多係其聞見孩提之童未有傳習豈能有
是規模是故所習不可不謹處乎其中而能自拔者
非豪傑不能刼於事勢而爲之趨向者多不得其正
亦理之常也
古者勢與道合後世勢與道離何謂勢與道合蓋德
之宜爲諸侯者爲諸侯宜爲大夫者爲大夫宜爲士
者爲士此之謂勢與道合後世反此賢者居下不肖
者居上夫是之謂勢與道離勢與道合則是治世勢

與道離則是亂世

如切如磋者道學也如琢如磨者自修也骨象脆切磋之工精細玉石堅琢磨之工麄大學問貴細密自脩貴勇猛

世人只管理會利害皆自謂惺惺及他巳分上事又却只是放過爭知道名利如錦覆陷穽使人貪而墮其中到頭只贏得一箇大不惺惺去

陽一君而二民君子之道也陰二君而一民小人之道也陽奇陰偶陽以奇爲君一也陰以偶爲君二也有一則有二第所主在一彼小人之事豈遽絶其一

哉所主非是耳故君子以理制事以理觀象故曰變

動不居周流六虛上下無常剛柔相易不可爲典要

唯變所適

書疏云周天三百六十五度四分度之一天體圓如彈丸北高南下北極出地上三十六度南極入地下三十六度南極去北極直徑一百八十二度強天體隆曲正當天之中央南北二極中等之處謂之赤道去南北極各九十一度春分日行赤道從此漸北夏至行赤道之北二十四度去北極六十七度去南極一百一十五度從夏至以後日漸南至秋分還行赤

道與春分同冬至行赤道之南去南極六十七度去
比極一百一十五度其日之行處謂之黄道又有月
行之道與日相近交路而過半在日道之裹半在日
道表其當交則兩道相合去極遠處兩道相去六度
此其日月行道之大略也
黄道者日所行也冬至在斗出赤道南二十四度夏
至在井出赤道北二十四度秋分交於角春分交於
奎月有九道其出入黄道不過六度當交則合故曰
交蝕交蝕者月道與黄道交也
孟子登東山而小魯一章紬繹誦詠五六過始云皆

是言學之充廣如水之有瀾日月之有光皆是本原上發得如此

牛山之木嘗美矣以下常宜諷詠

元晦似伊川欽夫似明道伊川蔽固深明道却通疏

九疇之數一六在北水得其正三八在東木得其正唯金火易位而木生火自三上生至九自二數至於九正得二數故火在南自四數至七亦得四數故金在西一變而爲七七變而爲九九復變而爲一者一與一爲二一與二爲三一與三爲四一與四爲五一與五爲六五數之祖故至七則爲二與五矣是一變

也至九而極故曰七變而爲九數至九則必變故至十則變爲一十百爲一百千爲一千萬爲一萬是九復變而爲一也

或問賈誼陸贄言論如何曰賈誼是就事上說仁義陸贄是就仁義上說事

臨安四聖觀六月間傾城士女咸出禱祠或問何以致人歸鄉如此答曰只是賞罰不明

一夕步月喟然而嘆包敏道侍問曰先生何嘆曰朱元晦泰山喬嶽可惜學不見道枉費精神遂自擔閣柰何包曰勢既如此莫若各自著書以待天下後世

之自擇忽正色厲聲曰敏道敏道恁地汲長進乃作
這般見解且道天地間有箇朱元晦陸子靜便添得
些子無了後便减得些子
歸自臨安湯倉因言風俗不美曰乍歸方欲與後生
説些好話然此事亦由天亦由人湯云如何由天曰
且如三年一次科舉萬一中者篤厚之人多浮薄之
人少則風俗自此而厚不然只得一半篤厚之人或
三四箇篤厚之人風俗猶自庶幾不幸篤厚之人無
幾或全是浮薄之人則後生從而視傚風俗日以敗
壞湯云如何亦由人曰監司守令便是風俗之宗主

只如院判在此毋只惟位高爵重旗旌導前騎卒擁
後者是崇是敬陋巷茅茨之間有篤敬忠信好學之
士不以其微賤而知崇敬之則風俗庶幾可回矣湯
再三稱善次日謂幕僚曰陸丈近至城何不去聽說
話幕僚云恐陸丈門戶高峻議論非某輩所能喻湯
云陸丈說話甚平正試往聽看某於張呂諸公皆相
識然如陸丈說話自是不同

須知人情之無常方料理得人

孝經十八章孔子於踐履實地上說出非虛言也

莫知其苗之碩謂葉幹髮鬆而亡實者也

天下之言性也則故而已矣此段人多不明首尾文義中間所惡於智者至智亦大矣文義亦自明不失孟子本旨據某所見當以莊子去故與智解之觀莊子中有此故字則知古人言語文字必常有此字易雜卦中隨無故也即是此故字當孟子時天下無能知其性者其言性者大抵據陳迹言之實非知性之本往往以利害推說耳是反以利爲本也夫子贊易治曆明時在革之象蓋曆本測候常須改法觀革之義則千歲之日至無可坐致之理明矣孟子言千歲之日至可坐而致也正是言不可坐而致以此明不

可求其故也

帝出乎震帝者天也震居東春也震雷也萬物得雷而萌動焉故曰出乎震齊乎巽巽是東南春夏之交也巽風也萬物得風而滋長焉新生之物齊絜精明故曰萬物之絜齊也相見乎離離南方之卦也夏也生物之形至是畢露文物粲然故曰相見致役乎坤萬物皆得地之養將遂妊實六七月之交也萬物於是而胎實焉故曰致役乎坤說言乎兊兊正秋也八月之時萬物既已成實得雨澤而說懌故曰萬物之所說也戰乎乾乾是西北方之卦也舊穀之事將始

乾不得不君乎此也十月之時陰極陽生陰陽交戰之時也龍戰乎野是也勞乎坎坎者水也至勞者也陰退陽生之時萬物之所歸也陰陽未定之時萬物歸藏之始其事獨勞故曰勞乎坎成言乎艮陰陽至是而定矣舊歲之事於是而終新歲之事於是而始故曰萬物之所成終成始也

易之爲書也不可遠爲道也屢遷變動不居周流六虛上下無常剛柔相易不可爲典要唯變所適臨深履薄參前倚衡微戒無虞小心翼翼道不可須臾離也五典天敘五禮天秩洪範九疇帝用錫禹傳在箕

于武王訪之三代攸興罔不克敬典不有斯人孰足
以語不可遠之書而論屢遷之道也其為道也屢遷
不遷處變動不居居處周流六虛實處上下無常常
處剛柔相易不易處不可為典要要處惟變所適不
變處
履德之基也謙德之柄也復德之本也恒德之固也
損德之修也益德之裕也困德之辨也井德之地也
巽德之制也易之興也其於中古乎作易者其有憂
患乎上古淳朴人情物態未至多變易雖不作未有
闕也逮乎中古情態日開詐偽日萌非明易道以示

之則質之美者無以成其德天下之衆無以感而化生民之禍有不可勝言者聖人之憂患如此不得不因時而作易也易道旣著則使君子身修而天下治矣是故履德之基也雜卦曰履不處也不處者行也上天下澤尊卑之義禮之本也經禮三百曲禮三千皆本諸此常行之道履德之基謂以行爲德之基也基始也德自行而進也不行則德何由而積謙德之柄也有而不居爲謙謙者不盈也盈則其德喪矣常執不盈之心則德乃日積故曰德之柄旣能謙然後能復復者陽復爲復善之義人性本善其不善者遷

於物也知物之爲害而能自反則知善者乃吾性之固有循吾固有而進德則沛然無他適矣故曰復德之本也知復則內外合矣然而不常則其德不固所謂雖得之必失之故曰恒德之固也君子之修德必去其害德者則德日進矣故曰損德之修也善日積則寬裕故曰益德之裕也不臨患難難處之地未足以見其德故曰困德之辨也井以養人利物爲事君子之德亦猶是也故曰井德之地也夫然可以有爲有爲者常順時制宜不順時制宜者一方一曲之士非盛德之事也順時制宜非隨俗合汚如禹稷顔子

是已故曰巽德之制也

履和而至兊以柔悅承乾之剛健故和天在上澤處

下理之極至不可易故至君子所行體履之義故和

而至謙尊而光不謙則必自尊自耀自尊則人必賤

之自耀則德喪能謙則自卑自晦自卑則人尊之自

晦則德益光顯復小而辨於物復貴不遠言動之微

念慮之隱必察其爲物所誘與否不辨於小則將致

悔咎矣恒雜而不厭人之生動用酬酢事變非一人

情於此多至厭倦是不恒其德者也能恒者雖雜而

不厭損先難而後易人情逆之則難順之則易凡損

抑其過必逆乎情故先難旣損抑以歸於善則順乎本心故後易益長裕而不設益者遷善以益己之德故其德長進而寬裕設者修張也有修大不誠實之意如是則非所以爲益也困窮而通不脩德者遇窮困則隕穫喪亡而已君子遇窮困則德益進道益通并居其所而遷如君子不以道狥人故曰居其所而傳施濟衆無有不及故曰遷巽稱而隱巽順於理故動稱宜其所以稱宜者非有形迹可見故隱

履以和行行有不和以不由禮故也能由禮則和矣謙以制禮自尊大則不能由禮卑以自牧乃能自節

制以禮復以自知自克乃能復善他人無與焉恒以一德不常則二三常則一終始惟一時乃日新損以遠害如忿慾之類爲德之害損者損其害德而已能損其害德者則吾身之害固有可遠之道特君子不取必乎此也益以興利有益於已者爲利天下之有益於已者莫如善君子觀易之象而遷善故曰興利能遷善則福慶之利固有自致之理在君子無加損焉有不足言者困以寡慾君子於困厄之時必推致其命吾遂吾之志何慾之有推困之義不必窮厄患難及已也凡有道而有所不可行皆困也君子於此

自反而已未嘗有所愧也井以辨義君子之義在於濟物於井之義人可以明君子之義巽以行權巽順於理如權之於物隨輕重而應則動靜稱宜不以一定而悖理也九卦之列君子脩身之要其序如此歟一不可也故詳復贊之

所謂誠其意者無自欺也一段是總修身齊家治國平天下之要故反覆言之如惡惡臭如好好色乃是性所好惡非出於勉強也自欺是欺其心謹獨即不自欺誠者自成而道自道也自欺不可謂無人知十目所視十手所指其嚴若此

性器與名不可以假人只當說繁纓非諸侯所當用不可以與此人左氏也說差却名了是非孔子之言如孟子謂聞誅一夫紂矣乃是正名孔子於蒯聵輒之事乃是正名至於溫公謂名者何諸侯卿大夫是也則失之矣

事不可以逆料聖賢未嘗預料由也不得其死然死矣盆成括其微言如此

此理塞宇宙誰能逃之順之則吉違之則凶其蒙蔽則爲昏愚通徹則爲明知昏愚者不見是理故多逆以致凶明知者見是理故能順以致吉說易者謂陽

貴而陰賤剛明而柔暗是固然矣今晉之卦上離以六五一陰爲明之主下坤以三陰順從於離明是以致吉二陽爻反皆不善盖離之所以爲明者明是理也坤之三陰能順從其明宜其吉無不利此以明理順理而善則其不盡然者亦宜其不盡善也不明此理而泥於爻畫名言之末豈可以言易哉陽貴陰賤剛明柔暗之說有時而不可泥也

屯陰陽始交一索而得長男再索而得中男六三即鹿無虞惟入於林中指下卦之漸入上卦坎險之地上六乘馬班如泣血漣如正孔子曰吾末如之何也

已矣雖然人當止邪於未形絶惡於未萌致治於未
亂保邦於未危
蒙九二一爻爲發蒙之主不應更論與九五相得與
否包蒙納婦即克家之事
東書不觀游談無根
染習深者難得淨潔
自明然後能明人
復齋看伊川易傳解艮其背問其伊川說得如何其
云說得鶻突遂命其說其云艮其背不獲其身無我
行其庭不見其人無物

或謂先生之學是道德性命形而上者晦翁之學是
名物度數形而下者學者當兼二先生之學先生云
足下如此說晦翁晦翁未伏晦翁之學自謂一貫但
其見道不明終不足以一貫耳吾嘗與晦翁書云揣
量模寫之工依放假借之似其條畫足以自信其節
目足以自安此言切中晦翁之膏肓
學者答堂試策先生云諸公答策皆是隨問走答策
當如堂上人訓勸堂下吏卒乃不為策題所纏
先生於門人最屬意者唯傅子淵初子淵請教先生
有艮背行庭無我無物之說後子淵謂其舊登南軒

晦翁之門爲二說所礙十年不可先生之說及分教衡陽三年乃始信先生屢稱子淵之賢因言比陳君舉自湖南漕臺遣書幣下問來書云某老矣不復見諸事功但欲結果身分耳先生略舉荅書因說近得子淵與君舉書煞好若子淵切磋不已君舉當有可望也但子淵書中有兩句云是則全掩其非非則全掩其是亦爲抹出後聞先生臨終前數日有自衡陽來呈子淵與周益公論道五書先生手不釋歎曰子淵擒龍打鳳底手段

邵武丘元壽聽話累日自言少時獨喜看伊川語錄

先生曰一見足下知留意學問且從事伊川學者既好古如此居鄉與誰遊處元壽對以賦性冷淡與人寡合先生云莫有令嗣延師否元壽對以延師亦不相契止是託之二子耳先生云既是如此平生懷抱欲說底話分付與誰元壽對以無分付處有時按視田園老農老圃雖不識字喜其真情四時之間與之相忘酬酢居多耳先生顧學者笑曰以邵武許多士人而不能有以契元壽之心契心者乃出于農圃之人如此是士大夫儒者視農圃間人不能無愧矣先生因言世間一種恣情縱欲之人雖大狼狽其過易

於拯救却是好人刻地難理會松云如丘夫之賢先生還有力及之否先生云元壽甚佳但恐其不大耳人皆可以爲堯舜堯舜與人同耳但恐不能爲堯舜之大也元壽連日聽教方自慶快且云天下之樂無以加於此至是忽局蹴變色而答曰荷先生教愛之篤但某自度無此力量誠不敢僭易先生云元壽道無此力量錯說了元壽平日之力量乃堯舜之力量元壽自不知耳元壽默然愈惑退松別之元壽自述伯聽教於先生甚樂今胸中忽如有物梗之者姑抄先生文集歸而求之再來承教

先生與學者說及智聖始終條理一章忽問松云智聖是如何松曰知此之謂智盡此之謂聖先生曰智聖有優劣否松曰無優劣先生曰好無優劣然孟子云其至爾力也其中非力如此說倡歸重于智松曰其至爾力也其中非爾力也巧也行文自當如此孟子不成道其至爾力也其中爾巧也先生曰是松又曰智聖雖無優劣却有先後畢竟致知在先力行在後故曰始終先生曰是

先生因爲子持之跋所吟鶯詩云百囀吟春不暫停長疑春意未丁寧數聲綠樹黃鸝曉始笑從來着意

聽遶梁餘韻散南柯爭柰無如春色何剩化玉巢金
綽約深春到處爲人歌先生言鸞巢以他羽成之至
貼近金羽處以白鷳羽藉之所以養其金羽也
有客論詩先生誦昌黎調張籍一篇云李杜文章在
光燄萬丈長不知群兒愚那用故謗傷蚍蜉撼大樹
可笑不自量云云乞君飛霞佩與我高頡頏且曰讀
書不到此不必言詩
中心斯須不和不樂而鄙詐之心入之外貌斯須不
莊不敬而慢易之心入之與告子不動心是操持堅
執做孟子不動心是明道之力

有行古禮於其家而其父不悅乃至父子相非不已遂來請教先生云以禮言之吾子於行古禮其名甚正以實言之則去古既遠禮文不遠吾子所行未必盡契古禮而且先得罪於尊君矣喪禮與其哀不足而禮有餘也不若禮不足而哀有餘也如世俗甚不經裁之可也其餘且可從舊

有縣丞問先生赴任尚何時先生曰此來爲得疾速之任之命方欲單騎即行縣丞因言及虜人有南牧之意先生遽云如此則荊門乃次邊之地某當挈家以行未免少遲若以單騎却似某有所畏避也

臨川張次房于曆子賦歸去來辭棄官而歸杜門經
歲來見先生先生云近聞諸公以王謙仲故推輓次
房一出是否次房云極荷諸公此意愧無以當之先
生曰何荷之云君子之愛人也以德細人之愛人也
以姑息凡諸公欲相推輓者姑息之愛也次房初歸
時一二年間正氣甚盛後來寖弱先兄教授極力推
輓是後正氣復振比年又寖衰次房莫未至無歛喫
否若今諸公此舉事勢恐亦難行反自取辱耳某今
有一官不能脫去得今又令去荊門某只得去若冗
去南海某便着去次房幸而無官了而今更要出來

做甚麽次房云恨聞言之晚不能早謝絶之也
訟問先生今之學者爲誰先生屈指數之以傅子淵
居其首鄧文範居次傅季魯黄元吉又次之且云淛
間煞有人有得之深者有得之淺者有一見而得之
者有久而後得之者廣中陳去華省發儒特惜乎此
人亡矣

有傳黄元吉别長沙陳君舉有詩送行云荷君來意
固非輕曾未深交意便傾説到七篇無欠少學從三
畫已分明每嗟自昔傷標致頗欲從今近老成爲謝
荆門三益友何時尊酒話平生先生切聞子淵與君

舉切磋又起君舉之疑得黄元吉君舉方信子淵之
學松曰元吉之學却在子淵之上先生曰元吉得老
夫鍛煉之力元吉從老夫十五年前數年病在逐外
中間數年换入一意見窠窟去又數年换入一安樂
窠窟去這一二年老夫痛加鍛煉似覺壁立無由近
傍元吉善學不敢發問遂誘致諸處後生來授學却
教諸生致問老夫一一爲之問剥元吉一旦從傍忽
有所省此元吉之善學
先生云今世儒者類指佛老爲異端孔子曰攻乎異
端孔子時佛教未入中國雖有老子其說未著却指

那箇爲異端蓋異字與同字爲對雖同師堯舜而所學異緒與堯舜不同此所以爲異端也先生因徹學者攻異端曰天下之理將從其簡且易者而學之乎將欲其繁且難者而學之乎若繁且難者果足以爲道勞苦而爲之可也其實本不足以爲道學者何苦於繁難之說簡且易者又易知易從又信足以爲道學者何憚而不爲簡易之從乎

先生言萬物森然於方寸之間滿心而發充塞宇宙無非此理孟子就四端上指示人豈是人心只有這四端而已又就乍見孺子入井皆有怵惕惻隱之心

一端指示人又得此心昭然但能克此心足矣乃誦誠者自成也而道自道也誠者物之終始云云天地之道可一言而盡也

先生言胡季隨從學晦翁晦翁使讀孟子他日問季隨如何解至于心獨無所同然乎一句季隨以所見解晦翁以爲非且謂季隨讀書鹵莽不思後季隨思之既苦因以致疾晦翁乃言之曰然讀如雍之言然之然對上同聽同美同嗜說先生因笑曰只是如此何不早說與他

先生言吾家治田每用長大钁頭兩次鋤至二尺許

深一尺半許外方容秧一頭久旱時田肉深獨得不
旱以他處禾穗數之每穗穀多不過八九十粒少者
三五十粒而已以此中禾穗數之每穗少者尚百二
十粒多者至二百餘粒每一畝所收比他處一畝不
啻數倍蓋深耕易耨之法如此凡事獨不然乎時因
論及士人專事速化不根之文故及之
答曾宅之一書甚詳梭山一日對學者言曰文所以
明道辭達足矣意有所屬也先生正色而言曰道有
變動故曰爻爻有等故曰物物相雜故曰文文不當
故吉凶生焉昔者聖人之作易也幽贊于神明而生

蓍參天兩地而倚數觀變于陰陽而立卦發揮于剛柔而生爻和順于道德而理于義窮理盡性以至于命這方是文文不到這裏說甚文

松嘗問梭山云有問松孟子說諸侯以王道是行王道以尊周室行王道以得天位當如何對梭山云得天位松曰却如何解後世疑孟子教諸侯篡奪之罪梭山云民爲貴社稷次之君爲輕先生再三稱嘆曰家兄平日無此議論良久曰曠古以來無此議論松曰伯夷不見此理先生亦云松又云武王見得此理先生曰伏羲以來皆見此理

或勸先生之荆門爲委曲行道之計荅云仲虺言湯之德曰以義制事以禮制心古人通體純是道義後世賢者處心處事亦非盡無禮義特其心先主乎利害而以禮義行之耳後世所以大異于古人者正在於此古人理會利害便是禮義後世理會禮義却只是利害

先生言吴君玉自負明敏至槐堂處五日每舉書句爲問隨其所問解釋其疑然後從其所曉敷廣其說每每如此其人再三稱嘆云天下皆說先生是禪學獨某見得先生是聖學然退省其私又却都無事了

此人明皦只是不得久與之切磋

先生言重華論莊子不及老子者三孟子不及孔子三其一不合以人比禽獸晦翁亦有此論松曰孟子言人之所以異于禽獸者幾希惟恐人之入于禽獸是禽獸也爲其無君父也則其遠禽獸不遠矣爲其夜氣不足以存也晦翁但在氣象上理會此其所以錙銖聖人之言往往皆不可得而同也先生曰使堯舜禹湯文武周公孔子七八聖人合堂同席而居其氣象豈能盡同我這裏也說氣象但不是就外面說乃曰陰陽一大氣乾坤一大象因說孟子之言如孟

施舍之守氣不如曾子之守約也此兩句却贅了
人生而靜天之性也感物而動性之欲也是爲不識
艮背行庭之旨
舜隱惡而揚善說者曰隱藏也此說非是隱伏也伏
絶其惡而善自揚耳在已在人一也爲國家者見惡
如農夫之務去草焉芟夷蘊崇之絶其本根勿使能
殖則善者信矣故君子以遏惡揚善順天休命也
成湯放桀于南巢惟有慙德湯到這裡却生一疑此
是湯之過也故仲虺作誥曰惟天生民有欲無主乃
亂惟天生聰明時乂嗚呼謹厥終惟其始殖有禮覆

昏暴欽崇天道永保天命

學者問荆門之政何先對曰必也正人心乎人之其所親愛而辟焉之其所賤惡而辟焉之其所畏敬而辟焉之其所哀矜而辟焉之其所敖惰而辟焉辟比量也家中以次之人以我親愛賤惡而比量之或效之或議之其弊無窮不可悉究要其終實不足以齊其家

告子與孟子並駕其說于天下孟子將破其說不得不就他所見處細與他研磨一次將杞柳來論便就他杞柳上破其說一次將湍水來論便就他湍水上

破其說一次將生之謂性來論又就他生之謂性上

破其說一次將仁內義外來論又就他義外上破其

說窮究異端要得恁地使他無語始得

枚卜功臣之遜遜出于誠漢文帝即位之遜遜出于

僞云云及修代來功詔稱朕孤疑唯宋昌勸朕朕已

得保宗廟尊昌爲衛將軍云云後世人主不知學人

欲横流安知天位非人君所可得而私

夫子沒老氏之說出至漢而其術盖行曹叅相齊盡

召長老諸先生問所以安集百姓而齊故儒以百數

言人人殊參未知所定聞膠西有盖公善治黄老言

使人厚幣請之既見蓋公公爲言治道貴清靜而民自定推此類具言之參於是避正堂舍蓋公焉其治要用黄老術故相齊九年齊國安集大稱賢相此見老氏之脉在此也蕭何薨參入相壹遵何爲之約束擇郡縣吏長木訥於文辭謹厚長者即召除爲丞相史吏言文刻深欲聲名輒斥去之日夜飲酒不事事見人有細過掩匿覆蓋之府中無事漢家之治血脉在此

邵堯夫詩一物其來有一身一身還有一乾坤不如聖人說乾知太始因曰堯夫只是箇閑道人聖人之

道有用無用便非聖人之道

先生一日自歌與姪孫濬書云道之將廢自孔孟之生不能回天而易命云云又歌柏舟詩松爲之涕泗沾襟少間又歌東皇太一雲中君見松悲泣不堪又歌曰蕭蕭馬鳴悠悠旆旌乃曰蕭蕭馬鳴靜中有動矣悠悠旆旌動中有靜也

誠者自誠也而道自道也君子以自昭明德人之有是四端而自謂不能者自賊者也暴謂自暴棄謂自棄侮謂自侮反謂自反得謂自得禍福無不自已求之者聖賢道一箇自字煞好常言年十三時復齋因

看論語命某近前問云看有子一章如何某云此有子之言非夫子之言先兄云孔門除却曾子便到有子未可輕議更思之如何某曰夫子之言簡易有子之言支離

呂伯恭爲鵝湖之集先兄復齋謂某曰伯恭約元晦爲此集正爲學術異同某兄弟先自不同何以望鵝湖之同先兄遂與某議論致辯又令某自說至晚罷先兄云子靜之說是次早某請先兄說先兄云某無說夜來思之子靜之說極是方得一詩云孩提知愛長知欽古聖相傳只此心大抵有基方築室未聞無

址忽成岑留情傳註翻蓁塞着意精微轉陸沉珍重
友朋相切琢須知至樂在于今某云詩甚佳但第二
句微有未安先兄云說得恁地又道未安更要如何
某云不妨一面起行某沿途却和此詩及至鵝湖伯
恭首問先兄別後新功先兄舉詩纔四句元晦顧伯
恭曰子壽早已上子靜舡了也舉詩罷遂致辯於先
兄某云途中某和得家兄此詩云墟墓興哀宗廟欽
斯人千古不磨心涓流滴到滄溟水拳石崇成泰華
岑易簡工夫終久大支離事業竟浮沉舉詩至此元
晦失色至欲知自下升高處眞僞先須辯只今元晦

大不懌於是各休息翌日二公商量數十折議論來莫不悉破其說繼日凡致辯其說隨屈伯恭甚有虛心相聽之意竟爲元晦所屈後往南康元晦延入白鹿講說因講君子喻於義一章元晦再三云某在此不曾說到這裡負愧何言

先兄復齋臨終云比來見得子靜之學甚明恨不得相與切磋見此道之大明耳

吾家合族而食每輪差子弟掌庫三年某適當其職所學大進這方是執事敬

徐仲誠請教使思孟子萬物皆備于我矣反身而誠

樂莫大焉一章仲誠處槐堂一月一日問之云仲誠
思得孟子如何仲誠答曰如鏡中觀花答云見得仲
誠也是如此顧左右曰仲誠眞善自述者因說與云
此事不在他求只在仲誠身上旣又微笑而言曰已
是分明說了也少間仲誠因問中庸以何爲要語答
曰我與汝說內汝只管說外良久曰句句是要語梭
山曰博學之審問之謹思之明辯之篤行之此是要
語答曰未知學博學箇什麽審問箇什麽明辯箇什
麽篤行箇什麽

有學者終日聽話忽請問曰如何是窮理盡性以至

於命答曰吾友是泛然問老夫卻不是泛然答老夫
凡今所與吾友說皆是理也窮理是窮這箇理盡性
是盡這箇性至命是至這箇命稱嘆趙子新美質謂
人莫不有夸示巳能之心子新爲人稱揚反生羞媿
人莫不有好進之心子新恬淡雖推之不前人皆惡
人言巳之短子新惟恐人不以其失爲告群居終日
默然端坐陰有以律夫氣習之澆薄者多矣可謂人
中之一端但不能進學可憂耳或云年亦未壯答云
莫道未也二十歲來一日子新至語之曰莫堆堆地
須發揚車前不能令人軒車後不能令人輕何不發

揚

廣中一學者陳去華省發儞特其因問吾與點也一段尋常如何理會屢問之去華終以爲理會不得一日又問之去華又謂理會未得某云且以去華所見言之莫也未至全然曉不得去華遂謂據其所見三子只是事上着到曾點却在這裏着到某詰之曰向道理會不得今又却理會得去華頓有省自敘聽話一月前十日聽得所言皆同後十日所言大異又後十日與前所言皆同因有十詩別後謂人曰某方是一學者在待歸後率南方之士師北方之學蓋廣中

蒙欽夫之教故以此爲北方耳
臨川一學者初見問曰每日如何觀書學者曰守規矩歡然問曰如何守規矩學者曰伊川易傳胡氏春秋上蔡論語范氏唐鑑忽呵之曰陋說良久復問曰何者爲規又頃問曰何者爲矩學者但唯唯次日復來方對學者誦乾知太始坤作成物乾以易知坤以簡能一章畢乃言曰乾文言云大哉乾元坤文言云至哉坤元聖人贊易却只是箇簡易字道了遍目學者曰又却不是道難知也又曰道在邇而求諸遠事在易而求諸難顧學者曰這方與作規矩公昨日來

道甚規矩

一學者聽言後更七夜不寢或問曰如此莫是助長否答曰非也彼蓋作有所聞一旦悼平昔之非正與血氣爭寨作主又顧謂學者天下之理但患不知其非既知其非便即不爲君子以嚮晦入宴息也

或問吾十有五而志于學三十而立既有所立矣緣何未到四十尚有惑在曰志于學矣不爲富貴貧賤患難動心不爲異端邪說搖奪是下工夫至三十然後能立既立矣然天下學術之異同人心趨向之差别其聲訛相似似是而非之處到這裡多少疑在是

又下工夫十年然後能不惑矣又下工夫十年方渾
然一片故曰五十而知天命
說君子之道孰先傳一段子游子夏皆非
先生感嘆時俗汩沒未有能自拔者因歌學者劉定
大象山詩云三日觀山山愈妍錦囊收拾不勝編萬
山擾擾何爲者惟有雲臺山巋然又誦少時自作大
人詩云從來膽大胸膈寬虎豹億萬亂龍千從頭收
拾一口呑有時此輩未妥帖哮乳大爵無毫全朝飲
渤澥水暮宿崑崙巔連山以爲琴長河爲之絃萬古
不傳音吾當爲君宣又舉歐陽公贈梅聖俞詩云黃

鵠刷金衣自言能遠飛擇侶異棲息終年修羽儀朝下玉池飲暮宿霜桐枝徘徊且垂翼會有秋風時

有學子閱亂先生凡案間文字先生曰有先生長者在却不肅容正坐收斂精神謂不敬之甚

光武謂吴漢差强人意强訓起

右門人嚴松松年所錄

象山先生全集語錄上卷終

象山先生語錄三十五卷

語錄下

曆家所謂朔虚氣盈者，蓋以三十日爲準。朔虚者，自前合朔至後合朔，不滿三十日，其不滿之分曰朔虚。氣盈者，一節一氣共三十日有餘分，爲中分，中分即氣盈也。

堯典所載，惟命羲和一事，蓋人君代天理物，不敢不重，後世乃委之星翁曆官，至於推步迎策，又各執己見，以爲定法。其他未暇舉，如唐一行所造大衍曆，亦可取疑，若可以久用無差，然未十年而已變，是知不

可不明其理也夫天左旋日月星緯右轉日夜不止

豈可執一故漢唐之曆屢變本朝二百餘年曆亦十

二三變聖人作易於革卦言治曆明時觀革之義其

不可執一明矣

四岳舉鯀九載績用弗成而遜位之咨首及四岳堯

不以舉鯀之非而疑其黨姦也比之後世罪舉主之

義甚異

後生看經書須着看注疏及先儒解釋不然執己見

議論恐入自是之域便輕視古人至漢唐間名臣議

論反之吾心有甚悖道處亦須自家有徵諸庶民而

不謬底道理然後別白言之

尚書一部只是說德而知德者實難

遜志小心是兩般

讀書固不可不曉文義然只以曉文義爲是只是兒童之學須看意旨所在

孝經十八章孔子於曾子踐履實地中說出來非虛言也

惟天下之至一爲能處天下之至變惟天下之至安爲能處天下之至危

大禹謨一篇要領只在克艱兩字上

學者須是有志讀書只理會文義便是無志

善學者如關津不可胡亂放人過

聖人教人只是就人日用處開端如孟子言徐行後長可為堯舜不成在長者後行便是堯舜怎生做得堯舜樣事須是就上面着工夫聖人所謂吾無隱乎爾誰能出不由户直截是如此

士不可不弘毅譬如一箇擔子盡力擔去前面不柰何却住無怪今自不近前却説道擔不起豈有此理故曰力不足者中道而廢今女畫

讀書之法須是平平淡淡去看子細玩味不可草草

所謂優而柔之厭而飫之自然有渙然氷釋怡然理順底道理

處家遇事須着去做若是褪頭便不是子弟之職已缺何以謂學

燕昭王之於樂毅漢高帝之於蕭何蜀先主之於孔明符秦之於王猛相知之深相信之篤這般處所不可不理會讀其書不知其人可乎

燕昭之封樂毅漢高之械繫蕭何當大利害處未免搖動此心但有深淺

人品之說直截是有只如皐陶九德便有數等就中

即一德論之如剛而塞者便自有幾般

古今人物同處直截是同異處直截是異然論異處極多同處却約作德便心逸日休作僞便心勞日拙作善便降之百祥作不善便降之百殃孟子言道二仁與不仁而已同處甚約

人莫先於自知不在大綱上須是細膩求

學者不長進只是好己勝出一言做一事便道全是豈有此理古人惟貴知過則改見善則遷今各自執己是被人點破便愕然所以不如古人

主於道則欲消而藝亦可進主於藝則欲熾而道亡

藝亦不進

仁自夫子發之

不可自暴自棄自屈

志小不可以語大人事

千古聖賢只是辦一件事無兩件事

言必信行必果硜硜然小人哉宜自考察

退步思量不要騖外

共工方鳩僝功與如川之方至此方字不可作且字看

堯之知共工冊朱不是於形迹間見之直是見他心

術

呂正字館職策直是失了眼目只是術然孟子亦激

作却不離正道

揚子雲好論中實不知中

大雅是綱小雅是目尚書綱目皆具

觀書到文侯之命道已湮沒春秋所以作

有所忿懥則不足以服人有所恐懼則不足以自立

志道據德依仁學者之大端

須是信得及乃可

王文中中說與揚子雲相若雖有不同其歸一也

道在天下加之不可損之不可取之不可舍之不可

要人自理會

大綱提掇來細細理會去如魚龍遊於江海之中沛

然無礙

據要會以觀方來

觀春秋易詩書經聖人手則知編論語者亦有病

中庸言鬼神之爲德也其盛矣乎夫子發明判然甚

白

俗諺云心堅石穿旣是一箇人如何不打疊教靈利

今之學者譬如行路偶然撞着一好處便且止覺時

已不如前人所以乍出乍入乍明乍昏

學者不自着實理會只管看人口頭言語所以不能

進且如做一文字須是反覆窮究去不得又換思量

皆要窮到窮處項項分明他日或問人或聽人言或

觀一物自有觸長底道理

失了頭緒不是助長便是忘了所以做主不得

記言后稷其辭恭其欲儉只是說未論語言伯夷叔

齊求仁得仁泰伯三以天下讓殷有三仁却從血脉

上說來

利害毀譽稱譏苦樂能動搖人釋氏謂之八風

七重鐵城私心也私心所隔雖思非正小見亦有私
思
心官不可曠職
太陽當天太陰五緯猶自放光芒不得那有魑魅魍
魎來
小德川流大德敦化小德即大德大德即小德發强
剛毅齊莊中正皆川流也敦厚化變化
皇極之君歛時五福錫厥庶民福如何錫得只是此
理充塞乎宇宙
溺於俗見則聽正言不入

知道則末即是本枝即是葉又曰有根則自有枝葉

上達下達即是喻義喻利

老子曰大道甚夷而民好徑

辯便有進

須是下及物工夫則隨大隨小有濟

天下若無着實師友不是各執巳見便是恣情縱欲

三百篇之詩有出於婦人女子而後世老師宿儒且不能注解得分明豈其智有所不若只爲當時道行道明

韓退之言軻死不得其傳固不敢誣後世無賢者然

直是至伊洛諸公得千載不傳之學但草創未爲光
明到今日若不大段光明更幹當甚事
大衍之數五十其用四十有九分而爲二以象兩掛
一以象三揲之以四以象四時歸奇於扐以象閏五
歲再閏故再扐而後掛既分爲二乃掛其一于前掛
别也非置之指間也既别其一却以四揲之餘者謂
之奇然後歸之扐扐指間也故一揲之餘不四則八
再揲三揲之餘亦不四則八四奇也八偶也故三揲
而皆奇則四四四有乾之象三揲而皆偶則八八八
有坤之象三揲而得兩偶一奇則四八八有艮之象

八四八有坎之象八八四四有震之象三揲而得兩奇一偶則八四四有兌之象四八四有離之象四四八有巽之象故三奇爲老陽三偶爲老陰兩偶一奇爲少陽兩奇一偶爲少陰老陰老陽變少陰少陽不變分掛揲歸奇是四節故曰四營而成易卦有六爻每爻三揲三六十八故曰十有八變而成卦 右揲蓍說

右門人周清叟廉夫所錄

先生語伯敏云近日向學者多一則以喜一則以懼夫人勇於爲學豈不可喜然此道本日用常行近日學者却把作一事張大虛聲名過於實起人不平之

心是以為道學之說者必為人深排力詆此風一長豈不可懼

其之取人喜其忠信誠慤言似不能出口者談論風生他人所取者某深惡之

因論補試得失先生云今之人易為利害所動只為利害之心重且如應舉視得失為分定者能幾人往往得之則喜失之則悲惟曹立之萬正淳鄭學古庶幾可不為利害所動故學者須當有所立免得臨時為利害所動朱季繹云如敬肆義利之說乃學者持己處事所不可無者先生云不曾行得說這般閑言

長語則甚如此不已恐將來客勝主以辭爲勝然使至此非學者之過乃師承之過也朱云近日異端邪說害道使人不知本先生云如何朱云如禪家之學人皆以爲不可無者又以謂形而上者所以害道使人不知本先生云吾友且道甚底是本又害了吾友甚底來自不知已之害又烏知人之害包顯道常云人皆謂禪是人不可無者今吾友又云害道兩箇却好縛作一束今之所以害道者却是這閑言語曹立之天資甚高因讀書用心之過成疾其後疾與學相爲消長初來見某時亦是有許多閑言語某與之蕩

滌則胷中快活明白病亦隨減迨一聞人言語又復昏蔽所以昏蔽者緣與其相聚日淺然其人能自知每昏蔽則復相過其又與之蕩滌其心下又復明白與講解隨聽即解其問比或有疑否立之云無疑每常自讀書亦見得到這般田地只是不能無疑往往自變其說某云讀書不可曉處何須苦思力索如立之大資思之至固有一箇安排處但恐心下昏蔽不得其正不若且放下時復涵泳似不去理會而理會所謂優而柔之使自求之厭而飫之使自趣之若江海之寖膏澤之潤渙然氷釋怡然理順然後為得也

如此相聚一兩旬而歸其病頓减其後因秋試聞人
閑言語又復昏惑又適有告之以某乃釋氏之學渠
平生惡釋老如仇讐於是盡叛某之說却湊合得元
晦說話後不相見以至於死因問伯敏云曾聞此等
語否伯敏云未也先生語朱云他却未有許多閑言
語且莫要壞了李敏求且聽某與他說大凡爲學須
要有所立語云巳欲立而立人卓然不爲流俗所移
乃爲有立須思量天之所以與我者是甚底爲復是
要做人否理會得這箇明白然後方可謂之學問故
孟子云學問之道求其放心而巳矣如博學審問明

辯謹思篤行亦謂此也此須是有志方可孔子曰吾十有五而志于學是這箇志伯敏云伯敏於此心能剛制其非只是持之不久耳先生云只剛制於外而不内思其本涵養之功不至若得心下明白正當何須剛制且如在此說話使忽有美色在前老兄必無悅色之心若心常似如今何須剛制

先生語繆文子云近日學者無師法往往被邪說所惑異端能惑人自吾儒敗績故能入使在唐虞之時道在天下愚夫愚婦亦皆有渾厚氣象是時便使活佛活老子莊列出來也開口不得惟陋儒不能行道

如人家子孫敗壞父祖家風故釋老却倒來點檢你如莊子云以智治國國之賊推是陋儒不能行所無事故被他如此說若知者行其所無事如何是國之賊今之攻異端者但以其名攻之初不知自家自被他點檢在他下面如何得他服你須是先理會了我底是得有以使之服方可

學者先須不可陷溺其心又不當以學問夸人夸人者必爲人所攻只當如常人見人不是必推惻隱之心委曲勸諭之不可則止若說道我底學問如此你底不是必爲人所攻兼且所謂學問者自家當不住

其見幾箇自主張學問某問他你了得也未他心下不穩如此則是學亂說實無所知如此之人謂之痼疾不可治寧是縱情肆欲之人猶容易與他說話最是學一副亂說底沒柰他何此只有兩路利欲道義不之此則之彼

人須是閒時大綱思量宇宙之間如此廣闊吾身立於其中須大做一箇人文子云某嘗思量我是一箇人豈可不爲人却爲草木禽獸先生云如此便又細了只要大綱思且如天命之謂性天之所以命我者不殊乎天須是放教規模廣大若尋常思量得臨事

時自省力不到得被陷溺了文子云某始初來見先生若發蒙然再見先生覺心下快活凡事亦自持只恐到昏時自理會不得先生云見得明時何持之有人之於耳要聽即聽不要聽則否於目亦然何獨於心而不由我乎

先生語伯敏云人惟患無志有志無有不成者然資禀厚者必竟有志吾友每聽某之言如何伯敏曰每聞先生之言茫然不知所入幼者聽而弗問又不敢躐等先生云若果有志且須分別勢利道義兩途某之所言皆吾友所固有且如聖賢垂教亦是人固有

豈是外面把一件物事來贈吾友但能悉爲發明天之所以予我者如此其厚如此其貴不失其所以爲人者耳伯敏問云日用常行去甚處下工夫先生云能知天之所以予我者至貴至厚自然遠非僻惟正是守且要知我之所固有者伯敏云非僻未嘗敢爲先生云不過是硬制在這裏其間有不可制者如此將來亦費力所以要得知天之予我者看吾友似可進緣未曾被人閑言語所惑從頭理會故易入蓋先入者爲主如一器皿虛則能受物若垢汙先入後雖欲加以好水亦費力如季繹之學駁雜自主張學問

却無柰何

伯敏問云以今年校之去年殊無寸進先生云如何要長進若當爲者有時而不能爲不當爲者有時乎爲之這箇却是不長進不恁地理會泛然求長進不過欲以己先人此是勝心伯敏云無箇下手處先生云古之欲明明德於天下者先治其國欲治其國者先齊其家欲齊其家者先脩其身欲脩其身者先正其心欲正其心者先誠其意欲誠其意者先致其知致知在格物格物是下手處伯敏云如何樣格物先生云研究物理伯敏云天下萬物不勝其繁如何盡

研究得先生云萬物皆備於我只要明理然理不解
自明須是隆師親友伯敏云此間頼有季繹時相勉
勵先生云季繹與顯道一般所至皆勉勵人但無根
者多其意似欲私立門户其學爲外不爲己世之人
所以攻道學者亦未可全責他蓋自家驕其聲色立
門户與之爲敵嘵嘵騰口實有所未孚自然起人不
平之心某平日未嘗爲流俗所攻攻者却是讀語録
精義者程士南最攻道學人或語之以某程云道學
如陸某無可攻者又如學中諸公義均骨肉蓋某初
無勝心日用常行自有使他一箇敬信處某舊日伊

洛文字不曾看近日方看見其間多有不是令人讀書平易處不理會有可以起人羨慕者則着力研究古先聖人何嘗有起人羨慕者只是此道不行見有奇特處便生羨慕自周末文弊便有此風如唐虞之時人人如此又何羨慕所以莊周云臧與穀共牧羊而俱亡其羊問臧奚事曰博塞以遊問穀奚事曰挾筴讀書其爲亡羊一也某讀書只看古註聖人之言自明白且如弟子入則孝出則弟是分明說與你入便孝出便弟何須得傳註學者疲精神於此是以擔子越重到某這裏只是與他減擔只此便是格物伯

敏云某讀書始者心甚專三五遍後往往心不在此
知其如此必欲使心在書上則又別生一心從之方
寸擾先生云此是聽某言不入若聽得入自無此
患某之言打做一處吾友二三其心了如今讀書且
平平讀未曉處且放過不必太滯
總文子資質亦費力莫外充帶毋見他退去一似不
能脫羅網者天之所以予我者至大至剛至直至平
至公知此教小做甚底人須是放教此心公平正直
無偏無黨王道蕩蕩無黨無偏王道平平無反無側
王道正直某今日作包顯道書云古人之學不求聲

名不較勝負不恃才智不矜功能令人之學正坐反
此耳
讀介甫書見其凡事歸之法度此是介甫敗壞天下
處堯舜三代雖有法度亦何嘗專恃此又未知户馬
青苗等法果合堯舜三代否當時闢介甫者無一人
就介甫法度中言其失但云喜人同已祖宗之法不
可變夫堯之法舜常變之舜之法禹常變之祖宗法
自有當變者使其所變果善何嫌於同古者道德一
風俗同至當歸一精義無二同古者適所以為美惜
乎無以此闢之但云祖宗法不可變介甫才高如何

便伏惟韓魏公論青苗法云將欲利民反以害民甚切當或言介甫不當言利夫周官一書理財者居半冢宰制國用理財正辭古人何嘗不理會利但恐三司等事非古人所謂利耳不論此而以言利遏之彼豈無辭所以率至於無柰他何處或問介甫比商鞅何如先生云商鞅是脚踏實地他亦不問王霸只要事成却是先定規模介甫慕堯舜三代之名不曾踏得實處故所成就者王不成霸不就本原皆因不能格物模索形似便以爲堯舜三代如此而已所以學者先要窮理

後生自立最難一人力抵當流俗不去須是高着眼
看破流俗方可要之此豈小廉曲謹所能爲哉必也
豪傑之士胡丈因舉晦翁語云豪傑而不聖人者有
之未有聖人而不豪傑者也先生云是

問作文法先生云讀漢史韓柳歐蘇尹師魯李淇水
文不誤後生推讀書一路所謂讀書須當明物理揣
事情論事勢且如讀史須看他所以成所以敗所以
是所以非處優游涵泳久自得力若如此讀得三五
卷勝看三萬卷

問伯敏云作文如何伯敏云近日讀得原道等書猶

未成誦但茫然無入處先生云左傳深於韓柳未易
入且讀蘇文可也此外別有進否吾友之志要如何
伯敏云所望成人目今未嘗敢廢防閑先生云如何
樣防閑伯敏云爲其所當爲先生云雖聖人不過如
是但吾友近來精神都死却無向來亹亹之意不是
懈怠便是被異說壞了夫人學問當有日新之功死
却便不是邵堯夫詩云當鍛鍊時分勁挺到磨礱處
發光輝磨礱鍛鍊方得此理明如川之增如木之茂
自然日進無已今吾友死守定如何會爲所當爲博
學審問謹思明辯篤行博學在先力行在後吾友學

未傳焉知所行者是當爲是不當爲防閑古人亦有之但他底防閑與吾友別吾友是硬把捉告子硬把捉直到不動心處豈非難事只是依舊不是某平日與兄說話從天而下從肝肺中流出是自家有底物事何常硬把捉吾兄中間亦云有快活時如今何故如此伯敏云固有適意時亦知自家固有根本元不待把捉只是不能久防閑稍寬便爲物欲所害先生云此則罪在不常久上却如何硬把捉種種費力便是有時得意亦是偶然伯敏云却常思量不把捉無下手處先生云何不早問只此一事是當爲不當爲

當爲底一件大事不肯做更說甚底某平日與老兄說底話想都忘了伯敏云先生常語以求放心立志皆歷歷可記先生云如今正是放其心而不知求也若果能立如何到這般田地伯敏云如何立先生云立是你立却問我如何立若立得住何須把捉吾友分明是先曾知此理來後更異端壞了異端非佛老之謂異乎此理如季繹之徒便是異端孔門惟顏曾傳道他未有聞蓋顏曾從裏面出來他人外面入去今所傳者乃子夏子張之徒外入之學曾子所傳至孟子不復傳矣吾友却不理會根本只理會文字實

大聲宏若根本壯怕不會做文字今吾友文字自文字學問自學問若此不已豈止兩段將百碎問近日日用常行覺精健否胷中快活否伯敏云近日別事不管只理會我亦有適意時先生云此便是學問根源也若能無懈怠暗室屋漏亦如此造次必於是顛沛必於是何患不成故云君子以自昭明德古之欲明明德於天下者在致其知致知在格物古之學者爲已所以自昭其明德已之德已明然後推其明以及天下鼓鍾于宮聲聞于外鶴鳴于九皐聲聞于天在我者旣盡亦自不能掩今之學者只用心於枝葉

不求實處孟子云盡其心者知其性知其性則知天矣心只是一箇心某之心吾友之心上而千百載聖賢之心下而千百載復有一聖賢其心亦只如此心之體甚大若能盡我之心便與天同爲學只是理會此誠者自成也而道自道也何嘗賸口説伯敏云如何是盡心性才心情如何分别先生云如吾友此言又是枝葉雖然此非吾友之過蓋舉世之弊今之學者讀書只是解字更不求血脉且如情性心才都只是一般物事言偶不同耳伯敏云莫是同出而異名否先生曰不須得説説着便不是將來只是賸口説

爲人不爲己者理會得自家實處他日自明若必欲說時則在天者爲性在人者爲心此蓋隨吾友而言其實不須如此只是要盡去爲心之累者如吾友適意時則今便是牛山之木一段血脈只在仁義上以爲未嘗有才焉此豈山之性也哉此豈人之情也哉是偶然說及初不須分別所以令吾友讀此者蓋欲吾友知斧斤之害其材有以警戒其心日夜之所息息者歇也又曰生息蓋人之良心爲斧斤所害夜間方得歇息若夜間得息時則平旦好惡與常人甚相遠惟日晝所爲梏亡不止到後來夜間亦不能得息

夢寐顛倒思慮紛亂以致淪爲禽獸人見其如此以爲未常有才焉此豈人之情也哉只與理會實處就心上理會俗諺云癡人面前不得說夢又曰獅子咬人狂狗逐塊以土打獅子便徑來咬人若打狗狗狂只去理會土聖賢急於教人故以情以性以心以才說與人如何泥得若老兄與別人說定是說如何樣是心如何樣是性情與才如此分明說得好剗地不干我事須是血脉骨髓理會實處始得凡讀書皆如此又問養氣一段先生云此尤當求血脉只要理會我善養吾浩然之氣當吾友適意時別事不理會時

便是浩然養而無害則塞乎天地之間是集義所生者非義襲而取之也蓋孟子當時與告子說告子之意不得於言勿求於心是外面硬把捉的要之亦是孔門別派將來也會成只是終不自然孟子出於子思則是涵養成就者故曰是集義所生者集義只是積善行有不慊於心則餒矣若行事不當於心如何得浩然此言皆所以闢告子又問養勇異同先生云此只是比並北宮用心在外正如告子不得於言勿求於心施舍用心在內正如孟子行有不慊於心則餒矣而施舍又似曾子北宫又似子夏謂之似者蓋

用心内外相似非真可及也孟子之言大抵皆因當時之人處已太卑而視聖人太高不惟處已太卑而亦以此處人如是何足與言仁義也之語可見不知天之予我者其初未常不同如未常有才焉之類皆以謂才乃聖賢所有我之所無不敢承當着故孟子說此乃人人都有自爲斧斤所害所以淪胥爲禽獸若能涵養此心便是聖賢讀孟子須當理會他所以立言之意血脉不明沉溺章句何益

伯敏嘗有詩云紛紛枝葉謾推尋到底根株只此心莫笑無弦陶靖節箇中三嘆有遺音先生首肯之呈

所編語錄先生云編得也是但言語微有病不可以示人自存之可也兼一時說話有不必錄者蓋急於曉人或未能一一無病時朱季繹楊子直程敦蒙先在坐先生問子直學問何所據云信聖人之言先生云且如一部禮記凡子曰皆聖人言也子直將盡信乎抑其間有揀擇子直無語先生云若使其都信如何都信得若使其揀擇却非信聖人之言也人謂某不教人讀書如敏求前日來問某下手處某教他讀旅獒太甲告子牛山之木以下何嘗不讀書來只是比他人讀得別些子

右門人李伯敏敏求所錄

學者須是弘毅小家相底得人憎小者他起你亦起他看你亦看安得寬弘沉靜者一切包容因論爭名之流皆不濟事

因論傳聖謨無志茸與草木俱腐曰他茸得如此你還能否因言居士極不喜狂者云最敗風俗只喜狷者故自號又次居士先生云此言亦有味

因論子才不才事曰居移氣養移體今之學者出世俗籠絡亦不得况能居天下之廣居

尋常懈怠起時或讀書史或誦詩歌或理會一事或

整肅几案筆硯借此以助精彩然此是憑物須要識
破因問去懈怠曰要須知道不可須臾離乃可
此是大丈夫事么麽小家相者不足以承當
問楊云多時有退步之說不知曾果退否若不退絲
毫許牽得住前輩大量的人看有甚大小大事他見
如不見聞如不聞今人略有些氣燄者多只是附物
元非自立也若某則不識一箇字亦須還我堂堂地
做箇人
諸處論學者次第只是責人不能行去
老夫無所能只是識病

天民如伊尹之類

問作書攻王順伯也不是言釋也不是言儒惟理是從否曰然

揚敬仲不可說他有禪只是尚有氣習未盡

因說薛象先不可令於外面觀人能知其底裏了外面略可觀驗

唐虞之間不如洙泗此語不是

輪對第一劄讀太宗起頭處上曰君臣之間須當如此答陛下云云天下幸甚讀不存形迹處上曰賴得有所悔連說不患無過貴改過之意甚多答此爲堯

爲舜爲禹湯爲文武血脉骨髓仰見聖學讀入本日
處先乞奏云臣愚蠢如此便讀彊土未復生聚教訓
處上曰此有時辭色甚壯答如十年生聚十年教訓
此有甚時今日天下貧甚州貧縣貧民貧其說甚詳
上無說讀第二劄論道上曰自秦漢而下無人主知
道甚有自負之意其說甚多說禪答臣不敢奉詔臣
之道不如此生聚教訓處便是道讀第三劄論知人
上曰人才用後見答要見之於前意思忘辭其上又曰
人才用後見後又說此中有人云云答天下未知云
云天下無人才執正大臣未稱陛下使令上默然讀

第四劄上贊歎甚多第五劄所陳甚多下歸五六步
上曰朕不在詳處做工夫只在要處秉務立聽不容
更轉對後王謙仲云渠每常轉對恐小官不比渠待
從也
事有難易定夫初來恐難說話後却聽得入覺得顯
道昆仲說話難予力辯之先生曰顯道隱藏在然予
於此一路亦時起疑以爲人在一處理在一處後又
解云只是未相合然終是疑纔聞先生說即悟得大
意曰道遍滿天下無些小空闕四端萬善皆天之所
予不勞人粧點但是人自有病與他間隔了又云只

一些子重便是病又云只一些輕亦是病予於此深

有省

見道後須見得前時小陋君子所貴乎道者三說得

道字好動容貌出辭氣正顏色其道如此須是暴慢

自達鄙倍自遠

人之所以病道者一資稟二漸習

道大人自小之道公人自私之道廣人自狹之

予因說道難學今人纔來理會此便是也不是何故

以其便以此在胸中作病了予却能知得這些子見

識議論作病亦能自說先生曰又添得一場閑說話

一實了萬虛皆碎

尙追惟論量前此所見便是此見未去

予舉荀子解蔽遠爲蔽近爲蔽輕爲蔽重爲蔽之類

說好先生曰是好只是他無主人有主人時近亦不蔽遠亦不蔽輕重皆然

其他體盡有形惟心無形然何故能攝制人如此之甚

若是聖人亦逞一些子精彩不得

平生所說未常有一說

廓然昭然坦然廣居正位大道安宅正路是甚次第

却反曠而弗居舍而弗由哀哉

舊罪不妨誅責愈見得不好新得不妨發揚愈見得

牢固

因說定夫舊習未易消若一處消了百處盡可消予

謂晦庵逐事爲他消不得先生曰不可將此相比他

是添

大世界不享却要占箇小蹊小徑子大人不做却要

爲小兒態可惜

小心翼翼昭事上帝上帝臨汝無貳爾心戰戰兢兢

那有閑管時候

是常也憲法也皆天也

要常踐道踐道則精明一不踐道便不精明便失枝落節

如何容人力做樂循理謂之君子

小心翼翼心小而道大大人者與天地合其德與日月合其明與四時合其序與鬼神合其吉凶

吾有知乎哉晦菴言謙辭又來這裏做箇道理

今一切去了許多繆妄勞攘磨礲去圭角寖潤著光精與天地合其德云云豈不樂哉

成孝敬厚人倫美教化移風俗

存養是主人檢斂是奴僕家兄所聞考索是奴僕

如今人只是去些子凡情不得相識還如不相識云云始是道人心

詳道書好文字亦好絶人專不中不遠

汲黯秉彝厚黄老學不能汨

上是天下是地人居其間須是做得人方不枉

道大豈是淺丈夫所能勝任敏道言資禀因舉君子不謂命也一段

今且未須去理會其他且分别小大輕重

行狀貶剥贊歎人須要有道班固不如馬遷

人爲學甚難天覆地載春生夏長秋歛冬肅俱此理

人居其間要靈識此理如何解得

人不辨箇小大輕重無鑒識些小事便引得動心至

於天來大事却放下着

不愛教小人以藝常教君子以藝蓋君子得之不以

爲驕不得不以爲歉小人得以爲吝敗常亂教

吾十有五而志于學今千百年無一人有志也是怪

他不得志箇甚底須是有智識然後有志願

人要有大志常人汩没於聲色富貴間良心善性都

蒙蔽了今人如何便解有志須先有智識始得

有一段血氣便有一段精神有此精神却不能用反以害之非是精神能害之但以此精神居廣居立正位行大道

見一文字未可輕易問是如何何患不曉

守規矩孜孜持守規行矩步不妄言語

鐵劒利則倡優拙

有理會不得處沉思痛省一時間如此後來思得明時便有亨泰處

今人欠箇精專不得

人精神千種萬般夫道一而已矣

有懶病也是其道有以致之我治其大而不治其小一正則百正恰如坐得不是我不責他坐得不是便是心不在道若心在道時顛沛必於是造次必於是豈解坐得不是只在勤與惰爲與不爲之間

人之資質不同有沉滯者有輕揚者古人有韋弦之義固當自覺不待人言但有恣縱而不能自克者有能自克而用功不深者

人當先理會所以爲人深思痛省枉自汩沒虛過日月朋友講學未説到這裏若不知人之所以爲人而與之講學遺其大而言其細便是放飯流歠而問無

齒決若能知其大雖輕自然反輕歸厚因舉一人恣

情縱欲一知尊德樂道便明潔白直

商君所說帝王皆是破說

因循亦好因其事循其理

見理未明寧是放過去不要起爐作竈

正言正論要使長明於天下

古之君子知固貴於博然知盡天下事只是此理所

以博覽者但是貴精熟知與不知元無加損於此理

若以不知爲慊便是鄙陋以不知爲歉則以知爲泰

今日之歉乃他日之泰

君子雖多聞博識不以此自負
要當軒昂奮發莫恁地沉埋在卑陋凡下處
此理在宇宙間何常有所礙是你自沉埋自蒙蔽陰
陰地在箇陷穽中更不知所謂高遠底要决裂破陷
穽窺測破箇羅網
誅鋤蕩滌慨然興發
激厲奮迅决破羅網焚燒荊棘蕩夷汙澤
世不辯箇小大輕重既是埋没在小處於大處如何
理會得
志於聲色利達者固是小勦摸人言語的與他一般

是小

君能自立後論汲黯便是如此論論董仲舒便是如此論

自得自成自道不倚師友載籍

理只在眼前只是被人自蔽了因一向悞證他日逐只是教他做工夫云不得只如此見在無事須是事事物物不放過磨攷其理且天下事事物物只有一理無有二理須要到其至一處

傳聖謨說一人營事有云見室而高下異共天而寒暑殊先生稱意思好聖謨言文字體面大不小家生

生云其只是見此好聖讀有許多說話
問子路死之非只合責當時不合事輒曰此是去冊
子上看得來底亂道之書成屋今都滞在其間後云
子路死是甚次第
你既亂道了如何更爲你解說泥裏洗土塊須是江
漢以濯之
居移氣養移體今其氣一切不好云云
這裏是刀鋸鼎鑊底學問
人須是力量寬洪作主宰
習氣　識見凡下　奔名逐利　造次

盡歡　樂在其中　詠歸　覆氷

問顏曾公文不曾學如何死節如此好曰便是今人將學將道看得太過了人皆有秉彝

包犧氏至黃帝方有人文以至堯舜三代今自秦一切壞了至今吾輩盡當整理

先生與李尉曼卿言今人多被科舉之習壞又舉與湯鹽言風俗成敗係君子小人窮達亦係幸不幸皆天也然亦由在上之人

人無不知愛親敬兄及爲利欲所昏便不然欲發明其事止就彼利欲昏處指出便愛敬自在此是唐虞

三代賓學與後世異處在此

人精神在外至死也勞攘須收拾作主宰收得精神

在內時伱當惻隱即惻隱當羞惡即羞惡誰教伱得

聽得伱見得端的後常涵養是甚次第

勿無事生事

儆戒無虞罔失法度罔遊于逸罔淫于樂至哉真聖

人學也

把捉二字不佳不如說固執

克己三字克之顏子又不是如今人之病要克只是

一些子未釋然處

要知尊德樂道若某不知尊德樂道亦被驅將去
諸子百家說得世人之病好只是他立處未是佛老
亦然
邑中講說聞者無不感發獨朱益伯鶻突來問答曰
益伯過求以利心聽故所求在新奇玄妙
積思勉之功舊習自除
擇善固執人舊習多少如何不固執得
知非則本心即復
人心只愛去泊着事教他棄事時如鶻孫失了樹更
無住處

既知自立此心無事時須要涵養不可便去理會事如子路使子羔為費宰聖人謂賊夫人之子學而優則仕蓋未可也初學者能完聚得幾多精神纔一霍便散了某平日如何樣完養故有許多精神難散

予因隨衆略說些子閑話先生少頃曰顯道今知非否某答曰略知先生曰須要深知略知不得顯道舜常愛說閑話

學者要知所好此道甚淡人多不知好之只愛事骨董君子之道淡而不厭朋友之相資須助其知所好者若引其逐外即非也

人皆可以爲堯舜此性此道與堯舜元不異若其才
則有不同學者當量力度德
初教董元息自立收拾精神不得閑說話漸漸好後
被教授教解論語却反壞了
人不肯心閑無事居天下之廣居須要去逐外着一
事印一說方有精神
惟精惟一須要如此涵養
無事時不可忘小心翼翼昭事上帝
老子爲學爲道之說非是如其說只云著是而去非
捨邪而適正

有道無道之人有才無才與才之高下爲道之幸不幸皆天也

我無事時只似一箇全無知無能底人及事至方出來又却似箇無所不知無所不能之人

朱濟道說前尚勇決無遲疑做得事後因見先生了臨事即疑恐不是做事不得今日中只管悔過懲艾皆無好處先生曰請尊兄即今自立正坐拱手收拾精神自作主宰萬物皆備於我有何欠闕當惻隱時自然惻隱當羞惡時自然羞惡當寬裕溫柔時自然寬裕溫柔當發強剛毅時自然發強剛毅

無思無為寂然不動感而遂通天下之故

惡能害心善亦能害心如濟道是為善所害

心不可汩一事只自立心人心本來無事胡亂被事

物牽將去若是有精神即時便出便好若一向去便

壞了

人不肯只如此須要有箇說話今時朋友盡須要箇

說話去講

後生有甚事但遇讀書不曉便問遇事物理會不得

時便問并與人商量其他有甚事

自家表裏內外如一

因說金谿蘇知縣資質好亦甚知尊敬然〻只是與他說得大綱話大緊要處說不得何故蓋爲他三四十年父兄師友之教竊歷之事幾多今胷中自有主張了如何掇動得他須是一切掇動剗除了方得如格君亦須如此然如吏部格法如何動得他

朱濟道說臨川從學之盛亦可喜先生曰某豈不愛人人能自立人人居天下之廣居立天下之正位立乎其大者而小者弗能奪然豈能保任得朝日許多人在此相處一日新教授堂試許多人皆往只是被勢驅得如此若如今去了科舉用鄉舉里選法便不

如此如某却愛人試也好不試也好得也好不得也好令如何得人盡如此某所以憂之過於濟道所憫小民被官吏苦者以彼所病者在形某之所憂人之所病者在心

與濟道言風俗驅人之甚如人心不明如何作得主宰吾人正當障百川而東之

先生曰某閑說話皆有落着處若無謂閑說話是謂不敬

某與濟道同事濟道亦有不喜某處以某見衆人說好某說不好衆人說不好某解取之

其與人理會事便是格君心之非事

舉徐子宜云與晦庵月餘說話都不討落着與先生

說話一句即討落著

說濟道滯形泥迹不能識人被人瞞

濟道問智者術之原是否曰不是伏羲畫卦文王重

之孔子繫之天下之理無一遠者聖人無不照燭此

智也豈是術因說舊曾與一人處事後皆效彼云察

見淵魚不祥如何曰我這裏制於未亂保於未危反

禍爲福而彼爲之者不知如何爲不祥

因舉許昌朝集朱呂學規在金谿教學一冊月令人

一覩因好然亦未是某平時未嘗立學規但常就本上理會有本自然有末若全去末上理會非惟無益今既於本上有所知可略略地順風吹火隨時建立但莫去起爐作竈

做得工夫實則所說即實事不話閑話所指人病即實病因舉午間一人問虜使善兩國講和先生因賛歎不用兵全得幾多生靈是好然吾人皆士人曾讀春秋知中國夷狄之辯二聖之讐豈可不復所欲有甚於生所惡有甚於死今吾人高居無事優游以食亦可爲恥乃懷安非懷義也此皆是實理實說

事外無道道外無事皐陶求禹言禹只舉治水所行
之事外此無事禹優入聖域不是不能言然須以歸
之皐陶如疑知人之類必假皐陶言之
顏仲問云某何故多昏先生曰人氣禀清濁不同只
自完養不逐物即隨清明纔一逐物便昏眩了顏仲
好懸斷都是妄意人心有病須是剥落剥落得一番
即一番清明後隨起來又剥落又清明須是剥落得
净盡方是
人心有消殺不得處便是私意便去引文牽義牽枝
引蔓牽今引古爲證爲靠

旣無病時好讀書但莫去引起來

慥姪問乍寬乍緊乍明乍昏如何曰不要緊但莫懈怠緊便不是寬便是昏便不是明便是今日十件昏明日九件後日又只八件便是進

語仲顯云風恬浪靜中滋味深長人資性長短雖不同然同進一步則皆失同退一步則皆得問傳季魯如何而通如何而塞因曰某明時直是明只是懈怠時即塞若長鞭策不懈怠豈解有塞然某纔遇塞時即不少安即求出若更藉朋友切磋求出亦鈍甚矣所以淹沒人只朋說閑話之類亦能淹人某適被顯

仲說閒話某亦隨流不長進亦甚然通時說事亦通塞時皆塞

爲字須一點是一點一畫是一畫不可苟

尭鷄終日縈縈無超然之意須是一刀兩斷何故縈縈如此縈縈底討箇甚麼

仰首攀南斗翻身倚北辰舉頭天外望無我這般人

今有難說處不近前來底又有病近前來底又有病世俗情慾底人病却不妨只指教他去彼就此最是於道理中鶻突不分明人難理會某平生怕此等人世俗之過却不怕

舊横截人太甚如截周成之後當不得無成今皆不然以次第進之有大力量者然後足以當其横截即有出路

教小兒須發其自重之意

予問能辯朱事曰如何辯予曰不得受用曰如此説便不得彼亦可受用只是信此心未及又曰只今明白時便不須更推如何如何又曰凡事只過了更不須滯滯泥泥子淵却不如此過了便了無凝滯

區處得多少事并應對人手中亦讀得書

問二兄恐不知先生學問旨脉曰固是前日亦嘗與

朱濟道說須是自克却方見得自家舊相信時亦只
是虛信不是實得見
我只是不說一若說一公便愛平常看人說甚事只
是隨他說却只似箇東說西說底人我不說一楊敬
仲說一嘗與敬仲說箴宅
凡事莫如此滯滯泥泥某平生於此有長都不去着
他事凡事累自家一毫不得每理會一事時血脉骨
髓都在自家手中然我此中却似箇閑閑散散全不
理會事底人不陷事中
詳道如昨日言定夫時宏大磊落常常如此時好但

莫被枝葉累倒了須是工夫孜孜不懈乃得若稍懈
舊習又來
君子之道淡而不厭淡味長有滋味便是欲人不愛
淡却只愛閙熱人須要用不肯不用須要爲不肯不
爲蓋器有大小有大大器底人自別
筭穩底人好然又無病生病勇往底人好然又一槩
去了然勇往底人較好筭穩底人有難救者
定夫舉禪說正人說邪說邪說亦是正邪人說正說
正說亦是邪先生曰此邪說也正則皆正邪則皆邪
正人豈有邪說邪人豈有正說此儒釋之分也

古人樸實頭明播種者主播種明樂者主樂欲學者却學他煞長者爲主又其爲主者自爲主其爲副者自爲副一切皆有一定不易不爭

宿無靈骨在師友處有所聞又不踐履去是謂無靈骨又云人皆可以爲堯舜謂無靈骨是謂厚誣

後生隨身規矩不可失

道可謂尊可謂重可謂明可謂高可謂大人却不自重纔有毫髮恣縱便是私欲與此全不相似

法語正如雷陽巽語正如風陰人能於法語有省時好於巽語有省未得其正須思繹詩雅正變風便是

巽意離騷又其次也變風無騷意此又是屈原立此出於有所礙不得已後世作詩雅不得只學騷兵書邪說道塞乎天地以正伐邪何用此須別邪正

小心翼翼昭事上帝上帝臨汝無貳爾心此理塞宇宙如何由人杜撰得文王敬忌若不知此敬忌箇甚麼

見季尉因說太率人多為舉業所壞渠建寧人尤溺於此取人當先行義考試當先理致毋以舉業之靡者為上

大丈夫事豈當兒戲

自立自重不可隨人脚跟學人言語

四端皆我固有全無增添
說本朝官制蔡元通所論亂道
汇泰之問某每懲忿窒慾求其放心然能暫而不能
久請教答曰但懲忿窒慾未是學問事便懲窒得全
無後也未是學學者須是明理須是知學然後說得
懲窒知學後懲窒與常人懲窒不同常人懲窒只是
就事就末
孟子言學問之道求放心是發明當時人當時未有
此說便說得孟子旣說了下面更注脚便不得
今上重明節九月四日早先生就精舍庭前朱衣象笏向

北四拜歸精舍坐四拜問之答曰必有所尊非有已
也太守上任拜廳
學者大率有四樣一雖知學路而恣情縱慾不肯爲
一畏其事大且難而不爲一求而不得其路一未知
路而自謂能知
學能變化氣質
大人凝然不動不如此小家相
先生云某每見人一見即知其是不是後又疑其恐
不然最後終不出初一見
道塞天地人以自私之身與道不相入人能退步自

省自然相入唐虞三代教化行習俗美人無由自私
得后以裁成天地之道輔相天地之宜以左右民今
都相背了說不得

高底人不取物下人取物粘扵物
資禀好底人闊大不小家相不造作閑引惹他都不
起不動自然與道相近資禀好底人須是得好自然
識取資禀與道相近資禀不好底人自與道相遠却
去鍛煉

東坡論嗣征甚好自五子之歌推來顧命陳設是因
成王即位流言所致此召公之非不任道流俗之情

也周之道微此其一也又爾有嘉謀嘉猷則入告爾后于内爾乃順之于外曰斯謀斯猷惟我后之德此二也

舊嘗通張于湖書於建康誤解了中庸謂魏公能致廣大而不能盡精微極高明而不能道中庸乃成兩截去了又常作高祖無可無不可論誤解了書謂人心人僞也道心天理也非是人心只是說大凡人之心惟微是精微纔粗便不精微謂人慾天理非是人亦有善有惡天亦有善有惡（日月蝕惡星之類）豈可以人善皆歸之天惡皆歸之人此說出於樂記此說不是聖人

之言

與小後生說話雖極高極微無不聽得與一輩老成說便不然以此見道無巧只是那心不平底人揣度便失了

學者須是打疊田地淨潔然後令他奮發植立若田地不淨潔則奮發植立不得古人爲學即讀書然後爲學可見然田地不淨潔亦讀書不得若讀書則是假寇兵資盜粮

凡所謂不識不知順帝之則要然太平殊無一事然却有說擒搦人不下不能立事却要有理會處某於

顯道恐不能久處此間且令涵養大處如此樣處未
敢發然某皆是逐事逐物攷究練磨積日累月以至
如今不是自會亦不是別有一竅子亦不是等閑理
會一理會便會但是理會與他人別某從來勤理會
長兄每四更一點起時只見某在看書或檢書或默
坐常說與子姪以爲勤他人莫及今人却言某懶不
曾去理會好笑

侍登鬼谷山先生行泥塗二三十里云平日極惜精
力不輕用以留有用處所以如今如是從諸人皆困
不堪

觀山云佳處草木皆異無俗物觀此亦可知學

天地人之才等耳人豈可輕人字又豈可輕有中說無無中說有之類非儒說

因提宮腓曉所論事只是勝心風平浪靜時都不如此

先生說數說揲蓍云蓍法後人皆悞了吾得之矣

一行數妙甚聰明之極吾甚服之却自僧中出僧持世有曆法八卷

君子役物小人役於物夫權皆在我若在物即爲物役矣

舉柳文乎歟邪之類說乎歟是疑又是贊歎不亦說
乎是贊歎其諸異乎人之求之歟是贊歎孟子杞柳
章一歟一也皆疑
我說一貫彼亦說一貫只是不然天秩天敘天命天
討皆是實理彼豈有此
後生全無所知底似全無知一與說却透得爲他中
虛無事彼有這般意思底一切被這些子隔了全透
不得此虛妄最害人
過不及有兩種人胷中無他只一味懈怠沉埋底人
一向昏俗去若起得他却好只是難起此屬不及若

好麥作人一切隔了此校不好此屬過人凝重闊大
底好輕薄小相底不好

槐云着意重便驚疑答有所重便不得舉孟子勿忘
勿助長

優裕寬平即所存多思慮亦正求索太過即存少思
慮亦不正

重滯者難得輕清利了又重須是久在師側久久教
他輕清去若自重滯如何輕清得人

黄百七哥今甚平夷閑雅無營求無造作甚好其資
與其所習似不然今却如此非學力而何

人之精爽負於血氣其發露於五官者安得皆正不
得明師良友剖剥如何得去其浮僞而歸於真實又
如何得能自省自覺自剥落
數即理也人不明理如何明數
神以知來智以藏往神著也智卦也此是人一身之
著
其自來非由乎學自然與一種人氣相忤纔見一造
作營求底人便不喜有一種冲然淡然底人便使人
喜以至一樣哀底人心亦喜之年來爲不了事底方
習得稍不喜見退淡底人只一向起發他

因見衆人所爲亦多因他然亦有心知其爲非不以爲是有二三年不說破者如此不爲則已一爲必中此雖非中然與彼好生事不中底人相去懸絕於事則如此多不爲至於文章必要自爲之文章豈有太過人只是得箇恰好他人未有倫敘便做得好只是偶然又云文章要鍜煉

詩小序解詩者所爲天下蕩蕩乃因蕩蕩上帝序此尤謬可見者

曾參高柴漆雕開之徒是不及之好者曾晳是過之好者師過商不及是過不及之不好者

人而不爲周南召南其猶正牆面而立也學者第一義古之欲明明德於天下者此是第二孔子志學便是志此然須要有入處周南召南便是入處後生無志難說此與秦誓其心休休一章相應周南召南好善不厭關雎鵲巢皆然人無好善之心便皆自私有好善之心便無私便人之有技若己有之今人未必有他心只是無志便不好善樂正子好善孟子喜而不寐又不是私於樂正子

因曾見一大鷄凝然自重不與小鷄同因得關雎之意雎鳩在河之洲幽閑自重以比興君子美人如此

之美

文以理爲主荀子於理有蔽所以文不雅馴

風以動之教以化之風是血脉教是條目

夫子曰由知德者鮮矣要知德臯陶言亦行有九德

然後乃言曰載采采事固不可不觀然畢竟是末自

養者亦須養德養人亦然自知者亦須知德知人亦

然不於其德而徒繩檢於其外行與事之間將使人

作僞

韓文有作文蹊徑尚書亦成篇不如此

後生精讀古書文

漢書食貨志後生可先讀又着讀周官考工記又云
後生好看繫辭皆賛歎聖人作易
後生好看子虛上林賦皆以字數多後來好工夫不
及此
文纔上二字一句便要有出處使六經句不謂之偷
使
學者不可翻然即改是私意此不長進
五日畫一水十日畫一松石不如此胡亂做
某觀人不在言行上不在功過上直截是離出心肝
人生天地間如何植立

窮究磨煉一朝自省

因問黎師侯詩不是理明義精只是揩磨得之所以不能言與人曰此便是平生愛圖度樣子只是他不能言你又豈知得他是如此

定夫挾一物不放胡做

荊公求必他人不必求

佛老高一世人只是道偏不是

周康叔來問學先生曰公且說扶渡子訟事來曾充之來問學先生曰公且說爲誰打關節來只此是學又無事尚解忘今當機對境乃不能明

小人儒爲善之小人士誠小人哉

謹致念大凡多隨資稟一致思便能出

因說詳道舊問云心都起了不知如何在求道德成

而上藝成而下行成而先事成而後今人之性命只

在事藝末上彭世昌云只是不識輕重大小先生笑

曰打入廖家牛隊裏去了因吳顯道與諸公說風水

禪家話頭不說破之類後世之謬

繼之者善也謂一陰一陽相繼

精讀書著精采警語處凡事皆然

某今亦教人做時文亦教人去試亦愛好人發解之

類要曉此意是爲公不是私

凡事只看其理如何不要看其人是誰

說晦翁云莫教心病最難醫

内無所累外無所累自然自在纔有一些子意便沉
重了徹骨徹髓見得超然於一身自然輕清自然靈
大凡文字才高超然底多須要逐字逐句檢點他才
穩文整底議論見識低却以古人高文捘之

本分事熟後日用中事全不離此後生只管令就本
分事用工猶自救不暇難難教他只就本分事便就
日用中事又一切忘了本分事難難精神全要在内

不要在外若在外一生無是處但如獎一小人亦不可謂今要將些子意思獎他怒一小人亦不可謂今要將些子意思怒他都無事此只要當獎即獎當怒即怒吾亦不自知若有意為之便是私感畏人都不得

我這裏有扶持有保養有摧抑有擯挫

韓文章多見於墓誌祭文洞庭汗漫粘天無壁柳祭呂化光文章妙

古人精神不閑用不做則已一做便不徒然所以做得事成須要一切蕩滌莫留一些方得

某平生有一節過人他人要會某不會他人要做某
不做
莫厭辛苦此學脉也
不是見理明信得及便安不得
因陰晴不常言人之開塞若無事時有塞亦未害忽
有故而塞須理會方得
不可戲謔不可作鄉談人欲起不肯破敗意必先借
此二者發之某七八歲時常得鄉譽只是莊敬自持
心不愛戲故小年時皆無侶儔不破指爪長後年十
五六覺與人無徒遂稍放開及讀三國六朝史見夷

狄亂華乃一切剪了指爪學弓馬然胸中與人異未
嘗失了後見人收拾者又一切古執去了又不免教
他稍放開此處難不收拾又不得收拾又執這般要
處要人自理會得
截然無議論詞說蹊徑一說又一就說節不是此事
極分明若遲疑則猶未
大凡文字寧得人惡得人怒不可得人羞得人恥與
晦菴書不是須是直湊
道在邇而求諸遠事在易而求諸難只就近易處着
着就實無尚虛見無貪高務遠

隨身規矩是後生切要莫看先生長者他老練但只
他人看你莫看他人笑你莫笑所謂非禮勿視非禮
勿聽

管仲學老子亦然

老衰而後佛入

不專論事論末專就心上説

論嚴泰伯云只是一箇好勝見一好事做近前便做
得亦不是事好心却不好

老氏見周衰名勝故專攻此處而申其説卞羊一也

一是即皆是一 明即皆明

拈顯仲剩語多曰須斬釘截鐵
因看諸人下象棋曰凡事不得胡亂輕易了又不得
與低底下後遇敵手便慣了即敗獅子捉象捉兔皆
用全力
某幾若機括其司是非之謂也某留如詛盟其守勝
之謂也莊子勢阻則謀計得則斷先生舊嘗作小經
云意似莊子
王遇子合問學問之道何先曰親師友去己之不美
也人資質有美惡得師友琢磨知己之不美而改之
子合曰是請益不答先生曰子合要某說性善性惡

伊洛釋老此等話不副其求故曰是而已吾欲其理會此說所以不答

右包楊顯道所録

阜民癸卯十二月初見先生不能盡記所言大旨云凡欲爲學當先識義利公私之辯今所學果爲何事人生天地間爲人自當盡人道學者所以爲學學爲人而已非有爲也又云孔門弟子如子夏子游宰我子貢雖不遇聖人亦足號名學者爲萬世師然卒得聖人之傳者柴之愚參之魯蓋病後世學者溺於文義知見繳繞蔽惑愈甚不可入道耳阜民既還邸遂

盡屏諸書及後來疑其不可又問先生曰某何嘗不教人讀書不知此後煞有甚事

某方侍坐先生遽起某亦起先生曰還用安排否

先生舉公都子問鈞是人也一章云人有五官官有其職某因思是便收此心然惟有照物而已他日侍坐無所問先生謂曰學者能常閉目亦佳某因此無事則安坐瞑目用力操存夜以繼日如此者半月一日下樓忽覺此心已復澄瑩中立竊異之遂見先生先生目逆而視之曰此理已顯也某問先生何以知之曰占之眸子而已因謂某道果在邇乎某曰然昔

者嘗以南軒張先生所類洙泗言仁書考察之終不知仁今始解矣先生曰是即知也勇也某因言而通對曰不惟知勇萬善皆是物也先生曰然更當爲說存養一節

先生曰讀書不必窮索平易讀之識其可識者久將自明毋耻不知子亦見今之讀書談經者乎歷敘數十家之旨而以巳見終之開闢反覆自謂究竟精微然試探其實固未之得也則何益哉

乙巳十二月再入都見先生坐定曰子何以束縳如此因自吟曰翼乎如鴻毛遇順風沛乎若巨魚縱大

鑿豈不快哉旣而以所記管窺諸語請益一二日再造先生曰夜來與朋友同看來却不是無根據說得出來自此幸勿輙錄他日亦可自驗

某嘗問先生之學亦有所受乎曰因讀孟子而自得之

右門人詹阜民子南所録

昔者先生來自金邑率僚友講道於白鹿洞發明君子喻於義小人喻於利一章之旨且喻人之所喻由其所習所習由其所志甚中學者之病義利之說一明君子小人相去一間豈不嚴乎苟不切己觀省與

聖賢之書背馳則雖有此文特　上之陳言耳括倉高先生有言曰先生之文如黃鍾大吕發達九地真答洙泗鄒魯之秘其可不傳耶

黃元吉荆州日錄

爲學患無疑疑則有進孔門如子貢即無所疑所以不至於道孔子曰女以予爲多學而識之者歟子貢曰然往往孔子未然之孔子復有非與之問顔子仰之彌高末由也巳其疑非細甚不自安所以其殆庶幾乎

學問須論是非不論效驗如告子先孟子不動心其

效先於孟子然畢竟告子不是
君子賢其賢而親其親小人樂其樂而利其利俱是
一義皆主不忘而言仁者見之謂之仁智者見之謂
之智之義
人道敏政言果能盡人道則政必敏矣
洪範有猷是知道者有爲是力行者有守是守而不
去者曰予攸好德是大有感幾者
三德六德九德是通計其德多少三德可以爲大夫
六德可以通諸侯九德可以王天下翕受即是九德
咸事敷施乃大施於天下

履德之基是人心貪慾恣縱履卦之君子以辯上下定民志其志既定則各安其分方得尊德樂道謙德之柄謂染習深重則物我之心熾然謙始能受人以虛而有入德之道矣

九疇之數一六在北水得其正三八在東木得其正惟金火易位謂金在火鄉火在金鄉而木生火自三上生至九自二會生於九正得二數故火在南自四至七亦得四數故金在西

一變而爲七七變而爲九謂一與一爲二一與二爲三一與三爲四一與四爲五一與五爲六五五者數之

祖既見五則變矣二與五爲七三與五爲八四與五
爲九九復變而爲一卦陰耆陽八八六十四七七四
十九終萬物始萬物而不與乃是陰事將終陽事復
始艮畝萬物而不與聖人同憂道何嘗有憂既是人
則必有憂樂矣精神不運則愚血氣不運則病
孟氏沒吾道不得其傳而老氏之學始於周末盛於
漢迨晉而衰矣老氏衰而佛氏之學出焉佛氏始於
梁陳隋盛於唐至今而衰矣有大賢者出吾道其興
矣夫
獨漢武帝不用黃老於用人尚可與

湯放桀武王伐紂丘民爲貴社稷次之君爲輕之義

孔子作春秋之言亦如此

王沂公曾論丁謂似出私意然志在退小人其脉則

正矣迹雖如此於心何媿焉

學問不得其綱則是二君一民等是恭敬若不得其

綱則恭敬是君此心是民若得其綱則恭敬者乃保

養此心也

蓍用七七少陽也卦用八八少陰也少陽少陰變而

用之

棋所以長吾之精神瑟所以養吾之德性藝即是道

道即是藝豈惟二物於此可見矣
有己則忘理明理則忘己艮其背不見其身行其庭
不見其人則是任理而不以己與人參也
事父孝故事天明事母孝故事地察是學已到田地
自然如此非是欲去明此而察此也明於庶物察於
人倫亦然
復小而辯於物小謂心不牖也
在明明德在親民皆主於在止於至善
皐陶謨洪範呂刑乃傳道之書
四岳舉丹朱舉鯀等於知人之明雖有不足畢竟有

德故堯欲遜位之時必首曰汝能庸命遜朕位
皋陶明道故歷述知人之事孟子曰我知言夫子曰
不知言無以知人也
誠則明明則誠此非有次第也其理自如此可欲之
謂善知至而意誠亦同有志於道者當造次必於是
顛沛必於是凡動容周旋應事接物讀書考古或動
或靜莫不在時此理塞宇宙所謂道外無事事外無
道捨此而別有商量別有趨向別有規模別有形迹
別有行業別有事功則與道不相干則是異端則是
利欲爲之陷溺爲之舊窠說即是邪說見即是邪見

君子之道費而隱費散也

釋氏謂此一物非他物故也然與吾儒不同吾儒無
不該備無不管攝釋氏了此一身皆無餘事公私義
利於此而分矣

繫辭卦有大小陰小陽大

言天下之至賾而不可惡也雖詭怪闔闢然實有此
理且亦不可惡也

言天下之至動而不可亂也天下有不可易之理故
也吉凶者正勝者也易使人趨吉避凶人之所爲當
正而勝凶也

必也使無訟乎至明然後知人情物理使民無訟之義如此

天理人欲之分論極有病自禮記有此言而後人襲之記曰人生而靜天之性也感於物而動性之欲也若是則動亦是靜亦是豈有天理物欲之分若不是則靜亦不是豈有動靜之間哉

磯鈞磯也不可磯謂無所措足之地也無所措手足之義

可坐而致也是疑辭與邪字同義

人各有所長就其所長而成就之亦是一事此非拘

儒曲士之所能知惟明道君子無所陷溺者能達此耳

斷之類如學爲士者必能作文隨其才雖有工拙然亦各極其至而已

與朋友切磋貴乎中的不貴泛說亦須有手勢必使其人去究病解大病灑然豁然若沉痾之去體而濯清風也若我泛而言之彼泛而聽之其猶前所謂杜撰名目使之持循是也

鳶飛戾天魚躍于淵言其上下察也只緣理明義精所以於天地之間一事一物無不著察仰以觀象於

天及萬物之宜惟聖者然後察之如此其精也
孔門高弟顔淵閔子騫冉伯牛仲弓曾參之外惟南
宫适宓子賤漆雕開近之以敏達捷洽才智慧巧論
之安能望宰我子貢冉有季路子游子夏也哉惟其
質實誠樸所以去道不遠如南宫适問禹稷躬稼而
有天下最是朴實孔子不答以其默當於此心可外
無言耳所以括出賛之云
語大天下莫能載焉道大無外若能載則有分限矣
語小天下莫能破焉一事一物纎悉微未未常與道
相離天地之大也人猶有所憾蓋天之不能盡地所

以爲地不能盡天之所職

自形而上者言之謂之道自形而下者言之謂之器

天地亦是器其生覆形載必有理

六十而耳順知見到矣七十而從心所欲不踰矩踐

行到矣顔子未見其止乃未能臻此也

生知蓋謂有生以來渾無陷溺無傷害良知具存非

天降之才爾殊也

漢唐近道者趙充國黄憲楊綰段秀實顔真卿

王肅鄭康成謂論語乃子貢子游所編亦有可攷者

如學而篇子曰次章便載有若一章又子曰而下載

曾子一章皆不名而以子稱之蓋子夏輩平昔所尊
者此二人耳
不踐迹謂已知血脉之人不拘形着迹然亦未造閫
奧樂正子在此地位人能明矣然作輟作警驟明忽
暗必至於有諸已然後爲得也
孔子十五而志于學是已知道時矣雖有所知未免
乍出乍入乍明乍晦或警或縱或作或輟至三十而
立則無出入明晦警縱作輟之分矣然於事物之間
未能灼然分明見得至四十始不惑不惑矣未必能
洞然融通乎天理矣然未必純熟至六十而所知已

到七十而所行已到事不師古率由舊章學于古訓古訓是式所法者皆此理也非徇其跡倣其事慱學審問謹思明辯始條理也如金聲而高下隆殺疾徐疏數自有許多節奏到力行處則無說矣如玉振然純一而已知至知終皆必由學然後能至之終之所以孔子學不厭發憤忘食易與天地準至神無方而易無體皆是贊易之妙用如此一陰一陽之謂道乃泛言天地萬物皆具此陰陽也繼之者善也乃獨歸之於人成之者性也又復歸之於天天命之謂性也

切磋之道有受得盡言者有受不得者彼有顯過大惡苟非能受盡言之人不必件件指摘他反無生意

王道蕩蕩平平無偏無倚伯夷伊尹柳下惠聖則聖矣終未底於蕩蕩平平之域

重卦而爲六十四分三才初二地也初地下二地上三四人也三人下四人上五六天也五天下六天上

一生二二生三三生萬物

先儒謂屯之初九如高貴鄉公得之矣

蒙再三瀆瀆則不告非發之人不以告於蒙者也爲蒙者未能專意相向乃至再三以相試探如禪家云

盜法之人終不成器一有此意則志不相應是自齎

亂雜與之言終不通解與不告同也

八卦之中惟乾坤坎離不變倒而觀之亦是此卦外

四卦則不然

學問若有一毫夾帶便屬私小而不正大與道不相

似矣仁之於父子固也然以舜而有瞽叟命安在哉

故舜不委之於命必使底豫允若則有性焉豈不於

此而驗

元吉自謂智昧而心懈先生曰病固在此本是骨凡

學問不實與朋友切磋不能中的每發一論無非泛

說內無益於己外無益於人此皆己之不實不知要領所在遇一精識便被他胡言漢語壓倒皆是不實吾人可不自勉哉

格物者格此者也伏羲仰象俯法亦先於此盡力焉耳不然所謂格物末而已矣

顏子仰高鑽堅之時乃知枝葉之堅高者也畢竟只是枝葉學問於大本旣正而萬微不可不察

規矩嚴整爲助不少

象山先生全集卷三十五終

象山先生全集卷之三十六

年譜

先生諱九淵字子靜姓陸氏陸出嬀姓周武王封嬀
滿於陳春秋時陳公子完奔齊別其氏曰田後田
氏有齊至宣王時封其少子通于平原陸鄉又別其
氏爲陸至通曾孫烈爲吳令遂爲吳郡吳縣人烈
三十九世至希聲論著甚多議相唐昭宗卒謚文
公生六子次子崇生德遷五代末避地於撫州金谿
解囊中裝置田治生貲高閭里爲金谿陸氏之祖
居延福鄉之青田第四子諱有程先生高祖也傳學

於書無所不覯曾祖諱演能世其業寬厚有容祖戩
爲第四子趣尚清高不治生產考諱賀字道卿生有
異稟端重不伐究心典籍見於躬行酌先儒冠昏喪
祭之禮行于家不用異教家道整肅著聞于海內贈
宣教郎生六子長九思字子疆與鄉舉封從政郎弟

棱山撰行狀有家問朱子爲跋

畧云家問所以訓飭其子孫者不以不得科第爲
病而深以不識禮義爲憂其懇懃懇切反覆曉譬
說盡事理無一毫勉强緣飾之意而慈祥篤實之
氣藹然諷味數四不能釋手云

次九，叙字子儀，公正通敏，時賢稱曰處士，善治生，總
藥肆以足其家，先生撰墓表。次九皋，字子昭，少力學，
文行俱優，與鄉舉，晚得官，終修職郎、監潭州南嶽廟，
名齋曰庸，學者號庸齋先生，有文集，先生撰墓表。次
九部，字子美，不事場屋，兄弟共講古學，與朱元晦友
善，首言太極圖說非正，又因其奏立社倉之制，行于
鄉，民甚德之。與學者講學於近地，名梭山，梭山在金
谿陸氏義門之東是也，號曰梭山居士。諸司列薦，以
居士應詔舉遺逸，臨終自撰終禮，戒不得銘墓，有文
集曰梭山口記

中有居家正本及制用各二篇

次九齡字子壽生而穎悟能步移則容止有法少有大志浩博無涯涘嘗與鄉舉補入太學已負重名知名士無不師尊之登進士第授桂陽教授以不便迎侍陳乞不赴改興國教授未滿丁艱服除授全州教授未上而卒爲時儒宗道德繫天下重望特贈朝奉郎直秘閣賜謚文達名齋曰復學者稱復齋先生有文集行于世

嘉定間撫州守高商老刋文集于郡治自爲序

先生狀其行呂成公銘其墓朱文公書其碑次則先

生與復齋先生齊名稱爲江西二陸以比河南二程
謹序次家世本末大畧于此而先生之道德事功則
表年以繫之于后云高宗紹興九年己未二月乙亥
辰時先生始生

紹興十年庚申先生二歲

紹興十一年辛酉先生三歲幼不戲弄

冬十一月十五日母孺人饒氏卒葬鄉之楊美嶺

紹興十二年壬戌先生四歲靜重如成人

常侍宣教公行遇事物必致問一日忽問天地何
所窮際公笑而不答遂深思至忘寢食總角誦經

夕不寐不脱衣履有弊而無壞指甲甚脩足跡未嘗至庖厨常自灑掃林下宴坐終日立于門過者駐望稱歎以其端莊雍容異常兒

紹興十三年癸亥先生五歲入學讀書紙隅無捲摺

紹興十四年甲子先生六歲侍親會嘉禮衣以華好却不受季兄復齋先生年十二舉禮經以告乃受

紹興十五年乙丑先生七歲得鄉譽嘗云某七八歲時常得鄉譽只是莊敬自持心不愛戲

紹興十六年丙寅先生八歲

讀論語學而即疑有子三章及看孟子到曾子不肯師事有子至江漢以濯之秋陽以暴之等語因歎曾子見得聖人高明潔白如此又艸角時聞人誦伊川語云伊川之言奚爲與孔孟之言不類蓋生而清明有如此者梭山嘗云子靜弟高明自幼已不同遇事逐物皆有省發嘗聞鼓聲振動窻櫺亦豁然有覺其進學每如此

紹興十七年丁卯先生九歲

善屬文包敏道祭文云九歲屬文能自達

紹興十八年戊辰先生十歲

復齋入郡庠侍諸兄誦講衣冠未嘗解弛先生徃侍學馬文雅雍容衆咸驚異有老儒謂前廊吴茂榮曰君有愛女欲得佳壻無踰此郎因以爲婣

紹興十九年己巳先生十一歲讀書有覺

從幼讀書便着意未嘗放過外視雖若閑暇實勤攷索伯兄總家務嘗夜分起見先生觀書或秉燭檢書最會一見便有疑一疑便有覺後嘗語學者曰小疑則小進大疑則大進嘗云向與復齋家兄讀書踈山寺止是一部論語更無他書或問曾見

先生將聖人與門人語分門各自録作一處看先生曰此是幼小時事

紹興二十年庚午先生十二歲

紹興二十一年辛未先生十三歲因宇宙字義篤志聖學

與李侍郎及權郡書皆云十三志古人之學先生自三四歲時思天地何所窮際不得至於不食宣教公呵之遂姑置而胸中之疑終在後十餘歲因讀古書至宇宙二字解者曰四方上下曰宇往古來今曰宙忽大省曰元來無窮人與天地萬物皆

在無窮之中者也乃接筆書曰宇宙內事乃己分
內事己分內事乃宇宙內事又曰宇宙便是吾心
吾心郎是宇宙東海有聖人出焉此心同也此理
同也西海有聖人出焉此心同也此理同也南海
北海有聖人出焉此心同也此理同也千百世之
上至千百世之下有聖人出焉此心此理亦莫不
同也故其啓悟學者多及宇宙二字如曰道塞宇
宙非有所隱遁在天曰陰陽在地曰剛柔在人曰
仁義仁義者人之本心也又曰是理充塞宇宙天
地順此而動故日月不過而四時不忒聖人順此

而動故刑罰清而民服又曰此理塞宇宙誰能逃之順之則吉逆之則凶又曰宇宙不曾限隔人人自限隔宇宙是年復齋因讀論語命先生近前問云看有子一章如何先生曰此有子之言非夫子之言復齋曰孔門除却曾子便到有子未可輕議先生曰夫子之言簡易有子之言支離復齋嘗於窻下讀程易至艮其背四句反覆誦讀不已先生偶過其前復齋問曰汝看程正叔此段如何先生曰終是不直截明白艮其背不獲其身無我行其庭不見其人無物復齋大喜

紹興二十二年壬申先生十四歲

與徐任伯書曰某氣質素弱年十四五手足未嘗

温暖後以稍知所向體力亦隨壯也嘗云吾於踐

履未能純一然才自警策便與天地相似

紹興二十三年癸酉先生十五歲

初登侍長上郊行分韻得借字詩云講習豈無樂

鑽磨未有涯書非貴口誦學必到心齋酒可陶吾

性詩堪述所懷誰言曾點志吾得與之借

紹興二十四年甲戌先生十六歲

讀三國六朝史見夷狄亂華又聞長上道靖康間

事乃剪去指爪學弓馬然胷中與人異未嘗失了

嘗云做得工夫實則所説即實事所指人病即實

病又云吾人讀春秋知中國夷狄之辯二聖之讐

豈可不復所欲有甚於生所惡有甚於死今吾人

高居優游亦可爲耻乃懷安非懷義也此皆是實

理實説

紹興二十五年乙亥先生十七歲

作大人詩見前卷二十五

紹興二十六年丙子先生十八歲

紹興二十七年丁丑先生十九歲

紹興二十八年戊寅先生二十歲

紹興二十九年己卯先生二十一歲

紹興三十年庚辰先生二十二歲

紹興三十一年辛巳先生二十三歲

紹興三十二年壬午先生二十四歲秋試以周禮鄉舉

初先生未肯赴舉復齋素善臨川李侍郎浩每爲公言之是年春俾姪煥之侍先生同訪公公觀其贄見之書大奇之留數日力勉其赴舉歸則題秋試家狀者在門閱其籍則諸家經賦咸在惟無周

禮先生即以此注籍蒲節後始精考周禮求程文
觀之及期三日之試寫其所學無凝滯考官王景
文質批曰毫髮無遺恨波瀾獨老成拆號曰先生
偶過梭山方鼓琴捷吏至曲終而後問之再鼓一
曲乃歸先生第四名外舅吳漸第九名見舉送官
啓末云某少而慕古長欲窮源不與世俗背馳而
非必將與聖賢同歸而止忘己意之弗及引重任
以自強謂先哲同是人而往訓豈欺我窮則與山
林之士約六經之旨使孔孟之言復聞於學者達
則與廟堂群公還五服之地使堯舜之化純被於

斯氏云云先生嘗云吾自應舉未嘗以得失爲念
場屋之文只是直寫胸襟故作貴溪縣學記云不
狥流俗而正學以言者豈皆有司之所棄天命之
所遺又嘗云復齋家兄一日問曰吾弟今在何處
做工夫某荅曰在人情事勢物理上做工夫復齋
應之而已若知物價之低昂與夫辯物之美惡眞
僞則吾不可謂之不能然吾之所謂做工夫者非
此之謂也又云吾家合族而食每輪差子弟掌庫
二年某適當其職所學大進這方是執事敬
冬十月二十七日丁父宣教公憂毉饒州安仁縣

崇德鄉之毛源

孝宗隆興元年癸未先生二十五歲

隆興二年甲申先生二十六歲

乾道元年乙酉先生二十七歲

有與董伯虞書見前卷首三

乾道二年丙戌先生二十八歲

乾道三年丁亥先生二十九歲

冬成嘉禮孺人吳氏始大歸也

乾道四年戊子先生三十歲

乾道五年己丑先生三十一歲

乾道六年庚寅先生三十二歲

乾道七年辛卯先生三十三歲秋試以易經再鄉舉

考官批義卷云如端人正士衣冠佩玉論策批如

其義

得解見提舉書見前卷四

八月十七日子持之生

乾道八年壬辰先生三十四歲春試南宮奏名時尤

延之袤知舉吕伯恭祖謙爲考官讀先生易卷至

狎海上之鷗遊吕梁之水可以謂之無心不可以

謂之道心以是而洗心退藏吾見其過焉而溺矣

濟溱洧之車移河內之粟可以謂之仁術不可以
謂之仁道以是而同乎民交乎物吾見其淺焉而
膠矣擊節嘆賞又讀天地之性人爲貴論至嗚呼
循頂至踵皆父母之遺體俯仰乎天地之間惕然
朝夕求寡乎愧怍而懼弗能倘可以庶幾於孟子
之塞乎天地而與聞夫子人爲貴之説乎愈加嘆
賞至策文意俱高伯恭遽以內難出院乃囑尤公
曰此卷超絕有學問者必是江西陸子靜之文此
人斷不可失也又併囑考官趙汝愚子直二公亦
嘉其文遂中選他日伯恭會先生曰未嘗款承足

下之歎一見高文心開目明知其爲江西陸子靜也

徐誼子宜侍學

子宜侍先生每有省同赴南宮試論出天地之性人爲貴試後先生曰某欲說底却被子宜道盡但某所以自得受用底子宜却無曰雖欲自異於天地不可得也此乃某平日得力處

夏五月廷對賜同進士出身

先生旣奏名聲振行都廷對考官意其必慷慨極言天下事欲取寘首列及唱第乃在末甲或問之

先生曰見君之初豈敢過直識者稱其得事君之

體六

在行都諸賢從游

先生朝夕應酬問答學者踵至至不得寢者餘四

十日所以自奉甚薄而精神益強聽其言者興起

甚衆時來嘉蔡幼學行之爲省元連日無所問難

似不能言者先生從容問其所志乃荅曰幼學之

志在於爲善而已先生嘉嘆而勉勵焉四明楊敬

仲時主富陽簿攝事臨安府中始承教於先生及

反富陽三月二十一日先生過之問如何是本心

先生曰惻隱仁之端也羞惡義之端也辭讓禮之
端也是非智之端也此即是本心對曰簡兒時已
曉得畢竟如何是本心凡數問先生終不易其說
敬仲亦未省偶有鬻扇者訟至于庭敬仲斷其曲
直訖又問如初先生曰聞適來斷扇訟是者知其
爲是非者知其爲非此即敬仲本心敬仲忽大覺
始北面納弟子禮故敬仲每云簡發本心之問先
生舉是日扇訟是非答簡忽省此心之無始末忽
省此心之無所不通先生嘗語人曰敬仲可謂一
日千里○復齋與學者書云子靜入浙則有楊簡

敬仲石崇昭應之諸葛誠之胡拱達才高宗商應
時孫應朝季和從之游其餘不能悉數皆亹亹篤
學尊信吾道甚可喜也先生六月二十九日復如
富陽七月初九日舟離富陽
秋七月十六日至家
遠近風聞來親炙初以存名讀書之齋與曾宅之
書云某舊亦嘗以存名讀書之齋家之東扁曰槐
堂槐堂前有古槐木至今猶存乃學徒講學之地
又堂東有陋室西有高軒北囱南囱東有隱室又
曰留軒西有玉淵又近家之西有茅堂〇與包顯

道書云貴溪桂店一族甚盛其子弟有德輝者今夏來處茅屋西南有八石寺與顏子堅書云向者在八石寺嘗納區區之忠先生旣受徒即去今世所謂學規者而諸生嘗心自與容禮自莊雍雍于于后至者相觀而化蓋先生深知學者心術之微言中其情或至汗下有懷于中而不能自曉者爲之條析其故悉如其心亦有相去千里素無雅故聞其大槩而盡得其爲人嘗有言曰念慮之不正者頃刻而知之即可以正念慮之正者頃刻而失之即爲不正有可以形迹觀者有不可以形迹觀

者必以形迹觀人則不足以知人必以形迹繩人則不足以救人又曰今天下學者唯兩途一途朴實一途議論同里朱梓濟道弟泰卿亨道長於先生皆來問道與人書云近到陸宅先生所以誨人者深切著明大槩是令人求放心其有志於學者數人相與講切無非此事不復以言語文字爲意令人歎仰無已其有意作文者令收拾精神涵養德性根本既正不患不能作文陳正已劉伯文皆不爲文字也盱江傅子淵云夢泉向來只知有舉業觀書不過資意見耳後因困志知反時陳正已

自槐堂歸問先生所以教人者正己曰首尾一月先生諄諄只言辯志又言古人入學一年早知離經辯志今人有終其身而不知自辯者是可哀也夢泉當時雖未領略終念念不置一日讀孟子公孫丑章忽然心與相應胷中豁然蘇醒嘆曰平生多少志念精力却一切着在功利上自是始辯其志雖然如此猶未知下手處及親見先生方得箇入頭處嘗云傅子淵自此歸其家陳正己問之曰陸先生教人何先對曰辯志復問曰何辯對曰義利之辯若子淵之對可謂切要周伯熊來學先生

問學何經對曰讀禮記曾用丁於九容乎曰未也
且用功於此後往問學于晦庵晦庵曰僊里近陸
先生曾見之否曰亦嘗請教具述所言晦庵曰公
來問某某亦不過如此說
答諸葛受之書見前卷三答舒西美書見前卷五
乾道九年癸巳先生三十五歲春閏二月十四日答
陳正己書見前卷十二
三月十七日和王弱翁銓闈中詩冬十一月送毛
原善序見前卷二十
淳熙元年甲午先生三十六歲三月赴部調官過四

明遊會稽浹兩旬復至都下授迪功郎隆興府靖安縣主簿五月二十六日訪呂伯恭于衢

伯恭與汪聖錫書云陸君相聚五六日淳篤敬直流輩中少見其比又與陳同甫書云自三衢歸陸子靜相待累日又留七八日昨日始行篤實淳直朋游間未易多得渠云雖未相識每見尊兄文字開豁軒翥甚欲得相聚覺其意甚勤非論文者也與徐子宜書（見前卷五）

秋八月十二日子循之生

淳熙二年乙未先生三十七歲呂伯恭約先生與季

九復齋會朱元晦諸公于信之鵝湖寺復齋云云見前卷三十四元晦歸後三年乃和前詩云德業流風夙所欽别離三載更關心偶携藜杖出寒谷又枉藍輿度遠岑舊學商量加邃密新知培養轉深沉只愁說到無言處不信人間有古今後信州守楊汝礪建四先生祠堂于鵝湖寺勤陸子詩于石復齋與張欽夫書云某春末會元晦於鉛山語三日然皆未能無疑按呂成公譜乙未四月訪朱文公于信之鵝湖寺陸子靜子壽劉子澄及江浙諸友皆會留止旬日鄒斌俊父録云朱呂二公話及九卦

之序先生因亹亹言之大畧謂復是本心復處如
何列在第三卦而先之以履與謙蓋履之爲卦上
天下澤人生斯世須先辯得俯仰乎天地而有此
一身以達於所履其所履有得有失又繫於謙與
不謙之分謙則精神渾収聚於内不謙則精神渾
流散於外惟能辯得吾一身所以在天地間舉錯
動作之由而斂藏其精神使之在内而不在外則
此心斯可得而復矣次之以常固又次之以損益
又次之以困蓋本心既復謹始克終曾不少廢以
得其常而至於堅固私欲日以消磨而爲損天理

日以澄瑩而爲益雖涉危蹈險所遭多至於困而
此心卓然不動然後於道有得左右逢其原如鑒
井取泉處處皆足蓋至於此則順理而行無纖毫
透漏如巽風之散無往不入雖密房奥室有一縫
一罅即能入之矣二公大服朱亨道書云鵝湖講
道切誠當今盛事伯恭蓋慮陸與朱議論猶有異
同欲會歸於一而定其所適從其意甚善伯恭蓋
有志於此語自得則未也臨川趙守景明邀劉子
澄趙景昭景昭在臨安與先生相欵亦有意於學
又云鵝湖之會論及教人元晦之意欲令人泛觀

博覽而後歸之約二陸之意欲先發明人之本心而後使之博覽朱以陸之教人爲太簡陸以朱之教人爲支離此頗不合先生更欲與元晦辯以爲堯舜之前何書可讀復齋止之趙劉諸公拱聽而已先發明之說未可厚誣元晦見二詩不平似不能無我元晦書云某未聞道學之懿茲幸獲奉餘論所恨匆匆別去彼此之懷皆若有未旣者然警切之誨佩服不敢忘也還家無便寫此少見拳拳

淳熙三年丙申先生三十八歲與王順伯書再書俱見

冬十一月十五日作敬齋記見前卷十九

淳熙四年丁酉先生三十九歲春正月十四日丁繼
母太孺人鄧氏憂塟鄉之官山
先生事繼母與諸兄曲盡孝道嘗聞孝宗皇帝聖
語陸九淵滿門孝弟者也
淳熙五年戊戌先生四十歲
淳熙六年己亥先生四十一歲服除授建寧府崇安
縣主簿
淳熙七年庚子先生四十二歲在滋瀾
先生因居之南五里有園林屋宇扁是名與包顯

道書云今歲與朋友講書在滋潤

春聞張欽夫卒

與包顯道書見前卷六

秋九月二十九日季兄復齋先生卒

復齋臨終云比來見得子靜之學甚明恨不更相

與切磋見此道之大明耳先生嘗曰復齋先生涵

養深密躬行篤實

朱元晦與林擇之書云陸子靜兄弟其門人有相

訪者氣象皆好此門學者却與渠相反初謂只在

此講道漸漸自能入德不謂末流之弊只成說話

至人倫日用最切近處都不得毫末氣力不可不
深懲而痛警之也
冬十一月望日作復齋行狀十二月己酉葬于鄉之
萬石塘
淳熙八年辛丑先生四十三歲春二月訪朱元晦于
南康
時元晦爲南康守與先生泛舟樂曰自有宇宙以
來已有此溪山還有此佳客否乃請先生登白鹿
洞書院講席先生講君子喻於義小人喻於利一
章畢乃離席言曰熹當與諸生共守以無忘陸先

生之訓再三云熹在此不曾說到這裏負愧何言乃復請先生書其說先生書講義（見前二十三卷）尋以講義刻于石先生云講義述於當時發明精神不盡當時說得來痛快至有流涕者元晦深感動天氣微冷而汗出揮扇元晦又與楊道夫云曾見陸子靜義利之說否曰未也曰這是子靜來南康熹請說書卻說得這義利分明是說得好如云今人只讀書便是利如取解後又要得官得官後又要改官自少至老自頂至踵無非爲利說得來痛快至有流涕者

秋作祭呂伯恭文（見前卷二十六）

丞相少師史浩薦先生六月二十三日得旨都堂審察陞擢先生不赴薦云陸某淵源之學沉粹之行輩行推之而心理悟融出於自得者也

淳熙九年壬寅先生四十四歲

項平甫來書畧云安世聞陸先生之名言者不一往得交於傅子淵警發柔情自此歸向取師之意始定奉親之官越土多見高第及門子弟愈覺不能自已雖未得親承於謦欬然受沾汚渥亦已多矣獨念心師之久不可不以尺紙布萬一伏乞加

察一二年來數鉅公相繼淪落任是事者獨先生與朱先生耳

侍從復上薦得旨與職事官薦辭未詳除國子正秋初先生赴國學與陳倅書見前卷七

始講書八月十七日講春秋六章九月享明堂爲分獻官

淳熈十年癸卯先生四十五歲在國學

二月七日講春秋九章七月十五日講春秋五章十一月十三日講春秋四章諸生叩請孳孳啓諭如家居教授感發良多

朱元晦來書畧云比約諸葛誠之在齋中相聚極
有益浙中士人賢者皆歸席下比來所得爲多幸
甚再書云歸來臂痛病中絕學損書却覺得身心
收斂似有少進處向來汎濫眞是不濟事恨未得
欵曲承教盡布此懷也
項平甫再書畧云某自幼便欲爲善士今年三十
一矣欲望尊慈特賜指教云云答書不傳按朱元
晦荅平甫書云所語六國正語三復爽然所以警
於昏者爲厚矣大抵子思以來教人之法尊德性
道問學兩事爲用力之要今子靜所說尊德性而

祟平日所聞却是道問學上多所以爲彼學者多持守可觀而看道理全不仔細而熹自覺於義理上不亂說却於緊要事上多不得力今當反身用力去短集長庶不墮一邊耳先生聞之曰朱元晦欲去兩短合兩長然吾以爲不可既不知尊德性焉有所謂道問學

冬遷勅令所刪定官先生在勅局同志之士相從講切不替僚友多賢相與問辯大信服

與漕使尤延之書畧云朱元晦在南康已得太嚴之聲元晦之政亦誠有病然恐不能泛然以嚴病

之使罰當其罪刑故無小遽可以嚴而非之乎某
嘗謂不論理之是非事之當否而汎然爲寬嚴之
論者乃後世學術議論無根之弊道之不明政之
不理由此其故也元晦浙東救旱之政比者屢得
浙中親舊書及道途所傳頗知梗槩浙人殊賴自
劾一節尤爲適宜其誕慢以僥寵祿者當少阻矣
至如其間言事處誠如來諭所言者云

嚴[illegible]詹子南侍學○阜民初見先生不能盡記所
言大指云凡欲學者當先識義利公私之辯今所
學果爲何事人生天地間爲人自當盡人道學者

所以爲學學爲人而已非有爲也又云孔門弟子如子游子夏宰我子貢雖不遇聖人亦足以號名學者爲萬世師然卒得聖人之傳者回之愚參之魯蓋病後世學者溺於文義知見徼繞蔽惑愈甚不可入道耳阜民旣還邸遂屏棄諸書及後來疑其不可又問先生則曰某何嘗不許人讀書不知此後有事在又曰讀書不必窮索平易讀之識其可識者久將自明毋耻不知先生舉孟子鈞是人也一章云須先使心官不曠其職子南因是便叔此心如此半月一日下樓忽覺此心已復澄瑩中

立遂見先生先生目逆而視之曰此理已顯也

淳熙十一年甲辰先生四十六歲在勅局春祀祚德廟爲獻官記事始末書子祠下

朱元晦書畧云勅局時與諸公相見亦有可告語者否於律令中極有不合道理不近人情處隨事改正得一二亦佳中薦程可久於法令甚精可以入局中然此猶是第二義不知輪對班在何時果得一見明主就緊要處下得數句爲佳其餘屑屑不足言也譏仲甚不易得今日尚有此公差強人意元善奕快極難得更加磨琢沉浸之功乃佳機

仲既得同官乃其幸會當能得日夕親炙也浙東諸朋友想時通問亦有過來相聚者否立之墓表令作一通顯道甚不以爲然不知尊意以爲如何

三月十三日答朱元晦書見前卷七

編朱元晦奏立社倉事戊申歲先生兄梭山居士欲立社倉于青田先生與趙監書見前卷首

上殿輪對五劄○時對期甚迫猶未入思慮所親累請久乃下筆繕寫甫就厥明即對五劄俱見前卷十八讀劄末云見前三十五卷語錄

講究武畧先生少時聞靖康間事慨然有感於復

讐之義至是訪求智勇之士與之商確益知武事
利病形勢要害李將使雲將家子也與國人有勇
力先生奇而教之後獲用太尉畢再遇帳下其家
祠事先生或問何爲曰雲少時嘗欲率伍百人打
刼起事一日往見先生蒙誨翻然而改不然此身
不得爲人矣先生平日奬激人才類如此後守荆
門奬拔奇才亦多

論醫國或問先生見用以何醫國先生曰吾有四
物湯問如何曰任賢使能賞功罰罪

論駁中外奏對不可行者

答蘇宰書 見前卷八

朱元晦書○時有言奏劄差異者元晦索之先生納去一本元晦貽書云奏篇垂示得聞至論慰沃良深其規模宏大源流深遠豈腐儒鄙生所可窺測然區區私憂未免有萬牛回首之歎然於我何病耶語圓意活混浩流轉益見所養之深所蓄之厚但向上一路未曾撥着

答朱元晦書畧云奏劄獨蒙長者褒揚獎譽之厚俱無以當之深慚疎愚不能回互藏匿肺肝悉以書寫而兄尚有向上一路未曾撥着之疑豈待之

太重望之太過未免金注之昏耶
敗授承奉郎以修寬恤詔令書成與樞密使王讜
仲語及孟子辟土地充府庫一段因云方今正在
求此輩而不可得讜仲爲之色變又舉柳子厚捧
土揭木而致之廟堂之上蒙以綬冕翼之徒隸而
趨走其左右豈有補於萬事之勞苦哉聖人之道
無益於世凡以此也讜仲爲之黙然先生嘗云當
時諸公見上下相安内外無事便爲太平氣象獨
鄭溥之有一語極好而今只要爲旁人借路登泰
山云耳

秋九月既望作外舅吳公行狀

末云某在童稺時爲公所知後妻以其女尤延之作吳公墓誌云陸君子靜數爲予道其婦翁吳公之賢居亡何有墨服踵門而求見者則吳公之子顒若也袖子靜之狀且告曰敢因子靜以請誌予不識吳公然子靜信人也其言有證乃叙而誌之夫能識子靜於童幼之中而能以子妻之其賢可知矣後敬仲作孺人吳氏墓誌云孺人諱愛卿吳公茂榮諱漸之長女也幼有異質女工不學而能詩書過目不忘公大奇之一見先生謂可妻歸焉

先生爲國子正删定勑局居中五年四方之賓滿

門旁無虛宇併假於館中饋百需先生不一啓齒

孺人調度有方舉無鈌事暨先生奉祠歸囊蕭然

同僚共爐之還里之明年經理象山孺人捐奩中

物助之云云

作本孫記爲成都郭醇仁作

淳熙十二年乙巳先生四十七歲在勑局

與尤延之書畧云此間不可爲久居之計吾今終

日區區豈不願少自效至不容着脚手處亦只得

且退而俟之職事間又無可修舉覩見獘病又皆

須自上面理會下來方得在此但望輪對可以少
展胸臆對班尚在後年鬱鬱度日而已或勸以小
人闕伺宜乞退先生曰吾之未去以君也不遇則
去豈可以彼爲去就耶
斿子南問學○子南嘗問先生之學亦有所受乎
曰因讀孟子而自得之於心也
淳熙十三年丙午先生四十八歲在勑局夏五月作
格矯齋記 爲三衢徐載書
朱元晦通書畧云傅子淵去冬相見氣質剛毅極
不易得但其偏處亦甚害事雖嘗苦口恐未以爲

然近覺當時說得亦未的疑其不以爲然也今想
到部必已相見亦嘗痛與砭劑否道理極精微然
初不在耳目聞見之外是非黑白只在面前此而
不察乃欲別求玄妙於意慮之表亦已誤矣熹衰
病日侵所幸邇來日用工夫頗覺省力無復向來
支離之病甚恨未得從容面論未知異時尚復有
異同否耳
轉宣義郎除將作監丞給事王信疏駁十一月二
十九日得旨主管台州崇道觀
初親朋謂先生文欠宜求退先生曰往時面對粗

陳大義明主不以爲非思欲再望清光少自竭盡以致臣子之義距對班五日除監丞

先生與李成之書見前卷十

和楊萬里廷秀送行詩見前卷二十五

既歸學者輻輳時鄉曲長老亦俯首聽誨每詣城邑環坐率二三百人至不能容徙寺觀縣官爲設講席於學宮聽者貴賤老少溢塞途巷從游之盛未見有此

與朱子淵書見前卷十三

淳熙十四年丁未先生四十九歲春如臨川先生訪

倉使湯公思謙公因言風俗不美先生曰作歸方
欲與諸後生說些好話此事亦由天亦由人公曰
如何由天曰且如三年一科舉中者篤厚之人多
浮薄之人少則風俗自此而厚不幸篤厚無幾或
全是浮薄則後生從而視效風俗日以敗壞公曰
如何亦由人曰監司守令是風俗之宗主只如判
院在此無只爲位高爵重旗旐導前騶卒擁後者
是崇是敬陋巷茅茨之間有篤敬忠信好學之士
不以其微賤而知崇敬之則風俗庶幾可回矣公
再三稱善次日謂幕僚友曰陸丈至誠何不去聽

說話幕僚云恐陸丈門户高峻議論非某輩所能

喻公曰陸丈說話甚平正試徃聽看某於張吕諸

公皆相識然如陸丈說話自是不同

作朱元瑜名字說見前卷二十

登貴溪應天山講學

初門人彭興宗世昌訪舊于貴溪應天山麓張氏

因登山遊覽則陵高而谷邃林茂而泉清乃與諸

張議結廬以迎先生講學先生登而樂之乃建精

舍居焉與楊敬仲書云精舍二字出後漢包咸傳

其事在建武前儒者講習之地用此名甚無歉也

荅江西程帥叔達惠新刊江西詩派劄子

荅沈宰書見前卷十七

包敏道跋江泰之所收劄子墨蹟云象山先生論詩又出告件知來以意逆志者之外蓋其精鑑如權度舉天下之輕重長短毫髮絲粟不可得而加損也豈特於詩為然哉當程君劄送詩至時僕在席下先生顧諸生曰誰能代荅須臾呈藁者數人先生嘆曰將紙來一筆寫就云云

夏五月荅馮傳之書見前卷十三

初冬荅朱元晦書見前卷十三

元晦荅書畧云所諭與令兄書辭費而理不明今
亦不記當時作何語恐或實有此病承許條析見
教何幸如之虛心以俟幸因早便見示如有未安
却得細論未可便似居士兄遽斷來章也辯無極
太極始此
無營齋說贈吳叔有
冬十月庚辰葬仲兄子儀于臨川之羅首峯下作
子儀墓誌十一月作宜章學記
十二月與漕使宋若水書言金谿月樁之重及臺
郡督積欠困民之弊見前卷八

淳熙十五年戊申先生五十歲在山間精舍春正月

作荆國王文公祠堂記

與薛象先書（見前卷十二）先生嘗云讀介甫書（見前卷三十五）

荅倉使趙汝謙書（俱見前卷首）

易應天山名爲象山學徒結廬先生既居精舍又得勝處爲方丈及部勒群山閣又作圓菴學徒各來結廬相與講習與姪孫濬書云山間近來結廬者甚衆諸生始聚糧相迎今方丈前又成一閣部勒群山氣象亦偉云云

居仁齋由義齋養正堂（張伯強）明德（張行巳）志道（周孚先）

儲雲伯強行己佩玉張少石愈高倪伯珍規齋祝才叔蕙林周元忠逵誠朱幹叔瓊芳傅季魯學徒焉泰卿初名梅囱以季魯家諱先生爲改今名濯纓池浸月池吳子嗣翔齋先生與之書云草廬在二池之間欲名以濯纓當爲書之封庵少石批荆先生書于世昌之堂各因山勢之高原塢之隹處爲之

三月與江西帥王謙仲書見前卷九

五月與錢守伯同書見前卷九

郡縣禮樂之士時相謁訪晤聞其化故四方學徒大集

先生從容講道歌詠愉愉有終焉之意馮元質云先生常居方丈每旦精舍鳴鼓則乘山簥至會揖

陞講坐容色粹然精神烱然學者又以一小牌書姓名年甲以序揭之觀此以坐少亦不下數十百齊肅無譁首誨以收斂精神涵養德性虛心聽講諸生皆俛首拱聽非徒講經每啓發人之本心也間舉經語爲證音吐清響聽者無不感動興起初見者或欲質疑或欲致辯或以學自負或有立崖岸自高者聞誨之後多自屈服不敢復發其有欲言而不能自達者則代爲之說宛如其所欲言乃從而開發之至有片言半辭可取必獎進之故人皆感激奮礪平居或觀書或撫琴佳天氣則徐步

觀滮至高誦經訓歌楚詞及古詩文雍容自適雖
盛暑衣冠必整肅望之如神諸生登方丈請誨和
氣可掬隨其人有所開發或教以涵養或曉以讀
書之方未嘗及閑話亦未嘗令看先儒語録每講
說痛快則頷傳季魯曰豈不快哉季魯齒最少坐
必未嘗拱一座于側間令代說時有少之者先生
曰季魯英才也先生大率二月登山九月末治歸
中間亦往來無定居山五年閱其簿來見者踰數
千人與陳宰昔云同志之士方此盍簪紬繹簡編
商畧終古粗有可樂錐品質不齊昏明異趣未能

純一而開發之驗變化之證亦不可謂無其涯也倘得久於是山以既厥事是所願幸傳季魯云先生居山多告學者云汝耳自聰目自明事父自能孝事兄自能弟本無少缺不必他求在乎自立而已學者於此多有興起有立議論者先生云此自是虛說此是時文之見常曰今天下學者有兩途惟朴實與議論耳毛剛伯必疆云先生之講學也先欲復本心以爲主宰既得其本心從此涵養使日充月明讀書考古不過欲明此理盡此心耳其教人爲學端緒在此故聞者感動當時先生與晦

翁門徒俱盛亦各往來問學晦庵門人乍見先生教門不同不與解説無益之文義無定本可説卒然莫知所適從無何辭去歸語師友往往又失其本旨遂起晦翁之疑良可嘅嘆或問先生之學自何處入先生曰不過切己自反改過遷善又曰吾之學問與諸處異者只是在我全無杜撰雖千言萬語只是覺得他底在我不曾添一些且又曰吾之與人言多就血脉上感動他故人之聽之者易章仲至云先生講論終日不倦夜亦不困若法令者之爲也動是三鼓學者連日應酧勞而蚤起精

神愈覺烱然問曰先生何以能然先生曰家有壬癸神能供千斛水嚴松年問今學者爲誰先生屈指數之以傅子淵居其首鄧文範傅季魯黃元吉居其次且云浙間煞有人有得之深者有得之淺者有一見而得之者有久而後得之者廣中一陳去華學省發偉特惜乎此人亡矣朱元晦語録云今浙東學者多子靜門人類能卓然自立相見之次便毅然有不可犯之色自家一輩朋友又却覺不振又云子靜之門如楊簡輩躬行皆有可觀又與詹侍郎書云高教授能留意學校甚善渠從子靜

學有意爲已必能開導其人也又與劉仲復書云
陸夫回書其言明當且就此持守自見功效不須
多疑多問却轉迷惑
論解書○南豐劉敬夫學周禮見晦庵晦庵令其
精細考索後見先生問見朱先生何得敬夫述所
教先生曰不可作聰明亂舊章如鄭康成注書柄
鑿最多讀經只如此讀去便自心解注不可信或
是譁語或是莽傖傳李魯保社中議此甚明可一
往見之於是往問于李魯又嘗曰解書只是明他
大義不入已見於其間傷其本旨乃爲善解書後

人多以已意其言每有意味而失其眞實以此徒
支離蔓衍而轉爲藻繪也又嘗曰河圖屬象洛書
屬數先天圖非聖人作易之本旨有據之於說易
者陋矣又嘗曰後世之論春秋者多如法令非聖
人之旨也觀春秋詩書易經聖人手則知編論語
者亦有病顧記禮之言多原老氏之意

論傳道○與姪孫濬書（見前首卷）先生有云學者至本
朝而始盛自周茂叔發之又云韓退之言軻氏之
死不得其傳故不敢誣後世無賢者然直是至伊
洛諸公得千載不傳之學但草創未爲光明今日

若不大段光明更幹當甚事又云二程見茂叔後
吟風弄月而歸有吾與點也之意後來明道此意
却存伊川已失此意又云元晦似伊川欽夫似明
道伊川菽錮深明道却疏通又云道譬則水人之
於道譬則蹄涔汙沱百川江海也海至大矣而
四海之廣狹淺深不必齊也至其爲水則蹄涔亦
水也又嘗以手指心曰某有積學在此惜未有承
當者
夏四月望日與朱元晦書辯太極圖說見前卷二與提
刑應仲寔書見前卷十與趙詠道書見前卷十二

秋八月遊僊巖題新興寺壁見前卷二十

訪江西帥王謙仲○時帥幕邵叔誼在坐聽談命者曰吾之談命異於是伯夷叔齊餓死于首陽之下民到于今稱之此命極好齊景公有馬千駟死之日民無德而稱焉此命極不好先生與叔誼書見前首卷

作南豐黄世成及慈谿楊承奉二墓銘

先生每謂墓非古而銘多溢辭故不苟作余銘南豐慈谿二君之墓海内名識謂無愧辭

十二月十四日答元晦書見前卷二又别幅云大傅曰

在天成象在地成形又曰見乃謂之象形乃謂之
器見乎上者可得而見矣猶不謂之形而謂之成
象必形乎下可得而用者乃始謂之器易之言器
本於聖人備物致用立成器以爲天下利如網罟
耒耜車輿門柝杵臼弧矢棟宇棺槨之類乃所謂
器也昔者聖人之制斯器也蓋取諸易之象易有
聖人之道四而制器尚象與居一焉道者天下之
所由而聖人則能知之器者天下之所利而聖人
則能制之由其道而利其器在一身則爲有道之
人在天下則爲有道之世不由其道而利其器則

爲無道矣誰能出不由户何莫由斯道也然中人以下則由而不知蓋其知識卑近所見淺末形而下者所能由形而上者所不能知故曰民可使由之不可使知之非有知道者以長治之左右之則趨於下惟利之見而不由其道矣上必有下下必有上上而無下何以爲上下而無上何以爲下道之與器未始相無不由其道而利其器器者非其有矣負且乘致寇至此之謂也故惟聖人爲能制器精義入神所以致用利用安身所以崇德百慮一致道固然也化而裁之謂之變推而行之謂之

通舉而措之天下之民謂之事業非知道者孰能
與於此故道者形而上者也器者形而下者也器
由道者也一陰一陽之謂道繼之者善也而謂其
屬於形器不得爲道其爲眛於道器之分也甚矣
閩朱元晦詩喜詩云川源紅緑一時新暮雨朝晴
更可人書冊埋頭何日了不如抛却去尋春先生
聞之色喜曰元晦至此有覺矣是可喜也
淳熙十六年己酉先生五十一歲祠秩滿在山間方
太
春正月朱元晦來書畧云老氏之言有無以有無

爲二周子之言有無以有無爲一更請子細着眼未可容易識評也無極而太極如曰無爲之爲非謂別有一物也非如皇極民極之有方所以形象而但有此理之至極耳又別紙末云如曰未然則我曰斯邁而月斯征各尊所聞各行所知亦可矣無復可望其必同也

題達本庵詩○梁光結廬其親塋名曰達本求言於予敬賦是詩以勗孝德詩云孩提無不愛其親不失其心即大人從此勸君休外慕慌親端的在誠身

壽皇內禪光宗皇帝即位詔先生知荆門軍先生
始欲著書嘗言諸儒說春秋之謬尤甚於諸經將
先作傳値得守荆之命而不果
覃恩轉宣教郎夏六月與黄循中書見前卷十二磨勘
轉奉議郎答趙然道書見前卷十二
秋七月四日與朱元晦書見前卷二七日躋䟎山益侍
者帖見前卷二十
八月六日元晦答書云荆門之命少慰人意今日
之計惟僻且遠猶或可以行志想不以是爲厭三
年有半之間消長之勢又未可以預料流行坎止

亦非人力所能爲也開象山鑿闢架鑿之功蓋有
緒來學者亦益甚恨不得一至其間觀奇覽勝共
春首之書詞氣粗率既發即知悔之然已不及矣
論無極之辯與陶贊仲書再書（俱見前卷十五）論私立門
户之非與唐司法書（見前卷十五）
朱元晦論學徒競辯之非荅諸葛誠之書云示論
競辯之論三復悵然愚深欲勸同志者兼取兩家
之長不輕相詆毀就有未合亦且置勿論而力勉
於吾之所急吾人所學喫緊着力處正天理人欲
相去之間如今之論則彼之因而起者於二者之

間果何處乎子靜平日自任正欲身率學者於天理不以一毫人欲雜於其間恐決不至如賢者之所疑也包顯道侍晦庵有學者因無極之辯貽書詆先生者晦庵復其書云南渡以來八字着脚理會着實工夫者惟某與陸子靜二人而已某實敬其爲人老兄未可以輕議之也

秋八月十一日答趙詠道書（見前卷十二）答曾宅之書（見前卷首）與姪孫濬書（見前卷十四）

冬十月朔作外姑黄夫人墓銘○自云先丈母誌銘叙次頗復明暢云

與王順伯書見前卷十一

冬至前五日跋曾裘甫答屈待舉詩後三日遊翠雲寺題名于壁先生遊翠雲寺帖見前卷二十

光宗紹熙元年庚戌先生五十二歲在山間方丈

春正月與姪孫濬書見前卷十四　三月二十六日與包敏道書見前卷十四

夏五月作經德堂記堂名取諸孟子經德不回　六月旱十三日石灣禱雨十六日謝雨俱見前卷二十六

秋八月二十六日作貴溪縣重修學記見前卷十九

與饒壽翁書見前卷十二　與郭邦逸書見前卷十三　作玉芝

歌見前卷二十五與路彥彬書畧云切不自揆區區之學

自謂孟子之後至是而始一明也

紹熙二年辛亥先生五十三歲在山間方丈春二月

與劉伯協書俱見前卷十二三月三日與林叔虎書見前卷九

跋資國寺雄石鎮帖寺在象山之西址隔溪之山

間先生往來必憇焉

夏六月作武陵縣學記見前卷十九中澣作臨川簿廳

壁記簿長季海得旨疾速之任云云俱見前卷三十五語錄

囑傳季魯居山講學○先生將之荆門謂季魯曰

是山繫子是賴其爲我率諸友日切磋之吾遠守

小障不得爲諸友掃淨氛穢幸有季魯在頗相依親近

秋七月四日啓行十一日書贈陳晋卿名綰時爲撫州學官

書見前卷二十

九月三日至荆門軍舟車所經見豐城王允文祭文云南浦維舟經浮彭蠡覽奇康廬濯纓瀑水潯陽晚薄齊安晝艤臨皐雪堂周覽遺趾長淮以西野岸曠平撰杖西風或憇柴荆桑棗蔭塗葭葦連汀笑談之間造微詣精黃鶴入雲芳洲在目憑高俯古北轅西輻薄于開藩霜蕚破菊云

即日親事上謝表（表見前卷十八史以故例云俱見前三十二卷）與羅點春伯書（見前卷十五）與漕使薛象先（叔似）書與漕使論民間疾苦（俱見前卷十五）

新築城○荊門素無城壁先生以爲此自古戰爭之場今爲次邊在江漢之間爲四集之地南捍江陵北援襄陽東護隨郢之脇西當光化夷陵之衝荊門固則四鄰有所恃否則有背脇腹心之虞雖四山環合易於備禦義勇數千強壯可用而倉廩府庫之間麋鹿可至累議欲修築子城憚重費不敢輕舉先生審度決計召集義勇優給庸直躬自

勸督役者樂趨竭力功倍二旬訖築初計者擬費
緡錢二十萬至是僅費五千而土工畢復議成砌
三重置角臺增二小門上至敵樓衝天渠荷葉渠
護險牆之制畢備纔費緡錢三萬
郡學貢院及客舘官舍衆役並興
初習俗侑人以執役爲耻吏惟好衣閑觀至是此
風一變督役官吏布衣雜役夫佐力相勉以義不
專以威盛役如此而人情晏然郡中恬若無事
革稅務之弊革弊政事俱見前卷三十三朔望及暇日詣學
講誨諸生

紹熙三年壬子先生五十四歲在荆門

春正月十三日郡有故事會吏民講洪範五皇極一章

上元設醮黄堂其說曰爲民祈福先生於是會吏民講洪範斂福錫民一章以代醮事發明人心之善所以自求多福者莫不曉然有感於中或爲之泣有講義仍書河圖八卦之象洛書九疇之數于後以曉後學更定圖書與今世所傳者不同所以復古圖書之舊也先生未及著書發明後學傳季魯作釋義以明之

二十四日與姪煥之書畧云正月十三日以講義代醮除官員士人吏卒之外百姓聽講者不過五六百人以不曾告戒也然人皆感動其所以相孚信者又在言語之外也此間不復掛放狀牌人有訴事不拘早晚接受雖入夜未閉門時亦有來訴者多立遣之壓服而去見客亦無時

二月九日之夜郡火災與鄧文範書見前卷十七與吳仲時書見前卷六

閱武◎湖北諸郡軍士多逃徙視官府如傳舍不可禁止緩急無可使者先生病之乃信捕獲之賞

重奔竄之刑又數閱射中者受賞役之後加席直無饑寒之憂相與悉心弓矢逸者絶少他日兵官按閱獨荊門整習他郡所無平時按射不止於兵伍郡民皆得而與中亦同賞

上廟堂劄子乞撥常平銀助城費略云荊門素無城壁某去冬妄意聞于帥府請就此役尋得帥檄令委官置局徑自修築已於十二月初四日發手亦幸天氣晴霽人心齊一小壘綿薄會計用磚包砌猶當用緡錢三萬本軍有買名銀一萬七千餘兩在常平積之專條不可擅用欲乞均慈特爲敷

奏於數内撥支銀五千兩應付支用使城壁一新形勢益壯姦宄沮謀民心有賴實爲無窮之利

與章茂獻論築城書畧云有當控告廟堂者敢不布本末厥幾一言之助去冬修築子城適值天氣晴霽民心悦懌此邦士女未嘗識城遠村僻塢携持來觀自臘至今踵係不絶

答羅田宰吳斗南書論太玄（見前卷十五）作監嶽兄庸齋墓表

夏四月十九日朱元晦來書云去歲辱惠書慰問尋即附狀致謝其後聞千騎西去相望益遠無從

致問近幸幼安經由及得湖南朋友書乃知政教並流士民化服甚慰某憂苦之餘疾病益侵形神俱瘁非復昔時歸來建陽失於計度作一小屋朞年不成勞苦百端欲罷不可李大來此備見本末必能具言也渠欲爲從戎之計因走門下撥冗附此未暇他及正遠切祈爲道自重以幸學者彼中頗有好學者否峽州郭文著書頗多悉見之否其論易數頗詳不知尊意以爲如何也近著幸示一二有委併及

與總卿張體仁元善書見前卷十六

答倉使書末云比來訟牒益寡終月計之不過二
三紙此間平時多盜今乃絕無
荊南府帥章森德茂以先生政績上薦先生與書
見前卷十六
答章茂獻書云某承乏云云見前卷十五又云先生治
化孚洽久而益著旣逾年笞箠不施至於無訟相
保相愛閭里熙熙人心敬向日以加厚吏卒亦能
相勉以義視官事如家事識者知其有出於政刑
號令之表者矣諸司交章論薦丞相周公必大嘗
遺人書有曰荊門之政可以驗躬行之效○周益

公刊湖南帥府復傅子淵書末云曾通象山書否

荆門之政如古循吏躬行之效至矣

禱雨二十六事見前卷

與章帥二書俱見前卷十六

秋七月薦屬縣二宰併自劾狀○時姦民楊彦翼

萬九成素號論官社楊景春尤甚先生以其世惡

奏乞施行因以自劾先生曰古者無流品之分而

賢不肖之辯嚴後世有流品之分而賢不肖之辯

畧

贈劉季蒙二十見前卷與伯兄致政書十七見前卷

冬十二月六日與姪麟之書末云此間風俗旬月浸覺變易形見大槩是非善惡處明人無貴賤皆向善氣質不美者亦革面政所謂脉不病雖瘠不害近來吏卒多貧而有窮快活之説

七日丙午先生疾十一日庚戌禱雪郡僚問疾因言冬暖盍祈雪乃命倪巨川濟甫畫乾卦揭之黄堂設香花翌早迎往蒙泉取水歸安奉而風雲遽興辛亥日雪驟降先是十一月語女兄曰先教授兄有志天下竟不得施以歿女兄盡然又語家人曰吾將死矣或曰安得此不祥語骨肉將柰何先

生曰亦自然又告寮屬曰某將告終先生素有血
疾居旬日大作越三日疾良已接見僚屬與論政
理如平時宴息靜室命灑掃焚香家事亦不掛齒
雪降命具浴浴罷盡易新衣幅巾端坐家人進藥
却之自是不復言
十四日癸丑日中先生卒郡屬棺斂哭泣哀甚吏
民哭奠充塞衢道
僉判洪伋率寮屬祭文畧云斯道龐洪充塞兩儀
孔孟旣沒日以湮微賴我先生主盟正學開悟聾
瞶惟時先覺云云

學録黄嶽祭文畧云先生之學正大純粹先生之
教明白簡易其御民也至誠之外無餘術其使人
也寸長片善未始或棄若夫愛國忘家愛人利物
所謂造次於是顛沛於是是以先生之亡雖小夫
賤隸婦人女子莫不咨嗟歎息至於流涕
父老李歙等祭文云刺史以詩書爲政待郛人如
子弟百姓安之何遽驚哲人之萎也蓋刺史之賢
周孔之學方將公是道於天下慰四海蒼生之望
非我民得以私之也然歙此大惠施於一郛近者
服其教遠者化其德豈期天不憖遺而奪我父師

之速也古之君子所居民愛所去民思而况賢刺史之亡其遺愛在人眞有不可解於心者我民將子子孫孫尸而祝之社而稷之以至於無窮也

湖北帥張森祭文畧云惟公學本之經行通於天淵源之漸伊孟之傳自本自根即聞即見見之躬行死守不變德業培深我皐我夔用之斯世舍公其誰

湖廣總領張體仁祭文畧云儒者之學入孝出弟入言江西陸氏兄弟儒者之仕信道行志人言荆門如古循吏有修其綆汲深未既有恢其規游刃

餘地詞流滔滔壽考日遂豈伊斯人而俾憔悴云云

江淮總領鄭湜祭文畧云聖去千載所傳者書獨公深造忘其緒餘謂心至靈可通百聖謂物雖繁在我能鏡欲世知師欲人知味未之能行慨其將廢

湖南漕豐誼祭文畧云公禀正氣早以道鳴叱呵非聖奔走諸生云云

朱元晦聞訃帥門人往寺中爲位哭

紹熈四年癸丑春正月二孤護先生柩歸沿途弔哭

致祭者甚衆二月至家

鄂州教授許中應祭文畧云是理流行宇宙之彌

甲不間於樵牧皆可得而與知自條理之科不續

一何名世之𥡴葢所以見吾夫子者未至如曾參

之皜皜而詖淫邪遁不能如孟子之無疑則皆未

免隨揣摩之形似困聞見之支離雖勉強以力行

徒爾增附葢之私公以間氣而自得師燭乎大天

淵之無際洞乎微芒芴之無遺混混乎由源而達

委㽔㽔乎自幹而敷枝故言動無一之不實而表

裏不至乎相違豈非合彼已於一源貫幽顯而同

歸者乎若乃察此理之公共謂先覺者爲後覺之
資彼絶物者不仁雖狂鄙皆在於扶持開晃耀於
蒙昧出荆棘於平夷的然顛末之無舛二三子亦
有立於斯時即所應之有證尚安得以佛老之空
談而病之哉
金谿宰王有大建復齋象山二先生祠六月癸丑
楊簡爲記畧云道心大同人自區別人心自善人
心自靈人心自明人心即神人心即道安覩乖殊
聖賢非有餘愚鄙非不足何以證其然人皆有惻
隱之心皆有羞惡之心皆有恭敬之心皆有是非

之心惻隱仁羞惡義恭敬禮是非智仁義禮智愚夫愚婦咸有之豈特聖賢有之人人皆與堯舜禹湯文武周公孔子同人人皆與天地同又何以譏其然人心非血氣非形體廣大無際變通無方倏焉而視又倏焉而聽倏焉而言倏焉而動倏焉而至千里之外又倏焉而窮九霄之上不疾而速不行而至非神乎不與天地同乎學者當知舉天下萬古之心皆如此也孔子之心如此七十子之心如此子思孟子之心如此復齋之心如此象山之心如此金谿王令君之心如此舉金谿一邑之心

聽先生之言故或疑其深疑其峻然而海內之士
言其平而或者填萬說於胸中持萬說於胸中以
此故長而益明破學者於盧宅開聖道之衷僉其
聞人誦伊川先生語自覺若傷我者惟質素明知
明不雜說簡嘗觀聞先生之言自謂其童初時
者宗之象山先生其家也諱九淵字子靜天性清
諱九齡字子壽篤志斯道窮深究微兢我孜學
雖無私爲昭明弗遺二陸先生撫州金谿人復齋
識不知匪合匪離直心而徙自備端緒自絕百非
知此學者當自信無自棄意慮微起天地懸隔不

聞其風而趨之知石川之東矣簡積疑二十年先
生一語觸其機簡始自信其心之即道而非有二
物始信天下之人心皆與堯舜禹湯文武周公孔
子同皆與天地日月鬼神同王令君有大因邑人
崇敬二君子以俸資設祠於學且將行禮焉屬簡
爲記且曰欲以昭明二君子之道簡雖無所似灼
知二君子之心無以異於天下之人心不容穿鑿
其說以惑來者乃起敬起恭而書其畧云
冬十一月王有大帥邑寮來祭
輓詩云篤學光前哲知言衆所迷學同顏氏好功

與孟軻齊獻替心彌切落經政可稽儒宮儼遺像

垂範自江西

九日壬申奉先生之柩葬于延福鄉朱陂之下距妣饒氏孺人墓為近（一云葬于鄉之永興寺山）門人奔哭會葬者以千數

詹阜民祭文畧云天縱夫子以淑其徒爰暨子思須臾不離孟軻親受厥緒是承卓哉先生能自得師玩其遺編獨識其微探原自天立其大者操而存之造次弗舍日漑月培究實光輝奔走學徒四方如歸先生設教固亦多術其要使人反躬務實

一洗世習詞說文離達其本心使自得之善端既著日用不窮夫然後知先生之功云

揚簡祭文畧云先生之道亦既昭昭然矣何俟乎知仰觀乎上先生確然示人易矣俯察乎下先生隤然示人簡矣垂象著明者先生之著明寒暑變化者先生之變化書者先生之政事詩者先生之詠歌禮者先生之節文春秋先生之是非易先生之變易學者之所日誦百姓之所日用何俟乎復知何俟乎復思不可復思匆可斁思

袁燮祭文畧云嗟維先生任道以躬方其未得憤

悱自攻一日洞然萬理俱融如天清明如日正中毫髮無差涵養日充乃號於世曰天降衷至大至精至明至公茲焉良心萬變不窮學者初來膠擾壅胸先生教之如橐鼓風弟子化之如金在鎔有蔽斯决有窒斯通手舉足履視明聽聰式全其人不淪虛空此於斯世允矣有功云云

傅子雲祭文畧云道塞宇宙而人至靈不蔽於物易知易行維天憂民篤生斯聖乃徹厥蔽俾安正性周衰文弊孟没學絶功利横流道術分裂所見益鑿所言益支易知易行詎其覺斯千七百載乃

有先生先生之德濬哲粹英道袞既久無所取證深研力索俯仰參訂或啓于家訓或得于群籍或由省察之深或資辯白之力惟至當之不磨卒會歸于有極始信夫良知良能降于上帝可久可大道實簡易倘正僞之不辯而先後之舛施則已私之是憑豈天德之在玆遠紹孟氏之旨極陳異説之非世之學者標末是求而吾先生自源徂流世論一切如鞭之刑而吾先生允稽其情世之於人多察鮮容而吾先生善與人同世之於善迹似情非而吾先生誠實自持世排異端惟名是泥而吾

先生即同辯異世讀古書立論紛然而吾先生先
實後言嗚呼先生視古如亙諸掌視民如納諸溝
斯學斯志曾不一施今則已矣弧矢不去手關河
不忘懷搜求忠勇義欲一伸曾不一遂今則息矣
莫大於曆夜觀星象莫神於易畫索蓍卦考禮問
樂遠稽古制曾不畢究今則墜矣問世之英拔萃
之議作於斯世亦如此而止矣云云
周清叟祭文畧云天爲斯文乃生先生指學者之
膏肓示入聖之門庭不繞繳而支離誠坦然而可
行暴之以秋陽之白濯之以江漢之清繼孟子之

絶學舍先生其誰能云云

包遜祭文云維吾先生天稟絶異洞萬古心徹先聖秘先立其大須臾不離日累月積仁熟功熙無偏無黨不識不知一順斯理終日怡怡雖和非惠雖清非夷豈伊之任幾聖之時

包揚作先生賛云辭蔓蝕真會當一正刻百家僞藥千古病發人本心全人性命一洗佛老的傳鄒孟

紹熙五年甲寅春二月十六日楊簡狀先生行見前三十三卷上

寧宗慶元二年丙辰貴溪宰劉啓晦建翁立先生祠于象山方丈之址自立祠後春秋致祭惟謹臨江章茂獻爲記宰朱文公門人也於是先生門人約以歲正月九日登山會祭

開禧元年乙丑夏六月先生長子持之伯微編遺文爲二十八卷外集六卷乙卯楊簡序畧云易曰百姓日用而不知孔子曰二三子以我爲隱乎吾無隱乎爾吾無行而不與二三子者大戴記孔子之言謂忠信爲大道忠者忠實信者誠信不詐僞而先儒求之過求之幽深故反不知道

孔子又名大道曰中庸庸者常也日用平常也孟

子亦謂徐行後長即堯舜之道又謂以羊易牛之

心足以王先生諄諄爲學者剖白斯旨深切著明

而學子領會者寡簡不自揆度敢少致輔翼之力

專叙如右

開禧三年丁卯秋九月庚子撫州守括蒼高商老刊

先生文集于郡庠

跋云洙泗之教憤悱啓發鄒魯之書困衡作喻此

學久矣無傳獨象山先生得之千載之下最爲要

切是以聽其言者類多感發書曰惟文王之敬忌

先生之書如黃鍾太呂發達九地真洛洙泗鄒魯
之祕其可以不傳耶商老嘗從先生游頗自奮勵
今老矣學不加進爲州鄭卿愧於簿領之外效如
捕風因刻之郡庠以幸後學倘有志之士伏讀其
書如見其人知敬其所當敬而不忌其所不必忌
其爲有補於風化較然不誣也然而默識心通豈
欺我哉
嘉定五年壬申秋八月張衎季悅編遺文成傳子雲
序
畧云先生生於孟子沒千有七百餘年之後當浮

僞雜揉朱紫淆亂之時乃能獨信實理而不奪於浮僞精别古書而不惑於近似深窮力踐天德著明推以覺人不加毫末故一時趨隅以聽者莫不油然悟良知良能至明至近之實灼然知自下升高積小以大之端躍然興堯舜可爲不自棄自暴之志回視曩之蔽於支離浮僞之説者又不啻若夷猶於九軌之路而灼見夫在荆棘泥淖者之爲陷溺也蓋先生長於啓迪使人蔽解疑亡明所止於片言之下有得於天而非偶然者先生亦自以孟子既没斯道之任在巳病浮僞之害正淪實救

焚拯溺如已隱憂撲陷障流厥功彌大故民彛帝
則之實孔子孟子之傳賴以復開於世云云
九月戊申江西提舉袁燮刊先生文集自爲序
畧云天有北辰而衆星拱焉地有泰嶽而衆山宗
焉人有師表而後學歸焉象山先生其學者之北
辰泰嶽歟自始知學講求大道不得弗措久而寖
明又久而大明此心此理貫徹融會美在其中不
勞外索揭諸當世曰學問之要得其本心而已心
之本眞未嘗不善有不善者非其初然也孟子嘗
言之矣鄉爲身死而不受今爲宫室之美妻妾之

奉所識窮乏者得我而爲之此之謂失其本心其
言昭晰如是而學者不能深信謂道爲隱而不知
其著謂道爲邈而不知其近求之愈過而愈湮鬱
至先生始大發之如指迷途如藥久病迷者悟病
者愈不越於日用之間而本心在是矣學者親承
師訓向也跂望聖賢如千萬里之隔今乃知與我
同本培之溉之皆足以敷榮茂遂豈不深可慶哉
嗚呼先生之惠後學弘矣先生之言悉由中出上
而啓沃君心下而切磨同志又下而開曉黎庶及
其他雜然著述皆此心也儒釋之所以分義利之

所由別剖析至精如辯白黑過俗學之横流援天下於既溺吾道之統盟不在茲乎燮識先生於行都親博約者屢矣或竟日以至夜分未嘗見其少有昏怠之色表裏清明神采照映得諸觀感鄙吝已消剗復謦欬之言字字切己歎先生之没餘二十年遺言炳炳精神猶在敬而觀之心形俱肅若親炙然臨汝嘗刊行矣尚多闕畧先生之子持之伯徵裒而益之合三十二卷今爲刊于倉司流布寖廣書滿天下而精神亦無不遍言近而指遠雖使聖人復生莫之能易嗚呼茲其所以爲後學之

師表也歟

東澗湯文清公龜湖祭文 未詳

嘉定八年乙亥冬十月二十九日奉旨賜謚初嚴滋等請謚到狀云故荆門知軍監丞陸公以身任道爲世儒宗一時名流踵門問道常不下千百輩今其遺文流布海内人無智愚珍藏而傳誦之蓋其爲學者大公以滅私昭信以息僞揭諸當世曰學問之要得其本心而已學者與聞師訓向者視聖賢若千萬里之隔乃今知與我同本培之溉之皆足以敷榮茂遂如指迷途如藥久病先生之功宏

矣縣庠郡學所至立祠雖足以致門人弟子之私
敬而謚號未加識者歎焉云本州備録申聞乞捐
揮施行至是奉旨賜謚
嘉定九年丙子春三月十七日宣教郎太常博士孔
煒謚議見前卷三十三
冬十二月十三日朝請大夫考功員外郎丁端祖
覆議見前卷三十三
嘉定十年丁丑春三月二十八日賜謚文安撫州州
學教授林㤝告祠堂賜謚文
云先生振絕學於千載之後躬行著論碩大光明

播于四方所謂百世以俟聖人而不惑者屬者諸生請謚郡聞于朝訂議太常謚以文安聖天子俞之嗚呼不俟百世斯文已有見矣

金谿宰何處久告謚文

云惟公志道精專禀資超卓大揚厥旨以覺後覺其覺維何天降之衷父慈子孝君仁臣忠列聖相傳明若斗極自軻之亡異端蓁塞公實任道手開東明排斥浮僞吾道砥平進而告后志在經邦退而牧民時稱循良天不慭遺山頹木壞惟有文辭方冊是載幸公門人佩訓不忘請謚易名達于太

常公論與賢聖朝輔德爰賜嘉名世世烜赫象山
之學萬古洋洋匪公之榮吾道之光
秋九月甲子袁爕作金谿邑庠止善堂記
畧云乾道淳熙間象山先生以深造自得之學師
表後進其道甚粹而明其言甚平而切凡所以啓
告學者皆日用常行之理而毫髮無差昭晰無疑
故天下翕然推尊而其教尤著於所居之金谿今
邑之善士趨向不迷有志斯道而恥爲世俗之學
蓋其源遠矣
理宗紹定三年己丑夏四月江東提刑趙彦悈重修

象山精舍
云道在篤行不在空言道在反求不在外鶩咨慨
壯歲從慈湖游慈湖實師象山陸先生嘗聞或謂
陸先生云胡不註六經先生云六經當註我我何
註六經又觀先生與學子帖有友思自得友而求
之訓有朴實一途之說人見其直易或疑以禪
學是未之思也誠意正心以至治國平天下原於
致知二字禪矣乎象山蓋學者講肄之地先生沒
山空屋傾將遷湮沒載新以存先生之故蹟使人
因先生之故蹟思先生之學思先生之教孜孜日

思乃不勉不思從容中道是謂大成若夫山林之
峻秀景物之幽深棟宇之多寡廢興之源流非學
者志不暇盡記之耳
紹定四年辛卯夏六月巳亥江東提刑袁甫廣微建
象山書院于貴溪之徐巖先生祠侑以楊敬仲袁
和叔
初先生本欲剏書院于山間拜命守荆而不果至
是袁憲奏建書院以山間不近通道乃命洪季陽
相地得徐巖近邑而境勝坐巳向亥傅季魯闓而
識之曰書院爲講古習禮之所而先聖先師北面

學者南面而拜之非禮也宜擇南面之地季陽悚然然已申聞不復更卜是日祝文云先生之精神其在金谿之故廬優游而容與耶其在象山之精舍言言而語語耶抑周流於上下四方與天地游與四時序耶甫將指江東聿與正學山之旁近爰咨爰度得勝景於徐巖離象山而非邈山峯環峙兮高可仰大溪橫陳兮清可濯殆天造而地設匪人謀之攸作是可宅先生之精神無在無不在也先生之道精一匪二揭本心以示人此學門之大致嗣先生之遺響警一世之聾瞶平易切近明白

光粹至今讀其遺書人人識我良貴由仁義行與
行仁義者昭昭乎易判也集義所生與義襲而取
之者截截乎不可亂也宇宙內事己分內事渾渾
乎一貫也議論一途朴實一途極天下之能言者
斯言不可贊也嗚呼先生之學如此先生之精神
如此然則在金谿之故廬者如此在象山精舍者
如此周流乎上下四方者亦如此孰謂徐巖而獨
非如此耶工役俶興禮宜虔告先生精神淵淵浩
浩又作上梁文云盡其心知其性見先生存養之
昔天在則人亡則書豈後學講明之無地云云是

冬書院落成買田養士

冬十月己未袁甫刊先生文集

署云象山先生文集先君子嘗刊于江右甫將指江左新建象山書院復摹舊本以惠後學先生發明本心上接古聖下垂萬世偉矣哉此心神明無體無方日用平夷莫非大道是謂精一是謂彝倫是謂乾健坤順是謂日月星辰風雨霜露山川草木之變化是謂鬼神之情狀先生嘗言千百世之上有聖人出焉此心同也此理同也千百世之下有聖人出焉此心同也此理同也學者之心即先

生之心甫藐焉晚出景慕先生戰兢自勉寡過未

能先生之道大矣奚庸贅述姑誦所聞附于卷末

十一月朔袁甫遣池州屬官韓祥至書院告先聖

文

云仰惟先聖之道昭揭萬世後學昏蒙不知吾心

即道有宋知荆門軍陸㳟獨能奮乎百世之下指

示道心明白的切闡教象山學者師尊之而歲久

祠圮有司弗葺被命玆來惕然大懼遂卜地於貴

溪之徐巖鼎建書院招延山長俾承學之士相與

嚴事先聖朝夕兢惕道心融明所以懋昭象山之

教而上繼先聖之統緒也甫職守攸縻弗皇躬詣
祠下心以告矣

紹定五年壬辰春三月袁甫至書院釋菜告文

云先生之學得諸孟子我之本心先明如此未識
本心如雲翳日既識本心元無一物先生立言本
末具備不墮一偏萬世無弊書院肇建躬致一奠
可聞非聞可見非見禮畢乃講書貴賤咸集溢塞
堂廡以聽講畢續說曰象山先生家學有原一門
少長協力同心所以敬養其親者既已恪供子職
而伯叔之間自爲師友梭山復齋皆爲一時聞人

而先生又傑出其中陋三代以下人物而奮然必以古聖人爲師發明本心嗣續遺響以大警後學之聾瞶天下以爲眞孟子復出也言儒釋之異趨謂釋氏爲私吾儒爲公釋氏出世吾儒經世故於綱常所關尤爲之反覆致意洎班朝列直道而行不阿世好格心事業斯世深望焉而娟嫉者沮之雖一斥不復浩如也乃禮慈湖門人錢時爲堂長主教遠近學者聞風雲集至無齋以容之則又修書院之外左方廢寺之法堂以處之也

秋閏九月八日賜象山書院額

以尚書省劄壽諸石後浙憲陳塤和仲跋云象山
文安先生明本心之旨啓千古之秘開警群迷迓
續道統如日月之昭揭太嶽之表鎮也于是四方
儒彥從者如雲其尤碩大光明者則有慈湖文元
楊先生絜齋正獻袁先生淵澄峻發木鐸鏗鍧于
以昌我宋文明之治云云
紹定六年癸巳春清明日袁甫作象山書院記
畧曰寧宗皇帝更化之末年興崇正學尊禮老臣
慨念先朝碩儒咸賜嘉謚風厲四方謂象山先生
發明本心之學有大功於世教易名文安庸示褒

矣於府慈湖楊先生我先人潔齋先生有位於朝
直道不阿交進讜論寧考動容天下學士想聞風
采推考學問淵源所自而象山先生之道益大光
明甫承學小子將指江東築室百楹既壯且安士
遐邇咸集齋曰志道明德居仁由義精舍曰儲雲
佩玉又皆象山先生之心畫也
秋七月辛未日金谿宰天台陳詠之建象山書院
于邑治之西傅子雲記
初二陸先生祠堂既立宰以祠右有隙地高爽乃
連甓建書院買田養士申臺郡禮請傅季魯主教

以發明先生之學始至講道聽者甚衆士風翕然向善記畧云象山先生禀特異之資篤信孟子之傳虛見僞說不得以殺其眞奪其正故推而訓迪後學大抵簡易明白開其固有無支離纏繞之失而有中微起痼之妙士民會聽沉迷利慾者惕焉改圖蔽惑浮末者翻然就說膠溺意見者凝然反正莫不知足自知仁足自守勇足自立猶出珠璧於泥滓而濯之清泉脫鴻鵠於窖網而游之天衢扶浮雲之翳日以開東明而有目者快幽隱纖微之覩也豈天以啓悟斯人之徒俾先生徵覺其天

與之善非有識知之私加其間則感速之效固若是耶惜乎天畣之年志旣不遂而遺文垂世又特見往來論學之書與夫奏對記序贈説等作然於著誠息僞興起人心亦可謂有光于孟氏矣

理宗皇帝嘉熙元年丁酉秋七月旣望泉使陳埙刊先生語錄自爲序

云孟子歿千五百餘年宋有象山文安陸先生挺然而興卓然而立昭然而知毅然而行指本心之清明斯道之簡易以啓羣心詔後學其教不務繁而本末備其辭不務多而論要明洗章句之塵破

意見之竅使聞者涣如躍如知心之即道而不疑其所行兹非晦寞之日月崖險之津塗丘阜之嵩華歟墳生晚不逮事先生而登慈湖之門固嘗服膺遺文炙蒙恩司治道由書院瞻謁祠像如獲執經升堂見同門所録訓語編未入梓咸以爲請再拜三復乃授工鋟勒焉或謂墳曰近世儒生闡説其徒競出紀録後來者搜拾摹傳雖汗牛充棟且未厭止也子之所得不甚解約乎墳語之曰先生之道如青天白日何庸語先生之語如震雷驚霆何庸録録而刊猶以爲贅也而今而後有誦斯録

能於數千言之中見一言焉又於其中見無言焉
則先生之道明矣敢拱以俟來者
淳祐元年辛丑冬十月金谿進義居表
青田陸氏來自鄱郡其四世諱道卿酌先儒冠婚
喪祭之禮行于家家道整肅著聞州里生六子以
子貴贈宣教郎素無田產蔬畦不盈十畝而食指
千餘長九思總家務次九敘治藥寮次九皐授徒
於家塾以束脩之具補不足季其弟九韶九齡九
淵相與講論聖道九淵以其道聚徒講于貴溪之
應天山山形類象故學者號稱象山先生彬彬乎

儒門州縣以其義聚謹具表進

淳祐二年壬寅秋九月勑旌陸氏義門

皇帝制曰青田陸氏代有名儒在譜典籍聚食踰千指合爨二百年一門翕然十世曩微惟爾能睦族之道副朕理國之懷宜特褒異勑旌爾門光於閭里以勵風化欽哉

青田義門家長陸冲進謝恩表

十世義居旌表已頒於廊廟九天申命勑書復畀於門閭乾坤之露澤新承里宅之風聲益振叨塵過分榮耀下懷臣誠惶誠恐稽首頓首臣聞脩身

齊家乃大學之根本化民成俗實聖治之權輿自唐有張公藝以來至我宋彭氏程而下懷綵始群居之義乃荷蒙聖典之褒眷念儒門尨加篤愛疇茲二老乃先知先覺之民政奉兩朝賜文達文安之謚既以千餘指宗技之衆聚於二百年古屋之間詩禮相傳饔飱合爨祗謂閭閻之共處詎期綸綍之昭垂郡邑爭先而快覩室家相慶以騰歡自愧深恩孰茲報稱茲蓋恭遇皇帝陛下化民長久霈澤豐隆中三極以作君奄四海以光澤人處唐虞之治比屋可封士遵洙泗之傳里仁爲美遂令

瑱亦被寵榮臣敢不仰體聖恩俯察族類聖益
聖明益明長藉照臨之德老吾老幼吾幼盡叨孝
弟之誠臣無任瞻天激切屏營之至云
淳祐六年丙午春正月二日奉旨旌表門閭初淳祐
五年九月漕使江萬里奏撫州金谿青田陸氏義
居十世閨門雍肅著于江右是爲淳熙名儒文達
文安之家揆之令典盍表宅里以厲風化里士合
詞以請于郡郡下之邑耆老子弟具以實對越三
歲未報後漕使曾頴茂再剡上事下有司考狀諏
律僉謂宜俞所請於是丞相白上可其奏是日命

始下撫州守趙時煥大書曰道義男曰旌表名儒之家令刻石于門

淳祐八年戊申夏五月朔包恢撰旌表門閭記

畧云門閭之高不惟其人此古今所尤難者惟陸氏五世而有文達文安二大儒以人品之高道術之明特起東南上續道統實以師表四海非僅以師表一家大學致知誠意正心脩身齊家治國平天下之全體大用具在是矣陸氏所以名家由二先生之名世也

淳祐十年庚戌夏五月撫州守葉夢得命金谿宰立

更刱祠堂增葺書院

初二先生祠與槐堂異處乃命王宰以七月六日鼎刱新祠于槐堂之前翼以四齋環以門廡自是規制悉出於郡馬記畧云山川炳靈儒英並出矣適鍾於一門教可垂於百世若金谿三陸先生之祠于學宫者其風化之所係歟三先生學問宏深智識超卓以斯道而任諸身以先知而覺乎後其生也海宇仰而宗之其沒也郡邑尸而祝之朝廷又從而褒之非偶然也

秋九月葉夢得建梭山復齋象山三先生祠堂于

郡學之東以袁爕和叔傅子雲季魯侑

淳祐十一年辛亥春三月望日包恢撰三陸先生祠

堂記

云以正學名天下而有三先生焉萃在一郡一家

若臨川陸氏昆弟者可謂絶無而僅有歟梭山寛

和凝重復齋深沉周謹象山光明俊偉此其資也

固皆近道矣若其學之淺深則自有能辯之者梭

山篤信聖經見之言行推之家法具有典刑雖服

先儒之訓而於理有不可於心者决不苟徇惜其

終於獨善而不及見諸行事之著明爾復齋少有

大志浩傳無涯涘觀書無滯碍繙閱百家晝夜不
倦自爲士時已有稱其得子思孟子之旨者其後
入太學一時知名士咸師尊之則其學可知矣又
惜其在家在鄉僅可見者輔成家道之脩整備禦
湖寇之侵執紀綱肅而稾獘之悉華誠意孚而人
心興起然而爲海內儒宗繫天下之望而恨未得
施其一二耳若夫象山先生之言論風旨發揮施
設則有多於二兄者蓋自其幼時已如成人淵乎
似道有定能靜實自天出不待勉強故其知若生
知其行若安行粹然純如也蓋學之正而非他以

其實而非虛也故先生嘗曰宇宙間自有實理此理茍明則自有實行有實事實行之人所謂不言而信又自謂平生學問惟有一實一實則萬虛皆碎嗚呼彼世之以虛識見虛議論習成風化而未嘗一反巳就實以課日進日新之功者觀此亦嘗有所警而悟其非乎夫道不虛行若大路然茍得實地而實履之則起自足下之近可達千里之遠故自仁之實推而至於樂之實自有樂生惡可已之妙其實可欲者善也實有諸巳者信也由善信而充實有光輝焉則其實將益美而大是誠之者

人之道也由大而化則爲聖而入於不可知之之神是誠者天之道也此乃孟子之實學可漸進而馴至者然而無有乎爾則亦久矣先生嘗論學者之知至必其智識能超出千五百年間名世之士而自以未嘗少避爲善之任者非敢奮一旦之决信不敏之意而徒爲無忌憚大言也蓋以其初實因深切自反灼見善非外鑠徒以交物有蔽淪胥以亡自此不敢自棄是其深造自得實自孟子故曰孟子之後至是始一明其誰曰不然四方聞其風來學者輻輳先生明於知人凡所剖决必洞見

其肺肝所箴砭必的中其膏肓有感動覺其良心而知其正性者爲多然則其學真可質鬼神而無疑俟聖人而不惑者矣昭昭如是豈其間有所疑惑焉殆若不可曉者是又烏得不因以致其辯歟且道義之門自開闢以來一也豈容私立門户乎故其說曰宇宙即是吾心吾心即是宇宙曰學者惟理是從理乃天下之公理心乃天下之同心顔曾傳夫子之道不私夫子之門户夫子亦無私門户與人爲私商也曰此理在宇宙間未嘗有所隱遁天地所以爲天地者順此理而已人與天地並

立爲三極安得自私而不順此理哉是先生之學
乃宇宙之達道明矣而或者乃斥以别爲一門何
耶釋氏之說自開闢以來無有也豈非横出異端
乎故其說曰取釋氏之聖賢而繩以春秋之法童
子知其不免曰今若徒自形迹詞語間辯之乃彼
所謂職業要其爲不守正道無復有毫髮之近是
者矣曰方士禪伯真爲太祟無此迷惑則無偏無
黨王道蕩蕩其樂可量哉是先生之學非釋氏之
邪說亦明矣而或者指以爲禪學又何邪其窮理
也則曰積日累月考究磨練嘗終日不食而欲究

天地之窮際終夜不寢而灼見極樞之不動由積候以考曆數因笛聲以知律呂復齋嘗問其用功之處則對以在人情物理事勢之間嘗曰吾今一日所明之理凡七十餘條曰天下之理無窮以吾之所歷經者言之眞所謂伐南山之竹不足以受我辭然其會歸總在於此則與徒研窮於方冊文字之中者不同何不知者反謂其不以窮理爲學哉其讀書也則曰古人爲學即是讀書而以何必讀書然後爲學之反說爲證以束書不觀游談無根之虛說爲病乎昔精勤人所不知惟伯兄每夜

必見其觀覽檢閱之不輟常明燭至四更而不寐
欲沉涵熟復而切己致思欲平淡玩味而冰釋理
順此則與徒乾沒於訓詁章句之末者大異何不
知者反妄議其不以讀書爲教哉抑或謂其惟務
起悟而不加涵養不求精進也曾不知其有曰惟
精惟一涵養須如是學之正而得所養如木日茂
泉日達孰得而禦之曰雖如顏子未見其止易知
易從者實有親有功可久可大豈若守株坐井然
者則如彼或者之所謂者誤矣又或謂其惟尚捷
徑而若無次第若太高也曾不知其有曰學有本

末先後其進有序不容躐等吾所發明端緒乃第一步所謂升高自下也曰天所與我至平至直此道本日用常行近乃張大虛聲當無尚虛見無貪高務遠至有一二問學者惟指其嘗主持何人詞訟開通何人賄賂以折之曰即此是實學如或者之所謂者又誤矣獨所大恨者道明而未盛行爾故上而致君之志僅畧見於奏對惟其直欲進於唐虞復乎三代超越乎漢唐此乃朱文公稱其規模宏大源流深遠非腐儒鄙生之所能窺測而語意圓活混浩流轉見其所造深而所養厚也下而

澤民之意亦粗見於荆門惟其以正人心爲本而能使治化乎洽人相保愛至於無訟笞箠不施雖如吏卒亦勉以義此乃識者知其有出於刑政號令之表而周文忠以爲荆門之政可騐躬行之效者也然其所用者有限而其所未用者無窮先生以道之廣大悉備悠久不息而人之得於道者有多寡久暫之殊是極其所志非多且久未已也故自志學而至從心常言之志所期也嗚呼假之以年聖域固其優入而過化存神上下天地同流之功用非曰小補者亦其所優爲也孰謂其年僅踰

中身而止知命哉迺其旨與梭山未同者自不嫌
於如二三子之不同而有同若復齋則初已是其
說於鵝湖之會終又指言其學之明於易簀之時
則亦無間然矣逮論其文則嘗語學者以窮理實
則文皆實又以凡文之不進者由學之不進先生
之文即理與學也故精明透徹且多發明前人之
所未發炳蔚如也梭山諱九韶字子美復齋諱九
齡字子壽謚文達象山諱九淵字子靜謚文安郡
學舊有祠未稱也今郡守國之秘書葉公夢得下
車之初士友請易而新之公即慨然曰果非所以

嚴事也乃命郡博士趙與輔相與謀之旋得隙地於學之西遂肇造祠廟三間翼以兩廡前爲一堂外爲四直舍又外爲書樓下列四齋横開方地地外有竹竹間結亭内外畢備祠貌甚設皆前所未有也廢幾嚴事之禮歟左侑以袁公燮以其爲先生之學而嘗司庾於是邦且教行於一道次侑以傅公子雲以其爲先生之所與而嘗掌正於是學且師表於後進葉公得傅公之傳而自象山者也祠實經始於淳祐庚戌之季秋至仲冬而落成云

象山先生全集卷之三十六終

附録少湖徐先生學則辯

華亭少湖徐階著

學則辯

某既編學則成朋友之相詰難者或引存養格致以爲尊德性道問學不可合爲一事或引學問思辯篤行以爲必先道問學而後可及於尊德性又或謂晦庵象山兩夫子均之爲聖人之徒但其入門則有不可強而同者其說雖殊然要皆不究夫學之所以爲學故必認以爲二而不能信其一也夫學尊德性而已矣問也者問此者也學也者學此者也遺此之謂

禪離此之謂訓詁故尊德性者君子之所主以爲問學者也問學者君子之所由以尊德性者也舍問學而求尊德性則德性不可得而尊舍尊德性而求道問學則亦不復有所謂問學之事此尊德性道問學所以爲一而非可以存養格致分屬並言者也且存養非他也存其所格之理焉耳格致非他也格其所存之理焉耳存也格也其功無二用也是乃所謂問學而君子所由以尊德性者也如必析尊德性以屬存養析道問學以屬格致而謂尊德性之功別有出乎問學之外則中庸首章之獨言戒懼於義旣不免

先後之次也然則道問學尊德性不可以分先後明
所謂篤行者乃取博與篤兩義相對而言非所以為
其心則辨之之明辨之既明則益敦行之而弗忘是
之審問而未有得則思之之慎思而猶未能了然於
身踐行既無所不用其學矣其或學而有疑則問之
及其既博然後漸次收拾以付之於行也蓋程子脩
行其所謂博學者非關學於踐履而徒務博其見聞
道問學亦豈識所謂存養格致誠乃若學問思辨篤
而非所以致誠正脩齊之實矣此豈獨不知尊德性
有所遺而大學之格物致知乃徒為博物洽聞之具

矣至謂兩夫子入門異而均之爲聖人之徒則又有可言者夫君子由學以入聖猶人由門以入室今指尊德性道問學爲兩門矣然而聖之所以爲聖踐形盡性之外無他事也則尊德性道問學一而已門亦一而已安得有異入乎凡某所以斷兩夫子之同者固慨夫世之人舉其訓詁之陋妄自托於朱子而詆陸爲禪舉其空寂之謬妄自托於陸子而詆朱爲俗也今曰均之爲聖人之徒則某之所爭者固已得矣又何異之足言哉大抵子思此章其辭旨本自曉白蓋不徒曰尊德性而必繼之以道問學則可見功

夫之有在而爲尊德性者所不能遺不徒曰道問學而必先之以尊德性則可見主本之有定而爲道問學者所不能外不徒曰尊德性道問學而必合之以而之一字則可見其爲一事而非耦立並行者之可倫是故尊德性道問學一也朱子世以爲專道問學而其言必主於尊德性陸子世以爲專尊德性而其言不遺夫問學此兩夫子所以同也學者苟反身以究夫學之不容二而又虛心以覩兩夫子之言則可無疑於紛紛之說矣

右學則辯華亭少湖徐公所作也辯朱陸二夫

子之學同歸一致不容有毫髮之疑矣今因補

刻象山全集附刻是辯俾求象山之學者則焉

荆門州儒學學正閩尤溪廖惣謹識

嘉靖已未秋九月吉旦

象山先生全集凡三十六卷舊本湮缺不可讀嘉靖
己未歲
大中丞吉陽何公來撫江右因命舊令晉江張喬相
鋟梓方就緒適擢永安州刺史臨行板多散漫幸值
山陰
浮峯張公繼撫江右堯相新蒞政復命考訂補綴遂
成完書焉而先生心學之傳萬世其永不磨矣嗚呼
美哉旹
嘉靖庚申夏六月朔日
知金谿縣事後學會稽馬堯相謹識

縣丞馬致遠

主簿楊敬

儒學教諭劉應魁

訓導胡良璠

張汪

生員劉礽　王勑

孔東儒　黄文豹

韋彥卿　吳潜

楊廷春　吳天胤

詹鵬　同校